知 识 产 权 法 中 公 共 领 域 案 例 研 究 丛 书

国家社科基金重大项目（17ZDA139）阶段性成果

著作权法中公共领域判解与学理研究

主　编　冯晓青

副主编　罗　娇

人民法院出版社

产权司法保护背后维护公共领域保留原则的内涵，能够进一步为我国知识产权案件的审判和知识产权司法保护水平的提升提供指导和借鉴。恰逢主编主持的国家社会科学基金重大项目“创新驱动发展战略下知识产权公共领域问题研究”（17ZDA139）中涉及的一个重要内容即为公共领域视野下知识产权审判实务方面的研究。在该项目的研究过程中，我们从案例研究角度对知识产权法中公共领域问题进行了深入探讨。本套丛书是该项目阶段性研究成果之一。

本套丛书分为五册，涉及著作权法中公共领域案例解析、商标法中公共领域案例解析、技术类型知识产权保护与反不正当竞争法中公共领域案例解析，以及著作权法中公共领域判解与学理研究、商标法中公共领域判解与学理研究。每册大致分为以下几方面内容：本案要旨、案件信息、原被告主张及理由、法院查明的事实、法院判决理由与裁判结果、案例解析（或判解与学理研究）。与知识产权案例研究同类著作相比，本套丛书具有以下鲜明特色：

第一，理论品位较高。知识产权案例研究并不限于对案件本身的是非曲直进行评价，而是侧重于“跳出”个案，挖掘案件背后的裁判法理和理论启发意义，以及正确理解和适用法律规定。基于此，本套丛书每个案例的研究都有专门的“本案要旨”和“案例解析”（或“判解与学理研究”）部分。其中，前者旨在揭示案件的裁判法理，后者旨在深入研究法律适用的条件和个案涉及的知识产权相关概念、原理和理论，篇幅约5000字，便于读者结合案例融会贯通，真正掌握案件背后的知识产权法原理和理论。本套丛书作者均具有知识产权法学专业硕士以上学历背景和相关的知识产权法理论或实务工作经验，无疑也为丛书的理论品位提供了重要保障。

第二，内容全面、案例具有典型性。收入本套丛书的案例覆盖了诸多知识产权领域，包括著作权、专利权、商标权、地理标志、商号、域名、植物新品种、集成电路布图设计、商业秘密保护和其他反不正当竞争问题等。在同类案例选择上，则注重权威机构公布的公报案例、指导案例、十大案例和其他典型知识产权案例，便于读者吸取知识产权审判实务的精华。

第三，实践指导性强。本套丛书具有理论与实践高度结合的特点，在深度剖析和解构案件背后的法律适用与知识产权法理论的同时，提炼和归纳裁判文书中具有启发意义的主张和观点，具有很强的实践指导性。以下不妨选取部分案件法院的主张与见解，以见一斑。

以著作权案件为例，有的法院认为：在判断是否构成实质性相似时应充分考虑其公共属性；[①] 有的法院认为：要正确划分著作权范围与公共领域的界限，实现作品保护范围与其独创性相协调，在进行侵权比对时应将源自公有领域而不属于著作权保护范围的部分排除；[②] 有的法院认为：针对利用公有领域素材形成作品的保护范围界定，应当充分考虑到其作品本身包含的公有领域因素，既应当注意保护作者对作品的创新，又应当注意保护其他创作者对公有领域素材的合理使用，防止部分创作者通过对其作品的保护垄断公有领域素材的使用权利，限制全社会对公有领域素材的合理使用和创作；[③] 有的法院认为：在对涉及卡通形象的美术作品进行著作权侵权判定时，要剔除公有领域其他卡通形象的惯常设计特征。[④]

以商标案件为例，有的法院认为：有功能性的形状可以通过获得实用新型专利权的保护来获取鼓励技术创新的“对价”，但是在专利权到期之后就必须允许公众自由地使用，如果再允许将该功能性形状注册为商标，则将阻碍公众自由利用该技术，故将功能性形状注册为商标为其所垄断的需求不得对抗促进技术发展的公共政策需求；[⑤] 有的法院认为：非物质文化遗产的传承与发展，并不当然排斥知识产权保护方式，维持诉争商标的注册实质上也促进了传统文化的传承与发展。[⑥]

再以专利和其他案件为例，有的法院认为：多数情况下一种外观设计专利因保护期届满或者其他原因导致专利权终止会使其进入公有领域，任何人都可以自由利用，但一种客体可能同时属于多种知识产权的保护对象，其中一种权利的终止并不当然导致其他权利也失去效力；[⑦] 有的法院认为：针对集成电路布图设计反向工程抗辩中的非直接接触要求，实现相同或相似功能的芯片必然在电路原理上存在相似性，而电路原理不属于可赋予专有权的部分，故法律并不禁止对他人芯片的布图设计进行摄片进而分析其电路原理的这种反向工程的行为。[⑧]

第四，富有可读性。作者对本套丛书收录的每个案件的裁判文书的实质内容进行了提炼与归纳，使读者能够在较短时间内了解案件的基本信息和裁判

---

① 北京知识产权法院（2018）京 73 民终 90 号民事判决书。
② 最高人民法院（2019）最高法民申 6322 号民事裁定书。
③ 福建省高级人民法院（2022）闽民终 879 号民事判决书。
④ 上海市高级人民法院（2013）沪高民三（知）终字第 81 号民事判决书。
⑤ 北京市高级人民法院（2015）高行（知）终字第 4355 号行政判决书。
⑥ 最高人民法院（2018）最高法行再 63 号行政判决书。
⑦ 最高人民法院（2010）民提字第 16 号民事判决书。
⑧ 上海市高级人民法院（2014）沪高民三（知）终字第 12 号民事判决书。

原被告主张及理由

原告济宁市某科技公司诉称：济宁市某科技公司系主要从事计算机软件开发、技术咨询、技术转让及技术推广服务的公司。其独立开发涉案软件，并在软件托管平台 GitHub 上公开了涉案软件的源代码，同时在该平台上申明，任何人如需将涉案软件用于商业用途，需向济宁市某科技公司购买商业授权。由于涉案软件在 Android 平台上具有丰富的应用场景和优异的用户体验，在商业上获得了巨大成功。被告未经济宁市某科技公司许可，以生产经营为目的擅自在其开发的被诉侵权软件中大量使用与涉案软件源代码相同或者实质相似的源代码，并在多个互联网平台提供被诉侵权软件的下载、安装和运营服务，侵害了济宁市某科技公司的软件著作权；福建某科技公司以自身经营的互联网平台为被诉侵权软件的下载、安装和运营提供服务，亦构成对济宁市某科技公司著作权的侵害。被告福建某科技公司、北京某科技公司应当就本案中济宁市某科技公司指控的全部侵权行为承担侵权责任。

被告福建某科技公司、北京某科技公司辩称：（1）涉案软件源代码权属不清晰，济宁市某科技公司非本案适格主体。济宁市某科技公司不能证明其宣称有著作权的软件与 GitHub 上公开的软件为同一软件，也不能证明 GitHub 上的后续迭代开源版本的相关著作权也一并转让给了济宁市某科技公司。（2）VirtualApp 为开源软件，“作者”Lody 仅为开发工作的召集者和开发者之一，该软件显名的作者达到 34 人，济宁市某科技公司以独立开发作者自居并打破开源规则主张著作权缺乏依据。（3）福建某科技公司基于对济宁市某科技公司承诺放弃部分著作权的信赖，对开源版本进行合理使用。济宁市某科技公司删除《GPL3.0 协议》及私有化行为不符合《GPL3.0 协议》第 4 条、第 5 条的约定，其后续版本的源代码仍受《GPL3.0 协议》限制。（4）GitHub 是开源共享社区，用户上传代码开源发布即意味着与其他用户共享，鼓励社会化合作开发。

深圳市某计算机公司答辩称：（1）被诉侵权软件并非深圳市某计算机公司开发运营，深圳市某计算机公司仅提供中立的网络服务平台，未实施侵权行为。（2）深圳市某计算机公司尽到了合理的注意义务，无主观过错，不应承担任何责任。本案中深圳市某计算机公司是提供信息存储空间的网络服务提供商，客观上不可能且法律也未要求网络服务提供商对平台上的海量应用软件进行实质性审查。深圳市某计算机公司不清楚涉案侵权应用软件的存在，且事后及时履行了相应法律义务，不存在过错，无须承担法律责任。

一审法院查明的事实

一、济宁市某科技公司及其软件的相关情况

国家版权局于2017年11月8日颁发的计算机软件著作权登记证书记载：软件名称为“罗盒（VirtualApp）插件化框架虚拟引擎系统V1.0”的著作权人为济宁市某科技公司，开发完成日期为2015年2月28日，首次发表日期为2015年7月18日，权利取得方式为受让，权利范围为全部权利。

VirtualApp的声明载明：“VirtualApp于2015年至2018年陆续申请了多项VirtualApp知识产权，当您需要将VirtualApp用于商业用途时，请购买商业授权。您如果未经授权将VirtualApp的代码作为您自己的代码用于内部使用、商业牟利或上传应用市场，我们将直接报警（侵害著作权罪）或起诉，这将给您所属公司造成刑事责任及法律诉讼，影响到您公司的商誉和投资。目前VirtualApp拥有各行业众多授权客户，集成VirtualApp代码的App日启动量超过2亿次。购买商业授权为您节省大量开发、测试和完善时间，让您有更多时间用于创新及营利。获取VirtualApp商业授权后您将得到商业版代码、说明接入文档、微信和QQ群技术支持 。”

二、被诉侵权行为的相关情况

北京某科技公司成立于2010年10月18日，福建某科技公司成立于2015年12月4日。福建某科技公司系北京某科技公司的全资子公司。福建某科技公司确认被诉侵权软件使用了济宁市某科技公司于2017年8月16日在GitHub网站上发布的VirtualApp开源版本，发布日为2018年6月28日。“点心桌面”App主要具有桌面美化、桌面配色、桌面主题、桌面特效以及应用管理、文件夹管理等功能。VirtualApp是一个虚拟化引擎，允许在其中创建虚拟空间，并在这个虚拟空间中运行其他应用。济宁市某科技公司、福建某科技公司双方对VirtualApp具有“对第三方手机应用免安装直接运行的功能”无异议。

原告没有动笔去画具体的线条，也没有百分之百地告知 Stable Diffusion 模型怎样去画出具体的线条和色彩，但是，原告对于人物及其呈现方式等画面元素通过提示词进行了设计，对于画面布局构图等通过参数进行了设置，体现了原告的选择和安排；原告通过输入提示词、设置相关参数，获得了第一张图片后，继续增加提示词、修改参数，不断调整修正，最终获得了涉案图片，这一调整修正过程亦体现了原告的审美选择和个性判断。因此，涉案图片具备“独创性”，符合“要件 2”。

在《著作权法》的立法目的方面，法院将 Stable Diffusion 模型之类的生成式人工智能视作一种工具，这种工具让人们的创作方式发生了变化。与历史上很多次技术进步带来的影响一样，技术的发展过程，就是把人的工作逐渐外包给机器的过程；并且，技术越发展，工具越智能，人的投入就越少，但是这并不影响著作权制度对作品创作的激励作用。人们利用人工智能模型生成图片，本质上仍然是人利用工具进行创作，即整个创作过程中进行智力投入的是人而非人工智能模型。将体现出人的独创性智力投入的人工智能生成图片认定为作品，能够鼓励更多的人用最新的工具去创作，才能更有利于作品的创作和人工智能技术的发展，实现著作权制度鼓励创作的核心目的。

综上所述，法院认为涉案图片符合作品的定义，属于作品。具体到构成何种类型作品，法院认为涉案图片是以线条、色彩构成的有审美意义的平面造型艺术作品，属于美术作品。

二、原告是否享有涉案图片的著作权

关于原告是否享有涉案图片的著作权，法院首先认为人工智能不是涉案图片的作者，因为作者限于自然人、法人或非法人组织，人工智能模型本身无法成为我国著作权法上的作者，因此涉案图片虽然是由人工智能模型所“画”，但是该人工智能模型无法成为涉案图片的作者。

其次，法院认为人工智能模型的设计者也不是涉案图片的作者。因为人工智能模型的设计者既没有创作涉案图片的意愿，也没有预先设定后续生成内容，其并未参与到涉案图片的生成过程中，于本案而言，其仅是创作工具的生产者。法院认为，人工智能模型的设计者通过设计算法和模型，并使用大量数据“训练”人工智能模型，使人工智能模型具备面对不同需求能自主生成内容的功能，在这个过程中必然是进行了智力投入，但是设计者的智力投入体现在人工智能模型的设计上，即体现在“创作工具”的生产上，而不是涉案图片上。故，涉案人工智能模型的设计者亦不是涉案图片的作者。此外，涉案人工智能模型的设计者，在其提供的许可证中表示“不主张对输出内容的权利”，可以认定人工智能模型的设计者亦对输出内容不主张相关权利。

最后，法院认为，原告才是涉案图片的作者，享有涉案图片的著作权。因为原告是直接根据需要对涉案人工智能模型进行相关设置，并最终选定涉案图片的人，涉案图片是基于原告的智力投入直接产生，且体现出了原告的个性化表达。同时，法院强调，虽然本案中法院认定原告作为作者享有著作权，但是根据诚信原则和保护公众知情权的需要，原告应当显著标注其使用的人工智能技术或模型。本案中，原告以“AI 插画”方式进行标注，已经足以让公众知晓该内容为原告利用人工智能技术生成。

三、被诉行为是否构成著作权侵权

关于被诉行为是否构成著作权侵权，法院从信息网络传播权和署名权两个方面进行了认定。首先，法院认为被告未经许可使用涉案图片作为配图并发布在自己的账号中，使公众可以在其选定的时间和地点获得涉案图片，侵害了原告就涉案图片享有的信息网络传播权。

其次，涉案图片从小红书平台上下载后应当加载有平台和用户编号的水印，而被告使用的被诉图片未显示上述水印，可以推定上述水印已被消除，且被告作为被诉图片的使用者无法说明被诉图片的具体来源和去除水印相关情况，可以认定水印系被告去除。虽然该水印中的用户编号是平台分配，而添加水印的行为亦是平台实施，但因该用户编号与原告存在对应关系，该用户编号以水印的形式添加在涉案图片上，亦可起到表明其作者身份的作用。原告明确表示其选择该用户编号作为自己的署名，因此被告去除水印的行为侵害了原告的署名权，应当承担侵权责任。

关于被告应当承担的法律责任，法院认为被告应当承担赔礼道歉、赔偿损失等民事责任。其中，对于赔礼道歉、赔偿损失责任，法院认为原告“请求判令被告在涉案百家号发布公开声明向原告赔礼道歉，消除其侵权行为给原告造成的影响”的诉讼请求，与被告行为给原告造成的影响范围相当，应予以支持。但对于赔偿损害责任，法院认为在案证据无法证明权利人的实际损失或侵权人的违法所得。虽然原告提交了一些网站的交易信息截图用以证明涉案图片向提示词、设置生成参数，这些贡献相对于人工智能生成内容而言，仅属于“思想”，而人工智能客观呈现的生成内容才是“表达”，讨论人工智能模型的选择、选取并输入正向提示词及反向提示词、设置生成参数的独创性，对认定人工智能生成内容是否构成作品没有意义。这正如，以摄影作品为例，决定摄影作品是否构成作品的“独创性”，判断的是摄影作品客观呈现的表达上的独创性，而不是拍摄者选择何种品牌型号的相机、如何设置相机的各种参数，无论相机品牌型号的选择和参数的设置多么复杂、需要付出多少智力劳动。因此，不能以人工智能模型的选择、选取并输入正向提示词及反向提示词、设置生成参数具有独创性，推论出涉案图片具有独创性，进而构成作品，否则就是以“思想具有独创性”来偷换“表达具有独创性”之概念。涉案图片是否构成美术作品，需结合美术作品的定义，从涉案图片本身是否具有独创性的角度进行判断。

二、从著作权法的立法目的分析

在著作权法的立法目的方面，法院认为“将体现出人的独创性智力投入的人工智能生成图片认定为作品，能够鼓励更多的人用最新的工具去创作，才能更有利于作品的创作和人工智能技术的发展，实现著作权制度鼓励创作的核心目的”，因此其将涉案图片认定为作品能够激励创作，符合著作权法的立法目的，具有正当性。

首先，人工智能生成内容在表达上的独创性来源于人工智能技术本身，而人工智能本身不会受到经济或精神上的激励。人工智能是基于算法与训练数据生成内容，人工智能的使用者选取并输入正向提示词及反向提示词、设置生成参数，只能影响人工智能生成内容的主题和风格，而无法决定人工智能生成内容在著作权法意义上的表达性要素，如文字组合、遣词造句、造型艺术等。换言之，人工智能使用者的智力贡献只能影响生成内容的表达，不能决定人工智能生成内容的表达。人工智能生成内容的表达性要素实质上由算法和数据所决定，相应内容是人工智能的创作，而不是人工智能使用者的创作，人工智能使用者只是提供了创作的思想。而人工智能本身不可能像自然人那样受到经济或精神上的激励，著作权制度鼓励创作的核心目的在人工智能身上无法实现。

因此法院强调，本案中所谓的著作权激励作用能够实现，是因为“利用人工智能模型生成图片本质上是人利用工具进行创作，即整个创作过程中进行智力投入的是人而非人工智能模型”。换言之，激励的对象不是人工智能，而是自然人对人工智能的使用。因为著作权制度的激励机制只有作用到实施“创作”的主体上，才能发挥激励的效用。“创作”主体是指能够决定作品表达性要素的主体。人工智能生成内容的特殊之处在于——使用人工智能的自然人恰恰不是“创作”的主体，而是提供了“创作”的思想；进行“创作”的人工智能恰恰又不是自然人，不受经济上或精神上的激励。其次，研发人工智能的自然人也不是“创作”的主体，而只是开发制造了“创作”的工具；但人工智能又不同于被动的“创作”工具，因为它能够决定内容的表达性要素，它是在特定算法和数据的支持下主动进行“创作”。由于研发人工智能的自然人不是“创作”的主体，当前的人工智能开发者获取的利润也不来源于著作权，著作权制度难以实现对人工智能开发的激励。人工智能研发需要投入巨大的人力、物力和财力，但是人工智能的开发者目前也并不是从人工智能生成内容的著作权保护中获得投资激励，而是从其他商业模式中获取利润。例如，区分付费用户与免费用户，付费用户可以获得更快速的回答。或者将人工智能嵌入其他收费软件中，以免费使用生成式人工智能来吸引更多的用户使用相应的收费软件。未来，人工智能还可能被嵌入设备中，来提供相应的商业服务。可见，人工智能研发者的利润依赖于技术本身可得以实现，并不需要通过赋予人工智能生成内容版权来实现，这与图书、音乐、电影、电视剧等依靠版权来实现利润的产品与产业有巨大区别。实际上，当前大多数的人工智能开发者以使用声明或用户协议的形式，声明自己不享有对人工智能生成内容的著作权。

三、将人工智能生成物置于公共领域的思考

人工智能生成内容是否具有独创性，进而构成作品，是一个事实判断而不是价值判断问题。但人工智能生成内容的著作权归属，或许可以有不同的价值选择。例如，将其置于公共领域，或许会从不同角度发挥著作权法的激励作用。

首先，承认人工智能生成内容的可作品性，这是事实判断。人工智能生成内容的表达性要素在客观上具有独创性，即可构成作品。这是一个事实判断的问题，也是一个“有无”问题。人工智能生成内容的表达性要素在客观上具

作品独创性认定标准的探析

——北京甲科技有限公司等诉云南某科技开发有限公司等侵害作品署名权、侵害作品信息网络传播权纠纷案

/ 杨宇珺

➲ 本案要旨

作品，是指文学、艺术和科学领域内具有独创性并能以一定形式表现的智力成果。独创性要求作品是作者基于其思想、观点产生的，能够体现作者个人情感的，不与他人在先表达构成实质性相同或者相似的表达。如果是通过摘抄、汇总政策文件，拼接政策文件内容与他人文章，抑或基本全部抄袭他人文章、拼接多篇文章内容而形成的表达，则不具有独创性，不构成作品，不能获得著作权保护。权利人在主张权利时，应当考虑自身作品是否能够获得著作权保护。

➲ 案件信息

上诉人（一审原告）：北京甲科技有限公司、北京乙科技有限公司

被上诉人（一审被告）：云南某科技开发有限公司、云南某实业股份有限公司、云南某企业管理咨询有限公司

案号：云南省昆明市中级人民法院（2016）云 01 民初 1879 号、云南省高级人民法院（2018）云民终 71 号

原被告主张及理由

原告一审主张三被告多次抄袭原告信息服务平台"政商汇"平台上发表的文章，并将这些文章发表在"云南百联汇微企政策"微信公众号上。被告云南某科技开发有限公司答辩称：两原告所指的涉案微信公众号及网站的账号主体均不是云南某科技开发有限公司。被告云南某实业股份有限公司答辩称：被告云南某实业股份有限公司不存在转载原告文章的行为；原告在诉状中列出的文章系对相关政策的简单罗列，或是抄袭、拼接他人已经发表的文章，原告并不享有著作权；三被告并未实际建立"云南中小微企业发展公共服务平台"，只是有初步意向。被告云南某企业管理咨询有限公司答辩称：被告不存在相关侵权行为；三被告并未实际建立"云南中小微企业发展公共服务平台"；原告既不是涉案文章的权利人，也不享有著作权。

一审判决后，原告上诉称：（1）"政商汇"微信平台是其共同运营的信息平台，涉案65篇文章是原告组织员工，应用公司智慧、资源等创作而成，并发表于该平台，而且每篇文章开头均注明了文章的署名人，即原告某位员工姓名，结尾也注明了上诉人为文章的著作权人，其中的25篇文章，系原告员工对他人文章内容进行选择和编排形成的汇编作品或者原告员工独立创作的政策性解读文章，并非抄袭或拼接他人文章而成，因此，原告对涉案65篇文章享有著作权并有权主张权利；（2）被告云南某科技开发有限公司违反与原告签订的《渠道经营合同》中关于竞业禁止的约定，与云南某实业股份有限公司共同建立云南中小微企业服务平台，并设立云南某企业管理咨询有限公司，而且抄袭了原告在"政商汇"微信平台上发表的65篇涉案文章，发表在云南某企业管理咨询有限公司运营的"云南百联汇微企政策"微信公众号上，同时，云南某实业股份有限公司也抄袭了原告其中6篇文章发表在其运营的"云南百联汇"微信公众号上，三被告的这些行为均侵害了我方对涉案65篇文章享有的著作权；（3）在原告提起诉讼后，三被告删除了涉案文章，扰乱诉讼，而且云南某科技开发有限公司是在违反与原告达成的竞业禁止约定的情况下实施的侵权行为，主观恶性大，三被告依法应当承担侵权责任，赔偿因此给原告造成的损失。

云南某科技开发有限公司在上诉中辩称：其与本案所涉公众号无关，与云南某实业股份有限公司和云南某企业管理咨询有限公司无关，不是本案适南某实业股份有限公司和云南某企业管理咨询有限公司侵害其享有的著作权，云南某科技开发有限公司、云南某实业股份有限公司和云南某企业管理咨询有限公司辩称对方当事人提交的65篇文章均系抄袭、拼接他人作品构成，或是相关政策文件内容的罗列，不具有独创性，北京甲科技有限公司和北京乙科技有限公司不享有著作权。

对于65篇文章中的40篇，如上所述，北京甲科技有限公司和北京乙科技有限公司无权向云南某科技开发有限公司、云南某实业股份有限公司和云南某企业管理咨询有限公司主张权利，故不再赘述。对其余25篇文章，作为请求权基础的确定，首先应当审查是否属于《著作权法》所称的作品，即该25篇文章是否具有独创性，且可以以有形形式复制。此处所谓独创性，是指由本人独立完成，非抄袭的结果，且有一定高度的智力创作水准。本案审理过程中，一审法院就北京甲科技有限公司和北京乙科技有限公司主张权利的25篇文章，与云南某科技开发有限公司、云南某实业股份有限公司和云南某企业管理咨询有限公司提交的网络中先于北京甲科技有限公司和北京乙科技有限公司发表的相关文章进行了逐一比对。经比对，北京甲科技有限公司和北京乙科技有限公司主张权利的25篇文章分为如下三种情形：第一，系全文摘抄政策文件或相关政策文件汇总；第二，系政策文件内容与他人文章的拼接；第三，系基本全部抄袭他人文章或多篇文章内容拼接而成。对于第一种、第二种情形，北京甲科技有限公司和北京乙科技有限公司主张属于汇编作品。《著作权法》（2010年修正）第14条规定："汇编若干作品、作品的片段或者不构成作品的数据或者其他材料，对其内容的选择或者编排体现独创性的作品，为汇编作品，其著作权由汇编人享有，但行使著作权时，不得侵犯原作品的著作权。"依据上述法律规定，汇编作品并非对相关内容的简单罗列，对于内容的选择和编排亦应当体现作者独特的智力判断与选择，展示作者的个性并达到一定创作高度要求。北京甲科技有限公司和北京乙科技有限公司指称的汇编作品，仅是单纯对于相关政策的罗列汇总，其中的内容与政策文件本身文字表述、标点符号均一致，并未体现出作者具有创造性的选择或判断，亦没有形成对于相关政策的分析观点或意见。部分作品虽然融入了一些评析内容，但该部分内容亦是由他人在先发表的文章拼凑而成。因此对于第一种、第二种情形的文章，因缺乏独创性，不属于《著作权法》保护的作品。对于第三种情形，所涉文章的全部或绝大部分内容均系使用多篇在先发表的文章的部分段落，上述文章对于他人发表的文章的使用，已不仅是单纯引用数据、案例和观点，而是将他人文章的全文或整个段落进行使用，文字表述、标点符号均一致。其中部分文章只是使用诸如“有关数据显示、我们不得不承认、据了解、实际上”等语句将相关摘抄段落衔接起来，当中基本没有作者任何“原创性”的分析内容。第三种情形所涉文章均系大量抄袭、拼凑他人在先发表的文章而成，不具有独创性，不构成作品。因此，北京甲科技有限公司和北京乙科技有限公司对属于第三种情形的文章亦不享有著作权。

本案二审法院认为，经审查，涉案的64篇文章中，上诉人目前提交的证据，只能证实其中25篇文章的作者，即杨某、赵某、钱某、陈某军、王某辉和周某佳与其签订过劳动合同以及知识产权协议，根据这些合同和协议的约定，上诉人有权对该25篇文章主张相应的著作权利。而另外39篇文章，如前所述，由于上诉人提交的证据不能证实在该39篇文章上署名的作者，即李某林、孔某、高某娟、张某、刘某良、刘某、彭某祥、文某是其员工，也不能证明他们同意将这些文章的著作权交由上诉人享有或行使，因此，二审法院认定上诉人无权就涉案文章中署名李某林、孔某、高某娟、张某、刘某良、刘某、彭某祥、文某的39篇文章主张著作权。

上诉人主张该25篇文章中，一部分属于原创作品（序号：2、9、23、40），另一部分属于演绎作品（序号：7、10、15、22、24、48、53），其余的属于汇编作品（序号：4、5、11、13、16、17、30、31、33、34、35、43、57、65），均受著作权法保护，其对这些作品享有著作权。对此二审法院认为，无论是原创作品、演绎作品还是汇编作品，其首先必须构成著作权法意义上的作品，而根据《著作权法实施条例》第2条的规定，著作权法意义上的、受著作权法保护的作品，必须具有“独创性”。独创性是一个需要根据具体事实加以判断的问题，不存在适用于所有作品的统一标准。对于汇编作品而言，作品的独创性，是指作者对内容的选择、编排所体现的独特表达方式；对于演绎作品而言，从演绎系一种对已经存在的作品进行带有独创性特征的智力创作行为这一概念来看，演绎作品应当是指那些在使用已经存在作品原有独创性表达的基础上，另外附加演绎者新的独创性表达的作品。换言之，演绎作品必然包含已经存在作品原有的独创性表达，以及演绎者新的独创性表达，否则不能视其为演绎作品。具体到本案，经二审法院审查，这些

（二）美国的独创性认定标准

同为英美法系国家，美国在版权法立法目的与制度设计上与英国有很多相似的地方，也体现了极强的功利主义色彩。由于《美国版权法》受《美国联邦宪法》中版权条款的引导，所以保护版权人同样也不是《美国版权法》的目的，而是一种保护手段，保护公共利益、促进科学、文化产业的发展才是其根本目的。从美国“独创性”概念的发展历程来看，Feist 案的判决产生了极大的影响。在该案中，Feist 公司出版了一本记录较大范围内用户电话的册子。而 Rural 电话服务公司曾经出版过一个按照字母排序的，记录用户姓名及其对应地址、电话的电话本。Feist 公司希望通过付费的方式获得 Rural 公司出版的电话本内信息的使用权，但遭到拒绝，于是 Feist 公司在未经许可的情况下使用了电话本内的材料。Rural 公司认为其侵犯了版权，遂提起诉讼。初审法院认为 Rural 公司对已出版的电话簿享有版权，上诉法院确认了这一判决，但美国联邦最高法院推翻了这一判决，认为 Feist 公司不构成著作权侵权。[①] 在这一判决中，法官认为 Rural 公司对电话本的整理仅是按照字母进行排序，Rural 公司除了付出收集电话并整理信息的辛苦汗水外，并没有付出任何智力劳动，因此不具有独创性，不享有版权。美国通过判例对独创性的含义进行了新的阐述。

美国突破了“独立完成 + 足够投入”的独创性认定标准，增加了智力劳动投入要求。美国版权局以 Feist 案为分水岭，确认独创性认定标准为“独立创作 + 最低程度的创造性”。[②]

（三）德国的独创性认定标准

德国作为大陆法系国家，相较英美法系，其对于作品与作者本身的关注更多。其在对于作品的定义中规定了创造性，但这个创造性不同于专利法中的创造性，其不要求客观上区别于在先作品，而是要求作者主观上具有创造性，即使创造出来的作品与在先作品类似，依旧认为作者能够享有著作权，可以说这是对于“独立创作”这一标准的进一步提升。同时德国著作权法比起英国、美国著作权法对于智力劳动投入的要求更高，一般要充分体现创作者的

① 参见宋岳：《比较法视野下的独创性判断标准》，载《理论界》2013 年第 4 期。

② 参见赵林青：《浅议作品的独创性标准》，载《理论导刊》2006 年第 9 期。

个性才能达到要求。德国教授乌尔里希·勒文海姆认为独创性应包括以下特征：第一，必须有产生作品的创造性劳动；第二，人的智力、思想或感情内容必须通过作品传达出来；第三，作品应体现创作者的个性，打上作者个性的烙印；第四，作品应具有一定的创作高度，它是著作权保护的下限。[①]德国对于独创性的要求不再仅停留在作品表面，而是通过对人思想、情感的个性化进行区分。在司法实践中，法官常常使用“创作高度”这一词汇，要求作品要达到一定的创作高度，以区别于日常生活中一些普通的、常规性的东西。虽然德国对于独创性的要求较英国、美国更高，但依旧设置了合理的范围避免对公共利益造成损害，在创造高度方面，一般要求只要达到“一枚小硬币”的高度即可。

通过对比我们发现，各个国家在独创性的认定标准上有着或多或少的不同，英国是“独立创作＋额头出汗”原则；美国是“独立创作＋最低程度的创造性”；德国是“独立创造＋一定的创作高度（小硬币标准）”。各个国家的国情不同，标准也存在高低之分。但是同时也存在许多相同的地方，比如，均将独立创作作为独创性认定的先决条件，强调作品来源于作者。差别主要体现在后续作品本身投入智力劳动多少，体现作者思想、情感的个性化高低上。在一些特殊作品的规定上也存在相同之处，可以说，作品的技术性越强，其创作空间就越狭窄，对其独创性的标准就越低。

三、我国作品独创性的认定标准

前文从比较法角度对国外独创性进行分析对比，我国著作权法与大陆法系、英美法系著作权法均不同。一般认为，可以将独创性的“独”“创”拆分开来进行解释，并提炼出独创性的认定标准。“独”即要求独立创作，作品既不是抄袭也不是剽窃而来；“创”则要求作品不是依照既定的程序、程式、手法推理运算而来，体现作者的个性或者说有一定的个性。在法律规定方面，我国《著作权法》第3条规定：“本法所称的作品，是指文学、艺术和科学领域内具有独创性并能以一定形式表现的智力成果，包括：（一）文字作品；（二）口述作品；（三）音乐、戏剧、曲艺、舞蹈、杂技艺术作品；（四）美术、建筑作品；（五）摄影作品；（六）视听作品；（七）工程设计图、产品设计图、地图、示意

① 余传剑：《作品的独创性探析》，载《宿州教育学院学报》2005年第1期。

的搜索引擎网站在其搜索结果中，直接罗列与来源网站对应的搜索结果，内容明显简短概括，来源网站的名称和链接作为主体，被放置在最显著的位置；而爱帮网明显对页面进行了加工，直接系统地提供了内容，只是在下方放置了一个不甚清晰、极易被忽视的来源网址。该行为在形式和内容上均明显超出了提供搜索引擎服务的范围，使网友在爱帮网浏览即可获得基本等同于在大众点评网直接获得的信息，或者说获得了绝大部分实质性内容。

针对上述行为，爱帮网解释称其使用了垂直搜索引擎的新型技术，自动搜索相关信息。对此一审法院认为，技术的进步是无止境的，但技术不能被无限制地随意使用。垂直搜索可以针对某一特定领域的信息进行多层面、多条目的搜索，使用者在设定搜索范围和摘要范围时可以进行调整，并非完全无法控制，应当在合理范围内使用。

二、二审

（一）大众点评网中的餐馆介绍和网友点评文字整体上是否构成汇编作品

认定大众点评网中餐馆的介绍以及网友点评文字整体构成汇编作品的前提是，被上诉人对上述介绍及点评文字进行了具有独创性的选择或编排。鉴于大众点评网对于网友点评文字系按照时间顺序排列，排列方式是常见的排列方式，并不具有独创性。同时，本案现有证据亦无法看出被上诉人对于用户点评的内容进行了选择。一审法院认定大众点评网中的餐馆介绍和网友点评内容构成汇编作品，该认定错误，二审法院依法予以纠正。

（二）大众点评网中每个用户的点评文字是否构成作品

对于非常简单的点评文字是否构成作品，二审法院认为，因用非常简单的语言描述餐馆的某一具体特点，可供选择的表达方式非常有限，因此，如果对这一表达方式进行著作权保护，将会导致这一表达方式所体现的思想亦得到保护，这一结果显然不符合著作权法仅保护表达不保护思想的基本原则。据此，非常简单的用户点评文字不属于著作权法保护的智力成果。

即使是较为详细的点评，主要作用也在于描述客观事实、传递信息。其中用于简单描述客观事实或观点的表达方式也非常有限，如果对其进行著作权保护，会同时导致相关事实或观点被垄断。综上所述，被上诉人认为每个用户的点评文字均构成作品的理由不能成立。

（三）点评类网站权益的保护与垂直搜索服务的合法性

垂直搜索是一种专业搜索引擎，该搜索服务为用户提供具有针对性的信息搜索，通常针对的是某一领域、某一特定人群或某一特定需求的特定信息。鉴于垂直搜索引擎技术客观上会为网络用户提供更为准确的搜索服务，会促进搜索引擎行业的发展，因此该技术本身并不具有违法性。但并不表明垂直搜索网站在使用该技术时可以不受任何限制。鉴于垂直搜索网站抓取的信息主要来源于相关专业类网站，而此类网站是否能够吸引网络用户登录及点击，在很大程度上亦取决于其所提供信息的数量及准确性。因此，垂直搜索类网站对于特定行业网站信息的利用，应控制在合理的范围内，即垂直搜索网站对特定行业网站信息的使用，不得对该网站造成市场替代的后果。

判解与学理研究

著作权客体的独创性是著作权法领域中争议已久的话题，概因独创性是作品成立中的关键构成要素，我国《著作权法》第3条规定，《著作权法》所称的作品，是指文学、艺术和科学领域内具有独创性并能以一定形式表现的智力成果。因此，正确理解独创性的内涵及其审查标准，对于在具体案件中判定争议标的是否构成受保护的作品具有关键性作用。此外，本案中经过独创性审查，部分评论属于受保护的作品，被告方作为检索浏览器的经营方，应当如何规范其使用过程才能对上述评论构成合理使用也存在争议。

一、独创性

我国著作权法上对作品独创性的界定应力求符合以下要求：第一，借鉴两大著作权体系对作品独创性界定的合理因素；第二，要反映我国著作权保护的价值取向，符合著作权立法的宗旨；第三，由于创作概念是确定作品独创性的质的、规定性的依据，独创性之界定，应依据“创作”之概念赋予其明确的含义；第四，从便利司法实践的角度，划分著作权侵权与独创行为、排除不受著作权保护的公共领域，也是值得考虑的因素。①

独创性作为认定作品的关键性因素，划定了作品与非作品的范围，明确可以获得保护的作品类型，同时设定公众可以自由获取作品的空间。对于独创

① 冯晓青：《著作权法》（第2版），法律出版社2022年版，第51页。

性的定义，综合考虑《著作权法实施条例》第2条和第3条[①]的规定来看，有观点认为在判定作品上二者存在一定冲突，概因其第2条表示“独创性”作为作品的判断因素之一，而其第3条规定什么是“创作”时又认为“直接产生文学、艺术和科学作品的智力活动”才是创作，鉴于独创性需要根据创作来进行规定，因此实际上又回到了原点。[②]此种观点看似具有合理性，实际上混淆了“创作”与“独创性”的关系，因为后者描述的是作品产生后的客观表现形式，前者则指向作品产生的动态过程。需要注意，过程中同时要求具备主体创作意图与客体表现形式，二者紧密联系却不可混同。其中，独创性虽是认定作品的关键因素，却并非唯一因素，不可过分夸大，创作主体、意图在某些时刻亦具有关键作用，如人工智能生成作品认定等。[③]

无论是在理论界还是实践中，人们普遍认为对于独创性应当区分为“独”和“创”两个方面来进行理解。一方面，“独”表示作品应当是由作者独立完成，而非对他人作品进行抄袭的结果，体现的是作者个人智力的投入，作品中需具备作者的个人印记。另一方面，“创”即作品应具备最低程度的创造性，单纯的体力或精力的投入已经不再作数，“额头流汗”原则的适用早已经是过去式。然而，对于上述传统的独创性认定标准也不乏学者提出反思，认为其过于程式化，随着经济社会的发展，作品类型也在不断丰富，程式化的独创性认定标准不再具备灵活性，无法在所有作品类型中实现公平正义，因此主张独创性认定标准的确定也应遵循利益平衡原则，根据不同的作品类型来确定应适用何种独创性认定标准。

二、独创性的审查标准

对于独创性标准，法条中并未明确规定其具体的审查标准，因此，为了在个案中更好地适用该标准，一般认为应分别从“独”和“创”两个方面进行考量，要求作品不仅要来自权利人的独立创作，而且应达到一定的创作高度，

① 《著作权法实施条例》第2条规定：“著作权法所称作品，是指文学、艺术和科学领域内具有独创性并能以某种有形形式复制的智力成果。”第3条规定：“著作权法所称创作，是指直接产生文学、艺术和科学作品的智力活动。为他人创作进行组织工作，提供咨询意见、物质条件，或者进行其他辅助工作，均不视为创作。”

② 参见李伟文：《论著作权客体之独创性》，载《法学评论》2000年第1期。

③ 参见冯晓青、潘柏华：《人工智能“创作”认定及其财产权益保护研究——兼评“首例人工智能生成内容著作权侵权案”》，载《西北大学学报（哲学社会科学版）》2020年第2期。

将独创性这一抽象概念具体到两个方面的判断，分别从作者个性的投入和作品的创作性进行考虑，得以帮助实践中法院更好地进行判断。然而，随着社会的发展，在作品类型不断增加的同时，独创性的这一标准在新型案件中的适用开始变得机械，因此不断有学者开始对其进行修正，增加一些新因素的参考或开始转换思路，为传统的独创性认定方法提供了新鲜血液，也为我们寻求更适合的判定方法提供了新的思路。

（一）增加对利益平衡原则的考量

利益平衡原则对于整个知识产权制度而言都十分重要，甚至可以说是其制度设立的基石，通过赋予自然人或法人有限的垄断权来鼓励发明创造与创作活动，同时确定垄断权利与社会公共资源的界限，来保证有足够的可供自由利用的公共资源，从而有效达到通过创造获得垄断权之后再创造的良性循环。从“额头流汗”到“一定程度的创作高度”的转变，可以看到独创性认定标准的高低决定了权利人获得著作权保护的难易程度。若过高，则会导致保护面过窄，挫伤作者创作的积极性；若过低，则会导致受著作权保护的作品泛滥，不当压缩社会公众可利用的空间，不利于我国文化科学事业的发展与繁荣。

至于如何在独创性标准认定中适用利益平衡原则，有观点认为，不同的作品类型，其可供创作的空间不同，如绘画等艺术作品中的创作空间就比人物传记、纪实小说等的创作空间要大，若是均采用最低限度的创造性标准，将不当损害艺术作品权利人的利益。[①] 有学者指出，独创性这一概念本身不应包含维持自由竞争、维护公共领域等价值因素，仅描述作者的客观创作事实或贡献，不含任何价值判断，且不同类型作品的独创性要求不应有所区别。根据创作自由度的不同，需要限制对有限表达的“先占”，通过贯彻思想与表达二分法确保公共秩序的稳定。实际上，无论采用哪种观点，利益平衡的考量均隐藏其中，最终达到效果上的统一，但并不适合作为独创性的主要审查标准，更适合作为某些特殊情况下的修正标准。其原因在于利益平衡标准主观性过大，标准难以统一。该标准可以在合理使用等权利限制领域广泛应用，而无须在作品产生之初设立过高门槛，以免引起创作顾虑，从而与著作权立法初衷相悖。

（二）“三段论侵权认定法”的启发

不同于以上通过利益平衡原则对独创性认定标准本身的优化，受三段论

① 参见赵锐：《作品独创性标准的反思与认知》，载《知识产权》2011 年第 9 期。

侵权认定法的启发，有观点认为独创性的判定并非对于作品整体的独创性认定，在作品本身还包含着许多不受著作权法保护的思想、事实、唯一表达时，进行独创性判定并不准确。[①] 第一步应当先进行抽象，根据思想与表达二分法原则，著作权法只保护思想的表达，而不保护思想本身，因此应当首先将争议作品中属于思想的部分剔除出去。第二步则是过滤，将作品中属于公共领域的内容，如事实、唯一的表达等内容删除。第三步，将最后剩下的部分用于同其他作品对比，若是有实质性内容的相同，此时还需要判定被诉作品的独创性程度。

三段论的侵权认定法对于独创性的判定标准影响有限，前者属于在侵权判定中的方法，而后者则属于在权利构成中的构成要件，二者并无联系。此外，经过抽象、过滤之后，再进行判定的观点似乎只能在侵权判定案件中被运用，不具备普遍性，大多数情况下，独创性认定难以脱离作品整体。若是在前述案件中，原告方主张自己的用户评论应当构成作品，在抽象、过滤之后，作品将被分解得“面目全非”，无法再进行有效对比。同时独创性的程度要求需要根据不同作品的类型进行适当的调整，如个人传记、纪实小说等要求的独创性程度并不高，而判断该程度的高低则主要观察独创性部分在整个作品中的占比和影响，若是经过了抽象过滤，破坏了作品的完整度之后再进行判断，则会影响该结论的准确性。

（三）增加对作品社会价值的关注

独创性标准作为著作权法的关键所在，承担着其促进文化、科学事业发展的任务。有学者认为，作品承载、传播情感思想，传递、传播信息知识，不仅具有著作权法含义，还有广泛的社会或文化含义，通过不断的创作、传播与使用，作品激发文化多样性的同时，让社会文化得以继承和发展。[②]

这一观点有其存在的意义，从《著作权法》第 1 条就能看出，著作权制度承担着鼓励作品传播，促进文化和科学事业发展的任务，作为其中重要部分的独创性标准同样不能同其设立目标相悖。但该条文属于总领性的原则，而非法院在审理案件中首选的具体性条款，毕竟何种作品是符合文化、科学事业发展的作品，不同的人有着不同的见解，若无法提供可操作性强的具体规范，会

① 参见李伟文：《论著作权客体之独创性》，载《法学评论》2000 年第 1 期。

② 参见刘银良：《再论著作权法中的公众使用权：互依性的视角》，载《知识产权》2023 年第 11 期。

导致这一原则的滥用。而创造性却恰好能解决这一问题，其同著作权法所承担的促进文化和科学事业发展的任务并非相互割裂，在原有的公共资源上进行创作，本就是在通过个人才智的投入推进文化、科学的进步，那些以前看来仿佛毫无用处的发明、创作实际上都是在为社会的发展提供灵感，有新事物的产生，社会才不会停滞不前。当然并非所有的创作都会受到著作权法保护，而这就需要通过《著作权法》第1条和利益衡量原则进行限制和修正，通过灵活掌握创造性的要求程度来达到其要求。

三、搜索引擎的利用限度

本案中法院通过运用独创性标准对原告大众点评方主张的用户评论是否构成作品进行判断，绝大部分点评因过于简单、陈述事实因而不具备独创性，但也有部分体现了用户自身感受的精品长点评具备作品的构成要件，此时便涉及被告搜索引擎方的使用是否属于合理使用的问题。

对于垂直检索的检索方而言，引用其他网站的内容无可厚非，关键点在于如何确定引用的限度，本案法院认为其取决于检索网站是否对原网站的信息构成了替代，引用过多时，对于网络用户而言，在检索网站上就能得到他们所有想要的信息，因而不再有点击链接转到原网站浏览的必要，从而造成原网站浏览客户的流失，一种新检索方式的出现不能以对他人权益的损害为前提，因此应当对其予以禁止。对这一问题，王迁教授将其同搜索引擎上的“快照”现象归为一类，同时认为根据《美国版权法》的规定和司法实践的总结，判断是否构成合理使用时主要关注两个方面的因素，即“使用的目的和性质”，以及“使用对于原作潜在市场或价值的影响”。[①]即要构成合理使用，一方面对原作的使用属于转化性使用，而非出于再现原作的目的，如本案中出于通过检索后部分列出原内容方便用户浏览、选择就属于一种转化性使用，若行为人完全将原作贴上，则很难认为其不具备再现原作的目的。另一方面，被告对作品的使用不能对原告作品造成替代的结果，否则会不当损害原告应得利益。对上述两个因素，也可以理解为是对行为和结果两个方面的限定，在使用时进行转化后，采用不同的使用方式在很大程度上就不会导致替代结果的发生，而替代性影响的结果作为最后的兜底，二者结合起来，

---

① 王迁:《“垂直搜索”的著作权侵权问题研究——兼评“大众点评网诉爱帮网案”及“携程网诉趣拿网案”》，载《电子知识产权》2009年第11期。

就能达到有效限制不当利用原作的检索行为，从而为垂直检索探索出一条可持续发展的道路。

四、结论

独创性判定作为著作权法中的重要部分，一般认为由“独”和“创”两个部分构成，要求由权利人独自创作而非抄袭，同时具备最低限度的创造性。然而，随着作品种类的增多，最低限度的创作性不再具有普遍性价值，而是应当参考利益平衡原则和著作权法的制度设立目的，在个案中根据作品的不同种类采取不同程度的创造性标准。至于本案中的垂直检索行为，技术本身不应以损害他人权益为代价而进行，因此其要构成合理使用，要求一方面使用时是出于转换性使用的目的，另一方面其使用原作的行为不会对原作造成替代性影响，避免对原作所有人造成损害。

利用公共素材创作作品的独创性问题

——广州某计算机系统有限公司诉广州某网络科技有限公司等侵害著作权、不正当竞争纠纷案

/ 杜宇男

➲ 本案要旨

独创性是作品获得著作权保护的核心要件，独创性由“独立创作”以及“最低限度的创造性”构成。创造性是确定能否满足独创性要求的核心。任何人对公共领域的素材都不能主张权利，任何人都可以对公共领域的材料进行利用，但是对公共素材经过创造性加工之后满足独创性要求的，仍然可以取得著作权。只不过著作权只保护创造性的部分。在认定著作权侵权时，是否构成实质性相似应当以普通观察者的认知能力为标准。对作品进行侵权认定时，应考虑到其所适用的环境，结合环境整体判断是否构成实质性相似。游戏题材、游戏规则属于公共领域的资源，不能被任何人垄断，仅使用相同的题材和规则并不必然构成不正当竞争。

➲ 案件信息

上诉人（一审被告）：广州某网络科技有限公司、成都某科技有限公司

被上诉人（一审原告）：广州某计算机系统有限公司

一审被告：北京某科技有限公司

案号：广东省广州市天河区人民法院（2015）穗天法知民初字第1517号、广州知识产权法院（2017）粤73民终2047号

➲ 原被告主张及理由

上诉人（一审被告）广州某网络科技有限公司诉称：（1）广州某计算机系统有限公司提交的证明其著作权权利基础的证据存在瑕疵，一审法院认定其对涉案文字作品享有在先著作权错误。广州某计算机系统有限公司未能提交证据证明所涉作品的创作完成时间和首次发表时间。（2）一审法院认定广州某网络科技有限公司侵犯了广州某计算机系统有限公司文字作品和美术作品的著作权，属于认定事实错误。首先，关于文字作品。在判断是否构成侵权之前应确认广州某计算机系统有限公司主张的《新大话西游2》游戏中受著作权法保护的文字作品的内容。根据思想与表达二分法，西游类主题属于思想范畴，不应获得著作权法的保护；判断文字作品的近似性应当判断该文字作品的具体表达。而具体表达是否近似应以作品中的独创部分为基础，从整体出发进行判断，避免从作品中抽离出部分情节或元素进行孤立的比较。因此，两款游戏关于四大种族、人物属性、种族技能、召唤兽技能、坐骑技能的表达方式都完全不同。其次，关于美术作品。广州某计算机系统有限公司主张的36个美术图标中，有14个创造性极低，不构成作品。虽然广州某网络科技有限公司2015年8月版本游戏有个别与之相似，但在以后的版本中已删除，目前游戏版本中均没有任何相似图标。

上诉人（一审被告）成都某科技有限公司诉称：（1）在判断文字作品是否侵权时，一审法院未遵循“抽象、过滤、比较”的认定方法。即未过滤涉案文字作品中的公有领域素材、属于思想领域的内容，属于认定事实错误。（2）一审法院将创造性极低的简单线条组合、常见动物样貌认定为美术作品错误。广州某计算机系统有限公司主张的36个美术图标中，有14个是简单的线条组合，召唤兽“小熊、黑熊怪”的外形基本是野生动物黑熊的外形，故上述元素独创性较低，不构成作品。剩余22个构成作品的技能图标中，《逍遥西游》及《逍遥西游2》中的图标与上述作品在构图、色彩、线条、画风等方面均有巨大差异，不构成实质性近似。（3）一审法院认为《逍遥西游》抄袭了《新大话西游2》的核心元素，属于认定事实错误。①一审法院没有剔除直接来自公有领域的元素。涉案两款游戏均为西游题材游戏，广州某网络科技有限公司必然会从《西游记》和其他古代神话传说中借鉴素材，这属于合理借鉴，不应被认定为不正当竞争。广州某计算机系统有限公司主张保护的元素中有大量直接来自公有领域的元素，其使用程度远达不到使其产生特定含义的程度，故上述元素不受《反不正当竞争法》保护。②一审法院对重复主张的元素未予以剔除。广州某计算机系统有限公司主张的36个技能图标、6个主角人物形象、21个召唤兽形象、门派、人物属性描述、种族技能、召唤兽技能、坐骑技能等均在著作权诉讼中主张过，不应在不正当竞争诉讼中重复主张。③一审法院认定部分角色名称、场景构成实质性相似错误。《逍遥西游》中的角色名称“狐灵儿、炽魔王、舞飞扬”与广州某计算机系统有限公司的“狐美人、巨魔王、舞天姬”含义不同，不构成实质性近似；在游戏场景方面，除因题材近似而导致场景名称类似外，《逍遥西游》中8个场景图标与广州某计算机系统有限公司主张的完全不同。

被上诉人（一审原告）广州某计算机系统有限公司辩称：（1）关于文字作品。①种族设定方面，《逍遥西游》不仅四大种族名称与《新大话西游2》一致，且对各个种族的具体特点描述完全相同。以人族为例，《新大话西游2》关于人族的描述并非《西游记》原著剧情，也非常识或公有领域表达，是《新大话西游2》独创的内容。广州某网络科技有限公司、成都某科技有限公司列举的《仙剑奇侠传》《悟空Q传》等游戏种族仅从名称上与《新大话西游2》吻合，但其具体的属性设定、描述差异巨大，恰恰说明目前游戏领域各种族设定差异性极大，且涉案两款游戏相似度如此之高，其借鉴程度远远超出合理界限。②人物属性方面，广州某计算机系统有限公司承认“根骨”一词原本是道家用语，武侠小说中通常指先天素质。而《新大话西游2》中将“根骨”等同于生命值，显然不同于公有领域表达。而《逍遥西游》中人物的4个先天属性、9个法术抗性、8个物理属性均与《新大话西游2》相同或近似，已经构成文字作品侵权。③种族技能方面，涉案两款游戏的种族技能描述与效果均相同，广州某网络科技有限公司认为其游戏的种族技能是借鉴了公有领域元素，与事实不符。④召唤兽技能方面，侵权作品无论是发布在广州某网络科技有限公司、成都某科技有限公司的宣传网页中还是游戏中，均不改变侵权实质，且广州某网络科技有限公司、成都某科技有限公司也确认其宣传网页有侵权作品，证明侵权行为存在。而广州某计算机系统有限公司对于两款游戏中文字作品不相似的部分并未主张构成侵权。广州某计算机系统有限公司提交的侵权对比表客观、完整地呈现了侵权情况，不存在扭曲篡改。⑤坐骑技能方面，《逍遥西游》9个坐骑技能的技能效果、适合类型等具体描述均与《新大话西游 2》构成实质性相似，构成侵权。（2）关于美术作品。一审法院认定《逍遥西游》中的 23 个图标、1 个人物形象、2 个召唤兽形象均构成相似，构成侵权，而广州某网络科技有限公司在本案起诉后对《逍遥西游》中部分图标及形象进行修改，不影响其已构成侵权的事实。

法院查明的事实

本案涉及的是网络游戏中的文字作品和美术作品的侵权认定问题。涉案游戏《新大话西游 2》中的游戏场景、女性角色、男性角色、游戏召唤兽、游戏坐骑经国家版权局审核登记取得《作品登记证书》，作品类别均为美术作品，载明作品完成时间为 2002 年 11 月 15 日、登记日期为 2010 年 8 月至 2010 年 10 月，著作权人为广州某互动娱乐有限公司。《人族封法》《人族毒法》等经广东省版权局审核登记取得《作品登记证书》，作品类别均为美术作品，载明首次发表日期为 2002 年 11 月 15 日、登记日期为 2015 年 9 月 16 日，著作权人为博某公司。《新大话西游 2》种族技能经广东省版权局审核登记取得《作品登记证书》，作品类别均为文字作品，载明首次发表日期为 2002 年 11 月 15 日、登记日期为 2015 年 9 月 16 日，著作权人为博某公司。其中，《人族封法》包括“天罗地网、作壁上观、四面楚歌”，《人族毒法》包括“断肠烈散、鹤顶红粉、万毒攻心”等 36 个种族技能有对应的技能用途、技能属性的文字描述。《新大话西游 2》之“四大种族、人物属性、召唤兽（含神兽）技能系统、坐骑技能”经广东省版权局审核登记取得《作品登记证书》，作品类别均为文字作品，载明作品完成时间为 2002 年 11 月 15 日、登记日期为 2016 年 6 月 15 日，著作权人为博某公司。其中，四大种族包括“人族、魔族、仙族、鬼族”及“对应特点、拜师门之地”，人物属性包括“先天属性、法术抗性、物理属性”，召唤兽（含神兽）技能系统包括“技能获得方式、技能名称和效果、增强技能”，坐骑技能包括“追魂夺命、破釜沉舟”等技术名称及对应技能、适合类型描述。“叶子猪游戏网”于 2009 年 11 月 3 日登载的《新手介绍：新大话西游 2 的坐骑介绍》一文对《新大话西游 2》坐骑的获得、种类、使用、作用、技能、培养进行了系统介绍，与上述文字作品内容基本相同。

2015年9月9日，博某公司出具《授权及确认函》，称系《新大话西游2》游戏软件的著作权人，声明自该游戏软件完成之日起，就将该游戏软件及所属美术资源及文字作品等全部著作权中的财产权独占许可给广州某计算机系统有限公司使用，广州某计算机系统有限公司有权以自己的名义采取法律行动并获得赔偿。广州某计算机系统有限公司主张其《新大话西游2》游戏中36个技能图标系《著作权法》所保护的美术作品，主张《新大话西游2》游戏中《新大话西游2之四大种族》《新大话西游2之人物属性》《新大话西游2之种族技能》《新大话西游2之召唤兽技能》《新大话西游2之坐骑技能》系《著作权法》所保护的文字作品，均主张复制权、改编权与信息网络传播权，并提供了相应的比对列表。

被诉侵权游戏《逍遥西游》与广州某计算机系统有限公司主张权利的美术、文字作品比对情况。经比对：（1）种族技能图标。《逍遥西游》游戏种族技能中的23个技能图标与广州某计算机系统有限公司主张权利的技能图标色彩基本一致，两者构成实质性相似，其余13个技能图标与广州某计算机系统有限公司主张权利的技能图标的图案、色彩差异较大。《逍遥西游》游戏修改后的技能图标与广州某计算机系统有限公司主张权利的技能图标的图案、色彩差异较大，两者不构成实质性相似。（2）主角人物形象。《逍遥西游》游戏中"舞飞扬"主角人物形象在体形、脸型、神态等方面与广州某计算机系统有限公司主张权利的"舞天姬"基本一致，两者构成实质性相似；《逍遥西游》游戏中"狐灵儿、南宫瑶、炽魔王、云清风、神天兵"五个主角人物形象在体形、脸型、发型、神态等方面与广州某计算机系统有限公司主张权利的"狐美人、俏千金、巨魔王、逍遥生、神天兵"差异较大；修改后的《逍遥西游2》游戏中"上官灵心"主角人物形象与广州某计算机系统有限公司主张权利的"舞天姬"差异较大。（3）召唤兽形象。《逍遥西游》游戏中"灵熊、黑熊精"在造型、姿态、色彩等方面与广州某计算机系统有限公司主张权利的"小熊、黑熊怪"基本一致，两者构成实质性相似，其余召唤兽形象与广州某计算机系统有限公司主张的召唤兽形象差异较大。

就广州某计算机系统有限公司主张权利的文字作品，经比对：《逍遥西游》官方网站对于"人族、魔族、仙族特点、门派、人物属性"的描述与广州某计算机系统有限公司主张权利的《新大话西游2之四大种族》《新大话西游2之人物属性》内容基本一致，两者构成实质性相似；九游网等网页介绍《逍遥西游》游戏种族技能名称与《新大话西游 2 之种族技能》有部分相似，技能描述、功能基本一致，两者构成实质性相似，但《逍遥西游》游戏修改后的种族技能名称与《新大话西游 2 之种族技能》不同，技能描述、功能亦差异较大；《逍遥西游》官方网站介绍的“召唤兽技能获得、领悟技能”与《新大话西游 2 之召唤兽技能》基本一致，技能名称与《新大话西游 2 之召唤兽技能》不同，但技能效果基本一致，两者构成实质性相似；《逍遥西游》官方网站介绍的坐骑技能名称与《新大话西游 2 之坐骑技能》虽不完全一致，但技能效果、适合类型描述基本一致，《逍遥西游》游戏修改后的“神灵守护”技能名称与《新大话西游 2 之坐骑技能》虽不完全一致，但技能效果、适合类型描述基本一致，两者构成实质性相似。

二审法院对一审法院查明的事实予以确认。

➲ 法院判决理由与裁判结果

一审法院认为，综合广州某计算机系统有限公司的起诉、广州某网络科技有限公司、成都某科技有限公司、北京某科技有限公司的答辩，本案主要争议焦点为广州某网络科技有限公司、成都某科技有限公司、北京某科技有限公司行为是否构成对广州某计算机系统有限公司《新大话西游 2》案涉美术作品、文字作品复制权、改编权和信息网络传播权的侵害。

关于广州某计算机系统有限公司就其主张权利的美术作品、文字作品是否享有著作权的问题。（1）本案中，广州某计算机系统有限公司主张的《新大话西游 2》游戏中 36 个技能图标、6 个主角人物形象、21 个召唤兽形象等游戏美术资源均是以线条和色彩构成的、具有审美意义的图案，虽然部分技能图标中的图案相对简单，但作为网络游戏的组成要素而言，仍具有一定的独创性，应认定为受我国《著作权法》保护的美术作品。广州某计算机系统有限公司主张的《新大话西游 2》游戏中《新大话西游 2 之四大种族》《新大话西游 2 之人物属性》《新大话西游 2 之种族技能》《新大话西游 2 之召唤兽技能》《新大话西游 2 之坐骑技能》系对游戏技能、门派、角色等所作出的文字描述，用于游戏的说明及介绍，构建起整个游戏的主体内容及逻辑架构，其表达虽基于常规游戏的设计思路，如门派、技能、召唤兽、坐骑等，但如何定义种族、如何确定属性、如何描述技能效果，属于具体的表达，具有一定的独创性，属于我

国《著作权法》保护的文字作品。广州某网络科技有限公司、成都某科技有限公司、北京某科技有限公司辩称上述部分作品不具有独创性缺乏依据，一审法院对此不予采纳。

综合广州某计算机系统有限公司的举证并经比对，《逍遥西游 2》系《逍遥西游》的升级版本，《逍遥西游》《逍遥西游 2》游戏及宣传中使用的部分美术作品、文字作品与《新大话西游 2》游戏构成实质性相似。因此，一审法院判决广州某网络科技有限公司、成都某科技有限公司侵害了广州某计算机系统有限公司的复制权、信息网络传播权。

二审法院经审理认定本案的争议焦点主要如下：（1）广州某网络科技有限公司、成都某科技有限公司是否侵犯了广州某计算机系统有限公司对《新大话西游 2 之四大种族》等文字作品享有的复制权、信息网络传播权；（2）广州某网络科技有限公司、成都某科技有限公司是否侵犯了广州某计算机系统有限公司对《新大话西游 2》中主角人物形象等美术作品享有的复制权、信息网络传播权。

关于广州某网络科技有限公司、成都某科技有限公司是否侵犯了广州某计算机系统有限公司对《新大话西游 2 之四大种族》等文字作品享有的复制权、信息网络传播权的问题。本案中，广州某计算机系统有限公司主张保护的文字作品，如游戏种族、人物、技能的名称或简介等用于游戏说明及介绍的文字具有一定的创造性，属于我国《著作权法》保护的文字作品。

第一，关于被诉文字作品与广州某计算机系统有限公司主张保护的《新大话西游 2 之四大种族》等文字作品是否构成实质性相似的问题。关于实质性相似的判断主体问题。独创性是作品获得著作权保护的必要条件，独创性包括独立创作和具有最低限度的创造性，而创造性是该要件的核心。作品受著作权保护的事实并不意味着该作品的每个要素都可以获得保护，著作权保护可以延伸到作品中对作者而言具有独创性的组成部分。故，著作权侵权判断中认定实质性相似的主体应当与判断作品是否具有创造性的主体一致，即一般观察者。一般观察者的标准因作品种类的不同而有所不同，就本案而言，一般观察者的检验标准不仅应当与文字、美术等作品相联系，而且应当与网络游戏所涉及的游戏玩家、游戏开发者、游戏运营商等相关。即应当重点考虑网络游戏所针对的受众能否判断被诉文字、美术作品与权利人享有著作权的文字、美术作品实质性相似，当然不能仅限于西游题材类游戏玩家等受众。诚如广州某网络科技有限公司、成都某科技有限公司上诉所言，将种族设定为人、魔、鬼、仙四大类属于公有领域的常见表达，前述内容不受著作权法的保护，如果广州某网络科技有限公司中仅使用了人、魔、鬼、仙四大种族的设定并不构成侵权，但是《逍遥西游》官方网站中关于四大种族的介绍除了将游戏人物分为人族、魔族、仙族、鬼族外，亦使用了与《新大话西游 2 之四大种族》中四大种族具体特点、每一种族中均设定有男女两性的角色等相同的表达，在人、魔、仙各族门派具体的拜师地点、师傅名称等方面亦存在部分相同之处，而上述表达属于《新大话西游 2 之四大种族》中具备独创性的内容，故被诉作品与广州某计算机系统有限公司前述文字作品构成实质性相似。单个的技能名称或简介难以达到《著作权法》所要求的独创性，故比对时应当将其作为一个有机整体进行分析判断，同时应当结合前述文字作品所适用的网络游戏的整体故事情节、背景进行分析，在广州某计算机系统有限公司、广州某网络科技有限公司均将上述文字作品用于介绍西游题材的角色扮演类游戏，且二者均使用了相同的种族、门派、人物属性等内容的前提下，一审法院认定前述《逍遥西游》修改前的关于种族技能、召唤兽技能、坐骑技能等的描述与广州某计算机系统有限公司主张保护的文字作品《新大话西游 2 之种族技能》《新大话西游 2 之召唤兽技能》《新大话西游 2 之坐骑技能》构成实质性相似正确。

第二，关于接触的可能性。根据双方提交的公证证据以及相关资料结合判断，作为网络游戏开发运营者，被诉游戏《逍遥西游》及《逍遥西游 2》与《新大话西游 2》均为西游题材的网络游戏，结合被诉游戏文字作品与广州某计算机系统有限公司请求保护的文字作品的高度相似性，足以推定广州某网络科技有限公司接触了《新大话西游 2 之四大种族》等文字作品。

第三，关于不侵权的抗辩。广州某网络科技有限公司等上诉主张文字作品不构成侵权的理由主要在于被诉侵权的游戏也具有一定程度的创造性。一般而言，侵权作品中侵权内容所占比例或者侵权内容占权利人作品的比例并不影响侵权认定，在二审法院已经认定广州某网络科技有限公司抄袭的内容具有独创性的情况下，无论广州某网络科技有限公司或广州某计算机系统有限公司再额外创作多少内容也不影响该抄袭部分的侵权属性。

第四，关于广州某网络科技有限公司、成都某科技有限公司是否侵犯了广州某计算机系统有限公司对《新大话西游 2》中主角人物形象等美术作品享有的复制权、信息网络传播权问题。法律对于美术作品最低限度的创造性并未设定一个明确的判断标准，如前所述，美术作品是否具有最低限度的创造性的判断主体应当是一般观察者。从一般观察者的角度判断，只要具有最低限度的审美意义，且不属于公有领域的造型艺术，均应视为满足了作品的最低限度的创造性要求。如前所述，是否构成实质性相似应当以一般观察者的标准进行判断，同时应当根据不同作品自由创作空间的大小适用相对严格或相对宽松的标准。利用公共领域的元素进行创作的作品，在判断是否构成实质性相似时应充分考虑其公共属性。

综上所述，二审法院对一审法院关于文字作品、美术作品侵权的判决予以维持。

判解与学理研究

本案涉及网络游戏著作权侵权纠纷问题。近年来，网络游戏行业蓬勃发展，并已经成为新的经济增长点。网络游戏是一项复杂的大型作品，其中包含了文字作品、音乐作品、美术作品、图形作品等独创性元素。目前，世界各国对网络游戏的保护采取不同的方式。例如，将网络游戏整体当作计算机软件；将网络游戏规定为一种特殊类型的作品；由于网络游戏在运行过程中往往会有音乐和精美画面，将其整体当作视听作品来保护。针对网络游戏整体可以采取不同的认定方式，但是网络游戏中的游戏元素，即游戏角色名称、游戏技能、游戏招式等仍然可以作为独立的作品受到著作权的保护，可以将不同的元素归入美术作品或文字作品，并适用“接触＋实质性近似”的侵权判定规则。

一、游戏元素的独创性

（一）单一的游戏元素

独创性是受著作权法保护的作品的核心要件，针对不同类型的作品，著作权对创造性高度提出了不同的要求。本案主要涉及了网络游戏中的文字作品和美术作品。《著作权法实施条例》规定，文字作品，是指小说、诗词、散文、论文等以文字形式表现的作品。从传统意义上看，著作权法要求的文字作品必须能够体现作者的思想感情，因此作品必须有一定“表达量”的要求。作品过短难以承载作者的感情，因此很难具有独创性。以著名的“五朵金花案”

为例，短短四个字无法体现作者的感情，因此也不能使作者基于同一部作品享有两个著作权。然而，作品表达量的多少并非唯一的判断标准，只要独创性程度够高，即使只有几个字也能称为作品。例如，美国电影《我还是知道去年夏天你干了什么》或者米兰·昆德拉的《生命不能承受之轻》。对于游戏中的人物名称、技能名称等往往由于字数过短无法体现出作者的选择、取舍、安排和设计，创作空间狭窄，思想与表达常常会发生混同。考虑到文字作品主要被用来向读者传达作者的思想感情和一定的信息，游戏元素中的名称常常无法为读者传达特定的意思而不具有独创性。虽然玩家在操作游戏之后能够理解游戏元素中名称的含义，但是这种理解来自游戏整体而非单独的游戏元素。

除游戏中比较短的名称外，游戏上线时还会附带有"操作指南"此类的游戏说明，这种解说无疑是既满足了质的要求也满足了表达量的要求，可以单独地作为文字作品得到保护。游戏中的人物形象、道具形象、场景形象等通过图案、色彩、线条表现的作品，可以认定为《著作权法》规定的美术作品。但同时要对每一个元素进行单独辨认，如果是游戏中的卡通人物形象，属于"从无到有"进行的创作，应认定为可以具有独创性。但是，如果是以公共领域的素材为基础进行美术性的创作，则不一定具有独创性。如本案中将"魂"这一汉字进行艺术化的书写，虽然对原汉字的形态作出了一定改动，但是尚未形成新的风格。考虑到汉字的首要功能是表情达意而非审美，将汉字变为美术作品时要对独创性提出更高的要求。

同时，本案涉及以公共领域的素材为基础而创作的作品的独创性问题。公共领域是与专有领域相对应的概念，公共领域的素材代表着公共财富，任何人都可以自由地使用，不会被任何人垄断。但是，如果以公共领域的素材为基础，加入了自己的独创性创作，使之能够与公共领域相区分，这部分内容就可以进入专有权的保护范围，保护的程度则要有所下降。即保护范围只能及于"自己创作"的部分，而不能将公共财富一并纳入自己的私人领地，侵害社会公共利益。

（二）游戏元素的集合

单一的游戏元素因为独创性不足难以获得著作权法的保护，但是游戏元素可以“打包”作为一个有机整体视为游戏的剧情，作为文字作品保护。[①]在M.雷炳德（Manfred Rehbinder）的《著作权法》一书中，针对“科学作品”未获得著作权法保护问题，其认为“通说忽视了一点，尽管并非所有通过独创性方式表达出来的东西都可以作为作品受到保护，但是它们可以作为一个整体而受到著作权法的保护”[②]。根据这种“整体论”的观点，可以将游戏元素中的名称（人物角色、人物技能、场景）等整体认定为文字作品，如果有人对游戏元素中的名称进行大部分实质性挪用，可以认为是侵犯了文字作品的著作权。这一点在不同法院的判决中也得到了体现。如上海市第一中级人民法院在“炉石传说案”中指出：虽然卡牌上的文字说明，就单张卡牌或单一句子、段落而言，表达过于简单，难以达到《著作权法》所要求的独创性高度，“但卡牌上的文字说明是用以说明卡牌在游戏中所具备的技能或功能，将其组合成一个整体，可以视为游戏说明书而作为《著作权法》所规定的文字作品予以保护”[③]。由此观之，著作权对于文字作品的保护路径并非唯一的、僵化的，并非只能适用于单一的游戏元素，只要符合著作权保护所要求的独创性并且是以一定文字形式呈现的作品，都可以采用这种有机整体的保护方式。目前，在司法实践中对于网络游戏中单一元素的整体保护趋势正在加强。此外，在对美术作品中的元素进行比对的时候，不能将各元素提炼出来进行孤立的比对，而是要考虑到元素所适用的整体背景，即著作权是具有“语境性”的。即使单独比对两个作品可能区别较大，将其二者融入相似的背景下，这种表面上的区别可能就会被相似的背景“融化”，而产生实质性近似的效果。

二、实质性近似的认定

在司法实践中，知识产权侵权认定与一般民事侵权认定有很大的不同，著作权侵权行为的认定有着许多自己独特的规则，[④]这些规则通常是在个案裁判中累积而确立起来的，继而成为国际上较为公认的版权侵权判定原则。比如，“接触＋实质性相似”规则就在我国著作权侵权判定中被广泛适用。在法

① 参见孙磊：《电子游戏元素名称的知识产权保护》，载《电子知识产权》2016年第9期。
② ［德］M.雷炳德：《著作权法》，张恩民译，法律出版社2005年版，第395页。
③ 上海市第一中级人民法院（2014）沪一中民五（知）初字第23号民事判决书。
④ 参见吴汉东：《试论“实质性相似＋接触”的侵权认定规则》，载《法学》2015年第8期。

院具体适用的过程中，往往先就两个作品是否构成实质性近似进行比对再考虑被告是否有机会接触原告的作品。实质性近似是侵权判定的关键，关于实质性近似的认定有以下两点问题。

（一）实质性近似的判断主体

独创性是作品能够获得著作权保护的前提，也是判断是否构成实质性近似的前提，著作权的保护范围只能延伸至作品中的独创性部分。在著作权侵权诉讼中，判定实质性近似的目的是确认被告是否利用了原告作品中的独创性表达。判断一部作品是否具有独创性要从相关公众的角度考虑。所谓相关公众，应当是争议作品所能"辐射"到的一类主体而不限于争议作品直接针对的主体。本案中的争议对象是网络游戏中的文字作品和美术作品，因此对实质性近似的判断主体也应当与网络游戏、网络游戏中的文字作品和美术作品有一定关联，这类主体对相似的作品有普遍的认知能力，而诉争作品的消费群体往往也是这类主体。在对实质性近似进行判断时也可以适当参考商标法中判定"消费者混淆"的标准，即以相关公众的一般注意力为准。

（二）实质性近似的比较内容

在比对原告、被告双方作品是否构成实质性相似时，可以遵循"抽象—过滤—比较"的三步法。第一步，抽象，即将作品中的思想从表达中抽离出来。这就是著作权法上的思想与表达二分法。一部作品中必然包含思想，这种思想既可能是早就留存在公共领域中的思想，也可能是独创性的表达中体现出的新思想。对于早就在公共领域中的思想，因为属于公共财富，是一种"建筑材料"所以不可以被任何人垄断。而关于游戏规则、游戏题材，剔除掉精美的游戏画面与便捷的操作技巧，一款网络游戏最大的核心竞争力通常是富有创意的游戏规则。毫无疑问，权利人在开发电子游戏时会投入大量的资金和人力成本去打造新颖的游戏规则和玩法，但是在著作权法的框架下，这种创意规则往往会被归入思想的范畴内。由于著作权法并不支持"垄断思想"，反而鼓励针对相同的思想进行竞争性创作，所以游戏题材、游戏规则用著作权法保护存在困境。即使是创新性的思想，一旦被归入思想的范畴内，都不能获得著作权的保护。第二步，过滤，即刨除作品中包含的公共领域的表达。公共领域的表达要么缺乏独创性，要么早就已经过了保护期，要么被法律明确排除保护，是每个人都可以自由使用的创作素材，如果赋予任何人对公共领域的表达的独占权，则会阻碍表达自由，并变相地造成思想垄断。第三步，比较，即就两部作品“剩下”的部分进行比较，将被控侵权作品与原作品中的独创性表达进行比较。如果被告作品与原告作品的独创性表达构成了实质性近似才可认定侵权成立。实践中有的法院往往不遵循一定的步骤，直接对两部作品的整体进行比较。殊不知可能很多相似的部分都属于公共领域的表达，因此即使从“整体感观”上看，原告、被告的作品有相似之处，也不可直接认定侵权存在。

三、接触的可能性

“接触”指的是被控侵权作品的作者曾接触过原告受著作权保护的作品，同时该被控侵权作品又与原告作品存在内容上的实质性相似，在这种情况下，除非存在合理使用等法定的抗辩理由，否则即可认定被控作品为侵权作品。具体侵犯了被告何种专有权利，需要结合被控侵权内容的特征和被告侵权行为的具体表现加以判断。[①]

在对两个作品按照一定步骤进行对比之后，如果表达构成了实质性的近似，原告则需要证明被告曾经接触过或有机会接触到原告的作品。由于著作权是自动产生的，著作权法并不排斥两个人对相同的思想独立创作出了类似的表达，如果在思想的表达形式较为有限时，这种情况会更加普遍。即使表达形式相似，只要二人均属于独立创作，没有抄袭、剽窃他人的行为，则两人可以获得独立的著作权，都可以受到保护。在著作权侵权诉讼中，原告往往难以直接举证被告实际接触到了其作品。为了适当减轻原告的举证责任，法院往往采取一种“推定”，只要被告有能够接触到原告作品的可能性即可。本案中，参考原告提出的各种作品著作权登记的证明文件以及被告提供的能够证明作品最早完成的证据，可以认定原告作品的出现时间早于被告作品。又考虑到原告公司在与被告的相同领域内有一定影响力，被告不可能不知晓原告公司及其作品的存在，则直接推定被告有机会接触到原告的作品。如果此时被告能够提出反证推翻这种推定，则可以认为不存在接触，被告也属于独立的创作而不构成侵权。

四、反不正当竞争法的适用

本案中的原告就游戏规则、游戏题材等难以获得著作权法保护的对象寻

---

① 参见王迁:《著作权法》，中国人民大学出版社 2015 年版，第 36 页。

求了反不正当竞争法的救济。但是，各级法院并没有支持这一请求。原因在于反不正当竞争法的适用应当是有条件的、有限度的。游戏规则和游戏题材等作为公共领域的思想应当被自由地利用，不能被任何人垄断。如果权利人在著作权法框架下难以得到的权利在竞争法下就可以得到，那么著作权法会日渐成为"摆设"。因此法官"禁止向一般条款逃逸"不仅体现在适用同一部法律的时候不可以抛弃规则而适用原则，也体现在不能无限度地用兜底条款为权利人提供保护。《反不正当竞争法》第2条被称为"一般条款"，但是此条的适用也不是完全没有条件的，适用条件之一是该种竞争行为因违反诚信原则和商业道德而具有不正当性或可责性。因此，反不正当竞争法的适用应当具有"谦抑性"，如果包罗万象只会扩充私人领域而侵占公共领域，必然会从反对不正当竞争到阻碍了正当的竞争。就同一思想进行竞争性创作这正是实现著作权法追求的文化繁荣的手段之一，著作权法作为专门规范智力成果的产生、运用、保护的专门法，必然对智力成果的保护有比反不正当竞争法更周密的考量。既然著作权法已经能在一定程度上实现权利人和社会公众利益之间的平衡，反不正当竞争法不能肆意打破这种平衡。

五、结论

网络游戏的保护模式目前还存在一定争议，但可以肯定的是，无论网络游戏整体上是否可以作为一个作品，网络游戏中的独创性元素都可以成为独立的作品受到著作权的保护。以公共领域素材创作的作品只有具有独创性才能受到著作权法保护，而且保护的范围仅限于具有独创性的表达。对于公共领域中的不同类型素材，构成作品的独创性要求也是不同的。对于公共思想、公共题材，任何人都可以随意使用，而针对"汉字"等具有一定功能的公共表达，则需要具有较高的独创性才能获得保护。判定著作权侵权的"接触+实质性相似"公式，在适用时应当遵循"抽象—过滤—比较"的步骤，避免仅对作品整体进行比较后就得出侵权与否的判定。

涉及公有素材的独创性判断

——叶某某诉浙江某食品有限公司著作权权属、侵权纠纷案

/ 苏琳

本案要旨

民间传说通常以口口相传的方式流传于老百姓中，是我国宝贵的传统文化财富。创作者虽以民间观音传说中的公有素材为基础编写了《观音饼来历》，但在进行艺术创作的过程中融入了具有较高独创性的表达，该独创性表达部分应当受到著作权法的保护。擅自在上述作品基础上进行再加工，对文体表达方式作简单改变以及对部分词汇内容稍加置换的行为，构成对已有作品改编权的侵害。但"观音饼"作为具有传递信息功能的单个汉语词汇，并未达到作品独创性高度，且在事实上已成为一种通用名称，故不应得到著作权法的保护。

案件信息

上诉人（一审原告）：叶某某

上诉人（一审被告）：浙江某食品有限公司

案号：浙江省舟山市中级人民法院（2015）浙舟知初字第3号、浙江省高级人民法院（2016）浙民终118号

原被告主张及理由

原告叶某某诉称：浙江某食品有限公司（以下简称某食品公司）于2008年开始生产观音饼。"观音饼"三字来源于《观音饼来历》。叶某某系《观音饼来历》的作者，享有完整的著作权。某食品公司未经许可，在产品包装盒、手

提袋上改编使用叶某某的作品，且未注明作者系叶某某，侵犯了叶某某对上述作品的改编权、复制权、发行权、署名权、保护作品完整权、获得报酬权等权利，在经济和精神上给叶某某造成了巨大损失。请求判令某食品公司：（1）立即停止侵犯叶某某作品《观音饼来历》的改编权、复制权、发行权、保护作品完整权、署名权；（2）立即停止在其产品包装上使用“观音饼”名称，销毁其全部侵权包装及印刷模板；（3）在《浙江日报》上公开向叶某某道歉；（4）赔偿叶某某经济损失100万元，以及叶某某因制止侵权而发生的公证费、调查取证费2216元、律师费1万元；（5）赔偿叶某某精神损害抚慰金3万元；（6）承担本案的全部诉讼费用。

被告某食品公司辩称：（1）叶某某至今未能提供符合法律规定的证明著作权归属的直接证据，无法证明叶某某独创性地完成了诉争作品。（2）根据史料记载，明清年间，“观音饼”“观音糕”“观音土”“观音粉”等以“观音”冠名的食物为灾害年间饥民所食的事实由来已久，有国家图书馆出具的《检索报告》为证，经检索，自20世纪80年代至今，报纸文献、中国期刊共检索出包括“观音土”“观音饼”的文献1660余篇，古时以白土做饼称作“观音饼”即在民间广为流传，且“观音饼”的名称已被行政机关、生产者、销售者、消费者及相关公众广泛认知，成为一种约定俗成的商品通用名称。（3）鉴于叶某某不能举证证明其为《观音饼来历》的著作权人，亦非“观音饼”名称的独占权利人，其所主张的要求某食品公司承担停止侵权、赔偿损失、消除影响等责任于法无据。

一审法院查明的事实

叶某某原系中国作家协会会员、舟山市作家协会名誉主席、普陀山佛教协会文字顾问，其作品在全国、省市多次获奖。2003年年初，叶某某为筹建中的某旅游食品公司（以下简称某公司）开发的素食食品取名并创作主题故事。叶某某创作完成《观音饼来历》，并建议定名“观音饼”，经原普陀山全山方丈戒忍审阅后，交给某公司在“普陀山”牌观音饼外包装盒上印制使用。2003年10月，某公司就观音饼包装盒申请外观设计专利。在该观音饼包装盒上印制了《观音饼的由来》，全文与《观音饼来历》的内容相同。在标题“观音饼的由来”右下方处印有“南海戒忍题”。某公司在生产、销售观音饼过程中，在观音饼包装盒上使用叶某某作品的内容并未进行过变动。某食品公司的前身为舟山市G食品有限公司，成立于2005年8月25日，公司经营范围为糕点（烘烤类糕点、月饼）加工销售，预包装食品兼散装食品、乳制品（不含婴幼儿配方乳粉）批发兼零售。某食品公司在其生产销售的“G”牌观音饼的包装盒及黄色手提袋上印制了《观音饼的由来》内容。叶某某认为其系《观音饼来历》的作者，“观音饼”三字亦来源于《观音饼来历》。某食品公司未经许可，在生产销售的“冠素堂”牌观音饼包装盒、手提袋上改编使用其作品，且未注明作者，侵害了其对上述作品享有的著作权。

一审法院判决理由与裁判结果

浙江省舟山市中级人民法院认为：

第一，叶某某是否对涉案作品及作品名称中的“观音饼”享有著作权。

本案中，某公司以情况说明及法定代表人接受质询的形式，证明叶某某为某公司的观音饼包装盒上《观音饼的由来》的创作者，系《观音饼来历》的著作权人，并称以前有关观音饼故事创作及名称的说法与此有矛盾之处，以本案说明为准。结合证人周某的证言、叶某某的身份及创作能力，以及某食品公司在（2014）浙舟知初字第24号案件中陈述的某公司生产销售的观音饼包装盒上印制的《观音饼的由来》系叶姓老师执笔的具体情节，该院认定，某公司生产销售的观音饼包装盒上《观音饼的由来》系叶某某创作，该作品即叶某某主张创作的《观音饼来历》。

关于叶某某创作的《观音饼来历》是否具有独创性问题。从某食品公司提供的检索资料来看，民间有食用观音糕、观音粉、观音土的传说及记载，但并未提到观音用捏土为饼的方式解救灾民。叶某某创作的《观音饼来历》虽是依据民间观音传说的公有素材，但加入了作者想象的“捏土为饼”“如是者三”“山矮坡陷”等情节，并用古文体形式加以表达，具有一定的独创性，属于我国著作权法所保护的文字作品。

关于“观音饼”的著作权问题。“观音饼”一词作为单个汉语词汇，具有表达思想、传递信息的功能，任何人均不能禁止他人正当使用，只有在该汉语词汇具有著作权法意义上的独创性时，才能认定为作品。本案中“观音饼”一词并不具有法律意义上的作品的要素，不具有作品的属性，且“观音饼”系商品的通用名称。叶某某虽然系文字作品《观音饼来历》著作权人，但不能基于该作品享有两个著作权，这既不符合法律逻辑，也不符合法律规定。

第二，某食品公司的行为是否侵犯了叶某某就《观音饼来历》享有的改编权、复制权、发行权、保护作品完整权以及署名权。

叶某某的《观音饼来历》与某食品公司的《观音饼的由来》题材相同，但两部作品语言风格不同，叶某某作品采用古文体，文字精练，某食品公司作品语言偏白话，用语略显粗糙。两部作品均含有东土大旱、百姓无粮果腹、观音大发慈悲、枝洒甘霖、禾苗复苏、观音化为村妇、捏土为饼、解救灾民，以及后人感恩观音，仿其形制作观音饼供奉、分食的情节，但某食品公司作品中没有“如是者三”“山矮坡陷”等情节。在文学、艺术领域，任何一部作品的创作都离不开对前人成果或已有素材的使用。著作权法对作品的保护是对作品表达的保护，不延及作品的思想或主题。因此，法律并不禁止创作者对前人作品的合理借鉴。但对他人作品的借鉴，应当限于对作品思想、主题或属于公有领域内容的借鉴，对他人作品中具有独创性的表达不得擅自使用。本案中，某食品公司作品的人物安排、情节排布很大程度上来源于叶某某作品，包含叶某某作品的主要创作表达，用语也存在一定相似度，但某食品公司将叶某某古文体的《观音饼来历》改编为白话体的《观音饼的由来》的行为，并不是对叶某某作品的原样再现，而是在叶某某作品基础上进行的再创作，具有一定的主动性。某食品公司将叶某某的作品改编为白话文体，事先并未获得叶某某的许可，且某食品公司将改编后的作品用于商品销售，也未向叶某某支付报酬，故某食品公司在包装盒上印制《观音饼的由来》的行为侵犯了叶某某的改编权。

判决如下：（1）某食品公司于判决生效之日起立即停止涉案侵权行为，即在生产、销售的观音饼产品包装上停止使用侵犯叶某某享有著作权的作品，并销毁已印制的侵权作品包装盒、手提袋及印刷模板；（2）某食品公司于判决生效之日起三十日内，在《浙江日报》上就其涉案侵权行为，公开向叶某某赔礼道歉；（3）某食品公司于判决生效之日起十日内赔偿叶某某经济损失及为诉讼支出的合理费用共计10万元；（4）驳回叶某某的其他诉讼请求。

上诉主张及理由

叶某某上诉称：（1）原审被告所使用的《观音饼的由来》作品是对原审原告《观音饼来历》作品的剽窃、歪曲、篡改；（2）原审原告依法享有“观音饼”名称的著作权，“观音饼”三个字不是商品的通用名称；（3）原审被告的违法所得可以计算，应依此确定赔偿标准；（4）原审被告不但侵犯了原审原告的财产权，还侵犯了人身权，精神损害赔偿的诉请应得到支持。

某食品公司上诉称：（1）一审判决认定本案《观音饼的由来》系原审原告创作，某食品公司产品包装上使用《观音饼的由来》系对叶某某作品的改编，均属事实认定错误；（2）某食品公司将《观音饼的由来》用于商品销售应认定为一种工业设计上的使用；（3）某公司以《观音饼来历》作为后视图的主要部分申请了观音饼包装盒的外观专利，且至今该外观专利已经失效，《观音饼来历》故事在观音饼商品外包装上使用已进入公有领域，某食品公司涉案使用行为不构成侵权。

某食品公司针对叶某某的上诉理由答辩称：叶某某上诉请求中增加了要求认定某食品公司的行为属于对叶某某作品的剽窃、歪曲、篡改，该请求已经超出了二审审理范围。其余意见同上诉理由。

叶某某针对浙江某食品有限公司的上诉理由答辩称：一审判决认定某食品公司涉案行为构成侵权正确。

二审法院查明的事实

二审法院经审理查明：《普陀年鉴》将观音饼列入旅游特产选介一栏，载明普陀观音饼系普陀著名传统糕点，因原产于普陀山而得名，是普陀寺庙传统素斋食品，2003 年，普陀观音饼被首届舟山中国海鲜美食文化组委会评为舟山 10 款名小吃之一。《普陀山志》将观音饼列入土特产一栏，载明普陀山观音饼是在普陀山素饼制作手工艺基础上结合中国现代食品加工工艺和高科技生产工艺精制而成。《普陀山大辞典》载明，观音饼于 2003 年开发并投入市场，采用海苔、黑芝麻、花生等天然原料做馅，是低糖健康食品。上述证据可以证明，观音饼现为舟山旅游特产的产品名称。

二审查明的事实与一审认定的事实一致。

➲ 二审法院判决理由与裁判结果

浙江省高级人民法院认为争议焦点如下：

第一，叶某某是否对涉案作品及作品名称中的“观音饼”享有著作权。某食品公司在（2014）浙舟知初字第24号案件庭审中明确认可“在寺庙僧人提出故事提纲后，由叶老师执笔修改的”。而某公司在本案中亦认可叶某某系《观音饼来历》一文的著作权人。结合证人周某的证言、叶某某的身份及创作能力，可以认为本案已形成较为完整的证据链足以证明叶某某系《观音饼来历》一文的著作权人。

“观音饼”一词作为单个汉语词汇，系由“观音+名词”组成，类似的称谓还有“观音土”“观音粉”“观音糕”“观音卷”“观音酥”“观音茶”等，与之相应的民间传说亦均早已有之，其并不具有著作权法意义上的独创性，不能被认定为作品。至于“观音饼”是否属于通用名称的问题。通用名称，是指某类商品或服务的名称，不能发挥类似商标那样指示商品或服务来源的功能，仅能标示商品或服务的种类。如果通用名称被少数经营者垄断，将增加消费者选购商品的搜索成本。本案中，虽然某食品公司没有提供能够证明2003年前在舟山地区“观音饼”作为商品通用名称使用的证据，但首先，根据国家图书馆出具的《检索报告》，2001年5月29日《扬子晚报》刊登的《与父亲远行》一文记载有“观音饼”的说法，说明在全国范围内早于2003年即有“观音饼”一词。其次，《普陀年鉴》《普陀山大辞典》《普陀山志》均将观音饼作为一种食品记载在土特产或旅游特产一栏。最后，“观音饼”除本案涉及的G品牌和普陀山品牌外，还存在其他品牌的观音饼，普通消费者对观音饼的认知亦主要限于普陀山区域的旅游食品的称谓，“观音饼”一词并不具有区分商品来源的作用。综上所述，叶某某对“观音饼”一词主张著作权的诉请，二审法院不予支持。

第二，某食品公司的行为是否侵犯了叶某某就《观音饼来历》享有的改编权、复制权、发行权、保护作品完整权以及署名权。首先，两者故事情节一致，部分用词存在相似，但两者在文字表述、语言风格上不尽相同，公司产品不是简单地重复原作品的内容，属于在叶某某的《观音饼来历》的基础上进行的再创作。因某食品公司未经叶某某许可对原作品进行改编并用于商品销售，也未向叶某某支付报酬，原审法院认定其侵犯了叶某某的改编权并无不当。

其次，本案中，某食品公司在其观音饼包装盒上使用的是改编后的《观音饼的由来》，而不是叶某某的《观音饼来历》，并非被动地再现叶某某作品，或以出售、赠与方式向公众提供叶某某作品复制件，因此，某食品公司的行为并未侵犯叶某某所享有的作品复制权、发行权。某食品公司在改编过程中，对叶某某作品一些情节和用词进行删改，但未对作品进行歪曲、篡改，与叶某某作品在主题思想上较为一致，也未损害或者贬低叶某某声誉。因此，某食品公司的行为未侵犯叶某某享有的保护作品完整权，不属于剽窃、歪曲、篡改行为。至于是否侵害署名权的争议，虽然叶某某在原作品上未加署名，但不能以此否定叶某某所实际享有的署名权，某食品公司在改编原作时未表明原作者身份，仍构成对叶某某署名权的侵害。

第三,一审确定的赔偿数额是否合理，对精神损害赔偿是否应予支持。本案中，某食品公司在产品包装上使用《观音饼的由来》是促使消费者选择购买某食品公司观音饼产品的因素之一，但并非唯一因素，一审法院在综合考量各因素的基础上，酌情确定某食品公司赔偿经济损失及为诉讼支出的合理费用为 10 万元，并无不当。至于叶某某要求某食品公司赔偿精神损害抚慰金的诉讼请求应否予以支持，虽然某食品公司使用侵权作品侵害了叶某某的署名权，但一审法院已判决由某食品公司承担公开赔礼道歉及赔偿 10 万元的侵权责任，对被诉侵权行为已作出了明确否定性评价，足以慰藉被诉侵权行为给叶某某造成的精神损害，故对叶某某要求某食品公司赔偿精神损害抚慰金的诉讼请求不再予以支持。

第四，某食品公司使用叶某某《观音饼来历》一文是否属于对已失效外观设计专利的利用。某公司享有的观音饼包装盒外观设计专利于 2004 年 6 月 23 日授权公告，其后视图印有《观音饼来历》一文，该外观设计专利现已进入公有领域。因该外观设计专利权保护范围应局限于与外观设计专利产品在相同或相近似类别的产品上使用相同或相似的图案等设计，也就是说，专利失效以后公众可以自由地使用包装盒，但在该保护范围以外，如果对涉案作品进行版权性使用仍应获得著作权人的许可，两者并不冲突。本案中，某食品公司在其自身设计的包装上使用涉案作品系版权性使用，不属于对已失效外观设计的利用，不影响著作权人叶某某对其作品《观音饼来历》一文行使著作权。

判决：驳回上诉，维持原判。

判解与学理研究

本案所涉作品是以公有领域内的民间传说为素材进行再创造而形成的独创性表达，在公共素材的基础上加上个性化选择和判断的表达理应受到著作权法的保护。然而，对于“观音饼”等名称是否能够单独受到著作权法的保护呢？本案认定“观音饼”作为传递信息之单个汉语词汇，属于思想而不是表达之范畴，不是著作权法的保护对象，本案对于公共领域和私人领域之划分具有借鉴意义。以下将结合案件，对作品名称是否受著作权法保护以及侵犯改编权和保护作品完整权的认定加以探讨。

一、思想和表达之界分

思想与表达二分法原则，即著作权法只保护作品的思想的表达方式，而不保护思想本身，是著作权法中的一项基本原则。思想与表达二分法原则是划分作品中受保护范围的理论工具。然而，实践中对于何为思想、何为表达的判断存在争议，需要法院结合具体个案进行具体分析，并结合个案中作品的种类、性质以及特点进行综合认定。著作权法所保护的不是作品所体现的思想、主题、情感等，而是作者欲传达其内心思想、情感的表达或表现。[①]

（一）字面复制法

即只要被控侵权部分与作品的字词符号完全相同或大体相同，则视为对原作品表达的使用。字面复制法为早期所使用的界分方法，仅指著作权只禁止字面复制，除字面复制以外的所有借鉴和利用作品的行为都未侵犯原作的著作权。[②]若仅采取字面复制法来界定何为思想、何为表达，则得出著作权只有复制权之结论，即除了对文字作品进行字面复制以外，翻译、改编等都为合法行为。

（二）抽象概括法

即将作品进行一系列不同层次的抽象和概括，若将作品比作一座金字塔，则具体的字词语句表达为金字塔的底端，作品的主题思想为金字塔的顶端，在金字塔中，高层次的中心思想、主题、故事结构等属于思想之领域，而低层次

---

① 参见《北京市高级人民法院关于审理著作权纠纷案件若干问题的解答》第 2 条的规定，“著作权法对作品的保护，其保护的不是作品所体现的主题、思想、情感以及科学原理等，而是作者对这些主题、思想、情感或科学原理的表达或表现……”。

② 参见卢海君：《版权客体论》，知识产权出版社 2011 年版，第 31 页。

的具体故事进展、人物关系等则属于表达之范畴。正如北京市第二中级人民法院指出的，思想和表达在大多情况下都属于混合状态，即人物、情节、场景、语言等元素从抽象到具体，往往处于纯粹的思想与纯粹的表达之间，兼具两者的特点。[①]而判断这些处于混合状态的元素是否属于著作权法的保护范围，应以抽象性和独创性为标准进行具体衡量和判断。一般而言，越抽象的概括则越接近于思想之范畴，而越具有独创性、体现个人特性则越接近于表达之范畴。

在本案中，原告是否对“观音饼”名称享有著作权取决于该“观音饼”名称是否属于著作权意义上的独创性表达。根据法院查明的事实，首先，有关“观音饼”的表述早在原告创作《观音饼来历》之前已在民间存在，该名称不符合独创性要件中“独”之要件，更谈不上符合“创”之要件。其次，即使“观音饼”名称为原告之首创，其也属于思想而不是表达之范畴，不是著作权法保护的客体。第一，名称由较短的名词文字组成，仅依据名称本身无法独立完整地表达作者之内心世界的思想情感，无法传达足够具体的内容，仅指代一种扁圆状的、以小麦粉为主要原料制成的馅料食品；第二，单个汉语词汇有传递信息之功能，若将文字作品比作一座房子，则单个汉语词汇则为砌成房子的每一砖每一瓦，而著作权法保护的是房子的独特造型，即著作权法仅保护能够体现特定思想内涵的具体表达形式。若对砌成房子的要件，即对砖和瓦给予排他权利，则极大地损害了公众利益，也不利于文学艺术的创新，违背了著作权法的立法宗旨。由此，法院认定“观音饼”这一名称不能构成著作权法意义上的作品，原告叶某某对“观音饼”的名称也不能享有著作权。然而，若在通用元素、公有素材等思想范畴的基础之上，加上作者的个性化选择和判断，则亦可符合独创性之要件，构成受我国著作权法保护的具体表达。如本案原告叶某某以民间观音传说的公有素材为基础，在此之上加上自己的个性化创作，以古文体形式加上“捏土为饼”“如是者三”“山矮坡陷”等情节，构成著作权法意义上的独创性表达。

① 参见北京市第二中级人民法院（2008）二中民终字第 02232 号民事判决书。

二、侵犯改编权的认定

改编权是改变作品创作出具有独创性的新作品的权利，[①] 该权利旨在控制他人对作品进行未经授权的再创作行为。虽然本质上任何创作行为都建立在前人的基础之上，即“站在巨人的肩膀上”，但著作权人需要法律保护因改动其作品而产生的派生利益，以此维系创作中的利益平衡关系，更好地促进科学文化事业的繁荣发展。[②] 法律并不禁止创作者对前人的作品进行合理借鉴，但该合理借鉴应当限于对思想、主题或属于公有领域内容的借鉴，而不应当完全借鉴原有作品中具有独创性的表达部分。

复制权与改编权的差异在于，复制权控制的是再现原作品的行为，被控侵权客体与原作品相同或者实质相似，并不构成新作品；而改编权控制的是在保留原作品基本表达基础上通过改变原作品而创作出新作品的改编行为，被控侵权客体相较于原作品已具有新的独创性，属于原作品的演绎作品。[③] 由此可见，侵犯改编权需满足以下要件：保留原作品的独创性表达，以及在此基础之上增添新的独创性表达。具体而言，要判断是否侵犯改编权，首先，应判定被控侵权部分的表达是否与在先作品中相对应的表达部分构成实质性相似。毕竟只有保留、借鉴原有作品的基本表达，才能够在此基础之上基于原有作品进行再创作，生成新的作品。其次，判断改编后的表达是否具有独创性，若具有独创性则侵犯了著作权人的改编权，若不具有独创性则侵犯了著作权人的复制权。

在司法实践中，依旧适用“接触＋实质性相似”的判断思路来界定改编作品的保护范围，即界定思想与表达之分野。[④] 在目前的司法实践中，除了用传统的字面复制法和抽象概括法对是否构成实质性相似进行判断，实践中还逐渐发展出了整体比对法，又称“整体概念与感觉检验法”，是指从作品的整体出发对是否构成实质性相似作出直观感受的判断方法，由此，公有领域的素材、有限表达等非独创性成分也被纳入比对范围。即在对思想和表达进行界分

① 我国《著作权法》第10条第1款第14项规定：“改编权，即改变作品，创作出具有独创性的新作品的权利。”

② 参见李杨：《作品改编权保护的历史之维》，载《知识产权》2018年第6期。

③ 参见上海市高级人民法院（2018）沪73民终300号民事判决书。

④ 参见张玲玲、张传磊：《改编权相关问题及其侵权判定方法》，载《知识产权》2015年第8期。

时，应观察原告作品和被控侵权表达之整体观感或著作权所予人之意境，该整体观感或予人之意境属于表达之范畴，可成为著作权法之保护对象。整体比对法最早源于美国司法实践，具体而言可分为两步：第一步，外部测试，法院通过作品所隐含的“思想”来判定相似性，即法院对作品类型、所选素材、主题等进行分析；第二步，内部测试，即在确定思想范畴相似的基础上，以合理水平的观察者的感受对在先作品和在后表达之间是否构成表达上的相似进行判断。①

在本案中，法院即通过整体比对法认定《观音饼来历》和《观音饼的由来》构成实质性相似，再在此基础上论证《观音饼的由来》具有一定独创性，即侵犯了原告的改编权而不是复制权。原告虽基于公有领域素材中的民间传说进行写作，但其作出的古文体的《观音饼来历》能够体现原告的个性化选择、安排和判断，具有独创性，构成著作权法意义上的作品。将原告作品《观音饼来历》和被告在不同口味产品的包装盒及手提袋上印制的两篇《观音饼的由来》进行对比，首先，两者使用了相同的创作主题和题材，《观音饼的由来》仅对《观音饼来历》中部分情节进行了删减，在整体上仍然显现出《观音饼来历》的影子，即依据整体比对法认定借鉴了原作中表达的部分；其次，除个别表达相似外，《观音饼的由来》与《观音饼来历》在用词选择和语言风格上存在诸多不同之处，能够认定属于各自独立的表达，而不是简单地重复原告作品的内容，故属于在原告作品基础上的改编作品。根据我国《著作权法》的规定，原作的改编权归原告所有，被告未经原告的同意实施了改编行为，应当承担侵权责任。

三、侵犯保护作品完整权的认定

保护作品完整权是保护作品不受歪曲、篡改的权利，② 属于著作人身权的范畴。判断是否侵犯保护作品完整权有主观认定标准和客观认定标准两种：主观认定标准主张以主观状态为主要参照，侧重于考察被控侵权人是否具有歪曲、篡改的主观意图；客观认定标准主张以客观结果为主要参照，侧重于考察

① 参见卢海君：《论作品实质性相似和版权侵权判定的路径选择——约减主义与整体概念和感觉原则》，载《政法论坛》2015 年第 1 期。

② 我国《著作权法》第 10 条第 1 款第 4 项规定：“保护作品完整权，即保护作品不受歪曲、篡改的权利。”

是否因被控侵权人歪曲、篡改作品的行为而客观上导致了作者的声誉降低。目前在司法实践中，法院认定侵犯保护作品完整权的标准不一，裁判尺度不统一，缺乏相对明确的规则。[①] 大多数学者指出，应当采取客观标准，以歪曲、篡改行为是否产生"有损作者声誉"之结果作为判断标准。即从一般理性人的角度来看，歪曲、篡改行为是否有损作者的声誉，具体而言，需满足两个要件：一为是否违背作者的主观意愿，是否损害作者主观上的名誉或感情；二为是否致使社会公众对作者声誉和尊重的降低，或者是否贬低了社会公众对作品的客观评价。[②]

在本案中，被告在改编《观音饼来历》的过程中，仅对作品的一些情节和用词进行了删改，并没有对作品进行任何歪曲、篡改，与原作在主题思想上较为一致，也未损害或者贬低原告叶某某声誉。因此，被告的行为不属于歪曲或篡改行为，并未侵犯原告所享有的保护作品完整权。

四、结论

著作权法仅保护作者在创作过程中所欲传达其内心情感、思想、观念、主题的具体表达或表现，而不保护该情感、思想、观念、主题本身。然而，思想和表达的界分是理论界和实践中的难点问题，对于短小精悍的名称是否能够成为著作权法意义上的独创性表达存有争议。本案对于公有领域和私有领域的划分具有重要意义。首先，对公有领域的素材进行再创作，加入作者个人的选择性编排、取舍等，亦能形成受著作权法保护的独创性作品；其次，作为具有传递信息功能的短小精悍的名称，对其属于独创性表达的认定应当更加谨慎。本案中，法院认定"观音饼"这一汉语词汇并非来源于原告本人，而是一种通用名称，并未达到作品独创性高度，不属于著作权法意义上的表达。公有领域和私有领域的正确划分有利于平衡创作者与社会公众之间的利益，并进一步保证著作权法之激发创作积极性，促进文学艺术繁荣发展的目的真正实现。此外，改编权和复制权不同，对于侵犯改编权的认定，除了判断在后表达是否不合理地借鉴了在先作品中的相关表达以外，还应当判定在后表达自身是否具备一定的独创性。侵犯改编权亦往往涉及是否侵犯保护作品完整权的问题。对于侵犯保护作品完整权的判断，存在

① 参见张玲：《保护作品完整权的司法考察及立法建议》，载《知识产权》2019 年第 2 期。

② 参见管育鹰：《保护作品完整权之歪曲篡改的理解与判定》，载《知识产权》2019 年第 10 期。

主观标准和客观标准，本案法院采取了客观标准，认为被告仅对原作的一些情节和用词进行了删改，并没有任何歪曲、篡改的行为，未损害或者贬低原告的声誉。

历史题材作品中独创性的认定

——夏某诉敬某等侵犯著作权纠纷案

/ 袁瑞婷

➲ 本案要旨

对于历史题材的文学作品，单纯的主题选择属于思想的范畴，不受著作权法的保护。历史题材作品涉及大量史实。史实属于不受著作权法保护的客观事实，对史实的发现、还原、记载，不具有独创性，属于公共领域，任何人均可运用史实进行创作。作者运用史实创作中所使用的具体表达，可以体现独创性，受著作权法保护。以同一历史题材为主题进行创作，难免会因为表达方式的受限而出现相同或相似的表达，此种有限表达通常不具有独创性，不受著作权保护。

➲ 案件信息

申请人（一审原告、二审上诉人）：夏某

被申请人（一审被告、二审被上诉人）：敬某、李某、刘某

案号：四川省南充市中级人民法院（2013）南中法民初字第58号、四川省高级人民法院（2014）川民终字第174号、四川省高级人民法院（2014）川民申字第2187号

➲ 原被告主张及理由

原告在一审中主张：原告及其妻刘某某、其子夏某1共同创作的《落下闳传略与释义》（以下简称《传释》）原创了“春节创始人落下闳”“闳翁”等概念，首次将春节与落下闳，以及落下闳是老人联系起来，被告敬某提出的“春

节老人落下闳”抄袭了《传释》“春节创始人落下闳”“闳翁”的关键语句；原告等在《传释》中主观推测落下闳生卒时间属原创，并独创了“闳翁的生平”和“落下闳简介”两段话，被告敬某所作《落下闳简介》的名称是对“闳翁的生平”和“落下闳简介”进行剪辑拼凑形成，并抄袭概括落下闳生平的相关内容；被告敬某投资建设星座苑，被告李某在合伙经营管理星座苑时提出“春节老人落下闳”的口号构成侵权；被告刘某在创作《星座苑·图片文字》及《星座苑·解说词》中使用“春节老人落下闳”侵权，并抄袭了《传释》相关内容和使用了与《传释》实质相似的相关内容。因此，敬某、李某、刘某的行为共同构成对《传释》著作权侵权。

被告敬某辩称，原告提出《传释》发表于2000年9月无证据证明，其《传释》未公开出版，不能为敬某阅读，客观上不能构成侵权；落下闳为特定历史人物，其创制《太初历》确定春节为特定历史事件，属于史实，非原告发现、独创；“春节老人”系词组，不构成著作权法上的作品，且“春节老人”无法复制、重复利用，不应成为著作权法保护的对象；原告提出敬某于2005年侵权已超过诉讼时效，若原告主张敬某侵权成立，则漏列登载敬某文章的某报社和某出版社两个责任主体。

被告李某辩称，李某在管理星座苑中所用材料是史实，是正当使用，不侵犯原告著作权。

被告刘某辩称：落下闳生平及其在天文学等方面的历史贡献早为古籍、方志、辞书记载，后人对文献史料收集整理予以研究使用，《星座苑·解说词》为刘某独自完成作品，该作品主要构成元素、原始材料、事实均是史料所载落下闳其人及其成就等史实；刘某所著《星座苑·解说词》发表于2006年年初，原告所著《传释》主要构成元素、原始材料、事实亦使用了与刘某作品中相同的史料、史实，该部分史料已进入公共领域，不为原告独占，且《传释》公开发表时间迟于刘某作品公开发表时间；《星座苑·解说词》不是纯文字作品，为还原或模拟历史文献中记载落下闳的历史事件、故事的场景，在作品中采用了展板图示、楹联、连环画等表达方式，原告所著《传释》仅以文字叙述为唯一表达方式，两作品明显具有差异性，刘某对《星座苑·解说词》享有著作权。

法院查明的事实

2000年8月，原告及其妻刘某某、其子夏某1完成《传释》文字作品。2001年3月21日，原告、刘某某、夏某1对《传释》手写稿、样稿、正式稿、样书在南充市顺庆区公证处申请了证据保全。公证事项为保全书稿原件。2011年，《传释》取得内部资料性出版物（图书）南市新出内（2011）4号准印证号。2005年8月起，被告敬某先后在网站及有关报刊上发表《落下闳：春节老人》《落下闳应是中国的春节老人》《春节老人落下闳》《落下闳生平简介》等文章。被告李某在管理星座苑中提出了“春节老人落下闳”的口号。被告刘某所作的《星座苑·图片文字》及《星座苑·解说词》中使用了“春节老人落下闳”“落下闳简介”及涉及落下闳生平、成就等内容。

二审法院、再审法院对原审法院查明的事实予以确认。

法院判决理由与裁判结果

一、一审

本案一审法院四川省南充市中级人民法院认为，历史人物本身及相关史实处于公共领域，作者对历史人物及相关史实的表述和评论可体现独创性，受著作权法保护。

关于敬某等作品中“春节老人落下闳”的表达是否构成对原告发表的《传释》中“春节创始人落下闳……闳翁（落下闳翁）”内容的侵权。一审法院认为，落下闳等创制《太初历》确定了农历正月初一（现春节）为岁首系客观存在的史实，属于公共领域，任何人均可以利用该史实创作作品。落下闳在人生晚年被人们称谓为“闳翁”或“老人落下闳”是与年龄阶段相适应的通常有限表达，不具有独创性。原告在《传释》中将落下闳表达为老人和春节创始人，敬某等将落下闳表达为春节老人，两种表达方式均出自春节由来与落下闳直接有关的思想，由于两种表达方式的构成简短，创作空间相对狭窄，不可避免地涉及春节和落下闳等词汇。《传释》在不同的语句中分别突出表达“春节创始人”及“闳翁”，春节与创始人之间、落下闳与老人之间更为紧密，两者之间通过联系组合才能整体反映出春节创始人是落下闳老人的表达。敬某等作品表达的“春节老人落下闳”，春节与老人之间、落下闳与春节老人之间均紧密联系，并直接、清晰地表达出春节老人是落下闳。由此可见，《传释》与敬某等的作品在表达春节由来与落下闳的关系上，各自采用的词汇结构以及体现的内涵意思均存在明显差异，并不构成侵权。

关于敬某等作品中“落下闳生平”、“落下闳简介”、简介内容、“历法样板”是否构成对原告发表的《传释》中相关内容的侵权问题。一审法院认为，对于某人整个生活过程的介绍或简明扼要的介绍，人们通常使用某人生平或某人简介，对于比喻学习的榜样，人们通常使用“样板”一词，生平、简介及样板均是日常生活中常用且不具有显著性的词汇，因此，原告提出的“闳翁生平”“落下闳简介”“历法样板”等语句，不具有独创性，同时针对落下闳简介的相关内容由姓名、生卒时间、原籍、简评等组成，只能使用相同或基本相同的表达形式，也不应受到著作权法保护。

关于原告所列《落下闳生平简介》《星座苑 · 图片文字》《星座苑 · 解说词》的其他比对内容是否构成对《传释》的侵权问题。一审法院认为，《传释》与《落下闳生平简介》《星座苑 · 图片文字》《星座苑 · 解说词》等选取的题材均以落下闳生平、成就等为主题，在人物简历、历史事件、人物关系、历史评价、历史影响等题材选择方面趋于一致，但双方对作品题材的选择属于创作思想，本身不受著作权法保护，双方可针对相同题材各自进行创作。由于受到史实的限制，作品选择题材的范围相对有限，选择的题材可能相同，不应纳入侵权范围认定。原告列举《传释》和《落下闳生平简介》选择题材所含知识点、顺序进行对比，提出七个知识点相同构成侵权，由于《落下闳生平简介》选择题材创作顺序符合通常的表达方式，与《传释》选择题材创作顺序也不相一致，因此，《落下闳生平简介》所涉知识点及顺序不构成对《传释》的侵权。《传释》与《落下闳生平简介》《星座苑 · 图片文字》《星座苑 · 解说词》对比的其他内容主要涉及落下闳生卒时间、《太初历》来历、《太初历》内容（包括确定岁首、纳入二十四节气等）、落下闳发明创造（包括置闰法、浑天仪、辗转相除法等）及运用方法（包括代数方法等）、落下闳在史书中排名及原因、落下闳的历史影响及评价等，涉及创作选择的题材不构成侵权。《传释》中对于落下闳生卒时间的表述属于历史事实的发现、还原范畴，不受著作权法的保护。涉及《太初历》相关内容（包括确定岁首、纳入二十四节气等）、落下闳发明创造（包括置闰法、浑天仪、辗转相除法等）及运用方法（包括代数方法等）是已经发生并客观存在的史实，属于公共领域，《传释》对史实的记载不具有独创性，不应纳入著作权法保护范围。排除上述选择的作品思想及公共领域因素，《传释》与《落下闳生平简介》《星座苑·图片文字》《星座苑·解说词》对比的其他内容在语言表达、详略记载、结构安排等方面各有鲜明的特点，阅读双方的作品未产生整体近似的联想，双方作品内容未达实质相似的程度。

综上所述，一审法院认为被告并未侵害原告的著作权，驳回原告的诉讼请求。原告不服，提起上诉。

二、二审

本案二审法院四川省高级人民法院认为，落下闳作为历史上著名的天文学家，其对天文学的重要贡献已被载入史册，其在天文学方面的重要成就及其生平事迹等早已通过历代史书、方志、辞书、文献等形式广为传播，从而进入公有领域并为大众共享，任何人均可以利用这些已公开的史实创作出有独创性的作品并受著作权法的保护。通过对原告就敬某、李某、刘某侵犯其《传释》著作权所列举的相关内容进行比对，其在《传释》中有“春节创始人落下闳”“闳翁”“闳翁的生平”“落下闳简介”等表达。敬某等将落下闳表达为春节老人，两种表达方式均出自落下闳与春节由来直接有关的思想，在表达春节与落下闳的关系上，原告与被告各自作品中的语言风格、结构及表达的思想内涵上存在明显差异。在汉语语言中，对于某人生活经历的介绍，通常采用“某人生平”或“某人简介”等语句进行表达，将某人或某事比喻为学习的榜样或模本，通常也可采用“样板”予以表述，因此，“生平”“简介”“样板”作为汉语常用词汇，并不具有显著性，原告提出的“闳翁生平”“落下闳简介”“历法样板”等语句，不具有独创性。同时，在汉语语言中，对某人生平或简介的相关内容的表述，习惯采用姓名、生卒时间、籍贯、简评等结构，因此，针对落下闳简介的相关内容由姓名、生卒时间、原籍、简评等组成，只能使用相同或基本相同的表达形式，不受著作权法保护。

二审法院还认为，以历史人物及其生平事迹为题材进行创作，无论以何种形式予以表达，都必须在尊重基本历史事实的前提下进行创作，而单纯的历史事实应归于公有领域，任何人基于创作需要均可进行使用，并不受他人使用情况的限制。对于历史题材作品而言，受限于基本史实，作者对题材的选择空间受限，在此情况下出现选题相同也就在所难免。由于上诉人与被上诉人在创作中选取的题材均以落下闳生平、成就等为主题，涉及人物简历、历史事件、人物关系、历史评价、历史影响等题材选择方面难免一致，作者对于作品题材的选择属于创作思想，而著作权法保护的是思想的表达，思想本身不受著作权法保护，因此，涉及创作选择的题材亦不构成侵权。《传释》中对于落下闳生卒时间的表述属于对历史事实的发现、还原，不符合作品独创性的要求，不受著作权法的保护。涉及《太初历》相关内容（包括确定岁首、纳入二十四节气等）、落下闳发明创造（包括置闰法、浑天仪、辗转相除法等）及运用方法（包括代数方法等），是已经发生并客观存在的事实，属于公共领域，双方可针对相同题材运用史实独立进行创作。经过比对，排除上诉人与被上诉人各自作品中属于创作思想以及公有领域中历史事实的部分，各自作品的其余部分在具体语言表达上特征鲜明，风格迥异。《最高人民法院关于审理著作权民事纠纷案件适用法律若干问题的解释》第 15 条规定："由不同作者就同一题材创作的作品，作品的表达系独立完成并且有创作性的，应当认定作者各自享有独立著作权。"因此，被告敬某、李某、刘某以历史人物落下闳的生平事迹为主要内容创作的作品，并未构成对原告《传释》作品著作权的侵犯。

综上所述，二审法院认为被告并未侵害原告的著作权，驳回原告的诉讼请求。原告（二审上诉人）不服二审判决并申请再审，主张其在案涉《传释》中原创了"春节创始人落下闳""闳翁"等概念，首次将春节与落下闳、落下闳是春节老人联系起来，并主观推测出落下闳的生卒时间，属于原创，独创了"闳翁的生平"和"落下闳简介"两段话。

三、再审

本案再审法院四川省高级人民法院认为，首先，"闳翁"这一表述不应受著作权法保护，理由在于，落下闳作为历史人物，具有公知性，任何人均可利用相关史实表述该人物，而"翁"字则通常为对男性老人的称谓，将落下闳这一人名附加一个"翁"字，难以体现为一种独创性思想，也难以称为思想的表达，故这一表述因缺乏独创性而不应受到著作权法保护。其次，被告有关"春节老人落下闳"的表述是否抄袭原告"春节创始人落下闳"这一表述，再审法院认为，落下闳等人因创制《太初历》而让后人将其与春节紧密联系起来，而原告与被告敬某、李某、刘某对此史实的表达方式均出自落下闳与春节由来直接有关的思想，但在表达春节与落下闳的关系上，原告与被告在各自作品中的语言风格、结构及表达的思想内涵上存在明显差异，故不能认定被告有关“春节老人落下闳”的表述侵犯了原告有关“春节创始人落下闳”的相关表述。最后，被告对落下闳的相关介绍也未侵犯再审申请人的相关著作权。因在日常用语中，对某人的介绍通常采用“生平”或“简介”等词语进行表述，而“样板”作为已有词汇也并非原告独创，故原告所提“闳翁生平”“落下闳简介”“历法样板”等语句并不具有显著性和独创性，不应受著作权法保护。另外，在汉语言中，对历史人物的介绍通常都会包含姓名、生卒时间、籍贯、简评等内容，因此，对同一历史人物的简介或表述其生平时难免会基于表达方式的受限而存在相似的表达方式，倘若当事人要求保护此种表达方式，则难免妨碍有益于精神文明建设的作品创作和传播。故，对原告的该申请再审理由，再审法院不予支持。

综上所述，再审法院认为原审法院判决并无不当，驳回原告的再审申请。

➲ 判解与学理研究

本案中，三被告均主张史实属于公共领域，不受著作权法保护。一审、二审以及再审法院也均运用了公共领域理论将原告主张的被侵权内容排除出著作权法保护的范围之外。但一审、二审、再审法院在对理论的运用方面，存在细微的差别。

一、理论基础

在对本案的判决进行分析之前，首先需要明确本案主要涉及的历史事实、历史题材在公共领域理论中的地位。笔者认为，历史事实可以被公共领域中的客观事实所涵括，从而被排除出著作权这一专有权的范畴。历史事实是客观的，不随人的认知或表达而改变，任何人都有权使用相同的事实进行文学创作，并经由自己独特的表达体现出作品的独创性，从而获得著作权法的保护。

同时，历史事实和历史题材的选择，也可以借由思想与表达二分法对其予以排除。根据凯宜斯特的理论，“思想”是体现在标的中的信息，而“表达”

是关于信息的描述，是承载信息的媒介。[①] 换言之，“思想”与“表达”是“无形的内在”和“有形的外在”的关系。而历史事实和历史题材正是一种无形的内在，是体现在标的中的信息，是思想的一种。

思想与表达二分法作为各国著作权法普遍采用的规则，旨在对具有独创性的表达进行保护，而对思想本身不加以保护。思想与表达二分法起源于国外的判例，国内法律未有相关的明确规定，但是司法实践中有不少直接依据该原则作出判断的案例，其已然成为我国著作权案例中较为重要的原则之一。[②] 该原则的重要性、实用性在于，思想与表达二分法中同时兼顾作者的著作权和公共利益，更好地在二者之间达成利益平衡，在全社会范围内促进创作的发展。[③] 思想与表达二分法的运用使著作权法一方面保护表达从而保护作者的劳动成果，另一方面不保护思想，进而避免对思想的垄断而阻碍其他人的创作，甚至阻碍文化的传承和发展。

题材的选择属于思想而非表达，不能被专有权人所垄断。对于同一历史题材，任何人都有权利使用。[④] 而历史题材相较于其他题材的特殊之处在于，历史题材的作品需要尊重史实，因而在表达方面可能选择范围较小，容易出现相似之处，在对其进行实质性相似的判断之时需要考虑到“史实真实性的限制”。[⑤]

二、判决分析

本案历经三次审判，法院均得出了相同的结论。但三次审判中法官的说理存在细微的不同，本文将通过对三次审判说理的比对分析，进一步探究在司法实践中如何运用公共领域理论，如何运用思想与表达二分法。

一审判决中，法院首先指出历史人物及历史事实属于公共领域的一部分，任何人可自由利用，但作者对人物和史实的创造中具有独创性的表达受到著作

---

① 参见冯晓青：《著作权法中思想与表达二分法原则探析》，载《湖南文理学院学报（社会科学版）》2008 年第 1 期。

② 参见冯晓青：《著作权法中思想与表达二分法之合并原则及其实证分析》，载《法学论坛》2009 年第 2 期。

③ 参见吴汉东：《著作权合理使用制度研究》，中国政法大学出版社 1997 年版，第 43 页。

④ 冯晓青、韩萍：《私权保护中的知识产权公共领域问题研究——基于实证案例的考察》，载《邵阳学院学报（社会科学版）》2018 年第 4 期。

⑤ 冯晓青、韩萍：《私权保护中的知识产权公共领域问题研究——基于实证案例的考察》，载《邵阳学院学报（社会科学版）》2018 年第 4 期。

权法的保护。这一总括性的陈述明确指出法院使用公共领域理论对本案进行评判，同时该陈述也体现了思想与表达二分法的内涵——具体表达可借由独创性而受到著作权法的保护，具体表达背后的思想则属于公共领域的范畴，不受著作权法的保护。

在对判决所使用的理论进行基本描述后，一审法院从公共领域的三个角度展开了论述。其一，从史实的角度展开。法院指出，落下闳等人创作《太初历》，并因此确定农历的正月初一是一年之首属于“客观存在的史实”。[①]而客观存在的史实属于公共领域，不受著作权法保护，任何人均可以在创作中对其自由利用。对此，法院强调史实的客观性，客观事实不能为专有权人所垄断。因此，原告有关其作品首次将春节与落下闳联系起来的主张并不成立。

其二，从通常有限表达的角度展开。法院指出，将落下闳称为“翁”或者“老人”，是人们对于老年人的通常有限表达，不具有独创性，不受著作权法的保护。与此同时，因为落下闳与春节相关是客观事实，“春节老人落下闳”“春节创始人落下闳”这样的表达的创作空间十分有限，难以避免使用词汇的重复。除此之外，“生平”“简介”“样板”等词汇也是日常生活中被人们经常使用的通常有限表达，因此原告的“落下闳简介”等语句只是将人名与这些词汇进行简单的组合，不具有独创性。此种表达也属于通常有限表达，难以找到其他的表达形式，因此属于公共领域的范畴而不受著作权法的保护。

其三，从历史题材的角度展开。法院指出，涉案作品《传释》与《落下闳生平简介》《星座苑 · 图片文字》《星座苑 · 解说词》选择的作品题材一致，均为落下闳的生平及成就。但作品的题材属于思想的范畴，思想则属于公共领域，不受著作权法的保护。法院在这里明确使用了思想与表达二分法的方法，将属于思想的作品题材与作品的表达区分开，通过思想与表达二分法平衡专有权人利益和公共利益。

历史题材具有特殊性，因为历史题材的作品会受到史实的限制，“选择题材的范围相对有限，选择题材可能相同，不应纳入侵权范围认定”[②]。易言之，历史题材作品的特殊性体现于其受制于史实，这类作品的“表达”可能相对有限，不同作品之间存在相似之处的可能性较大。在判断是否构成实质性相似

① 四川省南充市中级人民法院（2013）南中法民初字第 58 号民事判决书。
② 四川省南充市中级人民法院（2013）南中法民初字第 58 号民事判决书。

时，应当充分考虑这一点。在涉及历史事实的情况下，也可以运用思想与表达二分法中的情景原则予以判断。情景原则强调，在阐释一部作品的核心观点时，如果创作者只能借助特定的语言或引用广为人知的叙述来描绘相关的历史背景和故事脉络，以符合作品的内在逻辑，在评估作品内容的独创性时，就应去除这些特定的表述，然后对剩余部分进行实质性相似与否判断。笔者认为，从这个角度论述历史题材的作品在侵权认定中的特殊性更为合适。因为题材无论是历史的还是非历史的，都属于作品思想的一部分，本身就不受著作权法的保护。任何题材都可以被创作者自由使用，任何相同的题材都不应被纳入侵权范围认定，而不是只有历史题材才不应被纳入侵权范围认定。《最高人民法院关于审理著作权民事纠纷案件适用法律若干问题的解释》第 15 条也指出，不同作者就同一题材创作的作品，作品属于独立完成并且表达具有独创性的，应认定为作者享有著作权。可见，题材本身不属于著作权法的保护范围，不只有历史题材如此。

二审判决中，法院指出落下闳的事例已经“进入公共领域并为大众共享”[①]，任何人均可对其自由利用，并创作出受著作权法保护的具有独创性的作品。

其一，法院指出“生平”“简介”“样板”等词语都是汉语中的常用词汇，不具有显著性。法院在此使用了一般使用于商标法中的术语——显著性，笔者认为将其替换为独创性更符合著作权的语境。“显著性”一词一般用于指代商标具有的可以识别产品出处并将其与其他产品区别开来的性质，而独创性则是作品受著作权法保护的基本条件。对此，笔者认为指出“生平”等简单常用的词语不具有独创性更贴切。在明确了这一点后，法院进一步指出，原告所主张的被告对“落下闳简介”等词语的使用并不构成侵权，因为这些词语都是通常有限表达，不具有独创性，不受著作权法的保护。

其二，法院运用了思想与表达二分法的原理，指出作者对题材的选择是创作思想的一部分，而著作权法仅保护具有独创性的基于思想的表达，不保护单纯的思想。因此，对题材的选择属于创作者的自由，原告、被告作品基于共同的题材——落下闳生平事例进行创作的行为并不构成侵权。对此，二审法院的说理指出基于历史事实的选题难免会出现题材相同的情况，但这一论述并无

---

① 四川省高级人民法院（2014）川民终字第 174 号民事判决书。

必要，因为题材本身在任何情况下都属于不受著作权法保护的思想部分。

其三，法院指出历史事实属于公共领域，是已经发生并且客观存在的事情，任何人均可对其自由利用。原告对历史事实单纯的叙述不具有独创性，不受著作权法的保护。法院在此援引了《最高人民法院关于审理著作权民事纠纷案件适用法律若干问题的解释》，指出根据同一题材创作的作品并不影响作者各自享有著作权。笔者认为此处法条的引用似乎放在第二部分对于作品题材的选择说理部分较为妥当，此处的说理应专注于对客观事实的使用属于公有领域不受保护，而上一部分的说理才是专注于作品题材的选择属于创作思想，基于思想与表达二分法的原理，选择相同的题材不构成侵权。

在明确了以上公共领域内容不受著作权法保护后，法院指出，在排除了公共领域内容，包括创作思想和历史事实的部分后，涉案作品并不构成实质性相似，各自的作品都在表达上具有各自鲜明的特征，因此作者应各自享有独立的著作权，不存在侵权的事实。不难看出，一审、二审法院在判决说理上几乎没有区别，双方得出了一致的结论。

再审法院的判决说理则和一审、二审法院有所不同，更为简洁精准。其说理基于两种原理：一是通常有限表达不受保护；二是思想与表达二分法。一方面，再审法院指出“闳翁”“闳翁生平”“历法样板”等词语不具有独创性，不受著作权法保护。同时法院还强调，落下闳属于历史人物，其生平经历是公共知识的一部分，任何人均可自由利用相关事实。与一审、二审法院不同的是，再审法院还指出，如果对通常有限表达加以保护，则会“妨碍有益于精神文明建设的作品创作和传播”[①]。这一论述体现了著作权法以及公共领域理论的核心思想——达成专有权人和社会公众之间的利益平衡，促进作品创作以及传播，加强社会主义精神文明的建设。另一方面，法院针对原告关于自己首次将落下闳与春节联系起来的主张，指出落下闳与春节由来有关属于思想的范畴，而原告、被告在自己的作品中对这一思想的表达存在明显的区别，根据思想与表达二分法的原理，被告的行为不构成对原告的侵权。此处再审法院的说理路径与一审法院存在不同，一审法院指出落下闳与春节相关属于客观事实，而再审法院则将其归属于思想的范畴，客观事实和思想都属于公共领域范畴，二者的论述有异曲同工之妙。

① 四川省高级人民法院（2014）川民申字第2187号民事裁定书。

三、结论

本案历经三审，三个法院均基于公共领域理论驳回了原告的主张。一审和二审的判决十分相似，可以将其说理分为三个部分：一是客观史实不受著作权法保护；二是通常有限表达不受著作权法保护；三是历史题材选择范围有限，不宜将其认定为著作权侵权。本文主要针对第三点说理的不妥之处进行了分析，指出所有的作品题材都属于思想的范畴，根据思想与表达二分法的原理，均不受著作权法的保护。再审的判决则更为精简有力，从通常有限表达不受保护和思想与表达二分法两个角度入手，辅以社会公共利益进行论述，点出了著作权法公共领域理论的核心思想——达成利益平衡，促进有益于精神文明和物质文明建设的作品创作和传播。

公共利益对著作权人权利行使的限制

——齐甲等诉湖南某出版公司等侵害著作权纠纷案

/ 袁瑞婷

➲ 本案要旨

默示许可制度是对著作权人授权的推定。在满足特定条件的前提下，著作权人没有明确表示不得使用其作品即可推定为著作权人授权使用其作品。默示许可制度有利于促进作品的传播和利用，满足公众的文化需求，达成著作权人利益、使用人利益和公共利益之间的平衡。同时公共利益始终是著作权法追求和保护的目标，也是公共领域理论的基石。在保护著作权人利益的同时，也要注意对公共利益的保护。

➲ 案件信息

上诉人（一审原告）：齐甲、齐乙、齐丙、齐丁

上诉人（一审被告）：湖南某出版公司

一审被告：天津某图书公司

案号：天津市和平区人民法院（2014）和知民初字第 0096 号、天津市第一中级人民法院（2015）一中民终字第 0448 号

➲ 原被告主张及理由

齐甲等四人原审诉称，其系齐白石涉案美术作品《柳桥独步》的合法继承人，湖南某出版公司在没有合法授权的情况下，以营利为目的，多年来非法出版发行包括涉案美术作品《柳桥独步》在内的《齐白石全集》第三卷。天津某图书公司对外销售了该涉案作品。齐甲等四人认为湖南某出版公司、天津某

图书公司的上述行为侵犯了涉案作品的著作权，故请求原审法院判令：（1）湖南某出版公司、天津某图书公司立即停止对涉案作品《柳桥独步》的侵权行为；（2）湖南某出版公司于《人民日报》上向齐甲等四人赔礼道歉；（3）湖南某出版公司赔偿齐甲等四人的经济损失及合理支出共计2万元人民币；（4）诉讼费用由湖南某出版公司负担。

➲ 法院查明的事实

一审法院查明，齐白石的两位配偶均去世。本案中，齐甲为齐白石的七子，齐丁为齐白石四子的长子，齐乙是齐白石五子的四子，齐丙是齐白石长子之长孙。

相关公证书表明，关于齐白石老人的出版稿酬及各种权益，凡与齐甲、齐丁及齐丙相关部分的权益均委托齐乙全权办理。齐甲、齐丁、齐丙对齐乙在权限范围内签署的有关文件均予以认可，并授权齐乙有权转委托。湖南某出版公司认为齐甲等四人曾就包括涉案作品的《齐白石全集》第三卷向其主张过权利。齐甲等四人对此表示认可，但同时表示该案立案后，又放弃了对湖南某出版公司主张涉案《齐白石全集》第三卷的权利，仅就齐白石老人的其他作品向其主张权利。

1994年，湖南省文化厅、湖南省文物事业管理局、湖南省新闻出版局下发通知，确定《齐白石全集》由湖南某出版公司编辑出版。1995年和1996年4月15日，齐白石后人齐戊与齐己分别以个人名义授权湖南某出版公司出版《齐白石全集》。在此期间，湖南某出版公司与多个图书馆、博物馆及个人签订组稿协议，拍摄齐白石书画作品，并于1996年10月编辑出版了该《齐白石全集》。现齐甲等四人主张权利的美术作品《柳桥独步》收录于《齐白石全集》第三卷。湖南某出版公司提交证据并表明，该全集出版发行除得到了齐白石四子齐己及长子之三子齐戊授权，亦有其他后人从湖南某出版公司先后领取了《齐白石全集》样书的情形。对该事实，齐甲等四人表示认可，同时确认齐乙于2004年7月领取了十套《齐白石全集》样书，因齐白石家族共分为十支，每支获得一套。齐甲等四人还表示湖南某出版公司于1996年10月出版发行该全集时就已知晓，其于2004年7月13日首次向湖南某出版公司主张权利，但湖南某出版公司予以否认，认为齐乙至湖南某出版公司处仅是为了解有关出版的情况。当庭齐甲等四人、湖南某出版公司确认，2007 年 12 月齐甲等四人向湖南某出版公司就本案纠纷主张过权利，要求其停止侵权，赔偿损失，湖南某出版公司对此予以拒绝。

深圳某印刷公司表示其应湖南某出版公司的委托，于 2001 年或 2002 年，最迟不超过 2004 年，对涉案的《齐白石全集》进行了印制。其印制该全集使用的仍然是 1996 年 10 月的版本，其后该公司未再印制过。深圳某彩印公司表示其在 1996 年 10 月接受湖南某出版公司委托对涉案全集进行制版。后于 2008 年 3 月或 4 月再次受湖南某出版公司的委托，印制了涉案全集 500 套；2012 年又印制了 1000 套。其印制该全集使用的仍是 1996 年 10 月的版本。同时，其还明确表示 1996 年 10 月之后至 2008 年之前未印制过该全集。此外，《齐白石全集》第三卷版权页上仅体现了 1996 年 10 月第一版第一次印刷，该版权页上未标注定价、印数及在版编目数据。

二审法院对原审法院查明的事实予以确认，并补充查明以下事实：2004 年 7 月 13 日，齐乙收到湖南某出版公司出版的《齐白石全集》一套。湖南某出版公司于 2001 年至 2004 年，存在委托深圳某印刷公司再次印制《齐白石全集》的行为。

法院判决理由与裁判结果

一、一审

本案一审法院天津市和平区人民法院认定齐甲等四人为齐白石老人涉案美术作品著作权的合法继承人。截至 2007 年 12 月 31 日，齐白石的涉案作品著作权中相关的财产权利应在法定保护期内，由包括齐甲等四人在内的涉案作品著作权继承人享有。

根据齐甲等四人提交的涉案公证书证明，齐乙为齐甲等四人的诉讼代表人。齐乙作为诉讼代表人委托涉案两名诉讼代理人的程序，符合法律规定。至于湖南某出版公司提出的重复诉讼问题，因齐甲等四人、湖南某出版公司之间的涉案纠纷未形成既判力的裁决，不属于法律规定的一事不再理的范畴，故对湖南某出版公司的主张不予支持。

关于湖南某出版公司于 1996 年 10 月的涉案出版发行行为的合法性问题，首先，齐白石家族的人数众多，湖南某出版公司欲取得涉案著作权继承人的一一授权，于现实中难以实现。其次，出版社与著作权人之间的出版合同关系体现的是一种授权行为，即著作权人将其发行权、复制权授予出版社行使，出版社依此享有出版专有权并支付著作权人报酬的法律关系。而著作权人的授权行为既包括明示授权行为，亦应包括默示授权行为。默示授权，是指被代理人虽然没有明确表示将代理权授予代理人，但是可以从某些客观情况或事实推断其为授权的意思表示。齐白石涉案作品继承人自该全集出版时即已知晓，其一直未对出版行为提出异议。且该继承人分十支，每支领取一套涉案样书，其亦没有证据显示其在合理期间内就湖南某出版公司的出版行为提出异议，故该继承人的上述行为，应认定为默示授权的意思表示。湖南某出版公司于1996年10月出版发行《齐白石全集》的行为，既获得两位继承人的明示授权，又得到了继承人代表的默示授权。最后，湖南某出版公司出版发行的《齐白石全集》是国家“八五重点出版规划”项目，属于继承和传播中华传统文化的行为，有助于促进优秀文化作品的推广与传承，有利于社会主义文化的发展与繁荣。综上所述，该出版发行行为不能被认定为侵权行为。

根据《著作权法》第30条的规定，图书出版者出版图书应当和著作权人订立出版合同，并支付报酬。对此湖南某出版公司提出其以支付样书的形式即视为支付报酬的抗辩理由经审理查明并无相关事实依据及法律依据，法院不予支持。但根据法律规定，诉讼时效期间从知道或者应当知道权利被侵害时起计算。齐甲等四人自湖南某出版公司出版发行涉案作品时即已知晓，至其主张权利时，即齐甲等四人、湖南某出版公司双方认可的2007年12月，其主张已超过诉讼时效，且并不存在诉讼时效中断、中止或延长的事由。湖南某出版公司主张齐甲等四人的相关诉讼请求已超过诉讼时效，法院依法予以支持。

根据《著作权法》第32条的规定，图书出版者重印、再版作品的，应当通知著作权人，并支付报酬。故，湖南某出版公司于2001年至2004年，即涉案作品著作权法定保护期内，就委托深圳某印刷公司对涉案的《齐白石全集》进行印制的行为，应向齐甲等四人支付相应的报酬。就涉案美术作品《柳桥独步》报酬的计算标准，法院参考了《国家版权局关于出版美术作品适用版税问题的意见》中的相关规定，认定湖南某出版公司支付齐甲等四人其再次印制的相应报酬及维权损失，共计300元人民币。此外，上述事实应为齐甲等四人向法院申请调取证据后获知，并未超过诉讼时效。

湖南某出版公司于2008年1月1日之后对涉案作品进行复制发行的行为，以及天津某图书公司对涉案作品的销售行为均发生在涉案作品著作权中相关财产权的法定保护期外，依据《著作权法》的相关规定，湖南某出版公司、天津某图书公司的上述行为未侵犯齐甲等四人的相关著作权权益，故对齐甲等四人要求湖南某出版公司、天津某图书公司停止侵权及湖南某出版公司赔偿齐甲等四人该部分的经济损失的请求，法院不予支持。

对于齐甲等四人提出要求湖南某出版公司向其赔礼道歉的请求，因湖南某出版公司的上述行为并不涉及涉案作品人身权方面的内容，而赔礼道歉不适用于著作权财产权纠纷的责任承担，故齐甲等四人的该项请求没有法律依据，法院不予支持。

二、二审

齐甲等四人不服原审判决，提起上诉。主要上诉理由如下：（1）齐乙于2004年7月仅领取《齐白石全集》一套，而非十套。齐乙当时已就侵权问题向湖南某出版公司提出交涉，原审判决认定“齐白石继承人默示授权”不应成立。湖南某出版公司侵权事实确凿，应当承担侵权责任而非违约责任。（2）湖南某出版公司自1996年10月开始侵权，至2007年12月仍在持续，该侵权行为应从最后一个侵权行为发生日开始计算诉讼时效，故己方之主张，并未超过法定保护期，亦未超过诉讼时效。（3）原审法院判决湖南某出版公司承担300元赔偿过低，湖南某出版公司应就其侵权行为向己方和社会赔礼道歉。

针对上诉人齐甲等四人的上诉请求，湖南某出版公司辩称：（1）己方出版《齐白石全集》已取得齐白石著作权继承人齐戊、齐己的授权，并以给样书抵稿酬的形式支付了相关报酬，故己方的出版行为不构成侵权；（2）齐甲等四人的起诉已超过诉讼时效及著作权保护期。

同时，上诉人湖南某出版公司认为原审判决认定事实不清，适用法律错误，上诉请求二审法院判令：（1）依法撤销原审判决；（2）驳回齐甲等四人的起诉；（3）本案一审、二审诉讼费用由齐甲等四人负担。其主要上诉理由如下：（1）齐甲等四人并无证据证明其为齐白石作品著作权的合法继承人，原审法院认定齐甲等四人取得齐白石作品著作权的继承权没有根据。齐甲等四人的代理人对于某、刘某的授权不符合法律规定，代理人代为提起诉讼不合法，原审法院立案程序亦不合法。（2）己方出版发行《齐白石全集》依法取得了授权，不应向齐甲等四人承担法律责任。（3）深圳某公司职员胡某在本案一审期间所作证词错误，该印刷公司并未在2001年至2004年有过印刷《齐白石全集》的行为，湖南某出版公司不应向齐甲等四人支付重印报酬。

针对上诉人湖南某出版公司的上诉请求，齐甲等四人辩称：（1）己方有权提起本案诉讼，齐甲等四人均是齐白石作品著作权的合法继承人；（2）己方的起诉并未超过诉讼时效及涉案作品著作权保护期；（3）己方展示的褐色、蓝色、白色封底的《齐白石全集》纸张、厚度、色泽等都不相同，足以说明存在多次印刷的事实，湖南某出版公司应当对其出版发行《齐白石全集》的行为承担侵权责任。

原审被告天津某图书公司对上诉人齐甲等四人、上诉人湖南某出版公司的上诉请求均未发表陈述意见。

二审法院认为，第一，关于齐甲等四人是否为涉案作品著作财产权的合法继承人，以及是否有权提起诉讼程序的问题。

根据相关事实，应认定齐甲等四人为齐白石涉案美术作品著作财产权的合法继承人。湖南某出版公司主张齐甲等四人未取得涉案作品著作财产权的继承权，但并未提出足以推翻上述判决所认定相关事实的相反证据，故该主张法院不予支持。

法院经审查认为，齐甲等四人的代理人授权委托符合法律规定，应为合法有效，原审法院立案程序并无不当。湖南某出版公司提出的齐甲等四人的代理人授权不合法、无权提起诉讼程序、原审法院立案程序违法等上诉理由，缺乏法律及事实依据，法院不予采信。

第二，关于湖南某出版公司的涉案出版、发行行为是否侵害齐白石涉案作品著作权问题。

《齐白石全集》由湖南某出版公司于1996年10月出版发行，系国家“八五重点出版规划”项目。该全集的出版发行促进了中华传统文化的继承与传播，发展、繁荣了社会主义文化。涉案作品《柳桥独步》编录于该全集第三卷中。由于齐白石继承人人数众多、难以确定，且分散于各地，齐白石作品出版如需取得全体继承人同意，一则难以实现，二则将会导致齐白石作品在保护期内难以出版，不仅不符合包括齐甲等四人在内的齐白石作品著作财产权继承人的利益，也有违著作权法促进文化传承与发展的精神。湖南某出版公司在出版发行《齐白石全集》时，亦取得了齐白石作品著作权继承人齐戊、齐己的许可。该出版发行行为并不会妨碍齐白石继承人对作品的正常使用，亦不会损害其合法利益。事实上，齐甲等四人的起诉也未获得全体继承人的授权。综合考虑以上因素，法院认定湖南某出版公司出版、发行《齐白石全集》中使用涉案作品《柳桥独步》的行为，不构成对该作品著作权的侵害。

第三，关于湖南某出版公司是否应向齐甲等四人承担支付报酬的民事法律责任，以及数额是否过低问题。

根据法院已查明事实，湖南某出版公司在2001年至2004年存在未经著作权人许可，再次印刷涉案作品的行为，故其依法应向齐白石作品著作财产权的合法继承人支付报酬。湖南某出版公司虽主张其在上述期间内不存在重印行为，不应支付报酬，但其提供的证据不足以证实该主张成立，故法院不予支持。就涉案美术作品《柳桥独步》报酬的计算标准，原审法院参考《国家版权局关于出版美术作品适用版税问题的意见》的相关规定，并结合本案实际情况，酌定300元人民币，并无不妥。齐甲等四人认为数额过低，亦缺乏事实及法律依据，法院不予支持。

综上所述，上诉人齐甲等四人和上诉人湖南某出版公司的上诉请求，因事实及法律依据不足，法院均不予支持。

判解与学理研究

本案的核心问题在于，如何平衡著作权人的利益和公共利益。与此同时，原告即齐白石涉案作品的继承人自涉案作品出版之时便已知道其存在，并且领取了涉案作品的样书，却一直没有对出版行为提出异议的行为，是否构成对涉案作品的默示许可。

一、判决概述与分析

本案的一审和二审法院虽然论证路径有所不同，但均给出了相同的结论。

一审法院关于该问题的论述分为三个部分：其一，一审法院指出基于现实情况，即齐白石的继承人众多，湖南某出版公司很难同时取得所有涉案著作权继承人的一一授权。其二，法院指出，著作权人的授权行为分为明示授权行为和默示授权行为。在本案中，原告明知涉案作品已经出版，一直未提出异议并且领取了样书，可以认定为其通过默示的方法进行了授权。同时，湖南某出版公司也获得了齐戊和齐己两位继承人的明示授权。其三，湖南某出版公司出版的涉案书籍是国家“八五重点出版规划”项目。法院指出，涉案书籍“属于继承和传播中华传统文化的行为，有助于促进优秀文化作品的推广与传承，有利于社会主义文化的发展和繁荣”[①]。

二审法院关于该问题的论述也可以分为两个部分：其一，二审法院指出齐白石的继承人众多、分散于各地且难以确定。如果出版齐白石的作品需要获得所有继承人的同意，一方面难以实现，另一方面也不利于齐白石作品著作财产权继承人的利益，[②]同时不利于文化的传播和弘扬。其二，湖南某出版公司在出版作品时已经取得了同是齐白石作品著作权继承人的齐戊和齐己的授权，其出版行为不损害齐白石继承人的合法利益，也不影响作品的正常使用。同时，原告四人的起诉也没有获得所有齐白石作品著作财产权继承人的授权。考虑到以上因素，二审法院作出了和一审法院相同的判断。

一审法院在论述中使用了公共领域的理论对著作权人的专有权进行了限制，即出于公共利益的考虑，将原告的行为认定为默示授权。同时基于现实情况指出，湖南某出版公司很难取得所有涉案著作权继承人的授权，据此驳回了原告的请求。二审法院的说理和一审法院相类似，也采取了公共利益保护理论，即出于公共利益的考虑，需要在著作权人、出版商以及社会公众之间实现利益平衡。同时二审法院在说理中还使用了《保护文学和艺术作品伯尔尼公约》(以下简称《伯尔尼公约》）第9条第2款中的“三步检验法”，即判断对专有权的限制是否属于特殊情况、限制是否影响作品的正常使用、限制是否损害作者的合法利益。[③]与之不同的是二审法院没有将原告的行为认定为默示授权，反而指出原告的起诉未获得全体继承人的授权。其综合考虑以上因素，认定湖南某出版公司的行为不构成对原告著作权的侵害。可见，一审法院论述的重点在于默示授权，而二审法院论述的重点在于公共利益。

---

① 天津市和平区人民法院（2014）和知民初字第0096号民事判决书。

② 《齐某芷、齐某末等诉江苏某出版社侵犯著作权纠纷案》，载《最高人民法院公报》2012年第9期。

③ 参见王国柱、李建华：《著作权法定许可与默示许可的功能比较和立法选择》，载《法学》2012年第10期。

二、理论分析

(一)一审法院的论证路径——默示许可

著作权的默示授权,亦称默示许可,是指在没有著作权人明确的授权意思表示的情况下通过著作权人的行为推定出著作权人授权成立的一种许可方式。[①] 在我国现行法律体系中,《著作权法》并未明确规定著作权的许可使用可以通过默示的方式进行授权,但是在《著作权法》以及《信息网络传播权保护条例》有关法定许可的法条中,事实上规定了部分特殊情形下的默示许可制度。以上相关条文中规定,部分情形下允许著作权人通过反对的意思表示排除法定许可的适用,这实际上属于默示许可而非法定许可。[②] 从学理上看,法定许可不考虑著作权人自愿与否,只要符合法律规定的相关条件,他人就可以对其作品进行自由使用;而默示许可是通过著作权人的行为推定著作权人自愿进行了许可和授权,如果著作权人明确地作出了不予授权的意思表示,则不能适用默示许可制度。[③] 与此同时,在《著作权法》和《信息网络传播权保护条例》的规定之外,也可以依照《民法典》中的相关规定以及民法基本原理赋予著作权的默示许可以法理基础,即"在法律有特殊规定的情况下,意思表示可以由默示方式作出"。[④]

我国目前法律体系中关于默示许可的规定并不完善,仅规定了几种特殊情况下可以适用默示许可制度。比如,《信息网络传播权保护条例》第 9 条规定:"为扶助贫困,通过信息网络向农村地区的公众免费提供中国公民、法人或者其他组织已经发表的种植养殖、防病治病、防灾减灾等与扶助贫困有关的作品和适应基本文化需求的作品,网络服务提供者应当在提供前公告拟提供的作品及其作者、拟支付报酬的标准。自公告之日起 30 日内,著作权人不同意提供的,网络服务提供者不得提供其作品;自公告之日起满 30 日,著作权人没有异议的,网络服务提供者可以提供其作品,并按照公告的标准向著作权人支付报酬……"而本案中的情况不属于现行法律规定的任何一种默示许可的情

① 参见张今、陈倩婷:《论著作权默示许可使用的立法实践》,载《法学》2012 年第 2 期。

② 参见王国柱、李建华:《著作权法定许可与默示许可的功能比较和立法选择》,载《法学》2012 年第 10 期。

③ 参见王国柱、李建华:《著作权法定许可与默示许可的功能比较和立法选择》,载《法学》2012 年第 10 期。

④ 张今、陈倩婷:《论著作权默示许可使用的立法实践》,载《法学》2012 年第 2 期。

形，在默示许可制度并不完善的情况下，一审法院直接将原告的行为认定为默示许可，存在讨论空间。

（二）二审的论证路径——公共利益

保护公共利益始终是知识产权制度的重要特征，知识产权法的目的可分为两种：一是保护知识产权人的专有权；二是促进创作、促进知识的传播和利用，满足公众的文化需要，从而最终促进科技发展、文化繁荣以及社会进步。为了达到后者，保证利益平衡，知识产权法的公共领域理论应运而生。而公共领域理论则始终围绕着公共利益，公共利益也是“诠释知识产权作为私权保护的正当理由”[①]。

本案二审法院基于公共利益的考虑，以公共领域理论对著作权人的专有权加以一定的限制。法院首先指出基于现实难以取得所有著作权继承人的授权，继而论述这既不利于专有权人即齐白石作品著作财产权继承人的经济利益，也不利于文化的传播和弘扬。法院从专有权人和社会公众利益两个角度进行考虑，符合著作权法的基本精神和目的。其次，法院指出湖南出版公司的出版行为不影响作品的正常使用，也不损害齐白石继承人的合法利益。这一说理遵循了《伯尔尼公约》第 9 条第 2 款规定的“三步检验法”，指出在本案的特殊情况下，对著作权人专有权的限制是合理的。

（三）对比分析

笔者认为，一审法院和二审法院的论证具有理论基础。二审法院的论述基本基于利益平衡原则以及对公共利益的考量，运用的均是较为抽象的法律原则和理论。根据禁止向一般条款逃逸的原则，只有在规则有漏洞、有错误的情况下才可以适用抽象的法律原则和一般条款。二审法院没有对具体规则是否有漏洞和错误进行论述，直接使用利益平衡原则和公共领域理论，略显不足。与此同时，尽管其说理论述存在不足，但笔者也支持二审法院的基本观点。公共利益始终是著作权法所保护和追求的目标，齐白石的作品在我国美术史、文化史上具有重要的地位，是中华优秀传统文化的组成部分。其作品的著作财产权继承人众多又分散各地，取得所有人的授权十分困难，要求取得所有继承人的授权一方面不利于著作财产权继承人的经济利益，另一方面更不利于对社会

---

① 冯晓青、韩萍：《私权保护中的知识产权公共领域问题研究——基于实证案例的考察》，载《邵阳学院学报》2018 年第 4 期。

公众文化需求的满足、传统文化的传播和弘扬，以及社会主义文化的促进和繁荣。

综上所述，本案两审法院采取了不同的论证路径，一审法院将原告的行为认定为默示授权，二审法院则基于公共利益对原告的著作财产权加以限制。两审法院论述的核心符合著作权法基本精神，即通过利益平衡的原则，在保护专有权人合法权益的同时，达成促进创作传播、促进文化繁荣的最终目标。

图形用户界面的独创性界定及公有领域内容判定

——上海某信息科技有限公司诉广州某科技有限公司等著作权权属、侵权纠纷案

/裴可心

本案要旨

“图形用户界面”（GUI）是一种表达方式，在思想的表达方式唯一或有限的情况下，该表达方式不受著作权法保护。判断页面能否构成作品取决于该页面在构成要素上的选择编排是否具有独创性。当微信公众平台页面的菜单栏、子菜单等受限于微信公众平台的基本设定和页面设计布局的空间时，关于其页面设计、网页架构及针对功能的一句话文字说明的表达方式十分有限，不宜保护页面构成要素的简单排列组合，否则会对界面设计的发展构成障碍，将有违著作权法促进文化科学事业发展与繁荣的立法目的。其中，单个菜单名称属于对菜单功能的高度浓缩介绍，因思想与表达重合而不具有独创性。此外，关于公众号中点击“搜索”后推送的提示性消息，仅是对搜索方式的罗列，不具有独创性，不构成文字作品。当公众号由于功能、用户需求相似而导致内容相似时，不能因此就认定构成侵权，页面设计者不能禁止他人在设计时使用属于公共领域的表达，否则会损害公共利益。

案件信息

上诉人（一审原告）：上海某信息科技有限公司

被上诉人（一审被告）：广州某科技有限公司、某有线电视网络公司

案号：重庆市渝北区人民法院（2017）渝0102民初17495号、重庆市第一中级人民法院（2018）渝01民终470号

原被告主张及理由

上诉人（一审原告）主张：上诉人独自设计的“看客影视”作品及投标书中载明例图页面、子页面、功能文字说明具有独创性，应获得著作权法保护。同时“看客影视”系Web网页，构成汇编作品，应当受到著作权法的保护，一审法院认定上述作品不具有独创性，系事实认定错误。（1）涉案作品不是依客观规律对客观事实的简单排列，而是一种独特构思的体现，在考虑手机端浏览者体验的基础上，富有美感，拥有较高的创造性，在上诉人设计之前从未有相同设计作品出现，且上诉人对该作品界面拥有外观设计专利权，因此具有独创性。（2）涉案作品在手机微信端上展现，手机端设计界面本身有很大难度，在向某有线电视网络公司投标前，上诉人将其拥有著作权的“看客影视”的网页设计和源代码设计著作权授权许可给多家运营商客户使用，证明涉案作品的市场价值和具有独创性。（3）涉案作品具备可复制性及可传播性。因而，涉案“看客影视”的页面设计及文字说明构成作品。

被上诉人（一审被告）广州某科技有限公司在一审中辩称：（1）上海某信息科技有限公司主张其对微信电视“看客影视”的界面设计、网页架构和关于“功能”的一句话文字说明享有著作权，其诉讼客体实质应为“图形用户界面”（GUI），GUI作为一种表达方式，要构成作品需具备一定的表达量与独创性，其构成要素包括菜单、按钮、菜单栏、对话框、窗口等，其均为软件通用设计中不可缺少的元素，缺乏独创性，而GUI中的文字说明的作用在于解释软件的使用方法，其表达方式具有局限性，故不受著作权法保护；（2）上海某信息科技有限公司举示的证据既不能证明其权属及形成时间先于广州某科技有限公司，更不能证明“看客影视”是上海某信息科技有限公司具有独创性的作品，与“来点微电视”的形状、颜色、排列均不相同，亦未能证明上海某信息科技有限公司向某有线电视网络公司提交过整体方案和广州某科技有限公司接触过上海某信息科技有限公司的整体方案，无法证明“来点微电视”侵犯了“看客影视”界面的著作权；（3）广州某科

技有限公司在上海某信息科技有限公司设计出“看客影视”平台前已为相关公司设计过类似的图形用户界面、其他界面等。广州某科技有限公司系按照被告某有线电视网络公司的招标要求以及自己的实力合法中标，其根据被告某有线电视网络公司的具体要求和自己的著作权权属、设计能力、源代码进行独立设计，且 EPG 著作权证书与微信电视专利取得的时间及为其他公司进行界面设计都远在上海某信息科技有限公司之前，不存在任何侵权行为。

被上诉人（一审被告）某有线电视网络公司在一审中辩称：（1）同意广州某科技有限公司意见；（2）本案涉及的手机微信端内容是在某有线电视网络公司给出界面设计初步方案的情况下，由各竞标人根据某有线电视网络公司的要求开发的，某有线电视网络公司目前使用的微信端内容系广州某科技有限公司开发，某有线电视网络公司不侵权；（3）本次招标文件包括了界面设计范例，从招标至今，上海某信息科技有限公司并没有向某有线电视网络公司提供过完整的设计方案，仅提供了几张范例图片，故某有线电视网络公司不可能将上海某信息科技有限公司的设计提交给广州某科技有限公司；（4）本案不涉及网页著作权，本案内容体现在微信上，微信客户端内容表达方式有限，即使有一定的相似，也不能认定侵权；（5）上海某信息科技有限公司主张的必要费用，没有提供全部的支付凭证，也未提供律师代理合同，不应支持。

法院查明的事实

2013 年 8 月 9 日，国家版权局出具软著登字第 0588482 号计算机软件著作权登记证书，载明：软件名称为欢网 EPG 管理软件 V1.0，著作权人为广州某科技有限公司，开发完成日期为 2013 年 5 月 1 日，未发表，原始取得全部权利。2016 年 2 月 29 日，某有线电视网络公司（合同中甲方）与广州某科技有限公司（合同中乙方）签订《智能 EPG 项目建设合同》，并将《重庆有线智能 EPG 功能要求》作为其附件，其中微信电视约定了“聚合互联网视频”“手机端门户建设”“直播内容手机端播放”“推屏视频内容”“遥控器开发”“绑定机顶盒模块”等内容。2016 年 3 月至 8 月，某有线电视网络公司与广州某科技有限公司通过电子邮件沟通“微信电视”设计相关事宜。

2016 年 9 月，上海某信息科技有限公司分别就“视畅微信电视遥控器软件 V1.0”“视畅微信摇电视互动软件 V1.0”“视畅微信社交电视软件 V1.0”“视畅微信语音搜索软件 V1.0”“视畅微信云相册软件 V1.0”向国家版权局进行计算机软件著作权登记并取得相应登记证书，上述登记证书载明上述软件的著作权人均为上海某信息科技有限公司，开发完成日期均为 2014 年 5 月 1 日，首次发表日期为 2014 年 5 月 1 日，权利取得方式为原始取得，权利范围为全部权利。另外，2016 年 9 月 13 日，上海某信息科技有限公司还获得关于“视畅直播点播化的深度 EPG 软件 V1.0”的计算机软件著作权登记证书，该证书载明该软件“著作权人为上海某信息科技有限公司，开发完成日期为 2014 年 4 月 29 日，未发表，原始取得，全部权利”。2015 年 12 月 7 日，某有线电视网络公司针对智能 EPG 系统建设与数据提供发布招标。某有线电视网络公司制作了《智能 EPG 项目招标技术规范》。2015 年 12 月 8 日，上海某信息科技有限公司针对某有线电视网络公司智能 EPG 项目编制了投标文件。

法院判决理由与裁判结果

上海某信息科技有限公司主张其开办的微信公众号“看客影视”的界面设计、网页架构和关于“功能”的一句话文字说明是具有独创性的表达，属于著作权法保护的作品。而广州某科技有限公司认为图形用户界面其构成要素包括菜单、对话框、窗口等均为软件通用设计中不可缺少的元素，缺乏独创性，文字说明是用于解释软件的使用方法，其表达方式具有局限性，均不受著作权法保护。故，判定某有线电视网络公司开办的“来点微电视”的界面设计是否侵害上海某信息科技有限公司开办的“看客影视”的界面设计著作权的前提在于认定上海某信息科技有限公司主张的“看客影视”的界面设计、网页架构和关于“功能”的一句话文字说明是否属于著作权法保护的作品。

2010 年《著作权法》第 3 条以列举的形式规定了著作权法保护的作品类型，具体包括:（1）文字作品；（2）口述作品；（3）音乐、戏剧、曲艺、舞蹈、杂技艺术作品；（4）美术、建筑作品；（5）摄影作品；（6）电影作品和以类似摄制电影的方法创作的作品；（7）工程设计图、产品设计图、地图、示意图等图形作品和模型作品；（8）计算机软件；（9）法律、行政法规规定的其他作品。第5条列举了作品的除外类型：（1）法律、法规，国家机关的决议、决定、命令和其他具有立法、行政、司法性质的文件，及其官方正式译文；（2）单纯事实消息；（3）历法、通用数表、通用表格和公式。《著作权法实施条例》第2条又明确规定作品的定义，即作品是指文学、艺术和科学领域内具有独创性并能以某种有形形式复制的智力成果。另外，从立法目的来说，《著作权法》第1条规定该法的立法目的之一为"促进社会主义文化和科学事业的发展与繁荣"，该立法目的要求作品在客观表现形式上至少应与已有的作品存在些许程度的差异。综合以上规定，著作权法保护的是具有独创性的表达，并不保护思想。且在思想的表达方式唯一或者有限的情况下，该表达方式也不受著作权法保护。

根据《微信公众平台开发者文档》的陈述，微信公众平台是运营者通过公众号为微信用户提供资讯和服务的平台。微信公众平台的开发需遵循某科技公司对微信公众平台的基本设定，如"最多包含3个一级菜单，每个一级菜单最多包含5个二级菜单"。上海某信息科技有限公司主张的"看客影视"的界面设计、网页架构和关于"功能"的一句话文字说明均不符合作品独创性的要求，表达方式有限，不受著作权法的保护。理由如下：

第一，"看客影视"微信公众号的首页底端有三个菜单栏，自左向右依次为"功能""微电视""看客中心"。其中"功能"的子菜单显示为"云相册""遥控器""全网搜索"；"看客中心"的子菜单显示为"平台帮助""意见反馈""App下载""扫一扫"。上海某信息科技有限公司主张其对上述菜单的设置编排享有著作权。一审法院认为，从"看客影视"微信公众号的内容来看，该公众号旨在实现电视端与手机端的连接互通，可以在手机端浏览想要观看的电视节目并推送至电视端，并具备将手机端照片推送至电视端显示等功能。一方面，单个菜单是根据功能而设定的，其名称均为单词或词组，是对该菜单功能的高度浓缩介绍，因其思想与表达重合，故单个菜单栏不具有独创性；另一方面，由于手机端屏幕不同于电脑端屏幕，其可供布局的空间有限，故微信公众平台对每级菜单的数量均进行了限制，在每级菜单数量有限的前提下，多个菜单的排列组合也仅是一种简单的罗列，不能体现设计者独特的思想，也不具有独创性。故，上海某信息科技有限公司无权主张单个菜单以及多个菜单排列布局的著作权。

第二，关于点击“搜索”后该公众号推送的内容为“您好，请在聊天对话框中输入搜索关键字如片名、主演、导演、类型或者片名首字母，即可搜索影片。同时支持微信语音搜索影片”的消息能否构成文字作品。一审法院认为，该消息在于提醒公众搜索影片的方式包括输入主演、导演等关键字或者语音搜索。该消息仅两句话，51个字，且该消息仅是对搜索方式的罗列，表达方式有限，不具有独创性，不能构成文字作品，不受著作权法保护。

第三，关于点击“意见反馈”后微信公众号进入标题为“意见反馈”的页面能否构成作品。一审法院认为，该页面内容分为反馈类型、联系方式、意见反馈三项，该页面构成要素有限，其选择、编排仅是一种简单的排列组合，不能体现设计者独特的思想，也不具有独创性。

第四，关于标题为“看客影视”页面及其子页面能否构成作品。判断上述页面能否构成作品的关键在于判断该页面的构成要素的选择、编排是否具有独创性。本案中，首页导航栏自左向右依次为“推荐”“直播”“分类”“我的”及搜索键，点击“推荐”，页面自上而下依次显示如下：一个影视作品的图片及名称，“当前热播”“电影”“电视剧”“动漫”“综艺”“纪录片”等栏目，每个栏目下并排显示三个影视作品的图片及名称。点击“直播”，下又分为“央视”“卫视”“地方台”“电视剧”“综艺”“新闻”栏目，其中，“央视”栏目下显示对应的央视频道并显示该频道的LOGO及当前播放的节目名称。关于上述页面构成要素的选择是否具有独创性，一审法院认为，在三网融合的背景下，电视除了直播功能外还有点播功能。按照“电影”“电视剧”“动漫”“综艺”“纪录片”等对点播内容进行分类介绍属于通用的分类标准。按照“央视”“卫视”“地方台”等对直播内容进行分类亦属于通常分类标准。故，上海某信息科技有限公司对上述页面构成要素的选择均具有普遍通用性，不具有独创性。关于上述页面构成要素的编排是否具有独创性，一审法院认为，由于手机端屏幕的局限性，手机端视频网站内容自上而下显示均为一张大图，剩下的并排两张或三张小图。故，在手机端页面空间布局有限的情况下，上述设计较为简单，不具有独创性。综上所述，上海某信息科技有限公司主张的上述页面也不能获得著作权法的保护。

第五，上海某信息科技有限公司开办的“看客影视”微信公众号与某有线电视网络公司开办的“来点微电视”微信公众号均是向消费者提供手机端与电视端互联互通的服务，两者功能相似，用户需求亦相似，且上述公众号均是围绕用户需求并在微信平台对微信公众号的基本设定前提下进行设计的，这必然导致两个微信公众号的内容具有一定的相似性。但不能因为两个公众号具有相似性，就认定广州某科技有限公司与某有线电视网络公司构成侵权。上海某信息科技有限公司不能禁止他人在设计公众号时使用属于公有领域的表达，否则会违背《著作权法》鼓励作品创作和传播的立法目的，从而损害公众的利益。综上所述，上海某信息科技有限公司主张享有著作权的客体不属于《著作权法》规定的作品，不能得到著作权法保护，故上海某信息科技有限公司指控广州某科技有限公司与某有线电视网络公司侵权也不能成立。

二审法院认为，根据《著作权法》之规定，汇编若干作品、作品的片段或者不构成作品的数据或者其他材料，对其内容的选择或者编排体现独创性的作品，为汇编作品，其著作权由汇编人享有，但行使著作权时，不得侵犯原作品的著作权。因此，受到著作权法保护的汇编作品，不以其汇编材料或者数据内容本身构成作品为前提，一般来说，汇编人对汇编内容的选择和编排体例上体现了其所作的取舍、选择、安排及设计，构成独特表达，应当认定其具有独创性而受著作权法的保护。但是，当汇编人作出的选择为行业通用选择或是由功能决定的，则不具备独创性而不受著作权法保护。本案中，“看客影视”页面中包含的菜单栏、子菜单的设置均受限于微信公众平台的基本设定，其子页面中的构成要素均为行业的通用元素，因而，其对内容的取舍及选择并未体现其创造性。同时，上述页面均在手机屏幕中显示，页面设计布局的空间有限，在此种情形下，如对上诉人的涉案页面的构成要素的简单排列组合予以著作权保护，使其被少数人独占，会对手机界面设计的发展造成阻碍，进而违背了《著作权法》促进文化和科学事业发展与繁荣的立法目的。因而，法院认为，涉案“看客影视”的页面及子页面的选择及编排不具有独创性，因而不构成汇编作品。被上诉人广州某科技有限公司设计及某有线电视网络公司使用涉案“来点微电视”微信端的行为并不构成侵权。

判解与学理研究

一、作品受著作权保护的基本原则

著作权的客体是作品，是思想的不同表达形式。受著作权法保护的作品，应符合以下基本原则：(1)"思想与表达二分法"，即著作权保护扩展到表达而不是思想。(2)"独创性"原则，要求作品应独立创作，不得复制，且反映作者的精神劳动和智力判断。(3)"有限表达"原则，又称思想和表达混同原则，即表达方式有限时，这些表达不受到保护，无论其是否具有独创性。即使某一个创作者最先使用这种表达，也不能限制其他创作者使用同种表达。若出现不可避免地使用与其他网页相同的创作的情形，可以采用"有限表达"或"公有领域"的抗辩来免责。(4)利益平衡原则，《著作权法》旨在激励作品的创作与传播，从而推动我国社会主义文化、科学事业的发展和繁荣。因此，保护作品著作权绝不能损害社会公共利益。[①]

用户界面的特性与《著作权法》保护作品的基本原则相冲突。用户界面的基本功能是操作计算机软件，但操作方法不受《著作权法》保护。用户界面反映了用户需求，同样性质的软件用户需求基本相同。此外，为满足用户的使用习惯，设计页面者不得不借鉴现有用户界面的通用元素，因此用户界面中很多元素来源于公共领域。[②]用户界面的优化设计决定了其表达方式有限，而法律不应当保护有限表达。同时，区分用户界面是反映思想还是思想的表达也是难点。

二、独创性的判定

由于微信公众号等平台需要遵循其所属公司制定的规则，其设计在结构布局、功能排列和菜单名称等方面受到诸多限制，个人创作空间被压缩，其表达方式通常不具有独创性，无法受著作权法保护。与此同时，用户界面中反映人们操作习惯的部分往往与具有创造性的部分混杂在一起，尤其是在推行软件标准化、互用性，以及人机自然交互方式趋同的背景下，软件兼容性、用户易用性等客观要求在一定程度上限制了用户界面的表现方式和数量，给独创性判

① 参见何渊：《计算机软件用户界面是否构成"作品"》，载《电子知识产权》2005年第10期。

② 参见何渊：《计算机软件用户界面是否构成"作品"》，载《电子知识产权》2005年第10期。

定带来困难。[①]

本案中被告主张用户界面构成要素中的菜单、对话框、窗口等均为软件通用设计中不可缺少的元素，缺乏独创性，文字说明的作用在于解释软件的使用方法，其表达方式具有局限性，故均不能受到著作权法的保护。微信客户端内容表达方式有限，即使有一定的相似，也不能认定侵权。其抗辩意见获得了采纳。法院认为，"看客影视"微信公众号旨在实现电视端与手机端的连接互通，可以在手机端浏览想要观看的电视节目并推送至电视端，并具备将手机端照片推送至电视端显示等功能。关于点击"搜索"后该公众号推送的内容为"您好，请在聊天对话框中输入搜索关键字如片名、主演、导演、类型或者片名首字母，即可搜索影片。同时支持微信语音搜索影片"的消息能否构成文字作品，该消息在于提醒公众搜索影片的方式，包括输入主演、导演等关键字或者语音搜索。该消息仅两句话，51个字，且该消息仅是对搜索方式的罗列，表达方式有限，不具有独创性，不能构成文字作品，不受著作权法保护。

"著作权法保护的是具有独创性的表达，并不保护思想。且在思想的表达方式唯一或者有限的情况下，该表达方式也不受著作权法保护。"法院如此认定的理论基础便在于对著作权进行法律保护以"思想"与"表达"的区分为前提条件。而当某种思想只能由唯一的或者极其有限的方式予以表达的话，那么在思想与表达之间便很难找到一条清晰的界限，二者几乎浑然一体。若对这种表达加以保护的话，则等于同时延伸保护了思想。这无异于利用著作权来垄断思想，既不符合"思想与表达二分法"的基本原理，也违背了著作权法有关促进科学文化事业发展的宗旨。

三、图形用户界面的性质认定

一般来说，计算机软件的每一部分都按其不同的表现形式分为程序、文档输出和屏幕显示输出。[②]其中，程序和文档构成《计算机软件保护条例》规定的计算机软件作品。屏幕显示输出并不在保护之列，但如果屏幕显示输出符

---

① 陈霞：《计算机用户界面版权保护的困境与出路》，载《知识产权》2013年第10期。

② 何渊：《计算机软件用户界面是否构成"作品"》，载《电子知识产权》2005年第10期。

合作品的基本定义，则可认定为我国《著作权法》规定的相应作品。[①]因此，界面的作品或者非作品属性，均不影响从著作权法原则方面分析其基本特征。不同电子产品的用户界面是不同的，即使在同一产品之间，由于开发人员和制造者之间的差异，在用户界面的元素布局和组合上也可能存在差异。这些屏幕上的用户界面是否能够受到著作权法保护，需要以著作权法的基本原理为立足点，进一步讨论相关问题。

虽然不被认定为计算机软件作品，但用户界面仍存在成立其他作品类型的可能性，如美术作品等。用户界面的独创性水平体现在设计者如何选择、编排操作界面中的文字、图形符号等元素和内容，仅有通用性、简单编排的界面是不具有成立作品之基础的。用户界面只有在整体外观上采用了脱离纯粹功能性、解释性、描述性的表达，并且从画面选择、布局、顺序等方面体现出有别于通用元素和惯常设计风格的独特之处，方能获得作品的资格，进而受到著作权法的相应保护。

由于用户界面的设计不仅要考虑软件功能的实现，还要考虑到用户的体验及行为习惯，因此其通常的表现形式都具有清晰、简洁、便利操作的特点。在对其是否属于作品的判断时，一要考察各种客观外在条件的设定是否可能限制了表达；二要考察界面布局中的各项元素及其在组合排列后是否符合作品独创性的要求，是否属于仅采用行业通行性方式所设计的或者为软件内在功能所决定的展示效果。如在本案中，受制于屏幕尺寸的局限，以及腾讯微信官方的格式要求，设计者创作的自主性和编排空间都存在较大的束缚，并且原告界面所使用的元素也都属于公有领域中的通用表达要素，不能避免同类界面显示的近似性，因此，原告关于著作权的主张难以成立。

（一）关于是否属于公有领域

公有领域的内容有思想、保护期限届满的内容、法定的不属于著作权保护范围的内容、作者主动放弃著作权的内容等。[②]如在各版块排列的设计方面，法律不能禁止他人在设计排列组合时使用属于公有领域的表达，否则会违背著作权法鼓励作品创作和传播的立法目的，从而损害公众的利益。一个网站的格

---

① 何渊：《计算机软件用户界面是否构成“作品”》，载《电子知识产权》2005年第10期。

② 白小莉：《如何判断著作权纠纷中的“实质性相似》，载《中国知识产权报》2017年7月19日，第8版。

式和布局通常不受著作权法保护，其主要原因是如果对网站的布局和格式给予著作权法的保护可能会阻碍或限制网站的有限创意表达方式，而这就与著作权法的“鼓励和促进创新”的初衷和宗旨相悖。网站中通用元素和功能的标准排列或布局通常情况下不能获得著作权法的保护。对其提供保护将意味着保护延及思想或概念本身，而网站中组织内容的方式数量有限，所以格式或布局不能被某个人垄断或独占。因此，通过确保所有创作者都可以使用这些表达模块，禁止这些类型内容的版权主张可以实现著作权法的目标。本案中，法院指出，“两者功能相似，用户需求亦相似，且上述公众号均是围绕用户需求并在微信公众号的基本设定前提下进行设计的，这必然导致两个微信公众号的内容具有一定的相似性……上海某信息科技有限公司不能禁止他人在设计公众号时使用属于公有领域的表达”。

（二）关于是否属于通用表达

通用表达显然属于不受著作权法保护的范畴。比如，微信公众号中各种功能选项的菜单，名称较为精练且与其本身的功能名称密不可分，若欲简单明了地表达其本身功能的含义，可供选择的范围非常有限，则此时该功能名称即通用表达，相应的菜单栏不具有独创性。

（三）关于是否构成汇编作品

App 界面的整体设计内容与著作权法中的汇编作品相对应。受到著作权保护的汇编作品，不以其汇编材料或者数据内容本身构成作品为前提。若汇编者对汇编内容的选择和编排体例上反映了自己的取舍、选择、安排及设计，构成独创性表达，应当认定其具有独创性而受到著作权法的保护。

法院认为：“当汇编人作出的选择为行业通行方式或由其功能所决定的表达方式，因不具备独创性而不受著作权法保护。”尤其是手机屏幕，其可供布局的空间非常有限，比电脑屏幕的空间还小，导致 App 页面中各项要素的汇编方式也十分有限。故，手机 App 界面整体设计侵权的认定标准较高，其中需要讨论的重点为该汇编作品是否具有独创性。

四、结论

图形用户界面的设计者不能禁止他人在设计时使用公共领域的表达，否则会损害公共利益。用户界面因其表达有限，所以不受著作权法保护。关于用户界面性质的认定是侵权判定的重点，在实践中要结合其是否具有独创性、是否属于通用元素、是否为有限表达来进行判断。唯有如此，才能在保护权利人权利的同时，实现《著作权法》的立法宗旨，实现维护社会公共利益和保护权利人权利的平衡，促进科学文化教育事业的繁荣。

实用艺术作品的独创性认定

——上海某实业有限公司等诉刘某侵害作品复制权纠纷案

/ 沈韵

➲ 本案要旨

在实用艺术作品中，自然界客观存在的树枝和雀鸟等元素属于公共领域，不受著作权法保护，任何人均可在创作活动中自由利用。作者通过对这些创作元素的取舍、布局、安排等艺术化处理，赋予其特定的造型表达，使其具备一定的美学意义与价值，获得独创性，构成著作权法意义上的美术作品。以公共元素为题材创作的具有独创性的表达方式受著作权法保护，在后作品未经许可使用与在先作品相同或相似的表达构成著作权侵权。如果在后作品与在先作品的具体表达方式相同或者相似，没有产生整体视觉效果上的差异，那么在后作品构成“实质性相似”，构成著作权侵权。

➲ 案件信息

上诉人（一审原告）：上海某实业有限公司、陈某

被上诉人（一审被告）：刘某

案号：福建省泉州市中级人民法院（2016）闽05民初1251号、福建省高级人民法院（2017）闽民终332号

➲ 原被告主张及理由

原告主张被告刘某未经原告授权许可，擅自生产、销售侵犯原告“布莱奇挂钩－悦”（作品登记号：闽作登字－2015－F－00038073）著作权的产品，侵犯了原告享有的作品著作权。

被告刘某辩称：（1）被告销售的产品类别不是著作权保护的对象，而应属于外观设计专利的保护范围，原告的诉请没有法律依据应予驳回；（2）原告是中国国籍的自然人及法人，不受实用艺术作品著作权保护；（3）即使参照实用艺术作品的保护标准，本案原告的所谓"作品"也达不到美术作品应当具备的艺术高度，能够与被诉产品构成近似的内容是对自然界动物的还原描绘，原告没有任何理由独占对自然界原型动物的还原描绘；（4）原告作品涉及的设计模式是世界各国很普遍的一种装饰品的设计模式；（5）原告的索赔金额明显不合理，我方当事人的销售规模较小，时间非常短，情节较轻。

➲ 法院查明的事实

一、一审

一审法院查明，原告陈某于2012年12月22日向福建省版权局提出申请，并于当年12月30日获得作品登记，登记证书号：闽作登字–2015–F–00038073，作品名称：布莱奇挂钩–悦。2015年12月31日，陈某与上海某实业有限公司签订著作权独占许可合同，授权上海某实业有限公司复制、发行陈某享有的相关著作权及商品化权等，约定许可费为20万元（税后）。

2016年6月24日，原告代理人向泉州市刺桐公证处申请证据保全，登录"淘宝"网站，向被告刘某经营的名为"奇克良品"的淘宝店铺购买了"简约现代挂衣钩、壁挂墙壁装饰挂钩、壁饰门后单钩、衣帽钩钥匙挂钩墙饰"涉案被控侵权产品，并由公证处进行了物品到货接收公证，之后进行了密封保存。该被控侵权产品在淘宝网站的售价为32元。嗣后，原告以被告侵犯其作品复制权为由诉至法院。原告因此支付公证费1800元。以上事实有原告提供的证据证实。

二、二审

陈某登记作品为"布莱奇挂钩–悦"。从登记证所附图片看，该作品主要元素是树杈和雀鸟，主要表现形式是一段树干和树枝造型，树干上有五个大致呈左右（从上到下为左、右、左、右、左）分布的树枝，树枝由树干向左（右）上方伸出一小段（起挂钩作用），树干上靠近右上树枝处有一小的凹形树疤造型；有一雀鸟造型站立在树干中间向左伸出的树枝上，雀鸟整体造型圆润丰满，头部朝左尾部朝右，翅膀尾部略有交叉，雀鸟尾部羽毛略长并向右下方伸出。

根据涉案公证书及其所附网站截图和照片显示，本案被诉侵权产品有两种款式：一种为一段树干和树枝造型，树干上有五个大致呈左右（从上到下为左、右、左、右、左）分布的树枝，树枝由树干向左（右）上方伸出一小段（起挂钩作用），树干上靠近右上树枝处有一小的凹形树疤造型；有一雀鸟造型站立在树干中间向左伸出的树枝上，雀鸟整体造型圆润丰满，头部朝左尾部朝右，翅膀尾部略有交叉，雀鸟尾部羽毛略长并向右下方伸出。另一种为一段树干和树枝造型，树干上有五个大致呈左右（从上到下为右、左、右、左、右）分布的树枝，树枝由树干向左（右）上方伸出一小段（起挂钩作用），树干上靠近右下树枝处有一小的凹形树疤造型；有一雀鸟造型站立在树干中间向右伸出的树枝上，雀鸟整体造型圆润丰满，头部朝右尾部朝左，翅膀尾部略有交叉，雀鸟尾部羽毛略长并向左下方伸出。

该份公证书显示，上述两款中各有金色、白色、黑色、浅蓝色和深蓝色五种颜色的产品。

法院判决理由与裁判结果

一、一审

一审法院认为，根据《著作权法》(2010 年修正）第 3 条的规定："本法所称的作品……包括……（四）美术、建筑作品……"《著作权法实施条例》第 4 条第 8 项进一步明确：美术作品，是指绘画、书法、雕塑等以线条、色彩或者其他方式构成的有审美意义的平面或者立体的造型艺术作品。独创性和可复制性是作品的两个基本属性，双方当事人对于本案请求保护客体的可复制性问题并无争议，故核心问题在于涉案作品能否满足著作权法对美术作品的独创性要求。作品的独创性，是指作品由作者独立完成并表现了作者独特的个性和思想，不同种类的作品对独创性的要求不尽相同。对于美术作品而言，其独创性要求体现作者在美学领域的独特创造力和观念。涉案被控侵权产品属于实用艺术作品，既有欣赏价值又有实用价值，兼具实用性和艺术性。这一点触动了版权制度中思想与表达二分法这一根本原则，又涉及版权和专利的根本区别，其核心在于确立我国著作权法下的实用艺术作品保护的标准。现行著作权法只保护作品中的艺术成分，法院应当站在一般观察者或产品消费者的立场，对作品本身进行观察，判断其是否具有较为显著的艺术性，并且，这种艺术性是否具有独立存在的价值。也就是说，其是否可以作为美术作品予以保护取决于作者在美学方面付出的智力劳动所体现的独特个性和创造力。具体到本案，尽管被告刘某生产销售的雀鸟挂钩与原告的作品构成相似或者基本相同，但由于原告的雀鸟挂钩并未表达出作者任何独特的个性和思想，亦不具备美术作品应当具备的独创性，故不能作为美术作品而受到著作权法的保护，对原告的诉讼请求法院不予支持。

上海某实业有限公司、陈某不服一审判决，上诉称：（1）陈某于 2015 年 12 月 22 日向福建省版权局提出申请，并于 2015 年 12 月 30 日获得名为“布莱奇挂钩 – 悦”的作品著作权，这是不争的事实。一审法院却认为“布莱奇挂钩 – 悦”并未表达出作者的任何独特个性和思想，不具备美术作品应当具备的独创性。对陈某享有著作权这一事实认定错误。（2）作品的独创性，是指由作者独立完成并表现了作者独特的个性和思想，不同种类的作品对独创性的要求不尽相同。陈某的“布莱奇挂钩 – 悦”充分体现了作品的独创性。原审法院也认可了刘某售卖的“简约现代挂衣钩、壁挂墙壁装饰挂钩、壁饰门后衣帽钩、钥匙钩墙饰”与陈某享有著作权的“布莱奇挂钩 – 悦”相似或者基本相同。本案中的“布莱奇挂钩 – 悦”体现了美学上的艺术元素，体现了作者十几年来从事艺术品创作设计工作总结出来的艺术灵感，设计创作了站在树枝上面欢唱的雀鸟的挂钩作品，让购买者见到挂钩时能够领略到大自然的休闲、清静，暂时远离城市的忙碌、喧嚣，得以让心情放松，将大自然质朴的、绿意的原生态气息融入城市元素。作者把这样独创的、个性的思想情感，独创性地以“布莱奇挂钩 – 悦”的表现形式加以表达再现，具有艺术性、独创性。故，一审法院认定事实错误、适用法律错误。

刘某答辩称：上海某实业有限公司、陈某没有准确理解美术作品保护在我国知识产权保护体系中的位置，也没有充分理解实用艺术作品在受到著作权法保护时存在实用性和艺术性二分的特点。我国的著作权在登记过程中没有审查著作权人是否属于独创的作品，因此，法院在对著作权进行保护的时候，判断其独创性也不可能以著作权登记证书的记载作为唯一的判断。法院必然要充分评价作品的艺术高度，因此，上海某实业有限公司、陈某认为创作中有所谓的艺术灵感、有观赏性，就必然应当受到著作权法保护的认识，是明显错误的。一审判决对于实用性、艺术性二分的把握是非常到位、准确的。刘某对一审判决中关于“被告生产销售的挂钩与原告著作权构成相似或基本相同”中“基本相同”的认定不能认同。对于著作权排他性应当与著作权作品的艺术高度相一致，对于艺术高度较低的，判断是否近似的标准就应当更加严格。本案中，小鸟作为挂钩的装饰品自古以来就有，且根据陈某著作权登记书记载的内容，从美术的角度来看，在很多细节描绘及线条运用上也看不出与以往常见的小鸟挂钩有什么不同，所以涉案作品的艺术高度基本没有，对相似性的判断应当更加严格。综上所述，请求驳回上诉，维持原判。

二、二审

二审法院认为，《著作权法实施条例》第2条规定：著作权法所称作品，是指文学、艺术和科学领域内具有独创性并能以某种有形形式复制的智力成果。著作权法保护的作品，应当具有独创性和可复制性。作品的独创性，是指作品由作者独立完成并表现了作者独特的个性和思想，对于既有欣赏价值又有实用价值的客体而言，其是否可以作为美术作品保护取决于作者在美学方面付出的智力劳动所体现的独特个性和创造力。本案中，“布莱奇挂钩－悦”作品作者以自然界树枝和雀鸟为创作来源，对自然界存在的树枝和雀鸟等创作元素进行了取舍、布局安排等艺术化处理，赋予其特定的造型表达，在本案诉讼中也没有证据证明“布莱奇挂钩－悦”与在此之前的作品相同或者相似，因此，可以认定“布莱奇挂钩－悦”体现了作者的独立构思及在美学领域的独特创造力，具有独创性，也可复制，属于著作权法保护的“作品”。原审认定“布莱奇挂钩－悦”未表达出作者的任何独特个性和思想、不具有独创性，适用法律错误，应予纠正。根据现有证据可以认定，陈某为该作品的著作权人，上海某实业有限公司获得著作权人的许可为该作品著作权的相关权益人。该涉案作品相关著作权及其相关权益受法律保护。

树干（枝）和鸟类是自然界客观存在的，以这些元素为题材创作的作品不胜枚举，但每个作品都有其独特的表达方式。在一审诉讼中，刘某提供树枝、雀鸟造型的挂钩产品（图片），但树枝和雀鸟是单独的造型，而涉案作品是树枝和雀鸟在同一造型中，就此这些产品就不具有可比性，况且刘某提供树枝和雀鸟的造型表达与作为涉案作品元素的树干（枝）和雀鸟的造型表达有明显的不同。这些元素组合及相应造型表达的不同，体现了作者不同的创作理念

（思想），体现了作品的独创性，因此，刘某有关陈某涉案造型不是著作权法意义上的作品的主张，事实和法律依据不足，不予支持。

涉案侵权产品的两种款式中：第一种款式无论在树干和雀鸟的整体布局和造型方面，还是在树干、树枝和雀鸟的细节方面均与涉案作品相同，属于同一作品。第二种款式树干和雀鸟的整体布局和造型基本相同，只是将树枝的位置及雀鸟的朝向左右对调，以及树干上凹形树疤位置这个细节不同。就一般公众而言，这些位置和朝向的对调及细节的不同，并未使这款被诉侵权产品与涉案作品产生整体视觉效果上的差异，可以认定该款被诉侵权产品与涉案作品构成实质性相似。

刘某在淘宝网上销售该两款被诉侵权产品的行为侵犯了著作权人及其相关权益人的发行权，依据《著作权法》（2010 年修正）第 48 条第 1 项的规定，应承担停止侵权、赔偿损失的民事责任。但根据现有证据无法证明刘某生产了涉案的被诉侵权产品，故有关要求刘某停止生产被诉侵权产品的请求，事实依据不足，不予支持。许诺销售是我国专利法律制度中的相关规定，是指以做广告、在商店橱窗中陈列或者在展销会上展出等方式作出销售商品的意思表示。我国《著作权法》及其相关司法解释中没有许诺销售的相关规定，陈某、上海某实业有限公司相关诉请，法律依据不足，不予支持。陈某、上海某实业有限公司要求刘某撤除淘宝网上有关被诉侵权产品信息的诉请，属于停止侵权行为的范围，应予支持。

根据本案现有证据，陈某和上海某实业有限公司的实际损失或者刘某的违法所得均无法查清，依据《著作权法》（2010 年修正）第 49 条第 2 款和《最高人民法院关于审理著作权民事纠纷案件适用法律若干问题的解释》第 25 条第 2 款的规定，综合考虑涉案“布莱奇挂钩 – 悦”作品属于实用工艺品的状况，刘某在淘宝网站开设店铺销售多种颜色、款式的被诉侵权产品的侵权方式及后果，以及陈某和上海某实业有限公司为本案所支出的公证费等合理费用，酌情确定刘某赔偿陈某和上海某实业有限公司经济损失 3 万元。

判解与学理研究

本案的争议焦点在于实用艺术作品是否可以因为具有独创性而受到著作权法的保护。实用艺术作品，是指玩具、家具、饰品等具有实用功能并有审美意义的平面或者立体的造型艺术作品，其兼具实用性与艺术性。根据著作权法基本理论，只有其中的艺术性部分才可以受到著作权法的保护，实用性部分被排除于著作权法保护之外而可能受到专利法的保护。因此，针对实用艺术作品的保护方式一直存在争议。本案即针对实用艺术作品著作权保护方式及其独创性认定的典型案例之一。

一、实用艺术作品的著作权保护方式

司法实践认为，实用艺术作品兼具艺术性与实用性，其受著作权法保护的前提是作品在艺术方面与实用方面可以分离、相互独立。若二者不能相互独立，为艺术设计部分提供著作权保护实质上同时也会对其中的实用部分进行著作权保护，与著作权保护的基本理论与有关原则背道而驰。①

遵循上述司法实践中的通行审理思路，本案一审法院同样认为，涉案被控侵权产品既有欣赏价值又有实用价值，兼具实用性和艺术性，属于实用艺术作品范畴。为防止对实用艺术作品提供著作权保护违背著作权制度中思想与表达二分法的根本性原则，同时严格遵守著作权和专利权的本质区别，现行著作权法只保护作品中的艺术成分。这就要求司法实践必须站在一般观察者或产品消费者的立场，对作品本身进行观察，判断其是否具有较为显著的艺术性，即作者在美学方面付出的智力劳动能够体现独特个性和创造力，并且这种艺术性应当具有独立存在的价值。

二、实用艺术作品的艺术性及独创性认定

实用艺术作品具备实用方面的实用性、艺术方面的艺术性、独创性与固定性四项要件。②根据上述分析，司法实践中法院普遍采取实用性与艺术性分离判断标准，所以在对实用艺术作品给予著作权保护时，应当首先将实用性予以排除。因此，实用艺术品是否构成美术作品，其关键在于是否满足艺术性、独创性及固定性要件，核心在于艺术性及独创性。

（一）实用艺术作品的艺术性认定

传统艺术作品存在艺术性最低标准，即受著作权保护的艺术作品必须体现了作者的艺术化个性表达、传递了一定的艺术美感。同理，针对实用艺术作

---

① 参见北京市第一中级人民法院（2013）一中民初字第7号民事判决书。

② 参见魏丽丽：《论实用艺术作品的著作权保护》，载《行政与法》2007年第2期。

品而言，只有艺术性达到一定高度的实用艺术作品才能受到著作权法的保护，在艺术性方面不符合美术作品最低要求的实用艺术作品无法获得相应的著作权法保护。[①] 如果实用艺术作品在造型、线条上与市场上流通的商品存在较大的区别，就可以认定其体现了最低程度的艺术性。例如，某种儿童座椅由椅背、椅垫和椅腿三个部分组成，椅背是由 1 块梯形的实木和 3 根矩形木条组成，其中上部的梯形实木占据了整个椅背近 1/2 的空间；椅垫是一般椅凳的基本结构；椅腿是由 4 根立锥体组成，呈上窄下宽的形状。对此，整体上来看，该产品由凳面和凳腿两部分组成，凳面是上下均等的圆形实体，这种造型形状与普通的儿童椅在外形上并无差异。因此，特定儿童座椅依然属于造型设计较为简单的儿童椅，在艺术性方面没有满足构成美术作品的最低要求，因此不属于美术作品范畴中的实用艺术作品，不受我国《著作权法》保护。[②]

具体结合本案，原告、被告在审理过程中也是主要围绕涉案实用艺术作品的艺术性而展开辩论的。被告曾在一审时辩称，原告所谓“作品”达不到美术作品应当具备的艺术高度。原告在二审上诉时对此回应称，涉案作品体现了美学上的艺术元素，体现了作者十余年来从事艺术品创作设计工作总结出来的艺术灵感，设计创作了站在树枝上面欢唱的雀鸟的挂钩作品，让购买者见到挂钩时能够领略到大自然的休闲、清静，暂时远离城市的忙碌、喧嚣，得以让心情放松，将大自然质朴的、绿意的原生态气息融入城市元素。对此，法院虽然没有在判决书中直接对涉案作品的艺术性予以回应，但在独创性判断部分结合了对实用艺术作品艺术性的讨论。

笔者认为，对实用艺术作品的艺术性不宜作严格限制，实用艺术品的艺术性程度只需达到美术作品中“审美意义”的最低标准即可。这是因为：一方面，实用艺术作品的诞生是为了激励实用品的审美价值提升，促进装饰艺术的快速发展，因此对实用艺术作品的美感应当只限于一种定性标准，即相关产品只需要改变实用品一贯以来的常规、功能性形状就可以受到著作权法的保护；另一方面，实用艺术作品的保护着眼点依然在于“艺术作品”，因此对实用艺术作品和一般美术作品的保护并不存在本质性区别，不能因为实用艺术作

① 参见王艳秋：《我国实用艺术作品的法律保护与制度完善》，载《武陵学刊》2013 年第 2 期。
② 参见上海市第二中级人民法院（2008）沪二中民五（知）初字第 187 号民事判决书。

品兼具实用性就提高其艺术性认定标准。[①]正如霍姆斯法官所言，“由那些只受过法律训练的人来判断美术作品的价值是危险的”[②]，往往一些不被常人认可的小众文化也能够体现很强的艺术价值。赋予法院在实用艺术作品判断上提高艺术性认定标准的权力，将不合理地阻止大量具有审美意义的艺术作品进入著作权领域，不利于对作者创造性艺术劳动的保护，更不利于文化领域的繁荣与发展。

（二）实用艺术作品的独创性认定

作品的独创性，是指作品由作者独立完成并表现了作者独特的个性和思想。对于既有欣赏价值又有实用价值的客体而言，其是否可以作为美术作品保护取决于作者在美学方面付出的智力劳动所体现的独特个性和创造力，只有具有独创性特征的实用艺术作品才能构成著作权法意义上的作品，进入私权领域受到著作权法的保护。[③]本案的核心问题也恰恰在于涉案作品能否满足著作权法对美术作品的独创性要求，对此，一审、二审法院在涉案实用艺术作品的独创性认定上存在较大争议。一审法院区分了不同种类作品对独创性的不同要求，认为对于美术作品而言，其独创性要求体现出作者在美学领域的独特创造力和观念。结合案情，原告的雀鸟挂钩并未表达出作者任何独特的个性和思想，不具备美术作品应当具备的独创性，故不能作为美术作品而受到著作权法的保护。尽管被告刘某生产销售的雀鸟挂钩与原告的产品构成相似或者基本相同，但依然不构成著作权侵权。

二审法院却认为，原告以自然界树枝和雀鸟为创作来源，对自然界存在的树枝和雀鸟等创作元素进行了取舍、布局安排等艺术化处理，赋予其特定的造型表达，在本案诉讼中也没有证据证明与在此之前的相关作品相同或者相似。因此，可以认定原告的雀鸟挂钩产品体现了作者的独立构思及在美学领域的独特创造力，具有独创性，也可复制，属于著作权法保护的作品。虽然该产品中的树枝和雀鸟属于自然界客观存在的创作元素，应当纳入公共领域，可供任何人在创作活动中自由使用。但是，作者通过对这些创作元素的取舍、布局、安排等艺术化处理，赋予其特定的造型表达，使其具备一定的美学意义与

① 参见李燕、韩赤风：《实用艺术作品的著作权保护研究——兼评我国〈著作权法〉的第三次修改》，载《长春理工大学学报（社会科学版）》2014年第8期。

② 王迁：《著作权法》，中国人民大学出版社2015年版，第29页。

③ 参见《最高人民法院知识产权案件年度报告（2013年）摘要》。

价值，依然可以使作品获得独创性，构成著作权法意义上的美术作品。以这些公共领域元素为题材创作的作品不胜枚举，但每个作品都有其独特的表达方式，每个作品中元素组合及相应造型表达的不同，体现了作者不同的创作理念或思想，体现了作品的独创性。例如，本案被告提供的挂钩产品中树枝和雀鸟是单独的造型，而原告的雀鸟挂钩产品中的树枝和雀鸟却是在同一造型里的，两者的造型表达存在明显不同。这些表现不同的作品应当分别受到著作权法保护。因此，相关实用艺术作品可以因为具有独创性而构成著作权法意义上的美术作品。

在原告的雀鸟挂钩产品构成美术作品的基础之上，被诉侵权产品分别在树干、树枝和雀鸟的细节以及整体布局和造型上基本与涉案作品相同。就一般公众而言，位置和朝向的对调及细节的细微不同，并未使被诉侵权产品与原告的雀鸟挂钩产品产生整体视觉效果上的差异，鉴于此，二审法院最终判决驳回一审判决，认定被诉侵权产品与涉案作品构成实质性相似，由被告承担相应的民事侵权赔偿责任。

三、结论

实用艺术作品是指玩具、家具、饰品等具有实用功能并有审美意义的平面或者立体的造型艺术作品。我国立法界对实用艺术作品的界定态度基本上与世界知识产权组织关于实用艺术作品的界定态度保持一致。这无疑对司法实践中实用艺术作品艺术性与独创性要件的判断具有重要指导意义。[①] 实用艺术作品的诞生提升了实用品的艺术与审美价值，促进了装饰艺术的发展，以多元化的艺术形式丰富了大众的日常实践活动，应当受到著作权法律制度的全面促进与保护。

① 参见李燕、韩赤风：《实用艺术作品的著作权保护研究——兼评我国〈著作权法〉的第三次修改》，载《长春理工大学学报（社会科学版）》2014 年第 8 期。

著作权保护的表达与技术成果权保护的内容之区分

——黄某诉南京某橡塑有限公司侵害著作权纠纷案

/ 林艺婷

➲ 本案要旨

根据思想与表达二分法，著作权法不保护作品所体现的思想、情感以及科学原理等内容，对于职务作品与法人作品的判断也应关注于作品的表达而不是作品的内容。涉案作品虽然包含施工工艺的方法，是工作中实践经验的总结，但是据此认为该作品系基于单位的工作任务而创作，将其认定为职务作品，则混淆了作品表达与作品内容的关系。著作权法保护的是作者基于该工艺经验形成的具有独创性的表达形式，而有关工艺方法、技术方案不属于著作权法的保护范围，而属于技术成果权的保护范畴。同样，在法人作品的认定中，对于法人承担责任这一要件也是指作者基于作品自身而产生的责任，而非对于其所包含的工艺方法等技术内容的责任。

➲ 案件信息

申请人（一审被告、二审上诉人）：南京某橡塑有限公司

申请人（一审原告、二审上诉人）：黄某

案号：江苏省南京市中级人民法院（2013）宁知民初字第162号、江苏省高级人民法院（2013）苏知民终字第0212号、最高人民法院（2014）民申字第2108号、最高人民法院（2015）民申字第823号

➲ 原被告主张及理由

原告黄某诉称：其于1987年5月在《水利水电技术》杂志上发表了一篇题为《现场施工中橡胶水封的热粘合法》的文章。二十余年来，某橡胶厂销售科、某橡胶厂、南京某橡塑有限公司（以下简称某橡塑公司）工程分厂技术质量部等单位或部门未经其许可，多次翻印这篇文章用于生产经营，可见这是一篇实用性很强的技术论文。从20世纪80年代开始，某橡胶厂销售科，直至现在改制后的某橡塑公司均在翻印，翻印时还删去了作者的姓名。某橡塑公司侵害了其享有著作权中的署名权和复制权，故诉至法院，请求判令某橡塑公司停止侵权并赔偿损失。

被告某橡塑公司辩称：（1）本案中的技术论文《现场施工中橡胶水封的热粘合法》属于法人作品，相关的权利应当归单位所有。黄某主动将该论文通知单位并申报相关的职称和奖励，单位也已经给予相关的奖励。（2）本案已经超过诉讼时效。（3）即便构成侵权，索赔数额也明显过高，没有法律依据。故，请求法院驳回黄某的诉讼请求。

某橡塑公司上诉称：一审判决中对于职务作品的认定是不准确的。一审判决书对于本案作品性质的认定严重偏离了法人作品的本意，强调发表者的权利，而没有考虑真实的作者。首先，论文是实践经验的总结，黄某不可能参与了全部工程以及文章中提到的全部工作，文章虽然由黄某本人予以撰写，但所有内容是由单位提供的。本案的作品符合法人作品的特征。虽然这篇作品的表面形式是文章，但其中的内容是工艺方法。其次，这篇作品以单位名义发表，那么也由单位承担关于作品内容的责任。涉案工程的责任肯定是由单位来承担的。

黄某上诉称：首先，关于职务作品。一个普通工人没有投稿的责任和义务，没有这样的工作内容。工作任务和生产任务是不同的概念。其作品是对施工中的技术论述，是经验之谈，不应认定为职务作品。其次，关于奖励与聘任。对方认为将黄某提拔为副科长、主任科员是对论文发表的奖励是不对的。

某橡塑公司申请再审称：（1）二审判决对作品性质定性错误。涉案作品《现场施工中橡胶水封的热粘合法》符合法人作品的特征。涉案作品的表面形式是文章，但其内容是工艺方法，其他单位在获得该文章的内容后就可以实际了解所涉工艺，是单位实践经验的总结。涉案作品内容的责任是由单位来承担的，只有某橡塑公司才能被视为真正的作者。（2）涉案作品即使不是法人作品，至少也构成职务作品。涉案作品虽由黄某撰写，且作品的结构安排、情节处理、材料取舍思想表达等创作活动都是由黄某自己意志所决定的，但所有的内容、素材是由单位提供的，作品反映的意志不可能是个人意志，应属于单位工作范围内的内容。（3）在主动将作品提供给单位使用20多年后，黄某以非法使用为由起诉某橡塑公司的行为明显违背诚信原则。

➲ 法院查明的事实

一、黄某及其主张的著作权

黄某系原某橡胶厂的退休职工，黄某在其被聘任为经营部主任科员的《聘用制干部审批表》中的“主要表现”一栏填写了如下内容：“……在水利水电技术工地止水橡皮接头问题上曾发表过文章《现场施工中橡胶水封的热粘合法》(载于《水利水电技术》1987年第5期)。纠正了止水橡皮目录中单重计算失误，立一等功。”

1987年5月，水利电力出版社出版的《水利水电技术》期刊上刊载了一篇题目为《现场施工中橡胶水封的热粘合法》的论文，署名“黄某（某橡胶厂）”。该篇论文的主要内容如下：“在水利工程施工中，由于包装、运输等方面的原因，工程施工所需要的橡胶水封（止水橡皮）不可能在工厂里做成整件的成品运往施工现场，而是将橡胶水封按图纸要求分别制作成若干段运往工地。在安装过程中，橡胶水封的冷接头不能满足施工过程和工程所需要的抗拉强度。因此，橡胶水封的热接头就成为工程施工中必须解决的问题……”

二、某橡塑公司及其被诉侵权行为

2003年，某橡塑公司为了整合人力资源和物力资源，将当时的工程分厂和精品分厂合并为精工分厂。2006年1月，某橡塑公司重新设立工程分厂和精品分厂，工程分厂下设工程分厂技术质量部等部门。2008年7月，某橡塑公司将工程分厂原技术质量部分设为技术工程部和质量保证部。

黄某向一审法院提供了三份《现场施工中橡胶水封的热粘合法》一文的翻印件，庭审中双方当事人均确认三份翻印件的内容与《水利水电技术》期刊上刊载的上述文章的内容完全相同，但署名不同。第一份翻印件没有署名，但盖有“南京某橡塑有限公司工程分厂技术质量部”的印章；第二份署名“(某橡胶厂)”，没有印章；第三份署名“销售科(某橡胶厂)”。第一份、第二份翻印件均为复印件，第三份翻印件为打印件。

三、某橡塑公司主张的不侵权抗辩意见

某橡塑公司认为，某橡塑公司拥有“止水橡皮”的生产工艺和企业标准、“水工闸门橡塑复合水封”的合作开发成果，涉案作品虽然署名为黄某，但真正的作者是黄某的单位某橡胶厂，涉案作品系法人作品。

某橡塑公司向一审法院提交了关于止水橡皮的生产工艺和企业标准等文件卷宗。其中“止水橡皮生产工艺规程”中介绍了止水橡皮的生产工艺流程。某橡塑公司还提交了“水工闸门橡塑复合水封”科技档案，编制日期为1981年12月。其中记载了“复合水封生产工艺”。

庭审中，双方当事人均确认止水橡皮、橡胶水封和橡塑复合水封是同一概念，黄某还指出橡塑复合水封的工艺更为进步，但价格昂贵，一般还是大量使用橡胶水封。

法院判决理由与裁判结果

江苏省南京市中级人民法院认为：涉案文章应当属于职务作品。理由如下：

黄某因完成某橡胶厂的工作任务而创作涉案作品。根据我国《著作权法》(2010年修正)第16条的规定，公民为完成法人或者其他组织工作任务所创作的作品是职务作品，著作权一般由作者享有，法人或者其他组织有权在其业务范围内优先使用。本案中，其一，黄某从事某橡胶厂的工作是创作涉案作品的前提。黄某之所以会创作涉案作品是因为其长期以来从事橡胶水封的现场施工工作，涉案作品所介绍的就是橡胶水封的热接头问题在现场施工中的解决方案。其二，黄某为完成某橡胶厂的工作任务形成的工作实践经验是黄某创作涉案作品的基础。从涉案作品的类型来看，黄某创作的文章是关于某一具体的施工工艺的方法论文，具有较强的可操作性和实用性，是实践经验的总结，如果没有经过工作实践是难以完成的。从涉案作品的内容来看，涉案作品中介绍的方法在黄某完成单位的任务中得到了工作实践的反复检验。黄某在完成单位的工作任务过程中形成了工作经验，并将这些工作经验加以总结，整理和撰写出涉案作品。故，黄某认为涉案作品是其个人经验总结的理由不能成立，个人经验与完成工作任务形成的工作实践经验显然不能等同，涉案作品应当属于职务作品。

江苏省高级人民法院认为：涉案作品既非法人作品，也非职务作品，应当认定为黄某独立创作的个人作品。主要理由如下：

首先，该作品不符合职务作品的认定条件。《著作权法》第16条规定："公民为完成法人或者其他组织工作任务所创作的作品是职务作品……"根据该规定，一般意义上的职务作品需要具备以下条件：一是创作者与有关单位之间存在劳动关系，即属于单位职工。二是创作该作品属于单位交付给其的工作任务。也就是说，创作系争作品属于作者在单位的本职工作，或者系单位交付的本职工作之外的创作。该条规定中的"工作任务"或"工作职责"的内容应当理解为创作作品，而不是单位分配或安排给职工的其他一般性工作任务。三是对作品的使用属于作者所在单位的正常工作或业务范围，也就是说，作者创作的作品能在本单位的正常业务中使用。

其次，严格限定职务作品、法人作品的认定是立法精神所在。法律明确规定了职务作品和法人作品的认定条件，旨在严格限制将本属于个人独立创作的作品认定为职务作品和法人作品，尊重和保护公民个人的独创性劳动，激励其创作热情，以促进更多、更优秀的作品充分涌流。一审法院将职工对其一般工作实践经验的总结认定为职务作品势必会扩大职务作品的认定范围，与职务作品的条件、立法精神不符。

再次，应当正确区分作品的表达与作品中的相关技术内容。一审法院认定涉案作品为职务作品时，提到"从涉案作品的内容来看，涉案作品中介绍的方法在黄某完成单位的任务中得到了工作实践的反复检验"。二审法院认为，这里混淆了作品的表达与作品的内容。著作权保护的是作者根据自己的知识、经验等通过独立构思、创作而完成的作品的表达形式，而有关工艺方法、技术方案是技术成果权保护的范畴。二者是形式与内容的关系。①

最后，涉案作品不是法人作品。某橡塑公司上诉认为涉案作品属于法人作品。二审法院认为，该作品不符合法人作品的认定条件。根据《著作权法》

① 参见翟敏：《职工撰写论文是个人作品还是职务作品？》，载《江苏法制报》2015年2月10日，第00C版。

第 11 条第 3 款的规定，法人作品的认定条件包括：一是作品在单位主持下创作完成；二是作品代表单位意志；三是作品产生的法律责任由单位承担。本案中，涉案作品并不是在某橡胶厂组织和主持下创作完成；涉案作品系黄某个人的独立构思，并不代表其单位的意志；涉案作品产生的法律责任也应当由黄某个人承担。某橡塑公司所称的对技术工艺以及工程项目责任的承担与著作权法所要求的对作品本身法律责任的承担是两个完全不同的概念。因此，涉案作品并不符合法人作品的属性，属于黄某个人独立创作的作品。

在本案再审中，最高人民法院认为：著作权法不保护作品所体现的思想、情感以及科学原理等。著作权法关于作者对作品承担的责任，是指作者基于作品自身产生的如侵权等应当承担的责任，因而涉案作品中所含工艺方法等技术内容是否属于技术成果，某橡塑公司对此是否享有技术成果权并对工艺方法承担责任，均不属于著作权法调整范围。某橡塑公司以涉案作品的内容是工艺方法，是单位实践经验的总结，其他单位在获得该内容后就可以实际操作为由，主张涉案作品属于法人作品或职务作品，是对《著作权法》相关规定的误读，其混淆了作品的表达与作品内容的关系，故对某橡塑公司关于涉案作品系法人作品或职务作品的主张，最高人民法院不予支持。

最高人民法院判决驳回了某橡塑公司的再审申请。

最高人民法院认为，二审法院在确定某橡塑公司赔偿黄某损失数额时，将某橡塑公司使用黄某作品是否给黄某造成一定负面影响作为考虑因素并无不妥。二审法院认定某橡塑公司对黄某作品的使用并未给其造成一定的负面影响并未超出黄某诉讼请求。

最高人民法院判决驳回了黄某的再审申请。

判解与学理研究

本案是由员工完成的涉及工艺方法的作品著作权归属问题而引发的诉讼。一审、二审和再审法院认定的争议焦点均集中于涉案作品的性质，是属于法人作品还是职务作品，抑或个人作品。在权利归属的判断时涉及工艺方法等技术内容和单位意志、单位责任等问题。本案是区分法人作品、职务作品以及个人作品的经典案例，并且明确了著作权保护的表达与技术成果权保护的内容之间的界限，以下将结合案件，对上述问题加以探讨。

一、法人作品与职务作品的区别

我国《著作权法》中关于法人作品和职务作品的规则分别规定在第11条和第18条。根据《著作权法》第11条的规定，法人或者非法人组织视为作者，享有对作品的一切著作权，并且可以据此归纳出“法人作品”的构成要件有三个：（1）由法人主持创作；（2）代表法人意志；（3）由法人承担责任。而《著作权法》第18条规定的职务作品分为一般职务作品和特殊职务作品。其中，一般职务作品的著作权由作者享有，但法人或者非法人组织在其业务范围内享有两年的专有使用权和永久的优先使用权；特殊职务作品除署名权以外的著作权的其他权利由法人或者非法人组织享有，作者仅享有署名权。由此可以归纳出“职务作品”的构成要件也有三个：（1）自然人与单位之间存在劳动工作关系。即自然人应当是在该法人处领取薪金的工作人员，而非临时专门为创作某作品而缔结非劳动关系的人员；[①]（2）该作品是为完成工作任务而创作的，特殊职务作品还要求作品主要利用了法人的物质技术条件；（3）特殊职务作品要求由法人承担责任。[②]

我们可以归纳出法人作品与职务作品具有以下区别：

1. 作品反映的意志不同

在职务作品中，虽然作者是由于接受了法人或者非法人组织所交付的工作任务，而在其职责范围内进行作品的创作，但作品的内容安排和表达方式实际上体现的是创作者个人的自由意志。因此，职务作品是作者个人意志的体现，而不是法人或者非法人组织的集体意志或者领导意志的强加。

在法人作品中，体现的不是为该作品执笔的自然人的意志，而是该法人或者非法人组织的意志。作品的创作在很大程度上受到法人或者非法人组织的意志控制。创作者在法人作品的创作过程中，并没有提供智力劳动，而只是进行辅助性、事务性、技艺性的劳动。[③]因此，法人作品体现的是法人或者非法人组织的意志。

2. 完成作品的主体不同

在职务作品中，完成作品的作者与所在单位具有劳动法律关系。

---

① 参见刘春田：《知识产权法》（第2版），中国人民大学出版社2002年版，第90页。

② 参见王迁：《论“法人作品”规定的重构》，载《法学论坛》2007年第6期。

③ 杨述兴：《职务作品与法人作品》，载《电子知识产权》2005年第5期。

在法人作品中，完成作品的主体不仅限于与法人或非法人组织有劳动关系的自然人，还有可能是为完成某部作品基于委托合同等临时缔结的民事法律关系而为该法人或者非法人组织进行创作的非本单位人员。①

3. 作品的责任承担者不同

根据权利与义务相对等原则，一般情况下，作品责任的承担者应是作品的作者。在法人作品中，法人作为作者享有著作权，并承担责任。在职务作品中，自然人作为作者享有著作权，并承担职务作品的责任。另外，考虑到我国的实际情况和特殊的利益需求问题，《著作权法》同时规定了特殊职务作品的责任由法人或者非法人组织承担。②

4. 权利归属不同

实际上，权利归属和责任承担是同一问题的两个方面。就权利的归属而言，法人作品的著作权归属于法人或者非法人组织，而作为创作人的自然人不享有著作权。在一般情况下，职务作品著作权归属于作者；在特殊情况下，作者对特殊职务作品只享有署名权，著作权中的其他权利由法人或者非法人组织享有。③

因此，作品是属于“法人作品”还是“职务作品”的判断对于自然人非常重要。如果作品被认定为“法人作品”，则著作权全部归属于法人或者非法人组织，这就吸收了作为创作人的实际创作者对作品的所有权利，实际创作者连署名权这样的人身权利都无法享有。而如果作品被认定为“职务作品”，即使是“特殊职务作品”，实际创作者也保留人身权利中的署名权，可以自己的名义对他人侵犯其署名权的行为提起诉讼。④

二、法人作品、职务作品与个人作品的认定

通过前述分析可知，是否体现法人意志并由法人承担责任是区分法人作品和职务作品的关键。首先，可以通过“体现法人的意志”区分出法人作品。其次，根据是否“主要是利用本单位物质技术条件”等因素，可以划分一般职务作品与特殊职务作品。

---

① 吕莹：《我国职务作品著作权及其归属制度完善研究——以〈著作权法〉第三次修改为视角》，载《邵阳学院学报（社会科学版）》2014年第4期。

② 参见杨述兴：《职务作品与法人作品》，载《电子知识产权》2005年第5期。

③ 参见杨述兴：《职务作品与法人作品》，载《电子知识产权》2005年第5期。

④ 参见王迁：《论“法人作品”规定的重构》，载《法学论坛》2007年第6期。

其中，作品是否“体现了法人意志”本身就是一个十分模糊的概念。因为“意志”是一种“决定达到某种目的而产生的心理状态”，而“意志”的表达可以十分抽象、笼统。① 根据相关法律释义，“法人或其他组织的意志一般是通过领导机构和法定代表人依法或者依章程执行职务而体现出来的”②。

在司法实践中如何认定作品是否属于“工作任务”也是一个难点，尽管《著作权法实施条例》第 11 条③ 对《著作权法》职务作品规定中的“工作任务”作了进一步解释，将其解释为“应当履行的职责”，但本案中一审法院和二审、再审法院对此存在分歧。此外，《计算机软件保护条例》第 13 条④ 对职务作品著作权归属作出了进一步的例外规定。由于计算机软件这种特殊类型的作品较之于其他作品需要更高要求的物质技术条件和资金投入，其开发活动主要依赖于法人或者非法人组织的推动与支持，法律基于公平原则而明确将此种职务作品的著作权赋予法人或者非法人组织。⑤

本案中，一审、二审和再审法院均认可涉案作品不属于法人作品，但是对于其属于职务作品还是个人作品的判断却存在分歧。一审法院认定涉案作品属于职务作品主要依据两个理由：“其一，黄某从事某橡胶厂的工作是创作涉案作品的前提。其二，黄某为完成某橡胶厂的工作任务形成的工作实践经验是黄某创作涉案作品的基础。”一审法院从涉案作品的类型和内容两个方面论述了黄某创作的文章是关于可操作性和实用性较强的具体施工工艺的论文，是实践经验的总结，并得到了实践的反复检验。而二审和再审法院却推翻了一审法院关于职务作品的认定，并进一步明确了职务作品认定的要件：“首先，要注意创作作品是单位分配给职工的工作任务；其次，要注意‘对作品的使用’属

---

① 参见王迁：《论“法人作品”规定的重构》，载《法学论坛》2007 年第 6 期。

② 胡康生：《中华人民共和国著作权法释义》，法律出版社 2002 年版，第 70 页。

③ 《著作权法实施条例》第 11 条规定：“著作权法第十六条第一款关于职务作品的规定中的‘工作任务’，是指公民在该法人或者该组织中应当履行的职责。著作权法第十六条第二款关于职务作品的规定中的‘物质技术条件’，是指该法人或者该组织为公民完成创作专门提供的资金、设备或者资料。”

④ 《计算机软件保护条例》第 13 条规定：“自然人在法人或者其他组织中任职期间所开发的软件有下列情形之一的，该软件著作权由该法人或者其他组织享有，该法人或者其他组织可以对开发软件的自然人进行奖励：（一）针对本职工作中明确指定的开发目标所开发的软件；（二）开发的软件是从事本职工作活动所预见的结果或者自然的结果；（三）主要使用了法人或者其他组织的资金、专用设备、未公开的专门信息等物质技术条件所开发并由法人或者其他组织承担责任的软件。”

⑤ 参见吕莹：《我国职务作品著作权及其归属制度完善研究——以〈著作权法〉第三次修改为视角》，载《邵阳学院学报（社会科学版）》2014 年第 4 期。

于作者所在单位的正常工作或业务范围，即作者创作的作品能在本单位的正常业务中使用。”

本案中，黄某在原某橡胶厂工作期间，曾经从事过炼胶、配料工作，其发表的技术论文系在工作经验基础上利用闲暇时间独立创作完成。根据二审、再审法院的说理，认定职务作品中“工作任务”的关键在于作品创作活动是否属于单位交付的工作任务，而不是作品创作所涉内容是否与单位工作实践经验相关。由于黄某创作作品既不属于其工作职责，也非交付给其的工作任务，即使论文所涉橡胶水封的施工工作属于单位交付的工作任务，但据以创作的关于该工艺方法的技术论文也并非其履行工作职责的成果。

二审、再审法院的判决明确了“严格限定职务作品、法人作品的认定”的立法精神。如前所述，如果实践中对“法人意志”“工作任务”等要件作较为宽松的解释就可能抹杀作品形成过程中最为关键的要素——自然人的独创性劳动，[①]将不利于激发自然人作者的创作热情，也不利于文化领域的发展。

三、作品表达与作品内容的区分——著作权与技术成果权的不同

在著作权法中，思想与表达二分法是一项重要原则，是指著作权法只保护对于思想观念的独创性表达，而不保护思想观念本身。但实践中思想与表达的界限十分模糊，同时也不能完全割裂作品的内容和形式。正如郑成思先生所提出的，作品的表达形式分为“内在形式”与“外在形式”，如果仅将思想与表达二分法简单地理解为只有作品本身的表达受保护，而其内容不受保护是错误的理解，也是对思想与表达二分法原则的误读。这可能造成著作权法沦为机械地审查对比作品的文字相同率、图片近似度、排版顺序等外在因素的工具。因此，思想与表达二分法原则并不是简单地将保护限定在作品的外在形式，而是将内容与形式结合起来，通过映射的方式，将作品的外在形式和内在内容相结合而构成一个整体意义上的作品。[②]

但是在涉及职务作品的认定等情况时，则要注意不能混淆作品的表达与作品的内容，不应从作品的内容方面入手判断是否属于“工作任务”。一审法

① 参见王迁：《论“法人作品”规定的重构》，载《法学论坛》2007年第6期。

② 参见陶冶：《论著作权法中思想与表达二分法原则下的作品保护边界——兼评著作权法修正案第二次审议稿第三条》，载搜狐网，https：//www.sohu.com/a/417575941_221481 ？sec=wd，最后访问时间：2020年9月10日。

院指出，“黄某创作的文章是关于具体的施工工艺的论文，具有较强的操作性和实用性，是实践经验的总结，在工作实践中得到反复检验”。这便是混淆了内容和表达的关系，从内容出发认定作品的性质。著作权保护的是作者根据自己的知识、经验等通过独立构思、创作而完成的作品的表达形式，而有关工艺方法、技术方案是技术成果权保护的范畴，二者是形式与内容的关系。①

本案中，受著作权法保护的是涉案技术论文的独创性表达。至于论文中涉及的技术性内容不属于著作权法的保护范围，其保护问题可由技术成果权的法律规定进行调整。因此，该作品中所介绍的工艺方法等技术内容与某橡塑公司的工艺方法是否相同以及对该工艺方法的保护问题不属于本案的审理范畴。即使如一审法院所述，“涉案作品中介绍的方法在黄某完成单位的任务中得到了工作实践的反复检验”以及“涉案作品的内容来源于原告长期以来完成某橡胶厂的工作任务形成的工作实践”，那么黄某根据自己的工作经验，独立构思，撰写完成一篇技术论文，对其在单位工作实践中运用的一些工艺方法进行总结、介绍、解释和论述等，也符合著作权法所保护的作品的要求。

如本案所涉文章的技术类知识产品具有高度的专业性和复杂性，研发投入高，涉及主体多，因而此类知识产品的法律关系复杂，进行权属确定时可能会遇到权属认定困难、权利分配不公等问题。② 实践中涉及的职务技术成果的知识产权权属问题通常表现为两类：一类是职务发明创造的权属问题；另一类是职务作品的权属问题。如前所述，著作权法的基本原理思想与表达二分法表明著作权法的保护侧重于作品的形式，而与之相对，专利法的保护则侧重于发明创造的实质内容。在既需要保护形式又需要保护内容的领域就产生了工业产权和著作权的交叉——工业版权。目前在著作权领域内可以被划入技术类知识产权的主要是计算机软件著作权，如前所述，其创作所需要的资金投入和技术支持以及后期的推广使用成本和法律责任往往是单个自然人无法承担的，因而基于公平衡量，计算机软件类的著作权赋予法人或者非法人组织，以平衡其对此类知识产品的投入。除此之外大部分作品的保护是不涉及内容与形式的交叉的，在认定著作权保护范围时仍需要厘清作品的形式与作品的内容之间的关

① 参见翟敏：《职工撰写论文是个人作品还是职务作品？》，载《江苏法制报》2015年2月10日，第00C版。

② 参见冯晓青、陈锶崎：《技术类知识产权权属问题研究》，载《邵阳学院学报（社会科学版）》2019年第4期。

系，明确诸如“技术方案、工艺方法”等内容属于不受著作权法保护的思想原理，而至于其是否受到技术成果权的保护则不在本文讨论范围内。

四、结论

职务作品、法人作品是著作权法对于著作权权利归属的一种特殊制度安排，应严格限制其认定条件。在法人作品、职务作品与个人作品的判断中，应注意不能混淆作品的表达与作品的内容，不应从作品的内容方面入手判断是否属于工作任务，以及是否由单位承担责任。厘清作品的表达与内容的关系也是思想与表达二分法的要求，著作权法保护的是作品的表达，而作品的思想内容所涉及的技术部分可以受到技术成果权的保护。著作权和技术成果权分别从作品的形式和内容两方面对作品提供保护。在判断著作权保护和著作权权利归属时，应从作品的形式方面入手进行判断，排除不受保护的思想、原理、技术方案等。

金融信息的选择、组织是否构成著作权法意义上的作品

——某信息技术股份有限公司等诉浙江某网络信息股份有限公司侵害著作权及不正当竞争纠纷案

/ 杨博雅

本案要旨

思想与表达高度重合的金融信息产品说明性文字，若认定其独创性，则类似表达很容易各自形成作品，分别受著作权法保护。金融信息领域的说明文字必须简洁明确，以著作权法进行保护将不经济也不合理地挤压社会公众对金融信息说明文字的使用空间；而金融信息选取、定义、组织呈现的方式以及设计的函数体系，更接近于思想而非表达，虽在选择、组织金融信息的过程中包含了智力劳动，亦难以构成著作权法意义上的作品。

案件信息

上诉人（一审原告）：某信息技术股份有限公司、南京某资讯科技有限公司

被上诉人（一审被告）：浙江某网络信息股份有限公司

案号：上海市第一中级人民法院（2012）沪一中民五（知）初字第247号、上海市高级人民法院（2017）沪民终39号

原被告主张及理由

某信息技术股份有限公司（以下简称上海某公司）、南京某资讯科技有限公司（以下简称南京某公司）向一审法院起诉请求：（1）浙江某网络信息股份有限公司（以下简称浙江某公司）停止不正当竞争行为，包括但不限于停止制作、销售、许可他人使用涉及侵权的同花顺产品，停止运行前述产品的客户端和服务端程序，并停止对已销售、许可使用的前述产品的客户提供后续服务；（2）停止侵害著作权的行为，包括但不限于删除、销毁所有涉及侵权的电子、纸质信息、数据及其他文档，并删除、销毁所有用于侵权行为的工具（包括前述产品客户端和服务端程序的源代码、设计开发文档及各类配置文件）；（3）消除不正当竞争和侵害著作权行为影响，包括但不限于删除、销毁所有已经制作、销售、许可使用的前述产品副本，并在《中国证券报》、《上海证券报》、《证券时报》、新浪财经网显著版位连续五天刊登声明，声明内容需由原告审定；（4）赔偿原告经济损失合计2亿元；（5）赔偿原告为制止不正当竞争和著作权侵害而支出的合理费用合计240万元。

一审法院查明的事实

一、双方的经营及产品情况

上海某公司有一款名为“Wind.NET”的在线实时金融信息终端产品，涵盖股票、基金、债券、期货、外汇、现货等投资品种，其模块覆盖金融数据、分析工具、组合管理等多个层次，不同模块之间可任意跳转。浙江某公司从事互联网金融信息服务，2010年开始经营机构版金融数据库项目（同花顺产品）。2012年1月，浙江某公司就“同花顺 iFinD 金融数据终端软件”进行了著作权登记，登记的首次发表时间为2010年5月。

2012年8月，浙江某公司职员在向上海某公司、南京某公司人员介绍同花顺产品时称：“（1）发展目标方面。我们原先做股票软件，现在做资讯，主要是做上海某公司的同质化产品。资讯产品现在有两年的历程，前一年的产品还不是非常完善。现在整个市场上的头部公司就是上海某公司，我们就是要跟着他们跑，然后做出比他们有优势的地方。（2）使用习惯方面。市场对上海某公司已经比较认可，券商、银行、投资公司都比较认可上海某公司产品的使用习惯，我们不改变市场上这样的使用习惯。（3）功能数据方面。上海某公司有的数据，我们几乎都有；上海某公司没有的数据，我们也加一些。我们的数据与上交所、深交所同步。”

二、双方及同类产品的对比情况

第一，产品页面对比。经一审法院就双方产品可见部分的指标、函数进行比对，双方产品中指标、函数的选择及其排列组合方式高度雷同。同花顺产品中的指标、函数数量超过90%都是双方产品中相同的指标、函数。这些指标、函数在双方产品相应页面中的呈现方式也出现大面积相同或者基本相同的情形。双方产品和同类产品均设有“股票”菜单。

第二，产品函数及指标对比。双方产品均设有“函数搜索”选项，项下涵盖股票、权证、债券等方面。双方产品都设有函数说明，其具体文字差异为同花顺函数的公式中增加的前缀由“HX_”“WIND”变化为“THS”，描述中“Wind”变化为“同花顺”，其余部分几乎相同。双方产品均出现了文字差错现象，如“预测息税折旧摊销前利润”函数名称中英文缩写均误写为“BEITDA”（公式中的代码均为“STDEBITDA”）。针对本案中原告主张著作权的61个函数说明，浙江某公司对其中9个股票函数说明提供了第三方来源。双方产品都设有指标帮助，仅前缀“Wind”与“同花顺”不同，其余部分几乎相同。双方产品均出现了文字差错现象，如“单季度·营业总收入”算法的注释部分，均出现了“由于上市公”的错误表述。针对本案中原告主张著作权的17个指标帮助，同花顺公司对其中2个指标帮助文字提供了第三方来源。

第三，产品数据对比。双方产品中均显示了重叠数据（上海某公司、南京某公司称为“数据地雷”），上海某公司、南京某公司提供了该等信息项的数据来源，作为反驳，浙江某公司就部分信息项提供了不同的数据来源。

一审法院判决理由与裁判结果

一审法院认为，本案的焦点在于浙江某公司是否侵犯上海某公司、南京某公司著作权，法律争议有两项：一是上海某公司、南京某公司主张的文字是否具有独创性；二是如果前述文字构成作品，浙江某公司的使用是否构成合理使用。

著作权法保护的是作品的表达，这种保护不延及思想，这一基本理念也是对著作权法立法目的的贯彻。因为思想是社会的共同财富，不能为个别人所垄断，只能由社会公众共有，而具备了独创性的表达是思想的独特表现，形成了相对固定的外观，故可以为著作权人所专有。著作权法正是通过这一保护方案有效地实现了著作权人和社会公众的利益平衡。独创性要求并不以表达新颖为必要，但一定是作者独到的创作，具备足以区分其他同类表达的外观。一审法院认为上海某公司主张著作权的文字尚不符合这一要求。

首先，精简说明文字采用分段归类的表达是行业惯例。函数说明文字由“名称”“公式”“描述”部分组成，指标帮助文字由“释义”“算法”“参数”“来源”等部分组成。这种分段方式并不鲜见，应属通用表达。

其次，部分具体文字表达亦属于通用表达。函数说明中“市盈率”“已获利息倍数”以及指标帮助中“收盘价”“区间涨跌幅”等名称均为金融行业所普遍采用，相应描述或释义中定义部分、算法中的公式或参数等也都是业界的通常表达方式，甚至唯一表达方式。同花顺公司提供的证据在一定程度上证明了这一点。

最后，原告所主张的部分具体文字的表达与思想牵连难分或独创性程度较低。上海某公司主张的文字中有部分文字不属于通常表达，但是这些表达要么本身描述的就是思想，因而无法区分思想与表达，要么无法满足最低限度的独创性要求。

综上所述，上海某公司主张的文字由通常表达、无法剥离思想的表达和独创性程度过低的表达组合而成，因文字所体现的思想与表达高度重合，故若认定其独创性，则类似表达很容易各自形成作品，分别受著作权法保护，作品重合的概率会大幅度提高。在金融信息领域的说明文字必须简洁而准确的情况下，相关主体因担心侵权风险，在使用类似文字时将无所适从，而这将不经济也不合理地挤压社会公众对金融信息说明文字的使用空间。据此，系争文字不能满足著作权法对作品独创性的要求，不能成为著作权法所保护的客体（作品），对这些文字的使用也就谈不上侵害著作权的问题，故一审法院对浙江某公司的使用是否为合理使用亦不再赘述。

➲ 上诉主张及理由

上诉人主张：上海某公司、南京某公司请求撤销一审判决结果第三项、第四项、第五项、第六项；改判支持其如下诉讼请求：（1）浙江某公司停止侵害著作权的行为，包括但不限于删除、销毁所有涉及侵权的电子、纸质信息、数据及其他文档，并删除、销毁所有用于侵权行为的工具（包括产品客户端和服务端程序的源代码、设计开发文档及各类配置文件）；（2）浙江某公司赔偿经济损失合计人民币（以下币种相同）2亿元；（3）浙江某公司赔偿为制止不正当竞争和著作权侵害而支出的合理费用合计240万元。事实和理由：（1）一审判决关于南京某公司并非本案适格原告的认定有误；（2）系争客体满足著作权法关于独创性的要求，应当属于著作权法上的作品，一审判决认定其不属于作品有误；（3）一审判决确定的赔偿数额及合理费用过低，不足以弥补其所受损失及维权支出。

被上诉人抗辩称：上海某公司、南京某公司之间仅存在合同关系，南京某公司不应成为本案适格原告；一审判决关于系争客体不属于著作权法上的作品的认定正确；一审判决确定的赔偿数额过高。

➲ 二审法院查明的事实

二审中，浙江某公司未提交新的证据材料。上海某公司、南京某公司提交了如下证据材料：（1）浙江某公司首次公开发行股票招股说明书，目的是证明浙江某公司产品是上海某公司、南京某公司产品的竞品及浙江某公司的收入情况；（2）浙江某公司2010年、2011年年报，目的是证明上海某公司、南京某公司的损失；（3）浙江某公司2013年年报及2014年第三季度报告，目的是证明浙江某公司没有新研发投入，因此其产品并无新开发内容；（4）浙江某公司2012年年报，目的是证明浙江某公司存在预收款。浙江某公司质证认为，其预收款并非仅涉及本案涉案产品。二审法院认为，上述证据材料均系浙江某公司自行公开的材料，可以作为本案二审新证据，其证明力问题将在下文结合案情阐述。

二审法院经审理查明，一审法院查明的事实属实。

二审法院判决理由与裁判结果

上海某公司在二审中明确其在本案中主张保护的客体是以指标体系为主干的选取、定义、组织金融信息的方式以及设计的函数体系，并进一步解释称，其所主张的方式是指标、函数及相关内容在软件界面中的排列，其中有选择、组织金融信息的过程，其中包含了智力劳动，构成著作权法意义上的作品。二审法院认为，首先，上海某公司所主张保护的客体难以归入《著作权法》第3条规定的任何一类作品形式。根据著作权法的基本原理，思想和表达应予区分，表达受著作权法保护而思想并不受保护，上海某公司所主张的客体，更接近于思想而非表达，应认为尚未达到著作权法意义上作品的高度，因此不应认定为作品。其次，上海某公司主张其在选择、组织金融信息的过程中存在智力劳动，但是，存在智力劳动并不意味着其成果必然会受到著作权法保护，受著作权法保护的前提是主张保护的客体构成著作权法意义上的作品。综上所述，上海某公司关于其系争客体属于著作权法意义上作品的观点，二审法院难以认同。

判解与学理研究

本案是一起关于对金融信息的选择、组织是否属于著作权法保护的客体的纠纷，在本案中原告主张保护的客体是以指标体系为主干的选取、定义、组织金融信息的方式以及设计的函数体系。其所主张的方式是指标、函数及相关内容在软件界面中的排列，包含了经软件所选择、组织的金融信息。这些信息能否受到著作权法保护的关键在于其是否符合著作权法上的独创性要求。法院认为：对于客观事实和信息本身的单纯反映、记录，不具有著作权法上作品的独创性。其所反映或记载的只是客观事实描述，仅体现事物的具体或抽象的面貌，无法体现作者的创造性，也反映不出作品的个性特征，因此不属于具有独创性的作品。以下结合案例基于独创性的讨论对金融产品的保护进行一些探索。

一、著作权法上的独创性

《著作权法》第3条规定，“本法所称的作品，是指文学、艺术和科学领域内具有独创性并能以一定形式表现的智力成果”；《著作权法实施条例》第3

条第 1 款规定，“著作权法所称创作，是指直接产生文学、艺术和科学作品的智力活动”。

独创性也称原创性或初创性，是指一部作品经独立创作而具有的非模仿性（非抄袭性）和差异性。[①]独创性也可以理解为作品是作者自己选择、取舍、安排、设计的结果，既不是依已有的形式复制而来的，也不是依照既定的程序、程式、手法进行推理和运算而来的。[②]独创性是作品受著作权法保护的实质要件，是判断著作权侵权行为的前提，是著作权法律制度的基石。具有独创性的作品是经过著作权人独立创作、独立思考而产生的智力成果，并非单纯仅为其他作品的机械式再现，并非抄袭、剽窃而来。作品的独创性并不要求作品必须具备较高的文学、艺术或科学价值，也不要求作品必须是首创的、前所未有的，即使该作品与已有作品相似，只要该作品是作者独立创作产生的，就具备独创性。

（一）独创性的认定

对独创性进行认定，主要审核其形式要件——独立性，即该作品是否完全是由作者独自完成的。《最高人民法院关于审理著作权民事纠纷案件适用法律若干问题的解释》第 15 条规定，由不同作者就同一题材创作的作品，作品的表达系独立完成并且有创作性的，应当认定作者各自享有独立著作权。具有独创性的作品，并不一定具有新颖性。作者独立创作出来的作品，可能与现有作品相同或基本相同，但这并不妨碍其获得著作权。由不同作者就同一题材创作的作品，作品的表达系独立完成并且有创造性的，应当认定作者各自享有独立著作权。独创性所强调的是，作者必须独立运用自己的智力和技巧来进行创作。独立创作的表现形态是作者自己选择作品的构成要素，按照自己确定的规则和顺序进行组织，表达出自己内心真实的体验和感受、真实的立场和观点、真实的思想和情感。[③]

对独创性进行认定，还要审核其实质要件——创造性，即该作品必须是经过作者的智力创造活动而蕴含作者的个性贡献。创造标准是对作品创造难

---

① 陈雄、邓志芳：《微博时代私权保护与言论自由之博弈》，载《湖南工业大学学报（社会科学版）》2012 年第 3 期。

② 冯晓青主编：《知识产权法》（第 4 版），中国政法大学出版社 2024 年版，第 130 页。

③ 参见郝佳星、孙际红：《试论临摹品的可著作权性》，载《江苏技术师范学院学报》2013 年第 3 期。

度提出的要求，难度代表作品的品质，品质越高，其独创性越强，获得著作权保护的可能性越高。作品是作者对某种思想、观念的反映，是对一定的社会环境、人物、事物等的描述，作品的风格、个性与创造性密切相关，如作品立意高远、构思精巧、逻辑严密、描写生动等，在此基础上作品无论呈现哪种风格，都可以使作品因独具匠心而具有独创性。①

我国理论界与实务界对于作品独创性的认定也存在不同的认识：一是从创作过程入手，强调创作过程的独立性；二是从创作结果入手，强调结果的独特性；三是将创作过程和创作结果结合起来作为衡量的标准；②四是采取一般原则（“智力投入”标准）和特殊原则（特殊类型作品在“智力投入”的数量上采取或严格或宽松的判定标准）相结合的标准。③

（二）智力劳动与独创性的关系

上海某公司主张其在选择、组织金融信息的过程中存在智力劳动。法院认为存在智力劳动并不意味着其劳动成果必然受到著作权法保护。值得注意的是，需要区分独创性要件与劳动价值的关系，劳动价值不是作品获得著作权保护的正当理由。作者如果仅投入了劳动价值，没有获得独创性的社会评价，则无法改变事实的本质，当然也无法改变其属于公共领域的本质。由著作权法定权利的性质可知，作者必须为社会贡献具有独创性的作品后，才能取得一定期限的排他性权利。④

本案中，以“Wind 代码”的函数说明为例，由于这个代码是自创的，业界自然不会有相同的函数名称，但是与“股票代码”等通用名称相比，这种表达究竟能体现何种程度的独创性则存在疑问。公式部分也是如此，因受制于 Excel 插件功能，函数公式遵循了 Excel 函数命名的语法规则，其中“INFO”的含义是“信息”，“WINDCODE”的含义是“Wind 代码”，前述英语单词或缩略语都按照其本来含义使用，故亦缺乏足够的独创性。描述部分进行了极简而客观的说明，这些文字受制于篇幅和准确性要求，表达在很大程度上直接体现了思想，导致思想与表达成为一体，无法区分。描述中虽然有示例，但在说明

① 赵海燕：《作品独创性判断标准及主体认定》，载《陕西行政学院学报》2014 年第 3 期。

② 参见刘汉波：《著作权司法实践中的文学观念批判——以文学剽窃的认定为中心的考察》，中国社会科学出版社 2014 年版，第 147 页。

③ 参见姜颖：《作品独创性判定标准的比较研究》，载《知识产权》2004 年第 3 期。

④ 参见马治国、赵龙：《价值冲突：公共领域理论的式微与著作权扩张保护的限度》，载《山东社会科学》2020 年第 10 期。

文中，举例是常用的表达方式，尚难满足独创性要求。

二、对于金融信息产品的保护

本案中，上海某公司主张浙江某公司的被控侵权产品模仿了上海某公司、南京某公司的产品，抄袭了其中的数据内容及呈现方式。法院认为：市场上产品之间的模仿是允许的，但有一定的界限。浙江某公司的产品与上海某公司、南京某公司的产品是直接竞争的产品，但在后推向市场的同花顺产品在函数体系及其排列组合等方面与上海某公司、南京某公司在先产品高度相似，浙江某公司在推销产品时亦强调其产品是上海某公司、南京某公司的同质化产品并可兼容，其销售价格远低于上海某公司、南京某公司同类产品，已经越过了合理模仿、借鉴的界限。浙江某公司的上述行为具有明显的不正当性和"搭便车"特征，违背了一般的诚信原则和公认的商业道德，并导致上海某公司、南京某公司产品的市场占有率明显下滑，构成不正当竞争。

著作权法中对于不能单独构成作品的信息、数据，如果其在编排上符合独创性要求，则可以纳入著作权所保护的汇编作品范围。[①]但是，以著作权法路径保护类似本案争议客体的金融信息或者数据产品存在局限性。数据本质上属于事实类信息，如果不符合作品独创性要件，就不能受到著作权法保护。随着数据的经济价值日益受到重视，对于数据的保护也得到关注。数据的价值在于数据本身，而不在于编排与结构上的独创性贡献，在人工智能应用范围日趋扩大的现实背景下，越来越多的数据并非直接产生于人类智力活动，对于此类数据库能否认定为作品具有较大争议。"知识产权是具有强排他性的垄断性权利，将碎片化的企业数据相关权益定性为知识产权会导致过多的权利配置，过度限制他人利用数据的自由。"[②]金融信息或者数据产品采用著作权保护模式并不合适，本案中法院认定浙江某公司的行为构成了不正当竞争，通过《反不正当竞争法》为类似的金融信息产品提供了保护路径。

三、结论

金融信息产品的说明性文字以及对金融信息选取、定义、组织呈现的方式以及设计的函数体系，根据思想与表达二分法，其更接近于思想而非表达，

---

① 郝思洋：《知识产权视角下数据财产的制度选项》，载《知识产权》2019年第9期。

② 李扬、李晓宇：《大数据时代企业数据权益的性质界定及其保护模式建构》，载《学海》2019年第4期。

不符合著作权法中的独创性要求，难以受到著作权法的保护。虽然在选择、组织金融信息的过程中包含了智力劳动，但劳动价值不等于独创性，对于这类智力劳动成果，更适宜以《反不正当竞争法》进行保护。

古籍点校成果的著作权客体定性

——周某诉江苏某出版社有限公司等侵害作品复制权、发行权纠纷案

/ 苏琳

本案要旨

古籍点校成果能否构成著作权法所保护的作品，需要以其是否符合作品之实质要件和形式要件来进行判断。对古籍点校的成果符合能以一定有形形式进行表现的形式要件要求，实践中并无争议，因此判断古籍点校成果是否构成作品，最具有争议的问题是其是否具有独创性。点校者的目的都是力求点校后的作品文意与原作一致，因此点校者在点校过程中必然受到点校者自身所理解的古籍原意的限制，点校者仅是揭示了古籍原意这一早已存在的客观事实。揭示客观事实的行为不具有创造性，因此古文点校不能构成著作权法所保护的作品。

案件信息

上诉人（一审原告）：周某

被上诉人（一审被告）：江苏某出版社有限公司、陆某、某图书公司

案号：上海市第二中级人民法院（2013）沪二中民五（知）初字第41号、上海市高级人民法院（2014）沪高民三（知）终字第10号

原被告主张及理由

原告周某诉称，经多年研究，其汇编、校勘、标点完成《金圣叹全集》（以下简称“周版金圣叹全集”），于1985年由江苏古籍出版社出版。该全集中包括了金圣叹批评本《贯华堂第六才子书》(以下简称“周版金批西厢记”)。

1986年，江苏古籍出版社将上述“周版金批西厢记”列为单行本出版，书名为《金圣叹全集选刊之一贯华堂第六才子书西厢记》。2011年11月，原告在被告某图书公司古籍书店购买到由被告江苏某出版社有限公司出版、被告陆某点校的《金圣叹批评本》(以下简称“陆版金批西厢记”)，该“陆版金批西厢记”曾被收录于由被告陆某编校整理、被告江苏某出版社有限公司出版的《金圣叹全集》(2008年12月第1版，以下简称“陆版金圣叹全集”）中。原告认为“陆版金批西厢记”抄袭、剽窃了“周版金批西厢记”的标点和校勘成果，仅对原文和标点作了不必要的改动，且保留了“周版金批西厢记”中的特殊错误。“周版金批西厢记”的所有标点、校勘均由原告独立完成，具有独创性，享有著作权。被告陆某在其“陆版金批西厢记”中剽窃、抄袭了原告“周版金批西厢记”的标点和校勘成果，侵害了原告对“周版金批西厢记”享有的复制权和发行权。

被告江苏某出版社有限公司辩称，陆某向江苏某出版社有限公司提供的“陆版金圣叹全集”和“陆版金批西厢记”，均有完整的出处和底本来源。因此，江苏某出版社有限公司在出版由陆某辑校整理的“陆版金圣叹全集”，以及陆某点校的“陆版金批西厢记”的过程中，已经尽到了合理的注意义务。故，江苏某出版社有限公司请求原审法院驳回原告的诉讼请求。

被告陆某辩称，原告尚未证明其“周版金批西厢记”具有独创性。而陆某在编辑、整理“陆版金圣叹全集”以及“陆版金批西厢记”时，完全独立地进行编辑、整理、校对。与原告在本案中主张的“周版金批西厢记”没有关联，不构成抄袭，因此不同意原告的诉讼请求。故，陆某请求原审法院驳回原告的诉讼请求。

被告某图书公司辩称，某图书公司系国有企业，均从正规渠道进货，涉案“陆版金批西厢记”也是通过正规渠道进货，有进货凭证。某图书公司收到涉案起诉状之后，已经将该书下架未再销售。

法院查明的事实

一审法院查明，《会真记》为唐代元稹所著，内容为张生和崔莺莺间的爱情故事。元代王实甫根据该故事著有杂剧《西厢记》。后金圣叹对《西厢记》进行了评点批注，后人称为金批《西厢记》。至今有不同版本的金批《西厢记》

留存于世。1985年9月，江苏古籍出版社出版由原告周某点校的“周版金圣叹全集”，其中收录了金批《西厢记》。其中卷之三为《会真记》，该书中《会真记》文共分为十三段。“周版金批西厢记”全书标点共2万多个，但该书中既没有校勘记，也没有对底本、校本选择的说明。同时，在该书中关于金圣叹对《西厢记》的评点批注，采用的是单行格式。2008年12月，被告江苏某出版社有限公司出版了由被告陆某点校的“陆版金圣叹全集”，其中亦包含了金批《西厢记》，并附有“此书之整理，以清顺治贯华堂原刻本《贯华堂第六才子书西厢记》为底本，以康熙五十九年刻《芥子园绘像第六才子书》本、清金谷园藏版《贯华堂第六才子书》本等参校”的说明。“陆版金批西厢记”卷之三为《会真记》，《会真记》分段与“周版金批西厢记”中《会真记》分段相同。“陆版金批西厢记”全书标点共2万多个，其中有1779处标点与“周版金批西厢记”中的标点不一致，其余标点基本相同。“陆版金批西厢记”有校勘记共149处，该书中关于金圣叹对《西厢记》的评点批注，采用的是单行的格式。原告周某认为其“周版金批西厢记”具有独创性，是受著作权法保护的作品，“陆版金批西厢记”剽窃了“周版金批西厢记”的点校成果，已构成侵权，因此应当承担侵权责任。

二审法院认定的事实与一审法院一致。

➲ 法院判决理由与裁判结果

一、一审

（一）关于“周版金批西厢记”是否具有独创性，是否属于作品

作品的独创性，是指作品应由作者独立创作完成，而非简单的摹写或材料的汇集，但独创性并不等同于新颖性，著作权法并不禁止作者就相同的主题进行创作。

1. 关于原告主张的底本、校本选择的独创性

法院认为，首先，原告提供的“周版金圣叹全集”“周版金批西厢记”中均没有关于“周版金批西厢记”底本、校本选择的说明，且审理中原告也没有提供其所称的“周版金批西厢记”底本、校本以供原审法院比对确认；其次，在古籍点校中，就古籍底本和校本的选取，反映的是作者本人的文学素养、知识积累，故就古籍底本和校本的选取属于作者思想的体现，而并非著

作权法所保护的作品的表达。因此，原告关于其底本、校本选择不具有独创性。

2. 关于原告主张的标点及《会真记》的分段是否具有独创性

法院认为：著作权法所保护的是有独创性的表达方式，但如果对某一内容的表达方式只有一种或者有限的几种，则这种表达方式不受著作权法的保护。本案中原告主张的标点，是原告在涉案古籍已有的断句之处进行的标点。因此，该种标点既要在遵循古籍原意的前提下在本已标注断句处进行，又要符合现代人阅读习惯和国家对于标点使用的相关规定。故，本案中原告所主张的标点的表现形式是极为有限的，一般情况下不应获得《著作权法》的保护。除非因原告的标点，产生了区别于原古籍作品的具有独创性的表达，古籍点校才可以作为演绎作品，而获得《著作权法》的保护。但是，原告在本案中主张的标点和分段，是在遵循古籍原意的前提下，为方便现代人阅读，根据现代人的阅读习惯在涉案古籍中已有断句之处使用现代汉语中的标点加以标识或进行分段，故在涉案古籍中加入标点或进行分段仅是便于读者对原作品的理解，并未改变原作品的表达，也未产生新的表达，标点和分段更接近于思想而非独创性的表达。因此，本案中原告就涉案古籍进行的标点、分段行为并不产生区别于原作品的具有独创性的表达。原审法院认为，原告关于标点和分段具有独创性的主张，缺乏法律依据，原审法院不予采信。

3. 关于对原告主张的 106 处错字、别字校勘的独创性

法院认为，首先，原告提供的“周版金圣叹全集”“周版金批西厢记”中均没有“周版金批西厢记”的校勘记，且审理中原告也没有提供其所称的“周版金批西厢记”底本、校本以供原审法院比对确认原告是否确实对其主张的 106 处错字、别字进行了校勘；其次，正如上文所述，古籍点校中只有存在有别于原古籍作品的具有独创性的表达的情况下，才可以作为演绎作品，而获得《著作权法》的保护。而原告在本案中主张的是 106 处错字、别字校勘，校勘的目的在于恢复古籍作品的原貌。故，原告主张的该 106 处错字、别字校勘本身也不可能产生有别于原古籍作品的具有独创性的表达。

4. 关于原告主张的批文为单行的版本格式

原告并非“周版金批西厢记”的出版者，也没有证据表明“周版金批西厢记”批文为单行的版本格式确实源于原告。且被告提供的证据表明，在原告

“周版金批西厢记”出版之前已经存在了批文为单行的版式设计，综上所述，原告关于批文为单行的版本格式具有独创性的主张，法院不予采信。

综上所述，原告在本案中主张的对底本、校本的选择，在已有断句处进行全文标点，对原古籍刻本中106处的错字、别字校勘，对《会真记》进行分段以及首次采取了批文为单行的版本格式，均不符合《著作权法》对于作品独创性的要求。

（二）关于“陆版金批西厢记”是否剽窃、抄袭了“周版金批西厢记”

首先，陆某以“首图版金批西厢记”为底本，“金谷园版金批西厢记”“芥子园版金批西厢记”等为参校本，进行了校勘并完成了“陆版金批西厢记”。其次，在审理查明的事实中，“陆版金批西厢记”确实存在个别字词与“首图版金批西厢记”“吉师版金批西厢记”“北大版金批西厢记”“金谷园版金批西厢记”“芥子园版金批西厢记”等不同而与“周版金批西厢记”相同的情况。但是原告与被告陆某均是就同一古籍进行的点校，因此，在各自独立的点校过程中，不可避免地会产生相同点校的情况。同样，鉴于古籍点校者个人的文学素养、认知水平，以及编校者的差错等各种因素，亦可能产生点校差错相同的巧合。故不能因这些点校差错，就认为被告陆某系剽窃、抄袭原告“周版金批西厢记”。因此，仅凭“陆版金批西厢记”中上述个别字词与“周版金批西厢记”相同，既无法否定上述被告陆某自行点校完成“陆版金批西厢记”的事实，亦无法证明被告陆某存在剽窃、抄袭“周版金批西厢记”的行为。

综上所述，原告在本案中主张的“周版金批西厢记”不属于《著作权法》所保护的作品。一审法院判决驳回原告周某的诉讼请求。

周某不服一审判决，提起上诉称：（1）“首图版金批西厢记”不是被上诉人陆某的点校底本。（2）不能将“陆版金批西厢记”参校本以外的刻本作为证据比对的对象。（3）原审法院将上诉人提供的“傅版金批西厢记”与“陆版金批西厢记”及“周版金批西厢记”进行标点的比对，剥夺了上诉人对此进行反驳和提交反证的权利。（4）“陆版金批西厢记”与“周版金批西厢记”有近90%的校勘成果相同。（5）“周版金批西厢记”具有独创性，上诉人对此享有著作权。首先，“周版金批西厢记”中没有底本、校本的说明系应被上诉人江苏某出版社有限公司的要求；其次，虽然古籍点校工作的目标是力求点校后的作品文意与原作一致，但各点校者的点校成果会因受点校者的知识水平、文学功底、价值观等多种因素影响而不同，这种不同就是每个点校者独创性思维的体现，而从最终结果看，不同的古籍点校者就同一作品中的点校结果也不可能完全相同，而并非像原审法院认为的古籍点校作品只有一种或者有限的几种表达，因此这种表达形式当然具有独创性，应当受到著作权法保护。（6）"陆版金批西厢记"剽窃、抄袭了"周版金批西厢记"，虽然两者出现一致内容可能是学术界达成的共识，但"周版金批西厢记"的一些印刷错误也被陆某一一抄袭。

江苏某出版社有限公司、陆某共同辩称：（1）"陆版金批西厢记"是陆某独立完成的古籍整理作品，其与"周版金批西厢记"选用的底本完全不同，且存在大量的标点、文字、分段的不同，也避免了"周版金批西厢记"中的差错。（2）上诉人起诉的本质是欺诈。（3）首都图书馆官网打印页显示的"首图版金批西厢记"出版于公元1644年是因为该年为清顺治元年，图书馆将所有顺治年间的书籍均标注为1644年。（4）关于陆某在首图借阅书籍的时间问题，是个人的工作方式不同所造成的。（5）上诉人所称"陆版金批西厢记"与"周版金批西厢记"有近90%的校勘成果相同存在误导，上诉人统计的90%相同之处没有依据，原审法院在一审中要求上诉人将校勘中的惯常使用部分剔除，但上诉人一直没有剔除，被上诉人认为在《西厢记》中简单地进行标点根本没有创新可言，不应当作为比对依据。（6）"傅版金批西厢记"与本案事实有关，恰恰证明了"周版金批西厢记"并非首部整理作品，应当作为比对材料。综上所述，两被上诉人认为一审判决事实清楚，适用法律正确，请求驳回上诉人的诉请。

某图书公司辩称：其进货渠道合法，在收到一审诉状后立即将涉案图书下架，没有违规之处。

二、二审

（一）关于上诉人所主张的古籍点校成果是否应当受到著作权法保护

古籍点校，通常是指点校者运用专业知识，依据文字规则、标点规范，并对照古籍其他现存版本或史料作出判断，对相关古籍划分段落、加注标点、选择用字的过程。因此，古籍点校的性质就决定了其目的在于力求点校后的作品文意与原作一致，也即尽可能地还原古籍原意，故而点校者在点校过程中必然受到点校者自身所理解的古籍原意的限制。当点校者点校的结果与古籍原意一致时，则点校者仅揭示了客观事实，而客观事实无法作为著作权法保护的客体，故该点校结果不能构成著作权法所保护的作品。因点校者个人因素的差异，确会造成点校结果与古籍原意不一致，或与其他点校者的点校成果不一致的情况。但基于点校者的目的均为复原古籍原意，每个点校者都是根据自己对古籍含义的理解，在自己认为的极为有限的表达方式中所进行的选择，因此始终会忠于点校者自己所理解的古籍原意，这种情况下就不会产生新的表达，不具有著作权法上的独创性。如果对此也进行保护，势必会垄断思想观点本身，因此该种点校结果亦不受著作权法保护。综上所述，虽然古籍点校工作专业性强，要求点校者具有较深的相关历史、文学、文化知识，且点校工作需要付出大量的体力劳动及智力劳动，但古籍点校终以复原古籍原意为目的，基于客观事实和思想不受著作权法保护之基本原理，古籍点校成果不能作为作品受到著作权法保护。

（二）没有充分证据证明“陆版金批西厢记”剽窃了“周版金批西厢记”

原审法院的比对并无不当。而就这些样本比对的结果可见，“陆版金批西厢记”与“周版金批西厢记”的点校成果存在较多的不同之处，绝大多数的相同之处又与其他版本的金批《西厢记》存在交叉相同的情况，而这恰恰是由点校工作的目的在于复原古籍原意，不同点校者的点校成果势必会部分相同甚至是大部分相同所造成的。基于古籍点校的特殊性，在后的点校者无法避免其在后点校成果与在先点校成果部分甚至大部分相同的情况，如果仅依据前后点校成果部分相同或前后点校成果大部分相同就简单认定在后的点校者构成抄袭，势必会影响在后点校者对其工作成果合法性的预期判断，进而可能放弃点校工作。这在事实上造成了在先点校者对该古籍点校工作的垄断，不利于古籍研究和学术争鸣，也不利于古籍点校行业的健康发展。因此，基于古籍点校工作的特殊性，本案中仅依据该些较少的相同之处就直接认定“陆版金批西厢记”对“周版金批西厢记”构成抄袭，理由尚不充分。

综上所述，二审法院认为，原审法院判决认定事实清楚，适用法律正确，上诉人周某的上诉请求缺乏事实和法律依据，应予驳回。

判解与学理研究

古籍点校的目的在于力求古籍点校成果的文意与古籍原作的文意保持一致，而判断古籍点校成果优劣的基准为该古籍点校成果是否最大限度并尽可能地还原了古籍原作的唯一原意。本案对于判断古籍成果是否为具有独创性的智力成果具有重要意义，以下将结合案件，对于古籍点校成果能否构成著作权法所保护的客体加以探讨。

一、古籍点校成果的独创性判定

古籍点校，实际上是古籍点校人运用其所掌握的专业知识和技能，参照已掌握的相关版本或史料进行综合判断，依据文字规则、标点规范，对选定需要点校的目标古籍进行断句、段落划分、加注标点、校勘纠正错字的过程。[①]根据《著作权法》第 3 条的规定，若要构成著作权法意义上的作品，需满足能以一定形式进行表现的形式要件以及具有独创性的实质要件。古籍点校成果能以一定形式表现，符合作品之形式要件，这在实践中已无较大争议。最为关键和存在争议的点在于，古籍点校过程是否体现了点校人的个性化选择和判断，即古籍点校成果是否能满足独创性之实质要件。目前，实务界对此存在不同的观点。

观点一认为古籍点校成果能构成作品。古籍点校并不是简单的劳动和技巧，不同点校人对同一古籍原作进行点校的结果并不会完全相同，会产生不同的点校作品，古籍点校属于创造性智力劳动。如在某书局有限公司与北京某时代文化传播股份有限公司侵犯著作权纠纷案中，北京市第一中级人民法院指出，虽然不同的点校人对于同一个古籍原作进行点校的过程需要遵循基本相同或相近似的原则，但是具体的点校内容和点校成果会因为点校人的知识水平、文学功底、价值观、人生观、世界观等因素的不同而不同，不同的点校者对经过其个人的选择、判断的不同点校成果分别享有著作权。[②]同时，法院进一步指出，若不对古籍点校成果予以一定程度的著作权法保护，将不利于激励后续的古籍点校工作，将打击点校者的工作积极性，不利于古籍点校行业的发展。

---

① 参见北京市东城区人民法院（2008）东民初字第 09562 号民事判决书。

② 参见北京市第一中级人民法院（2012）一中民终字第 14240 号民事判决书、北京市第一中级人民法院（2012）一中民终字第 14253 号民事判决书。

观点二认为古籍点校成果不能构成作品，不具有独创性。正如王迁教授所述，古籍点校虽然能够在一定程度上体现点校者的选择和判断，但是，古籍点校并不是为了创作出新的与古籍原意相违背的东西，而是要通过艰苦的劳动找到并展现原本就已经存在的客观历史事实，即揭露和展示古籍原作的原有含义。[①]古籍点校的过程实际上就是真实地反映古籍原貌的过程，追求的是与古籍原作趋同的目标，仅是对原作所体现的已存在的客观事实的揭示和再现，类似于“精准临摹”，不断追求与原作的相似以及相同性。[②]根据《著作权法》第 5 条的规定，事实并不是著作权法的保护对象，对于揭示已存在的客观事实的行为，在此过程中无论付出了多大的努力，花费了多少时间和精力，都不属于创作出作品的过程。

在本案中，古籍点校的过程花费了大量的时间和人力、物力，是建立在大量的事实调查研究基础之上的。然而，仅“额头出汗”不够。本案中的点校并没有改变原意，亦未形成新的表达，不属于作品的范畴。

二、混同原则

根据《TRIPs 协定》第 9 条的规定，著作权法的保护只及于表达，而不延及思想、程序、操作方法或数学概念本身等。思想与表达二分法是著作权法中的基本原则，是智力成果能否成为著作权法意义上的作品的评判标准之一。事实属于思想之范畴，无论发现事实或揭示还原早已存在的事实需要投入多少时间和人力、物力，著作权法的保护都不能延及该事实本身。如果属于思想范畴的事实只存在数量极其有限的几种表达，甚至只有一种表达方式，此时思想和表达密切联系以至于混合在一起，若对该类事实的表达进行保护，则等同于赋予点校者对思想范畴中的事实的垄断权利，这将对公有领域的资源形成垄断，进而影响文化的繁荣发展。因此，著作权法选择对此类表达与思想相混同的情形不予以著作权法保护，即思想与表达二分法原则下的“混同原则”。[③]

---

① 参见王迁：《古文点校著作权问题研究——兼评“中华书局诉国学网案”等近期案例》，载《华东政法大学学报》2013 年第 3 期。

② 参见龚未云：《古籍点校成果著作权探析》，载《传播与版权》2016 年第 8 期。

③ 参见王迁：《知识产权法教程》（第 5 版），中国人民大学出版社 2016 年版，第 51 页。

古籍点校工作受时代背景、历史事实、古籍语法、上下文内容等因素的约束，需要最大限度地还原古籍原意，因此给点校者留下的个性化选择空间与智力创造空间是极其有限的，点校者水平越高最终的点校成果则越趋向于古籍原意，古籍点校成果表达的多样性锐减甚至表达趋向唯一。① 基于客观事实不受著作权法保护的基本原理，古籍点校成果作为古籍原作中早已存在的客观事实或观点的唯一表达，此时思想和表达密切联系以至于混合在一起，根据混同原则，该情形下思想和表达同时不受著作权法的保护。这能够避免对公有领域的资源进行垄断，避免通过保护该唯一表达而间接地对思想进行著作权法保护，遵循了著作权法不保护客观事实的基本原理，避免了对于公共利益的过度侵蚀。在本案中，法院指出，著作权法保护的是具有独创性的表达方式，但如果对某一内容的表达方式只有一种或者有限的几种，则这种表达方式不受著作权法保护。否则将造成古籍点校工作的垄断，必然会阻碍和挫伤后续古籍点校工作的学术热情和进一步研究，进而对古籍点校研究领域的发展和弘扬产生无法弥补的损害，有悖于著作权法的立法宗旨。

三、著作权法意义上的“整理”

在既有司法实践中，认定古籍点校成果为作品的法院一致认为，古籍点校成果是在原作品的基础上再行创作的新作品，构成著作权法所规定的演绎作品。即古籍点校成果是对古籍进行断句、段落划分后所形成的成果，属于演绎作品的范畴。② 该观点认为，古籍原作虽然属于公有领域的作品，但是对其进行整理之后的点校成果体现了点校人的个性化选择和判断，属于创造性劳动，构成著作权法意义上的演绎作品。③ 依据《著作权法》第 13 条 ④ 的规定，整理已有作品而产生的作品，其著作权由整理人享有。对古籍原作进行的点校活动属于《著作权法》规定中的“整理已有作品”，其产生的古籍点校成果应当依

---

① 参见甘竞圆、张怀印：《古籍点校成果的著作权保护模式研究》，载《图书馆杂志》2020 年第 10 期。

② 参见北京市第一中级人民法院（2004）一中民初字第 297 号民事判决书。

③ 参见山东省潍坊市中级人民法院（2011）潍知初字第 186 号民事判决书、山东省高级人民法院（2014）鲁民三终字第 340 号民事判决书、最高人民法院（2016）最高法民再 175 号民事判决书。

④ 《著作权法》第 13 条规定：“改编、翻译、注释、整理已有作品而产生的作品，其著作权由改编、翻译、注释、整理人享有，但行使著作权时不得侵犯原作品的著作权。”

法予以保护。[①] 然而有学者指出，以还原古籍原意为目的的古籍点校行为并不是著作权法意义上的“整理”，是对《著作权法》第 13 条中“整理”的含义的误读。[②]《伯尔尼公约》中的“arrangement”指的是能够形成新的独创性智力成果的“改编”或“编排”，而非通常意义上的简单文献整理。在对于文献的选择和编排的过程中，需要体现编排者的个性化选择和判断，该编排过程亦需要满足独创性的基本要求，“额头流汗”标准下的古籍点校成果并不构成演绎作品中的整理作品。

在本案中，法院明确指出，对于古籍底本和校本的选取，属于点校者思想的体现，而不属于著作权法所保护的作品的表达之范畴。而古籍点校中断句、段落划分、加注标点、校勘的过程，仅是揭示和再现早已存在的客观事实。既没有改变古籍原作中的表达，也没有产生任何区别于古籍原作的新的表达。加注标点的行为并不是《著作权法》所规定的汇编、改编、翻译、注释、整理等任何一种形式的演绎行为，因此亦不产生区别于古籍原作的演绎作品。

四、结论

古籍原作作为公有领域的文化资源和宝贵素材，是全体社会公众都可以自由利用和分享的精神财富。任何作品都是基于前人的成果进行创作的，对于文化古籍的再创作当然也能够受到著作权法的保护。然而，对于古籍点校的行为，因其本质上是为了最大限度地恢复和再现古籍原作的原意，古籍点校者并没有改变古籍原作中的表达，也没有在此基础之上产生任何区别于古籍原作的新的表达，不宜认定为对于文化古籍的“再创作”。仅符合“额头出汗”原则、投入了大量的资金和劳动并不必然就能满足独创性之要件，对于古籍原作的整理、编排亦需要在此过程中体现点校者本人的个性化选择和判断才能够给予著作权法保护。然而，古籍点校成果的最终目的在于忠实于古籍原作所欲展现的原意，古籍点校成果并不具有最低限度的独创性，不能体现点校者的个性化选择、安排和取舍。同时，当属于思想范畴的事实只有

---

① 参见北京市海淀区人民法院（2011）海民初字第 12761 号民事判决书。

② 参见王迁：《古文点校著作权问题研究——兼评“中华书局诉国学网案”等近期案例》，载《华东政法大学学报》2013 年第 3 期。

数量极其有限的几种表达，甚至只有一种表达方式，此时思想和表达密切联系以至于混合在一起，即使属于著作权法意义上的表达亦不能给予著作权法保护。否则将势必垄断客观事实本身，阻碍古籍的传承和文化的传播，与著作权法的立法宗旨相违背。

合同文本的著作权保护认定研究

——广州某建设工程顾问有限公司诉广州某交通建设投资有限公司侵害著作权纠纷案

/张文芊

➲ 本案要旨

合同是民事主体之间设立、变更、终止民事法律关系的协议。合同文本想要获得著作权法的保护，就必须具有独创性。合同条款是根据法律、相关部门规章及实际情况而制作，合同条款约定的是当事人之间的权利义务，法律表达方式较为有限，且准确而简洁的表达方式尤为有限。二审判决据此认定，如果允许合同文本书写较优的权利义务表达方式享有著作权，则意味着其他人在遇到相同法律问题时不能使用相同的表达，这实质上是对思想的垄断，违背著作权法的本意，因而应予以否定。

➲ 案件信息

申请人（一审原告、二审被上诉人）：广州某建设工程顾问有限公司

被申请人（一审被告、二审上诉人）：广州某交通建设投资有限公司

一审第三人：广东某建设监理有限公司

案号：广东省广州市南沙区人民法院（2011）穗南法民二知初字第243号、广东省广州市中级人民法院（2012）穗中法民三终字第96号、广东省高级人民法院（2014）粤高法民三申字第43号

原被告主张及理由

一、一审

原告诉称，广州某建设工程顾问有限公司创作了《2009 建设工程施工合同专用条款研究》，并经过了版权登记。广州某交通建设投资有限公司（以下简称交建投公司）在网站上公布了《某半岛居住小区一期低层住宅工程施工总承包招标文件》，共计 123 页。其中 63 页内容为交建投公司提供的内容（其中 57 页内容为施工合同专用条款，6 页内容为被告单位的奖罚制度），该 57 页施工合同专用条款抄袭剽窃了广州某建设工程顾问有限公司的作品内容，抄袭内容达到 92.9%。广州某建设工程顾问有限公司曾通知交建投公司要求停止侵权行为，但遭到拒绝。交建投公司未经授权擅自剽窃使用广州某建设工程顾问有限公司作品，不但侵犯了广州某建设工程顾问有限公司的著作权，且同时给广州某建设工程顾问有限公司造成重大经济损失，按照工程招标代理收费的 50% 计算，交建投公司给广州某建设工程顾问有限公司造成直接经济损失 12.08 万元，其网络传播行为还将会给广州某建设工程顾问有限公司造成进一步的经济损失。请求判令：（1）交建投公司立即从广州建设工程交易中心网上删除侵权文件并在广州建设工程交易中心网上发布赔礼道歉声明；（2）交建投公司赔偿广州某建设工程顾问有限公司经济损失 120 800 元；（3）交建投公司赔偿广州某建设工程顾问有限公司因本案产生的公证费 2000 元、律师费 6000 元及证据文件装订费用 315 元；（4）交建投公司承担本案的诉讼费用。

被告辩称：（1）广州某建设工程顾问有限公司所主张版权的作品无独创性，不符合著作权法对作品的基本要求。广州某建设工程顾问有限公司主张著作权的文件内容系直接复制广东省建设厅发布的《广东省建设工程施工合同》的通用条款部分章节或者条款，即使非直接复制的内容，也与目前很多施工合同的内容相似。广州某建设工程顾问有限公司的作品是在《广东省建设工程施工合同》的基础上，结合以往其他施工合同的内容拼凑而成的。无论是推荐文本，还是国际联合会文本内容都已进入公共领域，在其基础上修订，除非有独创性，否则均不构成著作权法保护的作品。（2）广州某建设工程顾问有限公司所谓的作品没有公开发表和使用，大量的招投标公告和文件中都采用了类似版本的专用条款，交建投公司不存在抄袭广州某建设工程顾问有限公司的可能性和必要性。广州某建设工程顾问有限公司仅以版本相似就要求交建投公司支付费用无理。请求驳回广州某建设工程顾问有限公司的诉讼请求，维护施工建设市场和工程咨询市场的公平与正义。

第三人广东某建设监理有限公司陈述：(1)广州某建设工程顾问有限公司的作品没有独创性，不应受著作权法保护。本案所涉的专用条款形式、思路与通用条款相似，缺乏独创性。(2)本案所涉作品与第三人无关。

二、二审

上诉人上诉称：(1)被上诉人所主张版权的作品无独创性，不符合著作权法对"作品"的基本要求。(2)被上诉人有关作品公开发表时间的证据混乱。被上诉人在一审中对其作品公开发表的时间表述前后不一，没有提供证据证明其主张保护的作品与法院认定首次公开的"广州某干部学院二期工程"施工合同之间的关联，而法院无视这一关键证据的缺失，从而以上诉人使用的合同文本与"广州某干部学院二期工程"施工合同之间的相似程度很高，进而推断上诉人使用的文本系侵权作品，是缺乏事实基础的。(3)第三人作为最终的赔偿义务主体的赔偿责任既然不被追究，那上诉人承担赔偿责任的法律基础就不存在。(4)一审法院擅自扩大了上诉人"审慎义务"的范围，对上诉人过错的认定是错误的。(5)一审法院关于诉讼费承担的计算也是错误的。一审法院的判决只支持了被上诉人一小部分的赔偿请求，却要求上诉人承担全部诉讼费用，是错误的。因此，恳请人民法院维护施工建设市场和工程咨询市场的公平与正义，上诉请求撤销一审判决，改判驳回被上诉人全部诉讼请求。

被上诉人广州某建设工程顾问有限公司辩称，原审认定事实清楚，适用法律正确。(1)答辩人主张的作品不但具有独创性，而且还有科学性、实用性和前瞻性，这一点在该作品的著作权登记证的"附记"中有着明确的体现，故上诉人所谓的"无独创性，不符合著作权法对作品的基本要求"说法不能成立。(2)答辩人原审提供的证据能够形成完整的证据链，表明该作品发表的时间不存在任何表述不明情况。(3)答辩人于2011年6月8日发函要求上诉人停止侵权，上诉人仍坚持侵权，其侵权行为已经与第三人无关，上诉人的侵权行为是独立存在的，是否判令追究第三人的侵权责任不能成为上诉人据以承担责任的基础，故原审法院判令上诉人独立承担侵权赔偿责任没有不当之处。

（4）判断作品是否享有著作权的时间是作品的完成时间，而并非该作品的发表时间和登记时间，故上诉人所谓的其使用时间早于该作品的登记时间进而就可以忽视审查其使用作品的合法来源的主张不能成立。

三、再审

广州某建设工程顾问有限公司申请再审称：（1）二审判决书有选择性地引用《著作权法》部分内容，与《著作权法》实际内容不符，如判决书第21页称“著作权法所称作品，是指文学、艺术和科学领域内具有独创性并能以某种有形形式复制的智力成果”明显与《著作权法》第3条的规定不同。二审判决定性我司文件不属于作品，进而否定我司拥有著作权。而我司作品恰巧属于判决书没有引用的《著作权法》保护内容（属于自然科学及工程技术类“文字作品”）。（2）二审判决理由不成立，为法官主观“臆想”，缺乏事实依据。综上所述，请求：（1）撤销广东省广州市中级人民法院（2012）穗中法民三终字第96号民事判决；（2）维持广东省广州市南沙区人民法院（2011）穗南法民二知初字第243号民事判决；（3）诉讼费由交建投公司承担。

交建投公司答辩称：（1）广州某建设工程顾问有限公司关于二审程序违法的主张没有证据支持。（2）二审法院的判决理由符合《著作权法》的立法本意。如果允许合同文本表达方式成为著作权法保护客体，则意味着其他人在碰到相同法律问题时不能使用相同的表达方式，这实质上是对思想形成垄断，违背著作权法的本意。（3）广州某建设工程顾问有限公司所主张版权的作品无独创性，不符合《著作权法》对“作品”的基本要求。（4）广东某建设监理有限公司作为最终的赔偿义务主体的赔偿责任既然被明确要求免除，广州某交通建设投资有限公司承担赔偿责任的法律基础就不存在。综上所述，请求驳回广州某建设工程顾问有限公司的再审申请。

➲ 法院查明的事实

一审法院经审理查明：2011年6月7日，广州某建设工程顾问有限公司向广东省版权局就《2009建设工程施工合同专用条款研究》申请作品著作权登记，广东省版权局经审查准予登记，并向广州某建设工程顾问有限公司颁发《作品著作权登记证》，该登记证上记载的作品完成时间为2010年12月31日，作品取得方式为原始取得。广州某建设工程顾问有限公司在本案中指控交建投公司侵犯其《2009建设工程施工合同专用条款研究》A版作品的著作权。

2010年3月，广州某建设工程顾问有限公司与广东某干部学院签订《工程施工招标顾问协议》，约定广州某建设工程顾问有限公司为该学院新校区一期工程施工总承包工程施工招标活动提供顾问服务，随后该学院将《2009建设工程施工合同专用条款研究》对投标人予以公布，但没有在网上公布。2010年11月18日，该学院就二期工程的招标工作擅自将广州某建设工程顾问有限公司涉案作品在广州建设工程交易中心网上公布，广州某建设工程顾问有限公司称已经发函要求其从网上撤下。

广东某干部学院于2010年11月18日在广州建设工程交易中心网站上发布了该学院新校区二期工程总承包招标公告，其中招标文件中的第三部分专用条款内容与广州某建设工程顾问有限公司登记的《2009建设工程施工合同专用条款研究》A版作品内容基本一致，亦分为8章96条。法院将《广东省建设工程施工合同》（2009年版）中的《通用条款》与广州某建设工程顾问有限公司的《2009建设工程施工合同专用条款研究》A版作品内容相比对，虽然两者的章节结构相同，但具体章节下的条款数量、条款内容及排列顺序并不完全相同。

2011年2月23日，交建投公司与广东某建设监理有限公司签订《工程建设项目招标代理协议书》，交建投公司委托广东某建设监理有限公司为某半岛居住小区一期公建工程施工总承包招标代理机构，并约定“受托人为本合同提供技术服务的知识产权应属受托人专有。任何第三方如果提出侵权指控，受托人须与第三方交涉并承担由此而引起的一切法律责任和费用”。随后，广东某建设监理有限公司为交建投公司提供招标合同文本，其中第三部分的《专用条款》内容与被控侵权的《某半岛居住小区一期低层住宅工程招标文件》中第三部分的《专用条款》内容基本相同，交建投公司称被控侵权的《专用条款》来源于上述广东某建设监理有限公司提供的《招标文件》中的《专用条款》，但交建投公司当时并没有要求广东某建设监理有限公司提供相关的版权证明资料，只是要求其承诺保证权利的合法来源，而且交建投公司认为该类作品不属于著作权保护的范围，属于公有领域的范围，因此也没有要求广东某建设监理有限公司提供版权证明。

2011年6月8日，交建投公司在广州建设交易中心网站上的“招标公告”

页面发布《招标公告》，该公告第三部分为《专用条款》(分为“一、总则；二、合同主体；三、担保、保险与风险；四、工期；五、质量与安全；六、造价；七、合同争议、解决与终止；八、其他”)，共8章96条。将上述《专用条款》与广州某建设工程顾问有限公司《2009建设工程施工合同专用条款研究》A版作品相比对，两者章节结构及条款内容基本相同。

二审、再审法院均认可一审法院查明的事实。

➲ 法院判决理由与裁判结果

一、一审

一审法院认为：(1)广州某建设工程顾问有限公司依法对《2009建设工程施工合同专用条款研究》A版作品享有著作权。(2)关于交建投公司的行为是否已构成对广州某建设工程顾问有限公司作品著作权的侵犯问题。交建投公司使用的被控侵权作品《某半岛居住小区一期低层住宅工程施工合同专用条款》来源于广东某建设监理有限公司，该被控侵权作品与广州某建设工程顾问有限公司的《2009建设工程施工合同专用条款研究》A版作品内容高度近似，且广东某建设监理有限公司主张该作品完成发表的日期迟于广州某建设工程顾问有限公司主张权利的作品完成及公开发表日期。广东某建设监理有限公司在其主张的作品完成日期之前有机会接触到广州某建设工程顾问有限公司主张权利的作品内容，根据“接触+实质性相似”的著作权侵权认定标准，广东某建设监理有限公司提供给交建投公司使用的被控侵权作品已构成对广州某建设工程顾问有限公司《2009建设工程施工合同专用条款研究》A版作品著作权的侵犯。

由于交建投公司没有证据证明其在使用广东某建设监理有限公司提供的涉案作品时审核过该作品的著作权权属情况，交建投公司没有尽到审慎的注意义务。虽然交建投公司与广东某建设监理有限公司在双方的《代理合同》中约定由广东某建设监理有限公司承担因其提供技术服务的知识产权侵犯他人权利所引起的一切法律责任和费用，但该约定属于交建投公司与广东某建设监理有限公司之间的约定，不能对抗广州某建设工程顾问有限公司要求交建投公司承担侵权责任的主张，交建投公司与广东某建设监理有限公司之间的权利义务，可另案诉讼解决。故该院认定，交建投公司未经广州某建设工程顾问有限公司许可，擅自发布《某半岛居住小区一期低层住宅工程施工合同专用条款》的行为侵犯了广州某建设工程顾问有限公司《2009 建设工程施工合同专用条款研究》A 版作品的著作权，使广州某建设工程顾问有限公司丧失提供工程施工招标顾问服务并获取报酬的机会，应承担停止侵权、赔偿损失等法律责任。

一审法院判决：一、交建投公司自判决生效之日起立即删除其发布在广州建设工程交易中心网上的《某半岛居住小区一期低层住宅工程施工总承包招标公告》中第三部分《专用条款》的内容；二、交建投公司自判决生效之日起十日内赔偿广州某建设工程顾问有限公司 50 000 元（包括经济损失及合理费用）；三、驳回广州某建设工程顾问有限公司的其他诉讼请求。

二、二审

二审法院认为本案争议的焦点在于广州某建设工程顾问有限公司的《2009 建设工程施工合同专用条款研究》A 版是否能够受到著作权法的保护。

著作权法中的作品，是指文学、艺术和科学领域内具有独创性并能以某种有形形式复制的智力成果。虽然广州某建设工程顾问有限公司向广东省版权局申请了《作品著作权登记证》，该登记证可以作为其主张权利的证据使用，作品类型为文字作品，但该证据本身并不能从法律上直接对广州某建设工程顾问有限公司所主张的著作权进行确认。

广州某建设工程顾问有限公司主张其享有著作权的《2009 建设工程施工合同专用条款研究》A 版最早是其为履行其与广东某干部学院的《工程施工招标顾问协议》而制作的。从广州某建设工程顾问有限公司提供的关于涉案合同文件之使用情况来看，该文件发挥的是实用技术功能，是为了解决经济生活中的施工承包中产生的法律问题，是针对不同情况设计的具有一定普遍适用性的条款，具有相关人员根据实际需要进行增删、修改后进行使用的功能。上诉人交建投公司对于被控侵权文本的使用方式也是实用性质使用。广州某建设工程顾问有限公司的合同文件本身只是将缔约当事人的意思表示书面化和成文化。如果允许合同文本表达方式享有著作权，则意味着其他人在碰到相同法律问题时不能使用相同的表达方式，这实质上是对思想形成垄断，违背著作权法的本意。综上所述，二审法院认定，广州某建设工程顾问有限公司的《2009 建设工程施工合同专用条款研究》A 版不是著作权法意义上的文字作品，也不属于著作权法所保护的其他类型的作品范畴，故不受著作权法保护。

综上所述，上诉人交建投公司的上诉有理，二审法院予以支持。原审法院查明的事实清楚，但认定不当，二审法院予以纠正，判决撤销广东省广州市南沙区人民法院（2011）穗南法民二知初字第243号民事判决并驳回广州某建设工程顾问有限公司的诉讼请求。

三、再审

再审法院认为本案为侵害著作权纠纷。广州某建设工程顾问有限公司的再审申请理由可以归纳为两点：一是二审法院是否违反了法定程序；二是广州某建设工程顾问有限公司所主张的《2009建设工程施工合同专用条款研究》A版是否属于著作权法意义上的作品，应否受著作权法保护。

再审法院认为：（1）本案二审法院在开庭审理时已经明确告知各方当事人合议庭的组成人员及书记员名单，各方当事人对此没有提出回避申请。诉讼过程中二审法院也没有以书面的形式明确告知各方当事人本案合议庭组成人员需要变更，而二审判决书所署名的合议庭组成人员及书记员名单与二审法院开庭时告知各方当事人的名单完全一致，并没有任何变化。因此，广州某建设工程顾问有限公司关于二审程序违法变更合议庭组成人员的主张缺乏事实和法律依据，再审法院不予支持。（2）广州某建设工程顾问有限公司编制的《2009建设工程施工合同专用条款研究》A版与《广东省建设工程施工合同》（2009年版）的章节结构相同，不同的是条款数量、条款内容以及排列顺序，从广州某建设工程顾问有限公司增删的条款以及排列来看，该文本的主要贡献在于前瞻性解决实际问题，这些条款本身是根据合同法、其他法律、相关部门规章以及工程承包施工的实际情况而制作，但合同条款约定的是当事人之间的权利义务，法律表达方式较为有限，且准确而简洁的表达方式尤为有限。二审判决据此认定，如果允许合同文本表达方式享有著作权，则意味着其他人在碰到相同法律问题时不能使用相同的表达方式，这实质上是对思想形成垄断，违背著作权法的本意，因此广州某建设工程顾问有限公司编制的《2009建设工程施工合同专用条款研究》A版不属于著作权法意义上的作品，不应受著作权法保护。二审法院的该认定正确，再审法院予以支持。

综上所述，广州某建设工程顾问有限公司的再审申请不符合《民事诉讼法》第200条规定的情形。依照《民事诉讼法》第204条第1款之规定，裁定驳回广州某建设工程顾问有限公司的再审申请。

判解与学理研究

厘清是否具有独创性是判断作品能否受著作权法保护的重要前提。我国《著作权法》第3条和第5条对能受保护的作品范围和不能受保护的客体进行了明确的规定，合同并未处在不受保护的客体范围之中。然而，本案二审法院撤销了一审法院的判决，以涉案合同不属于著作权法意义上的作品对原告主张的权利予以否定，依据是什么呢？如果满足了相应的独创性标准，合同文本又能否受著作权法的保护呢？下面本文将从独创性的内涵出发，结合对独创性的认定标准及原则，对上述问题进行讨论。

一、独创性

作为判断作品是否能受著作权法保护的核心要素，“独创性”对应的英文是“originality”，其意义分为两种，一是起源，二是创意，二者分别与“独”和“创”二字一一对应。我国《著作权法》中对独创性的具体含义没有规定，只有在《最高人民法院关于审理著作权民事纠纷案件适用法律若干问题的解释》第15条“由不同作者就同一题材创作的作品，作品的表达系独立完成并且有创作性的，应当认定作者各自享有独立著作权”稍微有所涉及。据此，“独创性”需要满足“作者独立完成”且“作品具有创作性”，系客观和主观标准相结合的观点。下面将通过这两方面结合本案案情来对“独创性”分别展开讨论。

（一）独创性之“独”

独创性要求作品“独立”完成。例如，一个人在旅游时看到好看的风景拍摄下来，后一个人也在这个地方，用同样的设备、同样的构图方式拍摄，即便后一个人拍出的照片与前一个人一样，只是差了几秒钟的时间，但因为是二者独自完成，所以二者均满足独创性之“独”的要求。又如，一个人在他人画作的基础上再次独立进行创作，只要他完成的画作和原画作之间存在着客观的、可识别且并非过于细微的差异，那他就也满足独创性之

“独”的要求。[①]

（二）独创性之“创”

作品是作者特定创作行为的结果，因此作品的独创性与作者的创作之间存在密不可分的关系。[②] 所以，一个作品要想被认定为具有独创性，除了满足“独”之外，还要满足“创”。有学者主张所谓的“创造性”就是“显著差异”，即差异是区别不同智力创造成果的事实依据。判断作品是否存在差异以及差异之程度，为判断作品是否具有创造性提供了相对客观的准则。[③] 但同时必须承认，存在差异并不等同于创造，因为判断两件作品之间哪件更具有“创造性”，仍然还要取决于评价者的主观态度。[④]

二、独创性的认定标准及原则

（一）独创性的认定标准

各国基于不同的历史背景与现实需求，在其著作权法中对独创性问题作了规定。但从大体上看，英美法系和大陆法系两大法系关于作品独创性的标准已经基本趋同，均坚持最低限度的独创性标准。

早期在英美法系中用来判断独创性的标准叫“额头出汗”（Sweat of Brow）原则，是指只要付出了劳动，即使是单纯的体力劳动或者是非常简单的脑力劳动，也具有独创性，就能获得著作权法的保护。“额头流汗”原则虽然在一定程度上保护了劳动成果不被其他人免费利用，但是不符合《著作权法》的基本立法目的。后来，到了 1991 年，美国版权法上发生了著名的 Rural 公司诉 Feist 公司案。在这个案子中，Feist 公司未经 Rural 公司许可，使用了 Rural 公司收集的电话目录，于是 Rural 公司向法院起诉，请求法院确认 Feist 公司的行为侵犯了其对电话目录享有的著作权。最后美国联邦最高法院认为 Rural 公司对其用户的姓名、地址和电话号码等资料的选择和编排缺乏最低限度的创造性，尽管他们付出了努力，但并不足以使电话目录具有独创性，因此，Rural

① 参见谷伟：《红色经典影像的修复与 IP 开发探析》，载《长沙大学学报》2023 年第 3 期。

② 参见冯晓青、冯晔：《试论著作权法中作品独创性的界定》，载《华东政法学院学报》1999 年第 5 期。

③ 参见何松威：《知识产权体系同一性理论的反思与构建》，载《政治与法律》2020 年第 3 期。

④ 参见熊文聪：《作品“独创性”概念的法经济分析》，载《交大法学》2015 年第 4 期。

公司编制的电话目录不享有版权，Feist公司的行为也不构成侵权。①

不同作品独创性标准的高或低体现在智力投入的量的标准上，而与作品的时长、篇幅等因素无关。②

（二）独创性的认定原则

我国《著作权法》第1条明确立法目的为保护文学、艺术和科学作品作者的著作权，以及与著作权有关的权益，鼓励有益于社会主义精神文明、物质文明建设的作品的创作和传播，促进社会主义文化和科学事业的发展与繁荣。一方面，著作权法赋予作者相应人身和财产权益，以保证作者获得精神和物质双重回馈，进而激励创作；另一方面，在著作权法中还存在多种需要平衡的利益，如著作权人权利义务的平衡，创作者、传播者、使用者之间关系的平衡，公共利益和个人利益的平衡。③因此，在对作品是否具有独创性进行认定的过程中要充分考虑各方利益，因为任何一方的利益都不容小觑。如果将独创性的标准定得太高，那么创作者进行创作的热情就会消退，这不利于保护他们的合法权益，不符合著作权法的立法目的；如果将独创性的标准定得太低，那么著作权法的保护范围会过大，会阻碍其他人对作品的自由使用。既然过高和过低都不利于社会的繁荣发展，那么只有找到二者之间的平衡点，在利益平衡原则的指导下认定作品的独创性。

除了利益平衡原则，独创性的认定还应在个案分析原则的指导下进行。因为不同的作品在进行独创性认定时要考虑的要素不同，所以可以首先根据不同的作品类型确定大致的认定方式。比如普通的文字作品，只需要先通过“接触+实质性相似”进行判断，再过滤掉公有领域素材、唯一表达等，对其独创性作出判断；而对美术作品的独创性进行认定时，需要关注两幅作品的线条、色彩及其组合等方面是否存在实质性相似；音乐作品的独创性认定应当关注旋律、音调以及节奏等方面是否构成实质性相似。上述列举的只是大致方向，由于现在的作品类型复杂繁多，只靠作品类型的标准来区分是远远不够的，所以在对作品进行独创性认定时，还是应当在根据作品类型判断完独创性后，再去判断两件作品本身是否系作者独立完成，且

① 顾微微、徐慎莉：《从美国Feist案看汇编作品的法律保护》，载《新疆社科论坛》2006年第4期。

② 参见姜颖：《作品独创性判定标准的比较研究》，载《知识产权》2004年第3期。

③ 参见吴汉东：《著作权合理使用制度研究》，中国政法大学出版社2005年版，第18页。

具有创造性。

三、合同究竟能否受著作权法保护

对于本案的裁判理由及判决结果，也有不少人持否定意见。有法官认为，只要是文学、艺术和科学领域内具有独创性并能以一定形式表现的智力成果，就应受著作权法的保护。如果对满足独创性的作品不予以著作权法保护，就需要在法律中明确体现出来，而不是将决定权交到裁判者的手中。《著作权法》第5条规定了一些不适用著作权法保护的客体。根据该规定，《著作权法》不适用于法律、法规，国家机关的决议、决定、命令和其他具有立法、行政、司法性质的文件及其官方正式译文；单纯事实消息；历法、通用数表、通用表格和公式。上述官方文件和官方正式译文等客体之所以没有落入我国《著作权法》的保护范围，是因为如果对这些客体加以限制，它们的传播就会受到不利影响。但是对于政府来说，这些客体应被广泛传播，最好能人人皆知。

在本案的裁判理由中，二审法院认为涉案合同不应受著作权法保护的观点之一是“合同条款约定的是当事人之间的权利义务，法律表达方式较为有限，且准确而简洁的表达方式尤为有限”。因此，回到案情本身，涉案合同究竟能否被我国《著作权法》保护，需要着重考虑的是其是否具有独创性。只要合同属于文学、艺术和科学领域内具有独创性并能以一定形式表现的智力成果，且不属于《著作权法》第5条规定的客体范围，就应当认定为作品。考虑涉案合同是否具有独创性，主要是考虑其是否系原告独立创作完成且具有创造性，由于涉案合同系原告根据合同法、其他法律、相关部门规章以及工程承包施工的实际情况而制作，准确而简洁的法律表达方式有限。因此，二审法院认为“广州某建设工程顾问有限公司的《2009建设工程施工合同专用条款研究》A版不是著作权法意义上的文字作品，也不属于著作权法所保护的其他类型的作品范畴，故不受著作权法保护”，应当是通过对涉案合同不具有独创性进行否定，从而对涉案合同进行著作权法意义上的否定。

抛开本案，合同文本能否作为作品被著作权法保护，还是应当根据具体情况予以认定，实践中存在争议。笔者认为，对于普通的合同，只要具有独创性，且不属于《著作权法》第5条第1项列举的客体的，《著作权法》均应给予保护；如果对合同的保护可能涉及公共政策、公共利益，或者在一定范围内不可避免地必须对合同进行复制等使用的，可在严格控制下对权利作出限制或者按照合理使用等情况分别予以处理。[①] 如山东省高级人民法院曾在微信公众平台“山东高法”发布《借条范本》，其内容涵盖了凭证名称、借款事由、交付方式、借款人关系、利息、还款期限等重要信息，整体看上去就是一个借款合同模板，当事人只需要往里面填写一些个人信息、时间等内容即构成合同的条款。对于这种合同，公众在一定区域范围内在所难免会对其进行多次复制、传播及使用。不难理解，山东省高级人民法院之所以将此合同模板分享出来，也是为了方便广大出借人更好地实现债权，以及满足广大借款人的借款需求，防止借条存在瑕疵，导致当事人无法实现订立借条的目的。如果这份《借条范本》受著作权法保护，那么山东省高级人民法院就可以基于此向复制、使用、传播它的人主张权利，这既不符合山东省高级人民法院将其分享出来的意图，也与著作权法的立法目的相背离。综上所述，合同能否作为作品被著作权法保护，不应一锤定音，而是应当根据合同文本的具体性质与内容结合实际情况予以判断。

四、结论

合同主要反映的是缔约当事人的权利义务关系，通常情况下，合同条款都会随着缔约当事人需求的变化而变化。因而，合同文本能否受著作权法保护应根据实际情况予以判断。对于满足独创性条件的合同，且其不属于《著作权法》第 5 条列举的客体时，就应当给予其著作权法意义上的保护；对于表达方式极其有限，如果对其进行著作权法上的保护会对思想形成垄断时，就应像本案一样，选择保护公众利益，认定涉案合同不享有著作权。唯有如此，才能真正实现我国《著作权法》的立法目的，促进社会主义文化和科学事业的发展与繁荣。

---

① 参见陈锦川:《合同等不受著作权法保护吗?》，载《中国版权》2018 年第 2 期。

公共领域视角下民间文学艺术作品保护启示

——颜某诉吴某林等著作权权属、侵权纠纷案

/ 丁子哲

➲ 本案要旨

著作权法保护的是作品的表达，并不延及思想，对属于公共领域的民间故事，任何人都可以加以利用，但是将这些故事用不同方式，包括用口头语言、书面文字等不同形式进行表达之后，是否符合《著作权法》规定的作品构成要件，关键在于判断进行不同形式的改编表达时是否具有独创性，有独创性的，则该表达可构成作品、获得著作权法的保护。采录整理人在他人口述作品的基础上进行整理和再创作，可对其整理形成的新作品享有著作权，但在行使著作权时不得侵犯原口述作品的著作权。

➲ 案件信息

申请人（一审被告、二审被上诉人）：吴某林

被申请人（一审原告、二审上诉人）：颜某

二审被上诉人（一审被告）：广西某出版社有限公司、南宁市某印务有限公司

案号：广西壮族自治区钦州市中级人民法院（2017）桂07民初13号、广西壮族自治区高级人民法院（2017）桂民终553号、最高人民法院（2018）最高法民申3214号

➲ 原告主张及理由

原告颜某诉称：三被告侵犯了原告的著作权，应当承担停止侵权、赔偿

损失及赔礼道歉的法律责任。

法院查明的事实

原钦州市文联短期抽调原告颜某到原钦州市文联从事收集钦州市流传的民间故事、民间歌谣、民间谚语的工作，将钦州市流传的民间故事、民间歌谣、民间谚语汇集成资料送至广西壮族自治区文联作为民间文学资料。1990年6月，由钦州市民间文学三套集成领导小组组长刘某志、总编辑邓某春、副总编辑吴某俊编辑《钦州市故事卷》一书，该书中收集有《草船打军舰》《猪笼阵》《刘义大摆木叶阵》《智取三炮台》《刘义夜打无人仗》五篇故事，五篇故事注明流传地区系钦州市，《草船打军舰》故事口述者为钦州市居民林某英，《猪笼阵》和《刘义大摆木叶阵》故事口述者系退休工人梁某英，《智取三炮台》和《刘义夜打无人仗》故事口述者系市交运机械厂门卫卢某南（原系广州黄埔军校同学会会员），其中《草船打军舰》故事由原告颜某采录整理，《猪笼阵》《刘义大摆木叶阵》《智取三炮台》《刘义夜打无人仗》故事由原告颜某和劳某两人采录整理。1991年10月22日，原告颜某和吴某俊将《草船打军舰》和《刘义大摆木叶阵》两篇故事刊登在《北部湾报》第三版，并注明颜某和吴某俊收集整理。1993年10月，由主编邓某春，编委主任卢某彬，编委黄某球、邓某春、章某山、陈某源、刘某志、韦某业、曾某方、苏某发编辑，由广西民族出版社出版发行《广西民间文学作品精选·钦州市卷》一书，该书收集有《稻草计》《猪笼计》《大摆木叶阵》《智取三炮台》《夜打无人仗》五篇故事，其中《稻草计》和《猪笼计》没有故事的口述者，也没有收集和整理者的身份署名，《大摆木叶阵》故事注明口述者系梁某英，采录整理者为颜某和劳某；《智取三炮台》和《夜打无人仗》故事注明口述者系卢某南，采录整理者为颜某和劳某。2003年11月，中国人民政治协商会议广西壮族自治区钦州市委员会文史资料和学习委员会编印发行《钦州文史·第10辑·民族英雄刘永福纪念文集》一书，书中的第四部分“刘义打番鬼，越打越好睇”刘义轶闻轶事9则，收集有《稻草计》《猪笼计》《大摆木叶阵》《智取三炮台》《夜打无人仗》五篇故事，其中《稻草计》和《猪笼计》没有故事的口述者，也没有收集和整理者的身份署名；《大摆木叶阵》故事注明口述者系梁某英，采录整理者为颜某和吴某俊；《智取三炮台》故事署名口述者系卢某南，采录整理者为颜某和劳某；《夜打无人仗》故事注明口述者系卢某南，整理者为颜某和吴某俊。上述《稻草计》《猪笼计》《大摆木叶阵》《智取三炮台》《夜打无人仗》五篇故事是通过民间流传的故事，由口述者梁某英、卢某南、林某英等人讲故事，分别由采录整理人颜某、劳某、吴某俊采录整理后形成文字，收集在《钦州市故事卷》《北部湾报》《广西民间文学作品精选·钦州市卷》《钦州文史·第10辑·民族英雄刘永福纪念文集》等书和报刊中，其中中国民间文学三套集成《钦州市故事卷》和《钦州文史·第10辑·民族英雄刘永福纪念文集》两书，属于钦州市民间文学集成办公室和钦州市政协文史资料和学习委员会汇集的文史资料。《北部湾报》《广西民间文学作品精选·钦州市卷》刊登和收集了原告收集整理的五篇故事，上述《稻草计》《猪笼计》《大摆木叶阵》《智取三炮台》《夜打无人仗》五篇故事中没有一篇是颜某以作者身份署名的，五篇故事注明口述者系梁某英、卢某南、林某英等人，采录整理者为颜某和劳某、吴某俊，上述五篇故事取材于钦州市的民间故事，属于公有领域素材，颜某在五篇故事中只是对口述者所讲的故事用文字进行了采录整理，并没有在此基础上进行再创作。被告吴某林于2015年9月在广西某出版社有限公司出版了由吴某林主编的《刘永福的故事》一书，该书中收集了邓某春撰写的《稻草计》《猪笼计》《智取三炮台》，被告吴某林撰写的《木叶阵》，严某强撰写的《夜打无人仗》五篇故事。《刘永福的故事》一书中的五篇故事均以作者个人身份署名，书中内容没有抄袭和复制颜某与劳某、吴某俊采录整理的故事文字表达，也没有采录整理者实际使用的原言。被告在该书出版后，该书的版权页上印有“版权所有，翻版必究”字样。

法院判决理由与裁判结果

一、一审

关于原告颜某及被告吴某林是否为本案适格主体的问题。一审法院认为颜某在本案中是适格的原告。由于被告吴某林对作品的整体享有完全的著作权，故被告吴某林、被告南宁市某印务有限公司是本案被告。

关于原告对《钦州市故事卷》《北部湾报》《广西民间文学作品精选·钦州市卷》《钦州文史·第10辑·民族英雄刘永福纪念文集》等书和报刊中的《稻草计》《猪笼计》《大摆木叶阵》《智取三炮台》《夜打无人仗》五篇民间故事是否

享有著作权的问题。原告颜某只是上述民间故事的采录整理人，并不是著作权法上的作者，五篇民间故事的采录整理是原告颜某短期抽调到原钦州市文联工作期间完成的，原告颜某领取了原钦州市文联的工资和资料费，在此期间收集故事的行为属于原告的职务行为，原告对《钦州市故事卷》和《钦州文史·第10辑·民族英雄刘永福纪念文集》两书中的《稻草计》《猪笼计》《大摆木叶阵》《智取三炮台》《夜打无人仗》五篇故事不享有著作权。

关于三被告对涉案《刘永福的故事》一书中的《稻草计》《猪笼阵》《木叶阵》《智取三炮台》《夜打无人仗》五篇故事作品编辑和出版、印刷是否构成侵权及三被告在本案中是否应承担侵权责任的问题。原告颜某并未独立完成五篇民间故事的采录整理工作，采录整理系原告颜某、吴某俊、劳某共同完成的，采录整理人并不是著作权法上的作者，原告颜某没有以作者身份署名，且五篇民间故事的采录工作是原告颜某在抽调到原钦州市文联工作期间完成的，属于原告的职务行为，三被告对涉案作品的编辑和出版、印刷不构成侵权，故三被告在本案中不应承担侵权责任。

如前所述，原告对涉案五篇故事不享有著作权。原告主张三被告停止侵权、赔偿损失的诉讼请求缺乏事实和法律依据，一审法院不予支持。

原告颜某不服一审判决，提起上诉，要求二审法院撤销一审判决，并改判支持颜某的一审诉讼请求。理由是一审法院认定事实错误，三被上诉人构成共同侵权，依法应承担侵权责任。

二、二审

（一）关于上诉人对涉诉五篇文章是否享有著作权的问题

著作权法保护的是作品的表达，并不延及思想，对属于公有领域的民间故事，任何人都可以加以利用，但是将这些故事用不同方式，包括用口头语言、书面文字等不同形式进行表达之后，只要符合《著作权法》规定的作品构成要件，该表达便可获得著作权法的保护。一审法院认为涉案故事来源于民间流行传说，不是来自某个人的独创性作品，上诉人将别人的口述内容记录下来，不属于创作，不应享有著作权，属于理解法律错误，二审法院予以纠正。本案中，上诉人主张保护的作品是1993年10月由邓某春主编、广西民族出版社出版发行的《广西民间文学作品精选·钦州市卷》一书中《稻草计》《猪笼计》《大摆木叶阵》《智取三炮台》《夜打无人仗》五篇文章，这五篇文章是本案审理的核心，案件的审理必须围绕该书收纳的这五篇文章展开。经审查比对，二审法院推定上诉人颜某是涉诉《稻草计》《猪笼计》《大摆木叶阵》《智取三炮台》《夜打无人仗》五篇作品的整理人。

我国《著作权法》（2010年修正）第12条规定："改编、翻译、注释、整理已有作品而产生的作品，其著作权由改编、翻译、注释、整理人享有，但行使著作权时不得侵犯原作品的著作权。"上诉人颜某在他人口述作品的基础上进行整理，属于再创作的过程，对其整理形成的新作品享有著作权，但在行使著作权时不得侵犯原口述作品的著作权。本案中，涉案五篇故事的口述作品作者并未就颜某等整理形成的作品提出权利主张，在没有相反证据的情况下，应当认定颜某等是整理形成的作品的作者。一审法院认定颜某作为采录整理人不是著作权法上的作者，不享有著作权，属于适用法律错误，二审法院予以纠正。

本案中，涉案作品为文字作品，且不属于法律规定的职务作品，无证据证明钦州市文联和上诉人颜某之间存在关于著作权利归属的约定，一审法院认为因涉案五篇作品是颜某在原钦州市文联工作期间，由钦州市文联发放工资和资料费，颜某在此期间收集民间故事的行为属于职务行为，对涉案作品不享有著作权，属于理解和适用法律错误，二审法院予以纠正。

综上所述，上诉人颜某作为涉案《稻草计》《猪笼计》《大摆木叶阵》《智取三炮台》《夜打无人仗》民间故事的整理人，对涉案五篇作品享有著作权。

（二）关于三被上诉人是否侵犯上诉人的著作权的问题

本案中，被诉侵权作品《刘永福的故事》一书的出版时间是2015年9月，而上诉人主张权利的作品已于1993年10月出版发行，早于被控侵权作品公开发表。二审法院将被诉侵权作品和上诉人主张权利的相应作品进行比对，被诉侵权作品《智取三炮台》虽然与上诉人主张权利的作品所讲述的历史故事内容相同，但是采用了不同的表达方式，在语言表述、具体情节安排方面都体现了作者不同的取舍和安排，与上诉人主张权利的相应作品并不构成实质性相似。而《稻草计》《猪笼阵》《木叶阵》《夜打无人仗》这四篇故事在情节发展、起承转合的编排方面与权利人主张权利的作品相一致，大部分段落的文字表达甚至标点符号都完全一致，人物名称、部分表达虽有不一致，但在文中所占比例较小，故二审法院认定被诉侵权作品《稻草计》《猪笼阵》《木叶阵》《夜打无人仗》与上诉人主张权利的相应作品构成实质性相似。根据《刘永福的故事》

一书中的“后记”记载，该书由钦州市文学艺术界联合会、钦州市作家协会等机构组织编写，书中的具体篇目实际是由数位作者分别完成的，其中，被控侵权作品《稻草计》《猪笼阵》的编写人是邓某春，《木叶阵》的编写人是吴某林，《夜打无人仗》的编写人是严某强，均没有上诉人颜某的名字。

二审法院认为，被上诉人吴某林作为《木叶阵》故事文章的编写人，使用上诉人颜某的作品并没有注明来源，其剽窃他人作品的行为侵害了上诉人颜某的署名权。《夜打无人仗》故事文章的编写人严某强没有参与该民间故事的整理工作，在他人作品上署名的行为，侵害了上诉人颜某对相应作品所享有的署名权。《稻草计》《猪笼计》两篇的编写人邓某春虽然也是这两篇故事的整理者之一，但是在没有经过同意的情况下隐去同为整理人的颜某的名字，该行为同样属于侵害上诉人颜某署名权的行为。被上诉人吴某林作为主编，负责全书的统稿工作，负有审核各作者提供的稿件的义务，拥有决定各作者文章是否采纳收录的权利，其因没有尽到合理的审查义务导致其主编的书中含有侵犯他人著作权的作品，应对侵权行为承担主要责任。关于修改权和保护作品完整权，根据《著作权法》(2010 年修正) 第 10 条第 1 款第 3 项、第 4 项的规定，修改权是修改或者授权他人修改作品的权利，保护作品完整权是保护作品不受歪曲、篡改的权利，被上诉人吴某林剽窃上诉人作品的行为并没有侵害上诉人自己修改或者授权他人修改作品的权利，被控侵权作品在内容上也没有歪曲原作品，并没有侵害颜某对作品享有的修改权和保护作品完整权。关于获得报酬权，根据《著作权法》(2010 年修正) 第 10 条第 2 款、第 3 款的规定，著作权人对其财产性的著作权利有权获得报酬，而署名权属于人身性权利，吴某林的行为并没有侵害颜某获得报酬的权利。综上所述，被上诉人吴某林的行为侵害了上诉人颜某对涉案《稻草计》《猪笼计》《大摆木叶阵》《夜打无人仗》四篇作品的署名权，对上诉人认为吴某林侵害其修改权、保护作品完整权以及获得报酬权的主张，二审法院不予支持。

被上诉人广西某出版社有限公司作为《刘永福的故事》的出版者，在出版的过程中应当对出版行为的授权、稿件来源和署名、所编辑出版物的内容等尽到合理注意义务，但广西某出版社有限公司提交的证据无法证明其已尽到合理注意义务，在没有获得权利人授权的情况下，复制、发行上诉人颜某的作品，应当支付报酬而没有支付，侵害了上诉人颜某对涉案《稻草计》《猪笼计》《大摆木叶阵》《夜打无人仗》四篇作品享有的复制权、发行权以及获得报酬的权利。

被上诉人南宁市某印务有限公司作为印刷部门，其印刷行为并非发行行为，上诉人主张南宁市某印务有限公司侵犯其发行权无事实和法律依据，二审法院不予支持。但是，南宁市某印务有限公司未经上诉人的许可，以印刷、复印的方式使用他人作品，应当支付报酬而没有支付，侵害了上诉人颜某对其作品享有的复制权以及获得报酬的权利，对上诉人的该部分主张，二审法院予以支持。

（三）关于侵权责任承担方式的问题

本案中，因无证据证明上诉人颜某因三被上诉人的侵权行为所遭受的实际损失，也无证据证明侵权人的违法所得，二审法院根据侵权人的主观过错大小以及侵权行为的性质、期间、后果、出版发行被控侵权书籍的数量、价格，侵权文章占全书的比例、上诉人为制止侵权所支付的合理开支等因素，同时认定被上诉人吴某林作为《刘永福的故事》的主编以及书中侵权作品《木叶阵》的编写人，对其所造成的侵权后果应负主要责任，酌定被上诉人吴某林赔偿上诉人颜某经济损失 15 000 元，广西某出版社有限公司和南宁市某印务有限公司负连带赔偿责任，对上诉人主张过高部分的赔偿请求不予支持。关于赔偿精神损失的问题，上诉人颜某没有证据证明其受到精神损害，且已造成严重后果，故对其要求被上诉人支付精神损害抚慰金的请求，不予支持。

综上所述，二审判决认为上诉人提出的上诉请求部分成立，对一审判决予以撤销，被上诉人应当承担停止侵权、赔礼道歉、赔偿损失的法律责任。

三、再审

被告（二审被上诉人）吴某林不服二审判决并向最高人民法院申请再审，主张二审判决认定颜某对《刘永福的故事》中的涉案五篇故事享有著作权，属于认定事实错误；原判决认定《刘永福的故事》侵犯了颜某的著作权，属于认定事实错误；原判决将吴某林列为被告，将颜某列为原告，诉讼主体认定错误。

最高人民法院认为，结合一审、二审法院查明事实，本案的主要争议焦点如下：（1）颜某对其所主张的涉案作品是否享有著作权；（2）二审判决认定吴某林侵犯了颜某著作权的结论是否具备事实和法律依据。

（一）关于颜某对涉案作品是否享有著作权的问题

二审判决依据由邓某春主编、广西某出版社有限公司出版发行的《广西民间文学作品精选·钦州市卷》和由中国人民政治协商会议广西壮族自治区钦州市委员会文史资料和学习委员会编印发行的《钦州文史·第10辑·民族英雄刘永福纪念文集》中《稻草计》《猪笼计》《大摆木叶阵》《智取三炮台》《夜打无人仗》五篇文章的署名情况，推定颜某是上述五篇作品的整理人，符合《最高人民法院关于审理著作权民事纠纷案件适用法律若干问题的解释》第7条第2款的规定。根据吴某林的再审主张，最高人民法院对此分述意见如下：

首先，《著作权法》旨在通过保护独创性表达，鼓励作品的创作与传播，最终促进文化的创新与繁荣。《中国民间文学三套集成·钦州市故事卷》所载《草船打军舰》《猪笼阵》《刘义大摆木叶阵》《智取三炮台》《刘义夜打无人仗》五篇故事属于《著作权法》（2010年修正）第3条所规定的“文字作品”，吴某林认为上述文章属于“资料”并非作品的主张，缺乏事实与法律依据。

其次，《著作权法》（2010年修正）第11条第4款规定：“如无相反证明，在作品上署名的公民、法人或者其他组织为作者。”其第12条规定：“改编、翻译、注释、整理已有作品而产生的作品，其著作权由改编、翻译、注释、整理人享有，但行使著作权时不得侵犯原作品的著作权。”由此可见，口述作品属于《著作权法》（2010年修正）第3条所规定的作品，应受《著作权法》的保护，整理人在他人口述作品的基础上进行整理，属于再创作的过程，对其整理形成的新作品享有著作权，但在行使著作权时不得侵犯原口述作品的著作权。本案中，涉案五篇故事的口述作品作者并未就颜某等整理形成的作品提出权利主张，在没有相反证据的情况下，应当认定颜某是署名其为整理者的文字作品的作者之一。吴某林关于“采录人”不享有著作权的主张缺乏事实与法律依据，最高人民法院不予支持。

最后，本案也无证据显示，上述五篇故事作品属于“由法人或者其他组织承担责任的工程设计图、产品设计图、地图、计算机软件等职务作品”。二审法院认定颜某具有本案原告主体资格，该结论具备事实与法律依据，最高人民法院予以支持。

（二）二审判决认定吴某林侵犯颜某著作权的结论是否具备事实和法律依据

经查，二审法院将吴某林主编的被诉侵权作品与颜某在先发表的作品进行比对后可见：吴某林作为《木叶阵》的编写人，未经许可使用颜某的作品没有注明来源;《夜打无人仗》的编写人严某强没有参与该民间故事的整理工作却在他人作品上署名;《稻草计》《猪笼阵》两篇的编写人邓某春虽然也是故事的整理者之一，但未经许可隐去同为整理人的颜某的署名。吴某林作为被诉侵权作品的主编，没有尽到合理的审查义务，导致其主编的书中含有侵犯他人著作权的作品，应对侵权行为承担主要责任。鉴于吴某林对被诉侵权作品《稻草计》《猪笼阵》《木叶阵》《夜打无人仗》这四篇故事与颜某主张权利的相应作品构成实质性相似并无异议，最高人民法院对二审法院与此有关的侵权认定结论予以支持。

吴某林申请再审还主张，本案被诉侵权作品的著作权人另有其人，吴某林并非本案的适格被告。最高人民法院认为，根据《著作权法》(2010 年修正)第 11 条第 4 款以及《最高人民法院关于审理著作权民事纠纷案件适用法律若干问题的解释》第 7 条第 2 款的规定，在作品或制品上署名的自然人、法人或者其他组织视为著作权、与著作权有关权益的权利人，但有相反证明的除外。原审法院认为,《刘永福的故事》属于汇编作品，吴某林作为《刘永福的故事》一书主编，负责完成该书部分内容编写且负责全书统稿，负有审核各作者提供稿件的义务，拥有决定各作者文章是否采纳收录的权利，其因没有尽到合理的审查义务导致其主编的书中含有侵犯他人著作权的作品，应对侵权行为承担主要责任。吴某林申请再审主张,《刘永福的故事》的著作权归钦州市刘永福研究会所有，其仅为主编，不应被认定为本案的被告。最高人民法院认为，首先，本案中,《刘永福的故事》一书封面上明确将吴某林署名为主编，后记中同时载明由吴某林负责完成该书部分内容编写及全书的统稿，依据《著作权法》及相关司法解释的规定，吴某林应视为被诉侵权作品的作者及复制行为的实施者。其次，吴某林及案外人钦州市刘永福研究会于最高人民法院再审审查期间称，被诉侵权作品的著作权人为钦州市刘永福研究会而非吴某林，并以此为由主张原审判决缺乏事实与法律依据。最高人民法院认为，被诉侵权作品作者的认定与被诉侵权作品的著作权权属是否另有约定属于两个不同层面的法律问题，原审法院根据被诉侵权作品之上的署名情况确认吴某林为被诉侵权作品复制行为的实施者并无不当。钦州市刘永福研究会是否因主持、提供物质条件等行为而应被视为被诉侵权作品的著作权人，不影响本案被诉侵权行为的认定，该问题也不属于本案的审理范围，钦州市刘永福研究会无权以此为由对本案提起再审申请。如钦州市刘永福研究会认为与吴某林之间存在关于被诉侵权作品的权属纠纷，应当另案予以解决。

综上所述，再审申请人吴某林的再审申请理由均不能成立，驳回再审申请人吴某林的再审申请。

判解与学理研究

一、民间文学作品的著作权保护

本案涉及民间故事和民间流行传说的保护，即其是否可以纳入著作权法的保护范围的问题。关于民间文学艺术作品的保护也一直是学界讨论较多的问题，我国当前关于民间文学艺术作品的相关规范还不尽完善，导致司法裁判中偶尔出现问题。对于民间创作元素中哪些部分属于公共领域、哪些部分属于当事人应当受到保护的内容，实践中裁判标准并不一致。

例如，在刘某与伍某凤等侵害著作权纠纷系列案件（以下简称“刘某案”）[①] 中，争议的13件作品均有民间文学艺术元素，虽然一审、二审在裁判结果上并不相同，但有共同的逻辑起点，即预设民间文学艺术属于公共领域，但判决中对于这一预设并没有给出相应的依据。这也反映了实务中民间文学艺术与民间文学艺术衍生作品的界限并不明确。因此，在当前情况下，实践中对于民间文学艺术作品的侵权纠纷，在作出涉及公共领域的判决时，依然采用的是一般作品中公共素材的界定方式。若作品中借鉴了民间素材中的元素，则类似于借鉴了公共领域中的公共素材，这样在判定方式上最终又回归了前文所述的思想与表达二分模式和独创性的认定手段。只有在属于公共领域的民间素材的元素的运用或排列上加入了作者自己的独创性表达，该作品才能够受到著作权法的保护。前文中所提到的“刘某案”也是在这样的逻辑模式中最终判定涉案的13件作品中有6件作品侵权。但是，这样的模式在实践中仍遗留了很多问题，例如本案中，一审法院即认为，在颜某整理之前，案涉民间故事已在钦州地区民间流传，故其属于公共领域的素材，任何人都可以在公共领域素材的基础上进行再创作，只要对该素材的表达形式具有独创性，依据该公有素材创作完成的作品都受著作权法保护。颜某作为五个民间故事的收集整理者之一，并不意味着原告颜某对涉案民间故事的垄断，涉案民间故事属于公共领域素

① 参见贵州省高级人民法院（2013）黔高民三终字第3号民事判决书。

材，任何人都可以利用这些客观事实，以自己的表达方式创作民间故事。二审法院则采取了完全不同的裁判观点，认为著作权法保护的是作品的表达，并不延及思想，对属于公共领域的民间故事，任何人都可以加以利用，但是将这些故事用不同方式，包括用口头语言、书面文字等不同形式进行表达之后，只要符合《著作权法》规定的作品构成要件，该表达便可获得著作权法的保护。一审法院认为涉案故事来源于民间流行传说，不是来自某个人的独创性作品，上诉人将别人的口述内容记录下来，不属于创作，不应享有著作权，属于理解法律错误。

上述判决的不同之处说明了当前对于民间文学艺术作品的保护还并未形成统一的规则，有待相关立法进一步明确民间文学的相关概念才能加以解决。

二、口述作品的著作权保护

本案中还涉及对于口述民间作品的保护问题，根据《著作权法》(2020年修正)第13条的规定，改编、翻译、注释、整理已有作品而产生的作品，其著作权由改编、翻译、注释、整理人享有，但行使著作权时不得侵犯原作品的著作权。口述民间故事整理时，一般先由口述人将在特定地区流传的民间故事通过口头的形式进行表达，采集整理人再将口述人的口头表达用文字或其他形式固定下来，使这些口口相传的历史、民间故事得以长久保存和流传。在这个过程中，口述人根据自己对特定时代、环境、人物等的了解，结合自己所掌握的知识、信息和记忆，按照自己的方式对故事内容进行提炼、归纳、取舍和安排，其口头表达本身就是一种创作，属于《著作权法》第3条第2项明确规定的口述作品。

口述作品作为受到著作权法保护的作品类型之一，也同样涉及独创性的认定问题。独创性是作品能够受到著作权法保护的关键要素，著作权要保护的是作者在创作作品的过程中所投入的创造性的智力劳动，这也是符合知识产权的理论基础的。对于完全具有独创性的表达毫无疑问地将受到著作权法的保护。有争议的地方在于很多作品的创作其实都是建立在对公共领域内容或者是前人研究成果的基础上进行再加工的产物。此时，在后作品创作的内容如何与公共领域的内容相区分，创作的内容是否具有独创性以及独创性的高低目前仍处于学界和司法实践中的模糊地带。

不同类型的作品具有不同的独创性判断标准，由此引发的对于公共领域的判断也不尽相同。笔者认为，口述人对于民间流传故事赋予了自己具有创造性的整理与编排，这类似于《著作权法》中对于汇编作品的保护。对于口述作品中独创性元素的判断可以参考汇编作品的判定规则。当前，公共领域下的汇编作品的独创性判断在法律上虽没有较为明晰的规定，但笔者在检索了汇编作品的相关案例之后，发现大多数判决所采用的基本观点其实是一致的，以广州某移动信息科技有限公司与北京某科技有限公司著作权权属、侵权纠纷案[①]中法院的判决为例，法院认为汇编人构成独创性表达并不以其汇编材料或者数据内容本身构成作品为前提，而是主要体现在对汇编内容的选择和编排体例上体现了其所作的取舍、选择、安排及设计，但当汇编人作出的选择为行业通行方式或由其功能所决定，则不具备独创性而不受著作权法保护。例如，若作品在排列组合上没有独创性，构成要素上具有普遍通用性，不能体现设计者独特的思想，则是不能获得著作权法保护的。

三、著作权中专有权与公共领域的利益平衡探讨

上述案例中均涉及公共领域中的公共素材部分与创作者著作权专有权之间的冲突问题，二者之间的利益平衡也一直是学界探讨的焦点问题。

从著作权法的立法宗旨来看，著作权法的重要立法目的是增进知识和学习。为此，著作权法建立了一种激励作者创作和传播作品的机制。但著作权法的立法目的实际上是具有双重性的：一方面是著作权法致力于充分保护作者权益，作者在著作权法权利主体中处于主导地位，是作品最重要、最直接和首要的主体，从著作权的司法实践来看，确认作者等著作权人对其作品著作权获得公平的报酬及对其作品享有垄断权是贯彻实施著作权法的关键；另一方面著作权法还有更重要的维护公共利益的目的，主要体现在增进知识和学习公共利益目标方面，[②]其本质还是把促进社会主义文化和科学事业的发展与繁荣作为基本的出发点与落脚点的。马克思也曾对公共利益与私人利益的关系进行论述，认为公共利益与私人利益的关系是一般与个别、普遍与特殊的关系。私人利益体现着公共利益的要求，是公共利益在个人身上的利益表现，并且受到公共利

① 参见广东省广州市天河区人民法院（2017）粤 0106 民初 11928 号民事判决书。

② 参见冯晓青：《知识产权法利益平衡理论》，中国政法大学出版社 2006 年版，第 92 页。

益的制约。[①]

私人实际上是对自己利益的最佳维护者，所以由个人通过私权垄断对资源加以控制和利用并承担由此带来的全部成本，可以有效地消除“公地悲剧”的危险。但与此同时，如果大多数人都对某种资源享有排他性权利的话，最终导致的结果将是资源的供给不足，这样又会出现“反公地悲剧”的后果。[②]因此，从以上的立法价值和原理的角度可以推断出，出于公共利益的考量，著作权人对于著作权专有权的行使必须考虑公共领域的需求。在专有权的存续过程当中也必须受到公共领域的限制，不得损害社会公众的利益。

知识产权专有权与公共领域并不是彼此排斥的子集，二者有相当部分的元素是相交的。公共领域与专有权之间的关系就像土壤和养料，公共领域是激励创造的土壤，而专有垄断权的赋予则像是为整个文化科学领域提供了激励成长的养料。[③]著作权人在创作作品的过程中，不可避免地会利用到公共领域中的元素，此时公共领域的丰富就显得十分重要。某一项著作权的垄断权人在另一方面也可能是其他著作权作品的使用人。二者是一种相辅相成的关系。在对著作权进行垄断性保护时，必须要注意到的是不能侵蚀到著作权公共领域。同时，公共领域也要为著作权专有权保留空间，公共领域的范围并不是毫无限制、无限宽广的。当然，具体边界的确定和平衡的维持仍需要法官在个案的自由裁量中予以把握。

著作权作为知识产权的一种，本质是一种私权和垄断性权利，应当以保护权利人的权利内容为核心。但出于其立法宗旨的考量，权利的保护与维持必须在不侵犯公共利益的条件下进行。公共领域的元素即维护公共利益的体现。著作权专有权从公共领域中剥夺出一些内容，公共领域也反过来对专有权利具有反作用，二者是动态统一的平衡关系。

从公共领域理论当前的发展来看，其尚未形成完整的体系化理论，在立法中也并未明确体现。以本文开头分析的案例为例，在以公共领域为争议焦点的案例当中，裁判法理不甚明晰。究其原因，还是因为随着时代的进步、知识

① 张艳梅：《论知识产权法的公共领域：利益冲突之镜像》，载《社会科学战线》2013年第4期。

② 参见张艳梅：《论知识产权法的公共领域：利益冲突之镜像》，载《社会科学战线》2013年第8期。

③ 参见冯晓青：《知识产权法中专有权与公共领域的平衡机制研究》，载《政法论丛》2019年第3期。

产权新领域的发展，公共领域的新类型案件越来越多，此时对于受法律保护的专有领域与不受法律保护的公共领域之间的界限就越发难以判断。

通过对案例的收集不难发现，公共领域作为著作权法的隐性要素已然贯穿于著作权法实施中，在被告的抗辩理由、作品独创性的比对标准以及法院的说理之中能不断地见到它的身影。笔者设想，若能基于我国《著作权法》的立法宗旨及立法政策等多因素的考量，在我国著作权法律规范之中增加“公共领域”的相关条款，完善相关立法构造，应当会更符合当前著作权制度的发展趋势，有利于在司法实践中统一此类案件的裁判标准，也能进一步促进专有权利与公共领域之间的利益平衡，从而推动实现我国著作权法促进社会主义文化和科学事业发展与繁荣的终极目标。

艺术字图形是否属于著作权法上的作品

——重庆市某压铸有限公司诉重庆某商贸有限公司等侵害著作权纠纷案

/ 崔昊瀚

本案要旨

由艺术字等构成的图形能否受到著作权法的保护，关键在于该图形是否具备创造性。艺术字构成的图形的创造性主要考虑四个方面：一是元素的内容，如果仅由现有的汉字、英文字母等公有信息所组成，则并不具备创造性；二是元素的组合，如果是常见的字母缩写组合等，由于其往往具有其他领域的不同含义，应认为没有创造性；三是元素的形态，如美术字体、书法字体等常见的变换模式，也不具备创造性；四是元素的美术效果，如阴影、镂空、空间布局变化等较为普通的效果，不会给该图形带来与公有领域信息不同的创造特点。对这类没有创造性的图形施加著作权法保护，会限制公众对公有信息的使用，有损公共利益，但此类图形仍可能受到商标法保护。

案件信息

上诉人（一审原告）：重庆市某压铸有限公司

被上诉人（一审被告）：重庆某商贸有限公司、重庆市某进出口有限公司、重庆市合川区某机械有限公司、重庆某商标事务所有限公司

案号：重庆市第一中级人民法院（2012）渝一中法民初字第 00134 号、重庆市高级人民法院（2012）渝高法民终字第 00257 号

原被告主张及理由

原告重庆市某压铸有限公司（以下简称某压铸公司）诉称，原告的法定代表人周某伦创作完成美术作品“RH”，并将著作权转让给原告。原告申请商标注册，并于2002年9月14日获准注册。2011年10月26日，原告对该作品进行了著作权登记。原告发现，被告重庆某商贸有限公司（以下简称某商贸公司）2011年5月7日获准注册的“RDT”商标与原告的美术作品“RH”完全相同，侵犯了原告在先取得的著作权。被告重庆市合川区某机械有限公司（以下简称某机械公司）生产、销售了使用“RDT”商标的产品，重庆市某进口有限公司（以下简称某进口公司）委托他人加工、销售了使用“RDT”商标的产品，亦构成对原告著作权的侵犯。重庆某商标事务所有限公司（以下简称某商标事务所）曾代理原告申请“RH”商标注册，应当知晓原告是美术作品“RH”的著作权人，但某商标事务所仍代理某商贸公司申请将“RDT”注册为商标，其行为亦构成对原告著作权的侵犯。遂请求法院：（1）确认侵权，停止侵害；（2）判令被告承担诉讼费用。

被告某商贸公司答辩称：不认可原告的著作权，该公司的商标系自行设计，且经核准注册，未侵犯原告的权利。

被告某进口公司答辩称：该公司仅销售了使用“RDT”商标的产品，该产品来源于某机械公司，而“RDT”商标是经过合法注册的，因此，该公司尽到了合理审查义务，不存在侵权行为。

被告某机械公司答辩称：该公司在生产的产品上使用“RDT”商标经过某商贸公司的授权，而某商贸公司的商标经过合法注册，因此，某机械公司未侵犯原告权利。

被告某商标事务所答辩称：首先，原告的“RH”图形不构成著作权法上的作品；其次，某商标事务所代理某商贸公司申请“RDT”商标的行为是合法行为，并不违反《著作权法》的规定；最后，某商标事务所的代理行为与原告所称的权利受到侵犯没有因果关系。

某压铸公司不服一审判决，向法院提起上诉，请求：撤销原判，发回重审，或查明事实后依法改判支持上诉人的诉讼请求。本案一审、二审案件受理费由四被告负担。主要事实和理由：“RH”美术作品是具有独创性的美术图案整体，不能将各要素拆分后单独评判。（1）“R”“H”两个字母是作者根据“仁和”的汉语拼音缩写，特意挑选经过组合代表“仁和”。（2）为使“RH”达到美术效果，构成审美意义上的艺术作品，作者特意将两个字母设计为空心的美术字体，并以特殊的书写手法将“H”字母作了明显区别于通常书写方式的异形设计。周某伦独立创作的该美术图案整体具有高度概括性，主题鲜明，具有创造性，亦有一定审美价值，这与公有领域的“RH”组合截然不同，符合《著作权法》关于作品的构成要件，应受《著作权法》保护。该美术图案已经由重庆市版权局予以版权登记，并颁发作品登记证书，显然属于美术作品。

某商贸公司与某机械公司共同答辩称：二公司是合法使用“RH”注册商标，与某压铸公司的注册商标属于不同商品类别，没有冲突。某压铸公司的“RH”图案不具有创造性，可以代表多种含义，作出多种解释，且著作权登记时间是在被上诉人的商标注册后，不应受《著作权法》保护。

某进口公司、某商标事务所答辩理由同一审。

一审法院查明的事实

原告某压铸公司在庭审中陈述“RH”图形是其法定代表人周某伦创作的美术作品，其创作理念是：“RH”为“仁和”两字的拼音缩写，经过艺术变形之后而形成。为达到商标上的效果，特将“仁和”两字的拼音首字母，设计为空心的美术字体。同时，将“H”作了异形设计，使之看起来既像字母“H”，又像“dt”的连笔书写，因此，该图形可以作两种理解：可以理解为“仁和”的企业名称的拼音缩写，也可以理解为“仁和的商标”，因为字母“t”代表英文“trademark”的缩写。

2001年5月8日，原告某压铸公司就前述“RH”图形向国家工商行政管理总局商标局[①]申请注册为图形商标，2002年9月14日获准注册，核定使用商品为第7类，即发动机和引擎用汽缸、机器汽缸、引擎汽缸盖。该商标注册的代理人为被告某商标事务所。2011年10月26日，原告就“RH”图形进行了著作权登记，重庆市版权局向其颁发了著作权登记证书，该证书载明：“作品名称：RH，作品类型：美术作品，作者：周某伦，著作权人：

① 根据《深化党和国家机构改革方案》，国家工商行政管理总局商标局等机构职能由国家知识产权局商标局承担——编者注。

某压铸公司，作品完成日期：2001 年 4 月 26 日，作品登记日期：2011 年 10 月 26 日。”

2010 年 5 月 4 日，被告某商贸公司向国家工商行政管理总局商标局申请注册“RDT”图形商标，2011 年 5 月 7 日获准注册，核定使用商品为第 12 类，即摩托车车轮、摩托车车轮毂、摩托车、陆地车辆发动机。该商标注册的代理人为被告某商标事务所。2011 年 5 月 8 日，被告某商贸公司授权被告某机械公司使用“RDT”图形商标，授权期限自 2011 年 5 月 8 日至 2013 年 5 月 7 日。2011 年 6 月 7 日，被告某机械公司与被告某进口公司签订《采购合同》，约定采购的产品名称为右箱体、左箱体，其状态描述分别为“90–2 某右曲轴箱组合（抛丸钝化）RH”“90–2 某左曲轴箱组合（抛丸钝化）RH”。

在庭审中，某机械公司认可其生产的产品使用了“RDT”图形商标，某进口公司认可其销售过使用了“RDT”图形商标的产品。被告某商贸公司、某机械公司认为“RDT”图形商标与原告主张著作权的“RH”图形相同，被告某商标事务所认为“RDT”图形商标与“RH”图形实质性相似。原告某压铸公司的“RH”图案不具有创造性，可以代表多种含义，作出多种解释，不应当受到著作权法保护。

一审法院判决理由与裁判结果

本案的争议焦点在于原告主张享有著作权的“RH”图形是否为受《著作权法》保护的作品，四被告的行为是否构成侵权以及责任如何承担。

一审法院认为：“RH”图形是否为受《著作权法》保护的作品涉及原告所主张的著作权是否存在的问题。原告某压铸公司认为，“RH”图形中字母“R”和“H”是作者根据原告公司的名称特意挑选的，其代表“仁和”二字。为了使之成为具有审美意义的艺术作品，作者特将“R”和“H”设计为空心的美术字体，同时以特殊的手法将“H”字母作了明显有别于通常书写方式的异形设计，因此，“RH”图形是凝结了作者的劳动和创造力的智力成果，具有独创性和可复制性，并表达了作者的思想，符合作品的构成要件。被告某商标事务所认为，“RH”图形中字母为空心写法，属于常见写法，与字母“R”和“H”的印刷字体没有实质差异，构成实质性相似，不是受《著作权法》保护的作品。如果将其认定为作品势必阻碍他人对该两字母的正常使用，从而妨碍了社会公众的公共利益。被告某商贸公司、某进口公司、某机械公司不认可原告就“RH”图形享有著作权。一审法院认为，《著作权法实施条例》第2条规定，《著作权法》所称作品，是指文学、艺术和科学领域内具有独创性并能以某种有形形式复制的智力成果。依据该条规定，独创性和可复制性是《著作权法》所保护作品所应具备的必要条件。“RH”图形可以通过有形形式进行复制显而易见，其是否构成作品则需判断其独创性。所谓作品的独创性，是指作品的表达系作者独立完成并具有创造性。从本案来看，四被告未举示任何证据证明“RH”图形系对他人作品或现有作品的剽窃，因此，法院认为其系原告的法定代表人独立完成。至于“RH”图形是否具备创造性的问题，则需从该图形整体及其各个要素来判断。“RH”图形包含“R”和“H”两个大写英文字母。英文字母作为构成英文单词的最小单位，其产生与使用已经历了久远的历史，是公有领域中社会公众均可利用的信息，“RH”图形中“R ”和“H”系从公有领域中的现有英文字母中选取，并非原告的法定代表人创作而成。因此，“RH”图形中的字母本身并无创造性可言。从“R”和“H”两个字母的组合来看，原告主张“RH”字母组合是其字号“仁和”二字拼音首字母的缩写，既可理解为“仁和”，也可理解为“仁和的商标”。事实上，在英文中，包含“RH”字母组合的英文单词众多，并且“RH”字母组合作为某些词组的缩写不仅运用普遍且在不同的语境下具有不同的含义，如在血型分析中，“RH”代表一种血型系统（Macacus Rhesus）；在湿度计量时，“RH”代表相对湿度（Relative Humidity）。这些众所周知的事实说明英文单词的字母缩写甚或是拼音首字母的缩写是一种常见的语言习惯。如果认可简单字母组合的创造性，使其被少数人独占，会对语言的一般表述以及语言的缩略表述造成阻碍，妨碍公众在日常生活中对字母的正常使用，进而违背了《著作权法》促进文化和科学事业发展与繁荣的立法目的。因此，“RH”字母组合也不具备创造性。作为涉案图形主体要素的“R”和“H”字母及其组合没有创造性已如前述，若涉案图形要获得《著作权法》的保护，则需要在字母的形态、空间布局等方面表现出创造性。字母作为语言表述的符号工具，其主要功能是通过单个或多个字母的组合形成一定的语言，从而向受众传递表述者所要表达的思想。正是字母这种传递思想的基本功能，决定了人们在使用单个字母或字母组合时不可能过多改变每个字母本身固有的笔画及笔画之间的结构关系，否则，超出公众对于该字母的一般认识，就无法达到传递思想的目的。以字母为主体要素的创作受到字母工具属性以及字母本身笔画简单的限制，形态变化的方式相对有限。若仅是对字母进行简单变形就可作为作品进行保护，那么公众对于字母的一般使用或者简单变形使用都有可能因与作品“实质性相似”而构成侵权，这就会阻碍字母作为语言符号的功能发挥，影响公众的日常生活。因此，以字母为主体要素的图形，其对字母形态的改变必须与公有领域的信息相比有显著的变化，才能达到创造性的要求。而本案涉及的“RH”图形的字母形态并没有达到这种要求。第一，从“RH”图形中字母的书写方式来看，“R”的书写方式与公有领域中字母印刷体、手写体相比均没有显著的变化，“H”的书写方式与公有领域中字母手写体中的连笔书写方式亦没有显著变化；第二，从字母的美术效果来看，“R”和“H”两个字母采用的是空心的美术效果。在字体的修饰上，空心、阴影、阴文、阳文等都属于公有领域常见的美术效果。因此，“RH”图形中的字母形态没有创造性。此外，从结构布局来看，“RH”图形中“R”在左、“H”在右横向排列。众所周知，无论是英文的书写方式还是中文的书写习惯，自左向右横向书写都已拥有相当长的历史，是公众最常采取的书写方式，因此，“RH”图形中两个字母横向的空间布局关系也不具备创造性。尽管作品的创造性并不要求作品独一无二或前所未有，但是创造性要求作品的表达必须反映出某些个性化的特点。综合前述分析可知，“RH”图形中的各个要素均是对公有领域信息的简单再现或组合，其并没有体现出任何个性化的特点，因此，本案涉及的“RH”图形因缺少创造性而不具备独创性，不能作为作品受《著作权法》的保护。但是，不影响该图形作为商标受到法律保护。既然涉案“RH”图形不符合作品的构成要件从而不受《著作权法》保护，则原告基于著作权所提出的本案全部诉讼请求显然不能成立。基于此，本案其他争议焦点已无论述之必要。

一审法院认定“RH”图形不具备创造性，不受《著作权法》保护，判决驳回原告的诉讼请求。

二审法院判决理由与裁判结果

二审法院认为:《著作权法实施条例》第 2 条规定:“著作权法所称作品,是指文学、艺术和科学领域内具有独创性并能以某种有形形式复制的智力成果。”第 4 条规定:“著作权法和本条例中下列作品的含义……(八)美术作品,是指绘画、书法、雕塑等以线条、色彩或者其他方式构成的有审美意义的平面或者立体的造型艺术作品……”根据上述规定和著作权法的基本理论,著作权法意义上的作品至少需要具备可复制性和独创性两个基本特征,其中独创性,是指独立完成并具有一定创造性,这种创造性虽然对创新性程度要求不高,但是必须具备足够的个性化特征,足以与公有领域的表达方式区分开来。具体到本案,某压铸公司主张著作权的“RH”图形,明显具有可复制性,在没有相反证据的情况下,也应当认定系某压铸公司法定代表人周某伦独立完成,因此,认定该图形是否构成作品的关键是其个性化特征是否足以与公有领域的表达方式相区分。

就字母的选择而言,某压铸公司认为“R”“H”两个字母是作者根据“仁和”的汉语拼音缩写选择的,通过组合代表“仁和”,二审法院认为,某压铸公司对字母选择的解释有合理性,体现了一定的思想创意。但是字母组合作为单词或单词、词组的缩写是英文的基本表达方式,汉语拼音首字母组合作为汉语词汇的缩写也是现代汉语中常见的表达方式,因此简单的字母(或拼音)组合应当属于公有领域的表达方式,否则将会影响社会公众在公有领域对字母的正常使用。具体到本案,“RH”字母组合本身在内容上也存在多种含义,不具有唯一性和排他性,故其作为一种表达方式与公有领域的表达无法区分。就“RH”图形的字母形态、空间布局、书写方式等表达方式而言,包括两个字母采用空心美术字体、并排横向排列、“H”字母采用了异形的特殊书写手法等元素。二审法院认为,英文字母或汉语拼音作为约定俗成的语言符号,其表达思想的基本功能限定了其表达方式必须足以通过正常辨识或简单联想为社会公众所认知,也限定了其表达方式和表现手法的变化是相对有限的,不能任由特定主体独占。因此,通过结构、形态的变化对字母或汉语拼音及其组合或缩写进行创作,必须具有足够的个性特征,与公有领域中常用的对字母结构、形态进行艺术化处理的表达方式有着显著差别,才不会影响社会公众对字母或汉语拼音的正常使用。“RH”图形对字母采用从左到右横向排列，采用空心字母效果，均为英文或汉语拼音中常用的表达方式，不具备与公有领域足以区分的显著个性特征。“RH”图形采用的异形书写手法虽然体现了一定的个性化表现手法，但是尚未达到足以与现有或潜在的本应属于公有领域的表达方式区分开来的显著程度。即使综合上述要素，“RH”图形在整体上也不足以与公有领域的表达方式显著区分。综上所述，“RH”图形未达到足以与公有领域的表达方式区分的显著程度，一审判决关于“RH”图形不符合作品的构成要件，不应受《著作权法》保护的认定正确，某压铸公司的上诉理由不能成立。

二审维持原判。

判解与学理研究

本案是由艺术字所构成的图形是否属于著作权法中的作品引发的诉讼。基础的阿拉伯数字、英文字母、汉字显然属于公有领域信息，若这些公有领域信息经过一系列图案变化、元素组合、色彩填充形成艺术字后，其是否属于作品，在学界和实务界都是一大难题。本案就涉及艺术字的性质判断问题，这类图形究竟属于作品还是公有领域信息？本文旨在通过对该案的分析来探讨受著作权保护的作品与公有领域的界限问题。

一、作品独创性的界定

作品保护滥觞于1710年的《英国安娜女王法》，该法首先将文字作品和印刷图书作为保护的对象。而美国同样在1790年制定的《美国版权法》中，对地图、图书、图表进行了保护规定。我国著作权保护制度最早见于1910年的《大清著作权律》，其中保护的内容则概括为“著作物”，这一概念并未在立法上得到明确解释，也缺乏列举式的说明。

我国《著作权法》中对于作品的概念有着明确规定。根据《著作权法》第3条的规定，作品需要满足以下条件：（1）应属于文学、艺术和科学等领域；（2）具有独创性；（3）属于能以一定形式表现的智力成果；（4）属于《著作权法》第3条的列举类型；（5）不属于《著作权法》第5条的列举类型。这五个要件中，存在争议的是“独创性”要件，因此，下文主要对独创性要件进行分析。

对于独创性的定义，理论界与实务界都没有统一认识，根据文义解释，独创性一般指的是作品创作的独立性，这一观点在司法实践中得到广泛采纳，但仅凭这一定义依然无法明确界定独创性。笔者认为，作品独创性应当具有以下三个要素。

（一）作品来源于创造性智力劳动

从我国著作权立法角度出发，《著作权法实施条例》第 3 条第 1 款规定，“著作权法所称创作，指直接产生文学、艺术和科学作品的智力活动”，这一规定阐明，既然创作行为被定义为智力活动，那么作品是通过作者创造性智力劳动所得的成果，其诞生过程自然会体现独创性。著作权保护法律制度旨在保护体现在作品中的创造性劳动，因此作品是否具有独创性，首先要判断创作过程中有没有付出创造性智力劳动。这里的创造性要求概括而言只需要对文学、艺术、科学等领域产生贡献即可，由于这种贡献更多是一种主观的感受和判断，对贡献的量没有具体要求，因此，对于创作过程中，创造的量也没有具体要求。[①]

需要注意的是，尽管都被称为“创造性”，专利法上的创造性和著作权法上的创造性含义大相径庭。其中最主要的区别是著作权法上的“创造性”，并不包含新颖性的内容。以《我的前半生》案[②]为例，该作品是对于溥仪作为中国最后一个皇帝的故事描写，相关史实几乎无可争议，选取的历史材料、故事内容、人物特征、故事主题虽然属于公有领域的内容，但法院最终认为，独创性要求的是表达方式的原创而不是思想的原创，因此该作品具备独创性，而与思想是否新颖无关。此外，专利法上的创造性和著作权法上的创造性在排他性、确定性上都有所区别，本文在此不加以赘述。

（二）作品来源于作者的独立创作

作品是作者投入智力劳动进行独立创作产生的，其区别于剽窃、抄袭等产生方式。作品的独创性要求作者必须依靠自己的独立思考和创作技巧来完成作品创作，虽然这一过程可能会借助他人的物质帮助、参考公有领域信息等，但作者创作的过程应当是独立的，也基于此才有可能取得相应作品的著作权。通过剽窃、抄袭等方式获得的作品则不能获得著作权法保护，因为著作权法保护的是作品思想的表现形式，通过剽窃、抄袭等手段得到的内容连

① 参见冯晓青、冯晔:《试论著作权法中作品独创性的界定》，载《华东政法学院学报》1999 年第 5 期。

② 参见北京市高级人民法院（1995）高知终字第 18 号民事判决书。

基本表达都与原作品无实质性差异，因此并不是来源于作者独立创作，不具备独创性。

（三）作品应当具有个性化的表达和特征

除了上述两点以外，多数学者认为，作品还应当具有个性化的表达和特征。作品出自作者的独立创作，也应当富有作者情感或思想。因此，“技艺性智力成果”和“机械性智力成果”往往也被排除在作品之外。[①]“技艺性智力成果”如对于美术作品的临摹，即便其技艺再高超，临摹者付出再多劳动，由于其最终所获成果必然与原作品如出一辙，并没有作者个性化的表达和对相关领域的贡献。“机械性智力成果”如根据特定计算公式所得的结果，只要使用者正确地输入相关信息就会得到同样的结果，也不属于个性化表达和特征，同样没有独创性。

二、公有领域

著作权所保护的作品之所以有独创性的要求，笔者认为是因为我国著作权法的立法目的既包括了著作权的保护，也强调了对于公有领域和著作权的平衡。公有领域正是著作权制度的核心，其不仅为作品的独创性要求提供了正当基础，也是著作权法律体系适用的规范基础。[②]公有领域又被称为公共领域，学者们往往将罗马法中“公有物”和“共有物”概念的提出，视为知识产权领域“公共领域”的起源。[③]这一概念源于不动产领域，而被借用至知识产权领域后，其含义发生了一定的变化。知识产权法律规范所保护的诸如著作权、商标权等知识产权实际上是一种专有权，通过法律和行政机关赋予其一定期限的垄断性权利，而没有被法律规定的新兴知识产权、保护期限届满或因其他原因终止保护的知识产权等则被认为是专有权之外的“知识共有物”，这一类知识共有物可以被全人类共同利用，但并不是“公有领域”所包含的全部内容。“公有领域”内容在知识产权领域内也包含知识产权这一专有权中本身可以剥离出为公共所利用的部分，除了前文提到的种类外，还包括自愿放弃权利的知识产权、本身就不受保护的思想等。

---

① 参见刘春田：《知识产权法》（第 2 版），中国人民大学出版社 2002 年版，第 49 页。

② 参见李建华、梁九业：《我国〈著作权法〉中公有领域的立法构造》，载《河南大学学报（社会科学版）》2020 年第 2 期。

③ 参见冯晓青：《知识产权的公共领域理论》，载《知识产权》2007 年第 3 期。

强调公有领域这一概念的意义在于，即便是同一个客体，往往其上既有创作者的权利，也有公众普遍的权利。就专利而言，专利授权人享有垄断使用、许可他人使用的权利，公众享有可以了解相关专利特征的权利。而在著作权法中，作品上既包含了作者对于其中独有的表达的私有权利，也包含着公众通过欣赏作品了解公共信息，以及对作品进行合理使用的权利。这两种权利由于其性质不同，往往会产生冲突，而在中国法语境下，两者产生冲突时，应当优先保护公有权利。为了实现这一目标，著作权制度一方面要激励作者，保护富有作者思想的独创性表达，以防被他人随意使用复制，损害作者私有权利；另一方面又要维护他人接触作品的权利，使社会公众有权对作品中非独创性部分进行再加工，促进文学艺术事业的繁荣发展。相对而言，著作权法中保护私权的目的最终还是落脚于鼓励百花齐放、百家争鸣。

三、艺术字图形的性质分析

公有领域所带来的公众权利往往和作品上附加的私人权利产生冲突，本案就是一个典型的例子。本案中，所争议的客体为“RH”图形，该图形被原告登记为美术作品并得到了著作权法的保护，而被告方则申请注册了近似的“RDT”商标并获得核准，因此，原告的“RH”图形究竟属于作品还是公有领域信息是本案裁判的前提条件。根据法院查明事实可知，“RH”图形实际上是由英文字母通过选取、组合、变形所得的艺术字图形。笔者认为，要分析艺术字图形的性质，需要拆解其中的表达方式，如果每个表达方式都不具备创造性，则在一般情况下整体图形也不具备创造性，不应当得到著作权法保护，因此笔者从以下四个角度展开分析。

（一）元素的内容

这类艺术字图形往往是由汉字、英文、阿拉伯数字等所构成，属于最浅显和大众化的表达方式。这些字符使公众在看到该艺术字图形时，能够直白地领会其中所表达的含义。这一类表达方式想要具有独创性，往往需要采用具有独创性的元素内容。本案中“RH”是原告公司名称“仁和”的拼音首字母，这是一种常见的元素内容，仅是两个英文字母的大写，是可以被公众自由利用的信息，应当认为从元素的内容角度来看，属于公有领域信息。

（二）元素的组合

除了元素的内容，元素进行组合同样是一种表达方式，组合形式想要具备独创性，一般要求具有超出公众普遍认识的组合方式。例如，数个汉字组合成词语或语句、英文字母组成单词或短语，这些组合方式都是公众常见并且日常常用的方式，也不具备独创性。本案中，“RH”的组合方式就是简单的英文字母组合，这一表达在其他领域内也被广泛利用。例如，在血型分析中，“RH”代表一种血型系统；在湿度计量时，“RH”代表相对湿度。因此，这一表达方式也不具备独创性，同样属于公有领域。

（三）元素的形态

艺术字图形往往具有特殊形态，以汉字艺术字为例，即便内容相同，也可能有宋体、楷体、黑体等不同的形态。这种形态如果要构成著作权法上的作品，则不能是美术字体、书法字体的常见变换形式，需要具备独创性，这往往要求创造者为其创作一套特殊的字体变换形式，本案中，“RH”图形“R”的书写方式与公有领域中字母印刷体、手写体相比均没有显著的变化，“H”的书写方式与公有领域中字母手写体中的连笔书写方式亦没有显著变化，因此也属于公有领域。

（四）元素的美术效果

元素的美术效果必须具备显著的个性化特征，否则无法与公有领域有所区别。例如，阴影、镂空、空间布局变化等无个性化的效果，不会给该图形带来与公有领域信息不同的创造特点。本案中，“RH”图形对字母的排列布局采用的从左到右横向排列，对字母基本形态采用空心效果设计，这些美术效果均是常见的变化手法，没有个性化特征，所以这一表达方式也属于公有领域信息。

综上所述，由于本案中“RH”图形的四个表达方式均属于公有领域，其不满足作品的构成要件，不应当得到著作权法的保护。

四、结论

作品的判断往往立足于独创性成立与否，而独创性同样是界定作品与公有领域信息的标准，对于艺术字图形等表达形式特殊的作品，需要通过拆分其表达方式来逐一认定是否属于作品，本文通过将艺术字图形拆分为元素的内容、元素的组合、元素的形态和元素的美术效果，逐一判断其相较于公有领域信息有无显著的个性化特征，从而得出本案中“RH”图形不具备独创性的结论。在知识产权上私有权利与公有领域公共权利发生冲突时，应当优先保障公共权利，才能进一步实现知识产权法律制度鼓励创造的根本目的。

网络游戏中的著作权问题研究

——上海某信息科技有限公司诉广州某信息科技股份有限公司等著作权权属、侵权纠纷案

/ 高荣鑫

➲ 本案要旨

网络游戏的表现形式和传播方式只要符合国际上及我国对于类电影作品的定义与构成要件，就可以将其认定为类电影作品加以保护。除此之外，玩家在游戏中的操作行为及产生的视听效果，本质上仍未超出游戏公司的视听作品范围。玩家在游戏中的选择操作与剧情发展均在游戏公司的规划之内，不能将其视为著作权人。对于抄袭其他游戏而成的“换皮”游戏，这些游戏公司的行为在微观上对被侵权游戏作品中具有独创性的视听素材与文字表达构成著作权侵权，在宏观方面这种“搭便车”的行为可能会使社会公众产生误认，构成不正当竞争。

➲ 案件信息

上诉人（一审被告）：广州某信息科技股份有限公司、广州某网络科技有限公司、上海某信息科技有限公司

被上诉人（一审原告）：上海某信息科技有限公司

案号：上海市浦东新区人民法院（2015）浦民三（知）初字第529号、上海知识产权法院（2016）沪73民终190号

➲ 原被告主张及理由

原告主张：网络游戏《奇迹MU》是由韩国Webzen公司创作的顶级网络

在线游戏，原告自2012年获得了该游戏在中国的独家运营权。2014年，原告发现广州某信息科技股份有限公司（以下简称第一被告）开发了一款网页游戏《奇迹神话》，并授权广州某网络科技有限公司（以下简称第二被告）通过“91wan网页游戏平台”进行运营和推广，还通过上海某信息科技有限公司（以下简称第三被告）的“99YOU”网站进行推广。《奇迹神话》完全抄袭了《奇迹MU》，在作品名称、故事情节、地图场景、角色、技能、怪物、装备等的名称、造型等多个方面与《奇迹MU》构成实质性相似。三被告的上述行为使众多网友对《奇迹神话》及其所在网站与原告游戏发生混淆，误以为被告的《奇迹神话》是原告游戏的页游版本，违反了《反不正当竞争法》。

被告抗辩:《奇迹MU》游戏画面不构成类电影作品或“其他作品”。网络游戏是双向互动性的，被告提供给玩家一系列公共领域的声音画面资料，而玩家通过自己具有独创性的行为和工具产生不同的画面，玩家实质上是作者，因此被告并不侵犯《奇迹MU》的著作权。除此之外，被告与原告两款游戏在人物特征、系统玩法、技能装备等各个方面均存在实质性区别，被告的作品属于具备独创性的新作品，并不侵犯原告的著作权。

法院查明的事实

原告上海某信息科技有限公司成立于2007年8月22日，经营范围包括计算机、信息技术、网络科技领域内的技术开发、技术转让等。第一被告成立于2013年2月8日，经营范围包括软件开发、游戏软件设计制作等，某网站由该公司经营。第二被告成立于2007年1月22日，经营范围包括游戏软件设计制作、网络游戏服务等，系另一游戏运营网站的经营者。第三被告成立于2003年12月17日，经营范围包括计算机软硬件、信息技术专业四技服务等，系某游戏资讯网站的经营者。

经我国国家工商行政管理总局商标局核准，韩国某公司于2011年4月14日注册“MU”注册商标。2013年8月14日，韩国某公司出具《授权书》，将《MU》(中文名称：奇迹MU）授权原告在中国独家运营。

2013年12月，第一被告开发完成网页游戏《奇迹神话》，并于同年12月21日在国家版权局进行著作权登记，2014年8月6日进行了国产网络游戏备案。2014年1月3日，第一被告与第二被告约定第二被告在授权区域内独家运营及推广《奇迹神话》网络游戏。同年3月1日，第一被告出具授权书，将《奇迹神话》在中国大陆地区的出版使用、运营权授权于第二被告，期限为一年。第二被告在其网站的子网站（http：//qjsh.91wan.com/）上运营该游戏，网页名称为"【奇迹神话官网】-91WAN"。

2014年1月20日，原告向上海市卢湾公证处申请证据保全公证，原告委托代理人使用公证处电脑和网络，在公证员及工作人员的监督下进行了操作。根据该次公证的内容，进入《奇迹神话》官网后，各个专区均涉及原告《奇迹MU》的相关文章和内容，如"《奇迹神话》传承韩式经典网游独树一帜的美术风格，将十二年前风靡一时余热至今的游戏玩法最大限度地还原""特色：（1）沿用韩国网游MU的经典元素，游戏还原度高。（2）在原作经典内容基础上，将现代页游素材相结合，使其更符合现代页游玩家口味。（3）血色城堡、赤色要塞、恶魔广场经典副本重现，激起老MU迷的热血""《奇迹神话》是由91wan根据经典游戏《奇迹MU》开发的一款ARPG页游，该作号称重现网页版的奇迹。从官网等宣传上来看，游戏几乎沿用了《奇迹MU》那一套，力求将曾经的经典重现……""主题风格：8分满满的回忆赤裸裸的拷贝"等。

一审法院判决理由与裁判结果

一、关于三被告是否侵犯了原告的著作权

（一）关于原告主张的内容是否构成作品及作品性质的认定

本案中，原告主张的内容如下：（1）相应游戏素材，原告认为素材中的文字构成文字作品，图片构成美术作品。（2）操作游戏时在屏幕上呈现的整体画面，原告认为构成类电影作品。（3）原告还认为网络游戏是由美术作品、文字作品等构成的复合型的"其他作品"。就原告主张的游戏素材而言，包括文字和图片两类。在原告主张的文字中，《奇迹MU》三大角色的简介具有一定的长度，表达了开发者对于角色性格等的独特设计，具有独创性，构成文字作品，但《奇迹神话》的相应角色介绍与此并不相同。地图、角色、技能、武器、装备、怪物、NPC等单个的名称或简介，其表达过于简单，难以达到著作权法所要求的独创性，但是上述名称、简介等文字对应的是相应游戏素材在

游戏中所具备的功能介绍，将其组合成一个整体，可以视为游戏的剧情而作为文字作品予以保护。对于美术作品独创性的判断，原告游戏中的地图俯视图、场景图在素材选择、构图、布局、线条轮廓、颜色等方面具有独创性，角色技能图标、武器、装备、怪物及 NPC 的设计亦属于由线条、色彩等构成的作品，亦具有独创性，均构成著作权法规定的美术作品。

就原告主张的游戏整体画面而言，当玩家开启操作时，游戏引擎按照其软件的功能设计调用上述素材并在屏幕终端呈现文字、图片、声音等组合而成的画面，上述画面具有独创性，并能以有形形式复制，是应受著作权法保护的作品。根据《著作权法实施条例》的规定，电影作品和以类似摄制电影的方法创作的作品，是指摄制在一定介质上，由一系列有伴音或者无伴音的画面组成，并且借助适当装置放映或以其他方式传播的作品。上述游戏画面由一系列有伴音或者无伴音的画面组成，通过电脑进行传播，具有和电影作品相似的表现形式。虽然《奇迹 MU》的创作方法不是“摄制”，但根据《伯尔尼公约》第 2 条第 1 项对于类电影作品的描述，其本质在于表现形式而非创作方法。因此，涉案游戏的整体画面是否构成类电影作品，取决于其表现形式是否与电影作品相似，故涉案游戏的整体画面可以作为类电影作品获得著作权法的保护。而玩家操作行为的实质是在游戏开发商创作好的场景中，按照设计好的游戏规则进行娱乐，并无证据证明玩家在该游戏呈现的画面中增加了不属于开发商预设的内容。因此，在《奇迹 MU》的游戏操作中，玩家的行为并不具备作品创作的特征。综上所述，法院认定《奇迹 MU》的连续画面构成类电影作品，其著作权属于游戏开发商。

（二）关于两款游戏的整体画面是否相同或实质性相似的认定

经比对，两款游戏 400 级之前的地图、场景及相应的等级设计、角色及相应技能、武器、装备、怪物及 NPC 的名称和造型相似度极高，虽然部分造型在线条的组合细节方面有些许差别，但整体造型的视觉效果差别不大。网友对被告《奇迹神话》的评测文章及论坛留言也显示，两款游戏在游戏素材、玩法、风格、外观等方面高度近似，以至于网友认为《奇迹神话》为《奇迹 MU》的页游版。可见，对于不具备特殊鉴赏力的普通观众和游戏玩家而言，两款游戏的整体画面相似度极高，不足以带来不同的美感。因此，法院认定《奇迹神话》的整体画面与《奇迹 MU》构成实质性相似。

（三）关于三被告是否侵犯了原告的著作权

《奇迹 MU》具有较高知名度且发布时间远早于《奇迹神话》，第一被告、第二被告开发、运营《奇迹神话》时不可能不知道《奇迹 MU》。在此情况下，第一被告仍开发出与《奇迹 MU》游戏整体画面实质性相似的网络游戏，侵犯了原告对《奇迹 MU》游戏整体画面享有的复制权。第一被告授权第二被告在其网站上独家运营该游戏并分享收益，共同侵犯了原告的复制权、信息网络传播权。第三被告作为游戏资讯网站，仅提供了被告游戏的简单信息，并提供一个通向第二被告运营官网的链接，现有证据难以证明其对第一被告和第二被告的上述侵权行为存在主观过错，故不构成侵权。

二、关于第一被告和第二被告是否侵犯了原告的商标权

经查，该文章对于“MU”的使用主要包括“韩游经典传承网页 MU 世界”“沿用韩国网游 MU 的经典素材”“延续 MU 经典职业”“容易引起老 MU 迷的共鸣”“沿用 MU 的……场景”“保留了 MU 的设计”“沿用了 MU 的装备造型、名称、属性等”等语言。法院认为，上述内容系将被告游戏与原告游戏进行比较，其中“MU”指代的是原告游戏的名称，不属于商标性质的使用。因此，对于原告认为被告侵犯其“MU”商标权的主张，法院不予支持。

三、关于三被告的行为是否构成不正当竞争

（一）第一被告和第二被告的行为构成擅自使用知名商品特有名称的不正当竞争行为

具有一定知名度的商品特有名称受法律保护，经营者擅自使用与他人知名商品特有名称相同或近似名称从事相同或者类似经营活动，造成相关公众对商品来源产生误认的，属于不正当竞争行为。原告的运营官网上使用了《奇迹 MU》及相应的版本号。通过多年的经营和媒体的广泛宣传，“奇迹”一词在网络游戏领域与原告游戏建立了稳定的关联，已经具备了区别于其字面含义的特定含义，包括游戏从业者及游戏玩家在内的相关公众亦能知悉“奇迹”即指原告游戏。因此，“奇迹”作为原告游戏名称中的主要识别部分，已经具备了区别该游戏与其他网络游戏的功能，可以将“奇迹”作为原告的知名商品特有名称进行保护。

第一被告在明知原告游戏具有较高知名度的情况下，为吸引玩家、获取利益，故意将其同为魔幻类风格的网络游戏名称定为与原告游戏名称近似度较高的《奇迹神话》，且在对外宣传中将其游戏与原告游戏捆绑宣传，具有明显的“搭便车”的主观故意。因此，法院认定第一被告对“奇迹”的使用不属于正当使用，其行为已构成对原告的不正当竞争。第二被告作为专业的游戏运营商，其在与第一被告签订独家运营协议时也应知道原告游戏具有较高知名度，但仍运营该游戏并从中获利，存在主观过错，应与第一被告承担连带责任。

（二）第一被告和第二被告的行为构成虚假宣传的不正当竞争行为

由第二被告发布的文章内容主要为介绍《奇迹神话》的风格、游戏素材、玩法等，多数使用了“十年奇迹”“将十二年前风靡一时余热至今的游戏玩法最大限度地还原”等用语，并将《奇迹神话》与《奇迹 MU》进行比对介绍。《奇迹神话》对原告游戏的画面进行了大量抄袭，第二被告又将两款游戏的相同之处作为推广游戏的卖点进行捆绑宣传。可见，第二被告“搭便车”的主观意图和客观行为极为明显，容易导致相关公众误认为其游戏与原告游戏存在某种联系，且事实上已造成相关公众误认，构成虚假宣传的不正当竞争行为。第二被告在独家经营第一被告网络游戏过程中，为推广该游戏而发布上述宣传文章，因此而产生的收益由两被告分享，故两被告应就此承担连带责任。

二审法院判决理由与裁判结果

根据《著作权法实施条例》第 2 条的规定，作品是指文学、艺术和科学领域内具有独创性并能以某种有形形式复制的智力成果。本案《奇迹 MU》游戏整体画面，在其等级设置、地图名称以及地图、场景图的图案造型设计、职业角色设置及技能设计、武器、装备的造型设计等方面均具有独创性，且游戏画面可以以有形形式复制，符合上述法律规定的作品的构成要件，属于著作权法意义上的作品。网络游戏是近年来快速发展的数字文化娱乐类智力成果，具有独创性的网络游戏构成著作权法意义上的作品，但是否可以得到著作权法保护以及如何给予著作权法保护还应当依据现行《著作权法》的规定。

《著作权法实施条例》第 4 条规定，电影作品和以类似摄制电影的方法创作的作品，是指摄制在一定介质上，由一系列有伴音或者无伴音的画面组成，并且借助适当装置放映或者以其他方式传播的作品。可见我国《著作权法》关于作品的分类以其表现形式为基础，而作品固定在有形载体上的方式并非作品分类的依据。类电影作品特征性表现形式在于连续活动画面，网络游戏中连续活动画面因操作不同产生的不同的连续活动画面其实质是因操作而产生的不同选择，并未超出游戏设置的画面，不是脱离游戏之外的创作。因此，一审认定《奇迹 MU》游戏整体画面构成类电影作品，二审法院予以肯定。

经比对，两款游戏前 400 级三大角色剑士、魔法师、弓箭手的所有技能均与权利游戏中的部分技能相同或基本相同，而等级设置、角色名称及技能、地图场景、武器装备、怪物及 NPC 等方面均基本相同，足以认定两款游戏整体画面实质性相似。

从被诉游戏宣传报道内容可见，该游戏存在较高侵权可能性，第二被告作为专业的游戏运营商，其应当知晓被诉游戏存在侵权的高度可能性，但其仍进行运营并大力宣传，与第一被告共同侵犯被上诉人的复制权、信息网络传播权。

二审法院认为，第二被告在其运营的被诉游戏官网发布或者链接编排发布的测评报道内容如“时光仿佛倒流到 10 年前”“我们还是那个坐在电脑前为韩式经典而疯狂的少年”等，容易使公众误解为《奇迹神话》是十年前《奇迹 MU》的页游版或者两者之间存在关联，因此，该测评报道内容属于引人误解的虚假宣传，构成不正当竞争。

一审法院关于被诉行为构成虚假宣传的不正当竞争之认定，二审法院予以认同。同时一审关于第一被告对此承担连带责任的认定，二审法院认同。

综上所述，两上诉人对侵犯被上诉人就涉案游戏所享有的著作权，并构成虚假宣传的不正当竞争行为，应当承担停止侵权、赔偿损失的责任。两上诉人的侵权行为还对被上诉人造成了不良影响，应当承担消除影响的民事责任。

➲ 判解与学理研究

网络游戏作为信息化时代以来快速发展的新型智力成果，对我国传统知识产权领域尤其是著作权领域造成了巨大的冲击，除了网络游戏中包含的各个音乐、美术作品可分别纳入我国《著作权法》中的作品分类进行保护外，游戏中的整体画面究竟应当被认定为何种类型的作品，在我国学术界和实务界引起激烈讨论。本案作为全国首例将网络游戏整体画面认定为类电影作品的典型案例，对我国网络游戏著作权权益的立法与司法保护具有重要的借鉴意义。涉案游戏《奇迹 MU》具有巨大的玩家群体，商家对该游戏的宣传投资数额也相当大，如何在现有法律体系下运用著作权法的原则和一般性规则来保障权利人的合法权益，如何吸收本案的裁判经验以对我国《著作权法》的完善作出贡献？对于上述问题，可以从以下几个方面进行分析思考。

一、网络游戏的著作权保护困境

获得我国《著作权法》保护的前提是符合《著作权法》关于作品的构成要件，如果不符合我国《著作权法》关于作品的相关规定，即使“作者”对其注入再多的独创性要素也无法受到《著作权法》的保护。我国现行《著作权法》第 3 条规定，本法所称的作品，是指文学、艺术和科学领域内具有独创性并能以一定形式表现的智力成果。根据这一定义，我们可以将作品的构成要件归纳为三个方面：（1）文学、艺术和科学领域的智力成果；（2）具有独创性表达；（3）能够以一定形式表现。《著作权法》第 3 条明确具体地规定了作品的八种表现形式和一项兜底条款，网络游戏之中的内容表现丰富多彩，其中也倾注了创作团队的心血，具备独创性，其在网络之中也能通过信息数据形式进行传播和复制，因此符合我国《著作权法》关于作品的定义，却难以简单归入《著作权法》具体规定的八种典型作品类型之中。这导致在网络游戏著作权纠纷案件中，当事人经常会对网络游戏属于何种作品这一问题产生争议。

网络游戏的著作权侵权不仅在于直接侵犯其版权，也可能在于游戏操作规则、玩法的剽窃与抄袭。一款富有创意的游戏一经发布，在受到公众的喜爱之后，甚至还未能大规模普及之前，一系列类似的“换皮”游戏便会浮出水面，在众多大型投资公司或网络公司的支持下，更加精美的画风与设计、更为完善的游戏规则体系便附加到新的游戏之中，使原创者的权益受到巨大影响，游戏创业者的生存空间被极度挤压。然而，规则和思想不受著作权法保护，坚持思想与表达二分法仍是我们评判游戏抄袭纠纷的原则性标准，我们不能因当事人存在抄袭规则的行为便判定存在著作权侵权行为，只有在当事人抄袭了权利人具有独创性的表达时，我们才能适用《著作权法》对其加以保护，否则便只能通过其他法律的规范来保障权利人的合法权益。

二、网络游戏的版权属性

在判定网络游戏的版权属性时，我们一般倾向于采用思想与表达二分法来进行：一方面将网络游戏中的美术、音乐等元素单独分类，归入《著作权法》中规定的典型作品之中来进行保护；另一方面对于网络游戏整体所表现的视听效果，根据《著作权法》关于作品的一般性规则来对其进行定义和保护。虽然后者是由前者中的各项整合而成，但由于其无法明确归入《著作权法》中所规定的任何一种作品类型，因此我们需要将其独立分离出来进行分析。

如在本案中，涉案游戏《奇迹 MU》中可以分离出多种作品元素进行保护：游戏引擎可以将其认定为计算机软件作品；游戏中关于人物、剧情和技能的介绍可以认定为文字作品；游戏中的背景音乐、技能衔接音效等可以认定为音乐作品；而其中游戏图片、游戏人物、装备和 NPC 的图片在具有独创性的情况下可以认定为美术作品。对于这些游戏元素而言，单独分离出来便可以构成一部独立的作品，即使游戏整体不被认定为作品，其各项元素也应当受到著作权法的保护。值得注意的是，并非所有的游戏元素均属于著作权法保护的范围，其中简短的人物名称和地点名称，并不能认为具有独创性而受到著作权法的保护，这属于国内外著作权法达成的共识。

对于网络游戏的整体画面，本案法院认为其属于类电影作品。根据《著作权法实施条例》的规定，电影作品和以类似摄制电影的方法创作的作品，是指摄制在一定介质上，由一系列有伴音或者无伴音的画面组成，并且借助适当装置放映或以其他方式传播的作品。网络游戏作为储存在一定介质（网络数据）之中，由一系列音乐作品、美术作品所构成的画面组成的作品，符合该项规定关于类电影作品的表现形式，但其最大的障碍在于，网络游戏的生成方式并非“摄制”，而是由创作团队通过电子数据的形式创作而成。本案第一被告在诉讼中也提到，涉案游戏在表现形式上具有随机性和不可复制性，在制作方式上不属于“摄制”，因而不能将其认定为类电影作品。对于这一问题，法院通过《伯尔尼公约》第 2 条第 1 项规定中关于类电影作品的定义来进行解释，认为该项规定表明类电影作品的本质在于其表现形式而非制作方法，而我国作为该公约的缔约国之一，应当遵循这一规定的精神和理念，因此将涉案游戏作品认定为类电影作品。但笔者认为，通过合理的推理和解释，根据《著作权法》和《著作权法实施条例》中关于作品的一般性规定来套用，将游戏画面解释为著作权法保护的作品更为适当。

在我国《著作权法》第三次修改中，将作品类型中的“电影作品和以类似摄制电影的方法创作的作品”修改为“视听作品”，扩大了这一类型作品的保护界限，回应了学术界历来关于视听作品保护所引发的争议。有学者认为，这一次修改中规定的“视听作品”可以将网络游戏画面纳入其中进行保护，因为视听作品的定义解决了类电影作品需要“摄制”的创作形式，游戏中所表现的视听效果也符合视听作品的表现形式。笔者也赞同这一观点，“视听作品”这一规定的出现展现出我国对于信息网络时代新型作品的回应，同时笔者也期望我国立法机关尽快更新《著作权法实施条例》和相关司法解释，进一步明确这次修改中的概念与细节，为我国游戏产业的发展和创新保驾护航。

三、玩家在网络游戏中的法律地位

与传统的电影、视频作品相比，网络游戏的另一不同之处在于其具有交互性，玩家的不同操作和选择会影响游戏剧情的发展和走向，也会由此展现出不同的视听效果和画面。也即在不同的人对同一游戏进行操作时，会产生不同的画面内容，而不同的人在观看同一电影、视频时则不会出现这种情形，因而有部分观点认为，玩家也属于游戏画面的创作者之一，游戏画面的展现效果是由玩家的操作而产生的，应当对玩家的合法权益进行保障。对于这一观点，笔者认为应当分情况进行看待：若是游戏制作者在制作游戏时已将所有可能出现的画面和进程都穷尽设计，则此时无论玩家作出任何操作和选择，都属于创作团队的制作范围之内，故在这一过程中玩家并没有独立创作，其展现出的内容仍在游戏公司的预设之中，基于游戏所产生的作品，作者只能是开发商或创作团队，而非玩家；但仍存在另一种情形，当游戏公司在游戏中为玩家预留了足够多的创作空间，玩家可以在游戏过程中充分发挥其独创性作出表达，此时便可以认为玩家对其独创的内容享有相应的著作权。

本案便是第一种情形的典型案例，《奇迹 MU》作为一部大型网络游戏，其中包含了大量开发商创作的游戏素材，开发商为玩家提供的是先前创作好的场景和内容，而玩家在游戏过程中也不存在展现其独创表达的空间，因而法院便认为玩家的行为在涉案游戏中并不具有创作行为的特征，最终判定这一游戏作品的著作权人为游戏开发商而非玩家。而沙盒类游戏便属于第二种情形，如在《我的世界》中，游戏中赋予玩家工具和模块，而玩家可以依据这些模块进行各种类型的创作，仿佛一个3D式的设计软件。作者在画图软件中设计出的建筑物工程图受到法律的保护，但玩家在游戏中创作的具有独创性的立体建筑因其属于游戏内容而不受保护，未免过于墨守成规。换言之，我国《著作权法》对于游戏的定义仍不甚明确，一款画图软件究竟属于工作程序还是网络游戏，这之间的界限如何进行明晰，仍需要法律的进一步完善。因此笔者认为，即使新一轮《著作权法》修改中扩充了“视听作品”的保护范围，我们也不能一概地将网络游戏归入其中，玩家在游戏中创作的文学艺术作品，仍可以依据《著作权法》规定的其他作品类型进行保护，而玩家在此过程中充当的也不仅是游戏进程的推动者，而实实在在地成了作品的创作者。

四、网络游戏中的不正当竞争问题

网络游戏中除了涉及对于游戏各个元素和游戏画面的著作权保护问题，也可能会涉及游戏公司之间的不正当竞争问题，如前所述，“换皮”游戏剽窃原创游戏中的创意和素材，转而将其“洗稿”为另一款全新的游戏，若依据思想与表达二分法，在大多数情况下权利人无法依据著作权法来寻求救济，但若是行为人的行为违反了商业道德，破坏了市场竞争秩序，则权利人可提起反不正当竞争诉讼。

根据本案适用的《反不正当竞争法》(1993年）的规定，经营者在市场交易中，应当遵循自愿、平等、公平、诚信的原则，遵守公认的商业道德；经营者不得采用擅自使用知名商品特有的名称、装潢，或者使用与知名商品近似的名称、装潢，造成和他人的知名商品相混淆，使购买者误认为是该知名商品；经营者不得利用广告或者其他方法，对商品的质量、制作成分、性能、用途、生产者、有效期限、产地等作引人误解的虚假宣传。在市场竞争中，同为游戏公司的当事人，二者之间具有竞争关系，在进行商业活动的过程中应当遵守《反不正当竞争法》的规定，恪守诚信原则，不得实施违背商业道德的行为。如在本案中，原告提起诉讼认为被告的行为违反《反不正当竞争法》的规定，法院从擅自使用知名商品的名称、特有装潢，构成虚假宣传从而引起他人混淆等方面进行分析。原告的游戏作品《奇迹 MU》在我国网络游戏玩家之中具有较高的知名度，被告在宣传自己的游戏时，依托“奇迹”一词在网络上进行宣传。从表面上来看，“奇迹”一词并非原告所原创，属于公共领域的范畴，任何人均可以使用，但在玩家也即涉案游戏的受众看来，“奇迹”一词具有明确的指向性和代表性，与原告作品可以形成稳定直接的关联，而被告在宣传之时也刻意将其游戏《奇迹神话》向原告的游戏靠拢，具有明显的“搭便车”嫌疑。从受众来看，众多玩家和网友也留言称，涉案游戏之间存在明显的类似，已实际造成公众的混淆，因此法院判定被告对“奇迹”一词的使用构成对原告的不正当竞争，且存在主观过错，应当承担相应的民事责任。除此之外，被告的行为也构成了虚假宣传，虽然其在宣传过程中未实际指明，但在宣传上不断通过“十年奇迹”“将游戏玩法最大限度地还原”等用语刻意将自身游戏包装成原告游戏的续作，且被告游戏刚刚上市，并没有十年之久，在游戏画面和游戏各个元素中也存在众多和原告游戏实质性相似之处，容易使公众误认和混淆两款游戏，因此法院认定被告的行为构成虚假宣传，应当承担相应的责任。

五、结论

网络游戏产业作为全球互联网急速发展的产物，世界各国著作权法对待其的态度均存在差别，而我国作为全世界游戏行业的领头羊之一，对于网络游戏中可能产生的著作权纠纷、不正当竞争纠纷的处理态度吸引着全世界的目光，我国法律的健全与完善也关乎整个网络游戏行业的健康发展，因此我国应当尽快制定相应的政策与法律法规，保障相关权益人与投资者的合法权益，鼓励游戏原创者积极创新，使我国知识产权法成为游戏行业蓬勃发展的坚强后盾。

服装的可版权性研究

——上海某服饰有限公司诉上海某品牌管理有限公司等著作权权属、侵权纠纷案

/ 王楷文

本案要旨

服装成衣是否可以作为美术作品受到著作权法的保护，在独创性方面必须达到一定的标准，即审查涉案服装成衣的造型、结构和色彩组合而成的整体外形是否体现了作者具有个性的安排和选择，其艺术性部分是否超越了实用性部分。服装样板可能作为图形作品受到著作权法的保护，但在成衣不构成作品的情况下，按照服装样板制作成衣不属于复制。

案件信息

上诉人（一审原告）：上海某服饰有限公司

被上诉人（一审被告）：上海某品牌管理有限公司、苏州某商贸有限公司

案号：上海市黄浦区人民法院（2016）沪0101民初27689号、上海知识产权法院（2017）沪73民终280号

原被告主张及理由

原告一审主张，被告未经原告许可，擅自生产、销售的行为，侵犯了原告上海某服饰有限公司（以下简称上海某服饰公司）对于涉案服装“瓷·生走秀系列蕾丝棒球夹克”的著作权。庭审中，原告进一步明确被告行为侵犯了其服装实物作为立体美术作品的署名权、发行权、复制权、信息网络传播权；同时，侵犯了原告设计样板作为图形作品的复制权（从平面到平面、从平面到立

体的复制)。

被告上海某品牌管理有限公司(以下简称上海某品牌公司)一审辩称,首先,原告服装成衣不构成作品,更不构成立体美术作品,因为其是惯常设计的组合,即使有美感也不能与实用功能相分离。至于设计样板,其并未公开发表,被告方不存在接触可能性,没有著作权侵权基础。其次,原告主张涉案作品系法人作品,这种法人作品的署名权并不当然是法人;关于复制权,强调的是美感和艺术表达,而被告作品不存在对美感和艺术表达的复制。最后,被告的产品也是自己的设计、自己的样板、自己的成衣。同时,对原告陈述的独创性,被告不予认可,并列举了其他类似版型,证明该款式系市场上常见的普通女装款式。

二审中上海某服饰公司上诉主张,相关司法案例中亦有服装成衣作为美术作品受到著作权法保护的判决,如胡某诉裘某、某美术馆侵犯著作权纠纷案,广东某集团有限公司与某有限公司著作权权属、侵权纠纷案,均认定服装成衣可以作为著作权法保护的对象。同时,涉案"瓷·生"系列白色蕾丝棒球服的艺术美感并非基于使用功能。从创作目的角度分析,涉案服装的创作目的在于体现艺术美感,提高人们的视觉艺术享受;从美感设计与实用功能分离的角度分析,涉案服装的美感设计可以在物理或者观念上独立于使用功能而存在。因此,涉案服装的组合设计足以使公众认为其是艺术品。上海某服饰公司认为自己主张的是涉案服装的整体设计组合具有独创性,并非某具体元素具有独创性,一审法院仅以具体元素不具有独创性否定上海某服饰公司的整体设计不具有独创性,缺乏说服力。

➲ 法院查明的事实

上海某服饰公司是一家经营范围包括服装、鞋帽、纺织品、服装设计、制作等在内的有限责任公司,法定代表人为陆某。上海某服饰公司于2015年10月19日在上海时装周2016春夏作品发布会上发布与涉案成衣类似款的服装,后通过"D家 dimplehsu 女装"网店销售"瓷·生系列棒球夹克",货号为"W10611(T)"。苏州某商贸有限公司未经原告许可在其淘宝金冠店销售"瓷·生系列高级奢美蕾丝棒球夹克"。

2017年,上海某服饰公司向法院起诉,称两被告销售的商品侵犯了自己对成衣和设计样板享有的著作权。

被告提供经公证的网页页面，证明该服装版型设计是在市场上非常常见、早已存在的普通女装款式，原告陈述的口袋、镂空设计等内容是共用设计，非原告独创；原告陈述的袖子比例是实用功能，不是著作权的保护对象。该公证书显示，公证人员按被告方的指引，在淘宝网搜索栏内分别输入“蕾丝外套夏日百搭拉链开衫外套女”“蕾丝棒球服春夏短款外套开衫”“fiveplus 棒球款”“白色蕾丝立领夹克外套”等词语，出现相应结果并截屏取证。被告所举其他店家类似服装中，虽然没有与原告涉案服装完全相同的，但白色蕾丝面料、口袋、拉链、圆领等元素在短款外套中都可能用到。

另外，关于服装面料来源及生产规模方面，原告、被告均确认自己的服装面料来源于市场上的第三方，且该面料并非专供。原告亦确认涉案服装小批量生产，可能只生产几百件。

法院裁判理由与裁判结果

一审法院认为：本案中，涉案服装成衣不能作为美术作品获得著作权法的保护。首先，服装行业发展至今，早已脱离了单纯的遮体避寒的实用功能，而或多或少带有一定的美感。服装成衣要得到著作权法的保护，必须是其艺术美感能够在物理或观念上独立于其使用功能而存在。涉案服装设计者在进行具有美感的设计过程中无疑要考虑功能性，如光泽感缎面口袋具有一定的搁置物品功能；金属质感的拉链，也具有方便穿脱的考虑；里外层面料的搭配，也增强了服装的遮蔽功能。故，涉案服装的美感与实用功能是不可分割地交织缠绕在一起，即美感无法与服装的实用功能从物理上相分离而独立存在。涉案服饰因其美感不能独立存在，其功能性部分应当受到工业产权法的调整，故仅系实用品，不能作为美术作品受到著作权法的保护。其次，即使涉案服装的美感能与其功能从观念上予以分开，但涉案服装要得到著作权法的保护，仍必须满足美术作品对于作品艺术性的最低要求。结合被告举证的与原告涉案服装相似的设计元素已存在、服装面料系市场可以购得、服装批量生产等情形，原告所述的涉案服装成衣具有独创性、艺术美感的内容仍是服装设计的通用元素，原告设计师系利用了服装设计中的一些惯常元素进行的组合设计出了涉案服装，这种组合并未构成原告所独创的艺术表达形式，并不足以使一般公众将其视为艺术品。

一审法院还认为涉案服装样板上同样不存在著作权。服装样板是从设计图到成衣的中间环节，其具有的功能性部分不在著作权法保护范围内，只有符合独创性、艺术性的要件，才能受到著作权法的保护。本案中，基于服装构造表达的相对有限性，原告所提供样板的点、线、面的排列、组合本身并不具有独创性及艺术美感，只是作为生产服装的必要工具，不能作为作品受到著作权法的保护。退一步讲，即便可以将服装样板视为图形作品，在案证据亦表明原告涉案服装先于被告同款服装上市，在此情况下，即使认可原告拥有服装样板的著作权，亦不能直接判定被告侵权，还必须运用“实质性相似+接触”规则判定被告是否存在侵犯原告样板著作权的行为。根据在案证据，被告陈述己方服装系自己设计，原告也确认被告没有其他途径直接接触样板，并主张被告是购买成衣后反向制作样板，对此也无进一步证据加以证明，因此法院难以认定被告是根据原告服装样板的形状与规格裁剪布料、制作成衣，故原告主张的被告侵犯其样板著作权的行为依然无法成立。

二审法院认为涉案成衣不能构成立体美术作品，理由如下：

上诉人认为，涉案服装成衣独创性表现在如下几个方面：（1）主体面料。主体面料为三种不同图案的蕾丝花型组成的蕾丝面料。（2）外形细节设计。衣服口袋是有光泽感的缎面口袋，袖身部分为蕾丝镂空面料与运动风弹力螺纹的拼接。（3）服装配饰。服装里布为真丝欧根纱，拉链为金属质感拉链。涉案服装体现了运动款式的棒球服与蕾丝面料刚柔对比的整体风格。被上诉人认为，涉案服装的全部设计元素均是普通女装中常见的元素，整体视觉效果与普通女装没有明显差别，都是常见款式，主体面料也是来源于一般的供应商，是市面流通货，因此涉案服装只能是工业产品，不属于著作权法的保护对象。二审法院认为，根据《著作权法实施条例》第4条规定，美术作品，是指绘画、书法、雕塑等以线条、色彩或者其他方式构成的有审美意义的平面或者立体的造型艺术作品。服装成衣要想作为美术作品受到著作权法的保护，在独创性方面必须达到一定的标准，也即涉案服装成衣的造型、结构和色彩组合而成的整体外形必须体现作者具有个性的安排和选择，其艺术性部分必须超越实用性部分。关于对涉案服装艺术性、独创性的判断，虽然不免涉及个体审美方面的主观判断，但也有一定的客观标准可予参考：（1）作品载体。在本案中，涉案服装是一款以蕾丝为主要面料的棒球服。棒球服款式、衣服口袋设计、袖口以及衣服下摆处的弹力螺纹拼接等服装造型类设计元素，无论是从单独元素还是从元素组合来看均属于常规设计。蕾丝面料以及真丝欧根纱里布等面料图案类设计元素，其中里布的选择并不具有独创性，蕾丝面料本身属于服装市场上的常见面料，蕾丝面料中单个的蕾丝图案也并非原告自行设计，整体面料来源于市场上非专供的第三方。因此，二审法院认为，综合涉案服装的整体造型和图案面料等设计要素，以蕾丝图案为主体面料的运动风格服装，也并非原告所独创。涉案服装在蕾丝图案的搭配方面可能体现了作者一定的创意，但从整体造型上看，涉案服装在设计方面的独创性及艺术性尚未达到立体美术作品所要求的高度，也即涉案服装的艺术性并未超越实用性，其依然属于主要体现实用价值的普通成衣。(2)作者意图。涉案服装系原告通过授权经销商的淘宝店销售的批量生产的女装成衣，因此，涉案服装的设计意图并非用于展示或者表演，而是用于普通人的日常穿着，其体现的所谓“女人味、随性、精致”的服装风格，也并未脱离日常穿衣的需求。(3)作品受众。从淘宝店铺的评价来看，涉案服装的消费群体并没有将涉案服装当作一件立体美术作品，原告所提交的证据中也缺乏来源于第三方或者外界的针对涉案服装设计的艺术高度的客观评价。综上所述，二审法院认为，总体来说涉案服装的价值更接近实用性而非艺术性，原审法院认定涉案服装在设计方面的独创性并不足以使其构成立体美术作品，并无不当，可予维持，对于上诉人的相关上诉理由不予采纳。

根据《著作权法实施条例》第4条的规定，图形作品是指为施工、生产绘制的工程设计图、产品设计图，以及反映地理现象、说明事物原理或者结构的地图、示意图等作品。服装样板又称裁片纸样，是由领、袖、袋等分离的纸块组成的平面服装。样板是对设计平面图的进一步表达和演绎，将服装的结构说明演进成了与成衣更接近的平面图块。因此，服装样板汇聚了服装设计师和专业制版师具有独创性的智力劳动，是专门为工业化生产成衣而制作的图形作品，应当受到著作权法的保护。[①] 在本案中，上诉人主张著作权的服装样板是由若干分离的平面图块组成的衣服样板（包含领、袖、前衣片、后衣片、袋等），但上诉人没有证据证明被上诉人使用的服装样板与上诉人设计的服装样板构成相同或者实质相似，在上诉人确认被上诉人并未直接接触其服装样板的前提下，上诉人关于被上诉人使用反向工程获取相同服装样板的推测亦无证据予以证明。

① 参见徐俊：《服装样板可以作为图形作品受到著作权法保护》，载《人民法院报》2007年6月11日，第5版。

此外，即使被上诉人使用了原告的服装样板制造成衣，但由于涉案服装并不属于著作权保护的立体美术作品，这种行为亦不属于著作权法意义上的复制行为。因此，根据现有证据，无法认定被上诉人实施了复制上诉人的服装样板的行为，侵害了其享有的图形作品著作权。

➲ 判解与学理研究

一、本案的裁判思路

（一）服装成衣是否属于美术作品

一审法院认为本案涉案服装成衣不能作为美术作品获得著作权法的保护。

一审法院认为，服装成衣要得到著作权法的保护，必须是其艺术美感能够在物理或观念上独立于其使用功能而存在。而涉案服装设计者在进行具有美感的设计过程中无疑要有功能性考虑。比如，光泽感缎面口袋具有一定的搁置物品功能；金属质感的拉链，也具有方便穿脱的考虑；里外层面料的搭配，兼顾服装的遮蔽功能。

故涉案服装的美感与实用功能是不可分割地交织缠绕在一起的，即美感无法与服装的实用功能从物理上相分离而独立存在。涉案服饰因其美感不能独立存在，其功能性部分应当受到工业产权法的调整，故仅系实用品，不能作为美术作品受到著作权法的保护。

另外，即使涉案服装的美感能与其功能从观念上予以分开，但涉案服装要得到著作权法的保护，仍必须满足美术作品对于作品艺术性的最低要求。原告所述的涉案服装成衣具有独创性、艺术美感的内容仍是服装设计的通用元素，原告设计师系利用服装设计中的一些惯常元素进行组合设计出了涉案服装，这种组合并未构成原告所独创的艺术表达形式，并不足以使一般公众将其视为艺术品。

二审法院在此问题上支持了一审法院的观点，二审法院的裁判思路主要基于以下几点。[①]

1. 服装成衣构成美术作品的前提是其艺术性部分超越了实用性部分

二审法院认为，服装成衣是否可以作为美术作品受到著作权法的保护，

① 参见陈颖颖：《成衣能否作为美术作品保护？上海知产法院：艺术性是否超越实用性是关键》，载《人民法院报》2018年6月20日，第7版。

在独创性方面必须达到一定的标准，也即涉案服装成衣的造型、结构和色彩组合而成的整体外形是否体现了作者具有个性的安排和选择，其艺术性部分是否超越了实用性部分。

本案中，涉案服装的棒球服款式、衣服口袋设计、袖口以及衣服下摆处的弹力螺纹拼接等服装造型类设计元素，无论是从单独元素还是从元素组合来看均属于常规设计。涉案服装里布的选择并不具有独创性，蕾丝面料本身属于服装市场上的常见面料，蕾丝面料中单个的蕾丝图案也并非原告自行设计，整体面料来源于市场上非专供的第三方。因此，综合涉案服装的整体造型和图案面料等设计要素，以蕾丝图案为主体面料的运动风格服装，也并非原告所独创。

涉案服装在蕾丝图案的搭配方面可能体现了作者一定的创意，但从整体造型上看，涉案服装在设计方面的独创性及艺术性尚未达到立体美术作品所要求的高度，也即涉案服装的艺术性并未超越实用性，其依然属于主要体现实用价值的普通成衣。

2. 作者的设计意图

涉案服装系原告通过授权经销商的淘宝店销售的批量生产的女装成衣，因此，涉案服装的设计意图并非用于展示或者表演，而是用于普通人的日常穿着，其体现的所谓“女人味、随性、精致”的服装风格，也并未脱离日常穿衣的需求。

3. 消费群体认知

从淘宝店铺的评价来看，涉案服装的消费群体并没有将涉案服装当作一件立体美术作品，原告所提交的证据中也缺乏来源于第三方或者外界的针对涉案服装设计的艺术高度的客观评价。

综上所述，二审法院认为，总体来说涉案服装的价值更接近实用性而非艺术性，因此涉案服装在设计方面的独创性并不足以使其构成立体美术作品。

（二）服装样板上是否存在著作权

一审法院认为，涉案服装样板上同样不存在著作权。

服装样板是从设计图到成衣的中间环节，其具有的功能性部分不在著作权法保护范围内，只有符合独创性、艺术性的要件，才能受到著作权法的保护。基于服装构造表达的相对有限性，原告所提供样板的点、线、面的排列、组合本身并不具有独创性及艺术美感，只是作为生产服装的必要工具，不能作为作品受到著作权法的保护。

但二审法院推翻了一审法院的裁判理由，认为服装样板可以作为图形作品受到著作权法的保护。

二审法院认为，样板是对设计平面图的进一步表达和演绎，将服装的结构说明演进成了与成衣更接近的平面图块。因此，服装样板汇聚了服装设计师和专业制版师具有独创性的智力劳动，是专门为工业化生产成衣而制作的图形作品，应当受到著作权法的保护。

此外，即使被上诉人使用了原告的服装样板制造成衣，但由于涉案服装并不属于著作权保护的立体美术作品，这种行为亦不属于著作权法意义上的复制行为。因此，根据现有证据，无法认定被上诉人实施了复制上诉人的服装样板的行为，侵害了其享有的图形作品著作权。①

二、本案的相关思考

在司法实践中，当事人申请保护自己设计、生产的服装，倾向于采用版权的保护模式。通过主张自己设计的服装具备独创性，将其归为既具有实用性又具有艺术性的实用艺术作品，从而纳入我国著作权法美术作品的保护范畴，实现对服装成衣的著作权法保护。

通过著作权法保护服装具备显著的优势。首先，版权保护模式的保护期较长，相较于外观设计的保护模式，著作权法的保护可以长达数十年。其次，版权保护无须申请。相较于版权保护模式，通过申请外观设计专利保护服装成衣具备非常显著的弊端，在实践中经济成本过高，从而在一定程度上使外观设计保护模式丧失可行性。外观设计申请周期动辄数月，与服装的时限性、潮流性存在天然的对立与矛盾，而版权保护模式则自动保护、无须申请，能够满足时装的时限特性。除外观设计保护路径外，还存在反不正当竞争法的保护模式。如果设计人对服装的识别力进行广泛宣传，还可能以特有装潢对服装进行保护。但相对而言，版权法的保护模式力度较强。因此，服装设计者不断尝试证明自己设计的服装具备较高程度的独创性，从而希望获得版权法的保护。

对服装的版权保护，首先应当明确一个前提：服装的组成元素有哪些？服装是仅指服装成衣还是包含其背后的设计图，抑或设计图到成衣之间的样

① 参见陈颖颖：《成衣能否作为美术作品保护？上海知产法院：艺术性是否超越实用性是关键》，载《人民法院报》2018年6月20日，第7版。

板？对于设计图和样板，是属于版权法中的图形作品还是美术作品？

三、样板的保护：图形作品之辩

（一）服装：设计图、样板、成衣

日常的服装生产需要经过三个步骤，分别对应三种不同的形式。

首先，设计服装需要绘制设计图，通过线条的方式勾勒出一件服装的雏形。服装设计图当然属于版权法中的图形作品，因此，如果设计图具备一定的独创性，就能够纳入图形作品的保护范围。

其次，从设计图到成衣需要首先经过服装样板设计。样板是通过实物的形式对成衣进行一定的前期准备和调整，从而保证成衣的效果，也就是俗称的“打样”。

最后，从样板再制成成衣。

服装的三个层次决定了对应的版权客体并不相同。设计图可以作为图形作品受到著作权法保护，而成衣因为具有立体形状，不可能属于图形作品，而只能是实用艺术作品。

（二）样板是否属于图形作品

比较有争议的是，中间阶段的样板属于什么性质？是否构成版权法客体的法定形式？对此，有学者认为，“服装样板是服装结构设计的延伸，是服装成衣能否达到设计图所要表达的设计效果的关键步骤，其更接近于成衣的表达形式，虽然其相比设计图也只表现为平面到平面的变化过程，但是其也融入了制版师的个性选择和富有创造性的艺术表达，是智力活动创造的结果，因而也应当属于产品设计图，受到我国《著作权法》的保护”[①]。

有观点进一步认为，因成衣的产生必须经过样板，如果样板不构成作品，那么从样板到成衣并不属于平面到立体的复制，但如果样板能够属于《著作权法》第 3 条兜底条款规定的非典型作品，那么服装版权侵权的问题也就迎刃而解了。

在本案中，二审法院便认为服装样板应当按照图形作品进行保护。将样板作为图形作品进行保护，本案并非先例。在上海某防护用品有限公司等诉顾某等著作权侵权及不正当竞争纠纷案中，法院认为：“作为从设计图到成衣的中间环节和必经途径，样板在系争服装的制作、生产过程中发挥着重要作用。

① 陈依卓宁：《服装设计作品的著作权司法保护探析》，载《电子知识产权》2017 年第 1 期。

样板的制版工作是专业人员根据长期积累的经验和特定规格的要求在设计图的基础上完成的。样板源于设计图，是设计图的表达和演绎，但又不同于设计图。设计图反映了设计人员对服装整体的设计理念，而样板则融入了专业制版师对设计图的理解和认知，体现了制衣企业特定的成衣规格与工艺。制版师在制版过程中往往要通过初级纸样制作、试坯布、修改纸样等多个步骤才能形成最终定型的样板。可以说，样板汇聚了设计人员和专业制版师具有独创性的智力劳动，是专门为工业化生产成衣而制作的图形作品，也应当受到著作权法的保护。”①

在“北京某服装有限公司与北京市某贸易有限公司等不正当竞争纠纷案”（以下简称“某服装公司案”）中，法院认为：“服装样板图是制版者按照服装设计图，对服装结构从平面角度进行拆解而完成的图形。服装设计图、制版图其中的点、线、面的选择和排列组合，均体现出作者个性化的选择和安排，具有独创性，属于作品……具体到本案，原告主张权利的两款服装设计图、样板图均是为了进行服装生产而绘制，主要功能不在于通过图形本身带给人美的享受，故均属于图形作品而不属于美术作品。”② 该法院同样认为样板应构成图形作品，从而受到著作权法的保护。

但法院同时认为，按照工程设计图或者产品设计图施工或者生产不受著作权法保护的工程或者产品，不属于我国著作权法意义上的复制，因此，根据样板生产成衣的行为亦不属于侵犯该两款服装对应设计图、服装样板图复制权的行为。

从相关研究到司法案例，围绕样板是否构成作品的关键点在于，样板是否属于图形作品。图形作品的根本特性是平面性，图形作品不应具有三维表现形式，而样板本质上是以三维形式表现的。当前，伴随技术的发展，对样板的制作也从传统的现实空间的手工制作转向计算机软件制作，如“服装 CAD”等设计软件，但其本质上也是通过立体的形式，展现样板的三维属性。或者说，软件的出现更是证明了样板必须具有空间属性。因此，笔者认为，样板很难被解释为以二维形式展现的图形作品。

退一步说，样板是否属于图形作品，并不影响成衣之间抄袭是否构成侵

① 上海市浦东新区人民法院（2005）浦民三（知）初字第 53 号民事判决书。

② 北京市西城区人民法院（2018）京 0102 民初 33515 号民事判决书。

权的认定。正如上文“某服装公司案”判决书中所表达的观点，按照设计图生产不受著作权法保护的产品，不构成侵权。

事实上，对从平面到立体的再现，有学者更进一步认为：“对‘形象’进行从平面到立体的再现构成对美术作品的复制，对‘图形’进行从平面到立体的再现并不构成对美术作品的复制。”①

四、成衣的保护：平面美术作品与实用艺术作品

服装成衣能否受到著作权法的保护？这一问题等同于服装成衣是否能够构成实用艺术作品。在不适用现行《著作权法》第3条第9项“符合作品特征的其他智力成果”的情况下，只有实用艺术作品契合成衣的表现形式。

在我国司法实践中，部分案例支持将成衣纳入实用艺术作品进行版权保护。例如，在“胡某诉裘某、某美术馆侵犯著作权纠纷案”中，法院认为：“线条、色彩或其他方式构成的有审美意义的平面或者立体的造型艺术品属于我国著作权法所保护的美术作品范畴。本案胡某及裘某利用造型、色彩、面料、工艺等设计元素各自独立设计的服装，从其艺术造型、结构及色彩等外在形态来看，均具有较强的艺术性和独创性，表现出了集实用性与艺术性、中西方文化相交融的现代美感，属于受我国著作权保护的实用美术作品。”②

笔者认为，成衣的保护实际上可以分为两个部分：一是成衣的组成元素，如服装上的图案，因其完全具备与成衣的可分离性，因此可以独立作为美术作品进行保护；二是对服装成衣整体，包含了衣摆、面料、里布等组成的“整个”服装，保护模式存在争议。

（一）成衣的组成元素可切分保护

美国联邦最高法院在2017年对于Star Athletica，L.L.C. v. Varsity Brands，Inc. 案的判决便是将成衣区分为“队服”和“队服上的图案”两个层次的概念。“Ginsburg大法官认为，对Varsit某进口公司啦啦队服设计的判断不需要进行是否能够分离的分析，她认为这些设计本身就是独立存在的绘画、图形、雕塑作品，而Varsit某进口公司将这些作品复制到了啦啦队制服上，Varsit某

① 王迁：《论平面美术作品著作权的保护范围——从“形象”与“图形”的区分视角》，载《法学》2020年第4期。

② 北京市高级人民法院（2001）高知终字第18号民事判决书。

进口公司寻求著作权保护的不是啦啦队服而仅是啦啦队服上的图案设计。”①

当服装本身属于常规服装的范畴，即为了满足正常保暖、避寒的需要，其造型并不具备独创性，此时要想受到著作权法的保护，必须依靠服装上附加的图案。此时，成衣作为可有可无的载体存在，而图案脱离服装成衣这个载体，依然可以独立存在并作为美术作品受到著作权法的保护。

在司法实践中，当事人主张自己的服装具备独创性，也主要是基于其上附着的图案新颖别致，具备一定的独特设计，因此当事人才认为此时应当属于作品。

事实上，笔者认为，任何服装外表上都是由一定的图案、色彩组成的。而这种图案和色彩，并非只能存在于服装上。换一种存在的载体，如将成衣铺开，成为一张整块的布，此时，便可以视为在纸上画了一幅由图案和色彩组合而成的“画”，只不过这张画被画在一张布上，并经过缝合成为具备一定造型的立体物。

因此，成衣上的图案，是独立于成衣存在的，可以独立于成衣作为平面美术作品受到保护。

（二）整体保护需要相当高度的独创性

在本案二审中，法院创造性地提出了“艺术性超越实用性的标准”。法官认为，只有当服装的艺术性远超实用性的情况下，服装才能够被视为实用艺术作品受到保护。

“艺术性”和“实用性”作为一组关联概念，是在实用艺术作品中出现的，但这组概念仅是为了解决著作权法不保护实用功能的问题而设置的，即著作权法只保护艺术性而不保护实用性，但实用艺术作品中既存在实用性又存在艺术性，那此时艺术性同样符合著作权法保护的宗旨，但著作权法又不能保护实用性，作为折中和妥协的方案，著作权法创设了“分离标准”，即实用性与艺术性相分离。

在成衣是否能受到著作权法保护的问题上，并非应当考虑艺术性是否超越实用性，而是应当设定一个更高的艺术性（独创性）标准，即只有在服装足够奇特、别致、引人注目，以至于它看上去甚至不是普通的服装的造型时，才

① 张宪：《中美实用艺术品著作权保护比较研究——兼论我国实用艺术品著作权保护的路径》，载《法学评论》2020 年第 2 期。

充分符合造型艺术作品的本质而成为实用艺术作品。如果服装看起来都不像是服装，就意味着它超出了服装的惯常性组合要素，即此时此种造型并不是通用元素组合出的服装造型，才能够属于造型艺术品，著作权法才有充分的保护理由。

五、结论

样板是否构成图形作品并不影响成衣抄袭的认定，通过将服装成衣切分为图案进行平面艺术作品的保护，可以对服装进行一定程度的保护。对服装整体的著作权法保护，必须具备相当高程度的独创性，足以排除其天然具备的公共元素和惯常设计，此时才属于真正的“造型艺术”，从而作为一个整体获得版权法的保护。除此之外，版权法不保护服装并不会造成服装的保护真空。通过将服装申请为外观设计，并建立相应的快审机制，能够在一定程度上保护服装设计，避免版权保护服装成本过高。

以实际数据为基础绘制的图形的可著作权性分析

——刘某某诉无锡市某证券股份有限公司等侵害著作权纠纷案

/ 张诗雨

本案要旨

著作权法保护的是创作者具有独创性并且可以被有形复制的表达。首先，著作权法保护的是独创性表达，而对于任何思想、程序、概念或者发现等，无论其是否具备独创性，也无论上述内容在作品中以何种形式体现，都不予以保护，此即思想与表达二分法原则。此原则划定了受著作权保护的对象与公有领域之间的界限。其次，这种表达还要能够被有形复制。缺乏有形复制性的事物，即使具有一定的独创性成分，也无法成为著作权法意义上的作品，不受著作权法的保护。最后，对于一些具有唯一或公理性的算法、程序等，不同人按照相同的算法均可以得出相同的结果，这种结果属于公有领域的内容，不属于著作权法保护的对象。

案件信息

上诉人（一审原告）：刘某某

被上诉人（一审被告）：无锡市某证券股份有限公司、深圳市某趋势科技股份有限公司

案号：江苏省无锡市中级人民法院（2011）锡知民初字第0280号、江苏省高级人民法院（2012）苏知民终字第0037号、最高人民法院（2014）民申字第1193号

➲ 原被告主张及理由

在一审中，刘某某起诉称：刘某某是《笑对股林》一书的作者，在该书中有其创作的多幅“某爬山法”图形。无锡市某证券股份有限公司（以下简称无锡某证券公司）未经刘某某同意，剽窃了上述图形，用于其计算机软件“某证券合一版”。该软件中的“国某爬山法”图形与上述“某爬山法”图形构成实质性相似，无锡某证券公司在明知该软件中某些图形来源不明，不能公开使用的情况下，长期使用该软件，侵犯了刘某某的著作权。

无锡某证券公司一审答辩称：（1）无锡某证券公司所使用的软件是从深圳市某趋势科技股份有限公司（以下简称深圳某科技公司）购买，有合法来源，即使侵权也与无锡某证券公司无关；（2）刘某某在诉状中提到的图形是从电脑软件上截图而来，其不享有著作权；（3）无锡某证券公司使用的软件上分析的图形是根据实时股票交易数据处理出来的结果，图形本身根本没有复制刘某某主张著作权的图形，客观上也不可能复制刘某某主张著作权的图形；（4）无锡某证券公司使用的软件中图形里方块不具备刘某某所说分析点的功能，刘某某所称上述方块侵犯其主张图形中的圆点的著作权无事实依据。

深圳某科技公司一审答辩称：（1）无锡某证券公司购买了深圳某科技公司的软件，软件所标注的“通达信”是深圳某科技公司的商标；（2）刘某某提到的“国某爬山法”无事实依据，其主张的图形采集自其他软件，来自现有股票分析软件，被告对其著作权有异议；（3）涉案软件是由深圳某科技公司独立开发的，其中的指标已广泛使用，与刘某某无关。

➲ 一审法院查明的事实

刘某某提供的内部教材《笑对股林》一书的内容显示，该书第101页、第102页为MACD图形（MACD意为指数平滑异同移动平均线，该书译为“多空趋势线”）；第108页记载了“皖通高速”2003年1月16日至2003年6月18日的KDJ图形（KDJ意为随机指标，该书注：K快线、D慢线、J特快线）；第114页记载了“四川峨铁600674”的KDJ图形，第136页、第137页为RSI图形（RSI意为相对强弱指标）。上述图形中指标线上标注有黑色小圆点。刘某某主张上述图形虽来源于钱龙软件中的截图，但其在图中指标线上标注的圆点具有创造性，通过图形中标注的圆点，能够告诉股民何处是拐点，给股民一个方向。该书列明的作者为刘某某、郑某某，发表日期为2003年11月8日。诉讼中，刘某某称该书所列作者中的郑某某实际是审稿者，并非作者。

刘某某提交的照片内容为“某证券合一版”软件运行时生成的K线图。照片中股票为“深发展A”，在“深发展A”(日线)的MACD、KDJ、RSI等图形中的指标线上有白色小方块，小方块之间有一定间隔。诉讼中，无锡某证券公司、深圳某科技公司称，当使用者点击某条技术指标线时，该条线上就会出现有一定间隔的小方块，这些小方块本身没有意义。

2002年8月1日，国家版权局颁发了计算机软件著作权登记证书，载明：“软件名称：通达信.net网上证券服务系统(简称通达信.net)V2.0；著作权人：某公司；权利取得方式：原始取得；权利范围：全部权利；首次发表日期：2001年5月10日。”2007年9月10日，国家版权局颁发了计算机软件著作权登记证书，载明：“软件名称：通达信证券网上交易分析系统V5.0；著作权人：深圳市C趋势科技有限责任公司；权利取得方式：原始取得；权利范围：全部权利；首次发表日期：2007年3月25日。”深圳某科技公司在诉讼中称上述两款软件实质为同一软件产品，后者的著作权登记系前者变更所得。

深圳某科技公司提交的《通达信.net证券分析系统用户手册》的声明中有版权声明等内容。该手册包含系统综述、快速入门、操作指南、窗口特性、公式管理器、通达信.net客户端使用说明、附录等内容。该书第63页有如下内容：“【历史区间分析】再现选择时间段的历史成效明细和分价表。选中并修改公式——鼠标左键单击任意一条指标线或主、副图左上方标题栏指标名称时，在对应的输出线上将出现间隔均匀的白色小方块，此时单击鼠标右键将弹出一菜单，可通过菜单进行删除(或直接按Delete键)、修改等操作。”该页还有与上述内容对应的图片，图片中指标线上有如上所述的小方块。

一审法院判决理由与裁判结果

一、刘某某主张著作权的“某爬山法”图形是否为我国著作权法保护的作品

思想与表达二分法是著作权法上的一项基本原则，它意味着著作权法只保护作者具有独创性的表达，而对于任何思想、程序等，无论其是否具备独创性，也无论上述内容在作品中是以何种形式来体现，都不予以保护。思想与表达二分法划定了著作权保护的对象与公有领域信息之间，以及著作权保护的对象与专利权保护的对象之间的界限。《计算机软件保护条例》第6条明确将开发软件所用的思想、处理过程、操作方法或者数学概念排除在软件著作权的保护范围之外，即为上述二分法在我国著作权相关立法中的体现。刘某某主张的《笑对股林》中“某爬山法”图形来源于他人开发的软件运行时相关股票的MACD、KDJ、RSI截图，在《笑对股林》发表前即已存在，刘某某对上述事实不持异议，但其认为其在《笑对股林》中对上述图形进行了革新，加上了有分析提示功能的圆点，使上述图形在本质上不同于原来的图形，有了创造性的飞跃。但从图形上看，刘某某诉称的那些圆点仅是圆点而已，根本无法表达出刘某某诉称的圆点代表的含义，不会使上述图形产生独创性。即使刘某某所述内容为事实，该圆点代表的“含义”及所具备的“功能”也属于思想、概念或发现的范畴，无法受到著作权法的保护。

根据《著作权法实施条例》第2条的规定，著作权法所称作品，是指文学、艺术和科学领域内具有独创性并能以某种有形形式复制的智力成果。同时，根据《著作权法》第3条第7项及《著作权法实施条例》第4条第12项的规定，著作权法保护的图形作品，是指为施工、生产绘制的工程设计图、产品设计图，以及反映地理现象、说明事物原理或结构的地图、示意图等作品。由上述定义可以看出，有形复制是受著作权法保护的作品的必备要件。本案所涉的图形属于股市分析图，受个股名称、时间、交易量等多种因素影响而呈现不一样的图形状态，也即它们并非静态的示意图，而是动态的分析图，随着被分析指标的变化而呈现波动趋势。换言之，在瞬息万变的股市中，上述图形会不断发生变化，股民也可根据各种分析指标的变化作出自己的判断。上述图形中，除了指标线被点击后会有一定间隔的点出现在指标线上的共同表征以外，其他的则因融合了各种变量因素而各不相同，而如果缺乏个股、时间、交易量等变量因素，这些线和在其上标注的点则毫无意义。因此，刘某某主张的上述图形系动态的分析图，其不能像平面示意图那样被复制，只能通过相同的程序运行后产生同样的图形效果，即上述图形不具备作品必备的有形复制性。而缺乏有形复制性的事物，即使具有一定的独创性成分，也无法成为著作权法意义上的作品，不受著作权法的保护。而且，如剔除各项变量因素，上述图形则又变成线和点的任意组合，同样不具备独创性，亦不受著作权法保护。

二、刘某某是否对其主张的“某爬山法”图形享有著作权

如上所述，刘某某主张的“某爬山法”图形并非著作权法意义上的作品，不能受到著作权法的保护，故刘某某对上述图形不可能享有著作权。刘某某为《笑对股林》的署名作者，其对该书享有相关著作权，但这不等于其对该书中出现的公有领域作品部分、引用的他人作品部分或不属于著作权法保护的客体等内容享有著作权。

三、刘某某主张的“某爬山法”图形与“某证券合一版”运行中出现的图形是否构成相同或相似

如上所述，刘某某主张的“某爬山法”图形并非著作权法意义上的作品，不能受到著作权法的保护。将上述图形与被控侵权图形进行作品属性上的相同或相似方面的比较，就本案而言已缺乏意义。

即使将两者进行比较，由于两者均是动态分析图，是个股动态走向趋势的截图，必然会存在指标线的具体形态的不同，在指标线上的点也有小圆点和小方块的区别。被控侵权图形中的指标线在被选中后，就会出现小方块，除了显示被选中的作用外，看不出该些小方块有刘某某所称的功能和意义。即使刘某某所述其图形中圆点的提示功能属实，也不能直接据此认定被控侵权图形中的小方块也有此功能，更不能因为二者均有此功能就得出二者构成著作权法意义上实质性相似的结论。

因此，一审法院判决驳回刘某某的诉讼请求。

二审上诉人与被上诉人主张及理由

刘某某向二审法院提起上诉称：（1）“某爬山法”图形属于著作权法所保护

的作品，刘某某对此应享有著作权。“某爬山法”图形有三个显著特征：①有白色圆点分析点；②分析点有连续不断的特征；③分析点具有均匀间隔性特征，圆点分布在J线各个不同位置上。（2）涉案“某爬山法”图形是科学领域内计算机软件分析图形，是说明分析原理和结构的示意图，属于《著作权法实施条例》第4条第12项规定的作品。其独创性表现在：①前人没有过；②革新的原图已发生本质性变化；③实用性强。“某爬山法”图形是其经过两年多研究的智力劳动成果。（3）被上诉人抄袭了刘某某的“某爬山法”示意图的智力成果。涉案软件在动态运行时的截图是静态的，具有可比性，被控侵权的图形具有“某爬山法”图形所具有的三个特征，与刘某某的示意图构成实质性相似。

无锡某证券公司答辩称：（1）“某爬山法”图形系通过电脑截图形成的，没有独创性，刘某某对这些图形不享有著作权；（2）涉案图形是计算机软件根据股票交易数据处理出来的结果，这些图形没有复制刘某某的作品；（3）某证券软件上的白色方块只有选中的功能，没有分析功能，刘某某主张我方抄袭缺乏事实依据。

深圳某科技公司答辩称：涉案软件是我公司拥有知识产权的作品，我们在1998年至2001年发布的《分析家》4.0版本就有相应的功能，早于刘某某的作品完成时间，我们没有实施侵犯刘某某著作权的行为，请求驳回刘某某的上诉请求。

➲ 二审法院查明的事实

二审中，法院对一审法院查明的事实予以确认，并对刘某某提交的以下三份新证据予以确认：

证据1：照片六张，其中四张用以证明被控软件的KDJ线上没有连续标注的分析点是错误的，被控软件KDJ线上的小方块没有选中功能。

证据2：刘某某对《笑对股林》中的“某爬山法”图形作了具体、形象的说明，以证明其对“某爬山法”图形享有著作权。

证据3：《通达信.net证券分析系统用户手册》的封面，证明其与被控软件不一致。

二审法院另查明：庭审结束后，由深圳某科技公司的委托代理人刘某强、刘某甲分别操作刘某强的笔记本电脑，进入“某证券合一版”软件，演示该软件的运行情况。首先，由刘某强输入“深发展A”，出现的MACD指标线上没有白色方块，只是平滑的曲线。用鼠标选中线上点击鼠标左键，出现有一定间隔天数、均匀分布的白色小方块，小方块之间间隔为七天。鼠标移至小白方块，点击鼠标右键，出现菜单“指标用法、注释调整、指标参数、删除当前指标、修改指标公式”。随后，刘某甲继续操作计算机，进入“某证券合一版”软件后，输入“深发展A”后，J指标线上没有白色方块，点击J线，上面出现了间隔七天的连续的白色方块。按键盘的上下键可以改变白色方块的间隔天数。

➲ 二审法院判决理由与裁判结果

二审法院认为：我国《著作权法》所称作品是指文学、艺术和科学领域内具有独创性并能以某种有形形式复制的智力成果。也就是说，任何劳动成果至少应具有最低限度的独创性才能成为著作权法所保护的作品，著作权法只保护具有独创性的表达方式，任何实用性的因素，包括操作方法、技术方案和实用功能等都不属于著作权法的保护范围。本案中，刘某某所主张的“某爬山法”图形不属于著作权法保护的作品。主要理由如下：

首先，刘某某主张的“某爬山法”图形来自其他股票分析软件运行时相关股票的MACD、KDJ、RSI线的截图，不属于著作权法保护的范围。MACD、KDJ、RSI等指标是股市上常用的技术分析指标，股票分析软件通过设置相应的算法，将股票的实时数据按照相应算法绘制成曲线图，供相关人员研判股票走势。也就是说，相应的曲线图是计算机软件按照一定的算法和股市前期的实际数据，自动绘制而成，并非人工绘制而成。由于股市数据的唯一性，不同软件按照相同的算法均可能得出相同形状的曲线图，股指曲线图属于公有领域内容，因此不属于著作权法保护的对象，对上述股指曲线图通过截图形成的图形亦不属于著作权法保护的范围。

其次，刘某某认为“某爬山法”图形是在已有截图上标注圆点，使该图形具有三个特征，即有白色圆点的分析点、分析点连续不断、分析点具有均匀间隔性。上述特征具有指标分析功能，而指标分析是其所特有的，从而使该图形享有著作权。二审法院认为，该主张不能成立：其一，著作权法只保护思想的表达形式，而不保护作品体现的思想、方法。刘某某主张“某爬山法”图形具有三个特征，但圆点本身无法表达出刘某某所陈述的含义，从刘某某关于圆点为分析点、具有指标分析功能、指标分析是该方法特有的陈述可以看出，其要求保护的实质内容是“某爬山法”这一分析方法。但是，方法、技术方案属于专利法保护的客体，著作权法只保护思想的表达方式。因此，刘某某主张“某爬山法”所具有的特征，属于其要表达的思想、方法，不属于著作权法保护的范围。其二，刘某某对 MACD、KDJ、RSI 截图中有关的指标线上的改变仅是标注了圆点，但是在线条上标注圆点等相关符号以代表某种功能，亦是常见的制图方式，因此刘某某在有关指标线上标注圆点不会使上述图形产生独创性，无法受到著作权法的保护。

最后，将被控侵权图形与“某爬山法”图形对比来看，也无法得出被控侵权图形是对刘某某的“某爬山法”图形进行复制的结论。其一，刘某某指控侵权的图形是在被控软件运行后，通过拍摄获得的，即被控侵权图形系由软件自动生成的，是动态的分析图，并非静态的示意图，不是对刘某某的“某爬山法”图形进行复制的结果。其二，根据庭审后对无锡某证券公司“某证券合一版”软件的现场操作可以看出，在该软件运行后，默认出现的指标线是平滑的，在点击 K 线后，曲线上出现规则间隔的方块，方块在图形中并无特殊含义，仅表示当前选中的是 K 线还是 D 线、J 线。

故二审法院判决：驳回上诉，维持原判决。

➲ 再审申请人与被申请人主张及理由

刘某某向最高人民法院申请再审称：（1）“某爬山法”图形将“某爬山法”优选法移植到股市分析图上，是演绎作品，应受我国《著作权法》保护，刘某某提交的作品登记证书对此已经予以充分证明；（2）“某爬山法”图形上标注的是连续的分析点，其表达形式与原 KDJ 图形有显著差异性，即具备独创性；（3）无锡某证券公司提供给客户炒股软件的终端输出图形与“某爬山法”图形构成实质性相似，侵犯了其对“某爬山法”图形所享有的著作权。综上所述，请求最高人民法院依法撤销一审、二审判决，支持其全部再审请求。

无锡某证券公司辩称：（1）刘某某主张的“某爬山法”KDJ 示意图不构成著作权法意义上的作品；（2）无锡某证券公司使用的软件作品系从深圳某科

技公司合法购买而来，未侵犯刘某某的著作权。综上所述，请求驳回刘某某的再审申请。

深圳某科技公司辩称：无锡某证券公司使用的涉案产品系深圳某科技公司自主研发的享有完整知识产权的证券分析软件产品，不存在任何侵犯刘某某著作权的行为。2001 年的“某证券网上交易分析软件”版本即已具备相应的功能，远早于刘某某“某爬山法”图形发表的时间。刘某某的作品登记证书无法证明其著作权具体受保护的范围，更不能证明其拥有在图形上“使用高亮点表示选中相应指标的状态”这种国际通用方法的独占性权利。综上所述，请求驳回刘某某的再审申请。

再审法院查明的事实

一审、二审法院查明的事实属实，最高人民法院予以确认。另查明：2014 年 1 月 20 日，国家版权局为刘某某颁发作品登记证书，该证书记载：作品名称为《某爬山法》KDJ 示意图，作品类别为图形作品，作者为刘某某，著作权人为刘某某，创作完成时间为 2003 年 10 月 8 日，首次发表时间为 2003 年 10 月 9 日。

再审法院裁定理由与裁判结果

最高人民法院认为，根据当事人申请再审理由及答辩意见，结合已查明的事实，本案的焦点问题是刘某某所主张的“某爬山法”KDJ 示意图是否属于著作权法保护的作品，以及无锡某证券公司、深圳某科技公司的行为是否构成侵害著作权的行为。最高人民法院认为，《著作权法》（2010 年修正）所称的作品，是指文学、艺术和科学领域内具有独创性并能以某种有形形式复制的智力成果。因此，作品应当由作者独立创作，并具备独创性和可复制性。具体到本案而言，对于刘某某所主张的“某爬山法”KDJ 示意图是否属于受著作权法所保护的作品，最高人民法院具体分析评述如下。

第一，刘某某主张的《笑对股林》中的“某爬山法”KDJ 示意图属于股市分析图，来源于他人开发的软件运行时对相关股票的 MACD、KDJ、RSI 线进行的截图。MACD、KDJ、RSI 等指标是股票市场常用的技术分析指标，股票分析软件将股票的实时数据按照预先设置的算法绘制成曲线图，即相应的曲线图是计算机软件按照一定的算法和股票市场的客观数据自动绘制而成，并非人工绘制。这些截图的内容均归属于公有领域，在刘某某《笑对股林》一书发表之前已经存在，刘某某对该事实亦不持异议。因此，“某爬山法”KDJ示意图并非来源于刘某某的独立创作行为，刘某某无权就对来自公有领域的图形进行截图后而产生的“某爬山法”KDJ示意图主张独占性的权利。

第二，刘某某主张其在原有基础上对KDJ示意图进行了革新，以及加入了具有分析提示功能的圆点，表达形式与原KDJ图形有显著差异性，从而因具备独创性而受到著作权法的保护。对此，最高人民法院认为，在截图中有关的指标线上标注圆点，是常见的制图方式，根据图形本身的内容，无法判断出刘某某所称圆点代表的具体含义，也并未在表现形式上与原有的KDJ图形产生显著差异，不能证明加上圆点后的图形具有独创性。

第三，对于刘某某所称其已经对“某爬山法”KDJ示意图进行了著作权登记，从而能够获得著作权法保护的主张，最高人民法院认为，著作权登记证书并不是认定某项客体具有独创性并获得保护的决定性依据。根据国家版权局《作品自愿登记试行办法》第1条的规定，作品著作权登记的目的是为解决著作权纠纷提供初步证据。因此，涉案“某爬山法”图形获得著作权登记本身并不能成为其必然获得著作权法保护的依据。此外，在个案中对某项客体是否具有独创性作出审查判断是人民法院的职权。即使著作权登记能够成为权利人享有权利或者某项客体属于著作权法保护的作品的初步证据，在当事人于个案中对此发生争议时，人民法院仍然有权对作品权属或者独创性问题重新作出审查判断。因此，刘某某是否对“某爬山法”KDJ示意图进行了著作权登记，不影响最高人民法院对该图形是否构成受著作权法保护作品所作出的独立判断。

第四，因最高人民法院已经认定刘某某所主张的“某爬山法”图形不构成著作权法所保护的作品，故对被控侵权图形与其是否构成实质性相似的问题已无再行评述的必要。由于本案中的“某爬山法”图形并不受到著作权法的保护，因此，在刘某某并不拥有权利基础的情况下，其所称无锡某证券公司、深圳某科技公司的行为构成侵害著作权的主张亦不能成立，最高人民法院不予支持。

再审法院裁定：驳回刘某某的再审申请。

➲ 判解与学理研究

以实际数据为基础绘制的图形往往是为满足现实的生产生活和科学研究的需要而形成的具有实用性的成果。一般来讲，这种成果因为其无限接近于事实本身而不具有任何独创性，无法受到著作权法的保护。例如，本案中的股指曲线图是计算机软件按照一定算法和股市前期的实际数据，自动绘制而成的图形，具有唯一性，不属于著作权法意义上的作品。但是，此种图形并非绝对地不受著作权法保护，在符合著作权法对图形作品的要求时，其仍可以受到保护。

一、以实际数据为基础绘制的图形的著作权法定位

（一）图形的绘制以特定规则为基础

实际数据限制了图形创作的元素，使“绘图者”只能以实际数据为元素进行创作，当这种规则是某种公认的制图规则时，由于实际数据与规则的确定使其所产生的图形具有唯一性。因此，这种图形不具有任何独创性，不能被著作权法保护。本案中涉及的股指曲线图就是如此，股指曲线图是计算机软件按照一定算法和股市前期的实际数据绘制而成的图形，它集中体现了不同时段、不同交易条件、不同股票的交易价格、买盘与卖盘的比例、成交量等信息。由于股市的数据是基于真实发生的股市变化形成的，具有唯一性，不同的软件、不同的研究者按照相同的算法均可能得出相同形状的股指曲线图。尽管其中的曲线在某种程度上具有美感，可以被视为一种图案而存在，但是其中每一条曲线的颜色、走向等都是由股市预设好的、根据股市中的实际数据形成的，仅具有唯一的表达方式，其中没有任何独创性存在的空间。因此，它作为一种客观数据，属于公有领域的内容，并非著作权法所保护的对象。当然，若他人将这种公有领域中的图形作为创作元素之一进行具有独创性的创作，仍然能够形成著作权法意义上的作品，只是此种图形无法单独地受著作权法保护。

（二）图形的绘制不以特定规则为基础

尽管此种图形的绘制往往是为了体现实际数据的内容或变化，但由于其不以特定的规则为基础，仍然存在一定的创作空间。例如，一名历史教师要在其演示文稿中将各个战争死亡人数的柱形图绘制成一个类似骷髅的图案，以向各个学生警示战争的恐怖，如果这种图形具备著作权法意义上的独

创性，那么它就可以作为图形作品受到著作权法的保护。又如，图形作品中的地图，尽管地图是以实用为目的、客观而精密地提供自然与人文地理信息的绘画艺术作品，其以实际数据为其创作基础，但是其中仍存在一定的创作空间——各个地标的设计与取舍、图形的比例、颜色的搭配等。地图不仅要反映客观地理现象，还要追求艺术性与可读性，特别是画面的美观和对标注对象与方式的选择和取舍。[①] 以实际数据为基础“创作”出的图形并不会因实际数据的存在而不具有独创性，只要其存在一定的创作空间，那么其最终呈现的图形就有可能受到著作权保护。相反，如果这种图形的绘制不仅基于实际数据，还要遵循特定公认的规则，那么其创作空间便被此种规则剥夺。此种情况下，无论是创作元素还是创作手法均是唯一的，其“创作”出的图形便也是唯一的。因此，该图形因不具备任何独创性而不能受到著作权法的保护。

（三）著作权法对以实际数据为基础绘制的图形的定位

《著作权法》第 3 条规定的作品类型中包括“工程设计图、产品设计图、地图、示意图等图形作品和模型作品”。《著作权法实施条例》对图形作品作了进一步的定义，图形作品，是指“为施工、生产绘制的工程设计图、产品设计图，以及反映地理现象、说明事物原理或者结构的地图、示意图等作品”。根据以上规定，若以实际数据为基础绘制的图形具有独创性，那么一般来讲，它应当属于作品中的示意图或其他图形作品。

二、著作权法保护图形作品的必要性

图形作品与美术作品很相似，但是著作权法将它们分为两个作品类别。这是因为美术作品属于艺术领域的表达，其主要目的是带给人以艺术上的享受；而图形作品属于实用、科学领域，尽管它也会具有一定的美感与艺术性，但其主要目的是带给人实用性的功能，诸如说明事物原理或结构等。当然，著作权法并非因为图形作品中的实用性因素而给予保护，它也不会保护任何实用性因素。之所以图形作品会受到著作权法的保护，是因为它本身具有一定的个性与独创性，并且这种个性与独创性是经过作者个性化的选择与独创性的创造而产生的。

尽管图形作品的创作相较于美术作品而言较为简单，但著作权法赋予各

① 参见王迁:《知识产权法教程》(第 5 版)，中国人民大学出版社 2016 年版，第 91 页。

种智力成果以著作权并非因为其具有较高程度的艺术性，著作权法不仅保护“阳春白雪”，还保护“下里巴人”，正是这种包容性体现了它促进科学、文化、艺术进步的目的。图形作品中，作者以客观事实、实际数据为基础，对其进行选择、取舍与设计，反映了一定的个性与智力创造。因此，图形作品能够也应当受到著作权法的保护。

三、图形作品的独创性分析

（一）受著作权法保护的内容

对于独创性的标准，不同的法系有着不同的要求。英美法系国家认为，最普通的创造也可能受到版权法的保护，只要这种努力不是微不足道的。大陆法系国家则采取一种较高的标准，即“那些运用普通人的能力都可以做成的东西，即使这些东西是新的，也不能作为作品受到保护”①。关于独创性的认定，我国《著作权法》没有要求一定的创作高度，在司法实践中通常会“量体裁衣”，即基于不同类型的作品适用不同的独创性标准。实务界人士认为，“只要具有少许的个性、创造性，作品中体现出了作者哪怕是微小的取舍、选择、安排、设计，就应认为具有独创性”②。因此，对实际数据进行何种程度的取舍、选择、安排和设计便是这类实用性成果能否具有独创性的关键。这种编排要体现作者的个性化选择与创造，不能是对公有领域内容无创造性的组合。著作权法要时刻警惕对公有领域的不当侵占。

（二）不受著作权法保护的内容

1. 事实及对事实无独创性的汇编

客观事实、实际数据本身都是不能受到著作权法保护的内容。事实是客观存在和发生的事情，它一旦产生，就不可能再受人类思想或创作活动的影响，不可能由作者“创作”出来，因此不可能是具有“独创性”的作品。③这些事实从产生的那一刻起就进入了公有领域，可以被任何人自由使用。

用常见、通用的方式对实际数据进行编排也不能使其成果具有独创性，即对事实无独创性的汇编，如将某省历年高考一本线分数按照时间顺序排列形成的曲线图就因缺少创造性而不能受到著作权法的保护，实际数据本身是客观

---

① [德] M. 雷炳德：《著作权法》，张恩民译，法律出版社 2004 年版，第 49 页。
② 陈锦川：《作品独创性的司法判断》，载《司法论坛》2008 年第 9 期。
③ 参见王迁：《知识产权法教程》(第 5 版)，中国人民大学出版社 2016 年版，第 59 页。

存在的事实，不能受到著作权法保护，而常见、通用的编排方式本身不具备独创性，因此以这种手法创作出来的成果也不具备独创性。

2. 有限表达

如第一部分所述，对实际数据的编排一定不能够按照特定公认的规则进行，这种特定、公认的规则是一种固定的算法、方程式等，由这些方法编排出的结果具有唯一性，无任何创作空间，所以这种编排不会使其成果具有独创性。有限表达原则的内涵是，如果一种思想只有一种或非常有限的表达时，那么这些表达也被视为思想，不能受到著作权法的保护。[①] 在对客观事实、实际数据进行编排的时候，出于简洁、通俗易懂等目的，对上述内容进行设计，往往会导致形成的结果具有唯一性或有限性。本案中的股指曲线图便是如此，每一条曲线的颜色、走向等都具有由股市预设好的公认含义，是根据股市中诸如个股名称、时间、交易量等实际数据形成的。例如，股指曲线图中白色曲线表示该种股票即时成交的价格，黄色曲线表示该种股票即时成交的平均价格，黄色柱线在红白曲线图下方，用来表示每一分钟的成交量。

3. 实用性因素

对实际数据的取舍、选择、安排和设计等编排方式不能是具有功能性的。思想与表达二分法是著作权法中的基本原则，著作权法只保护作者具有独创性的表达，而对于思想、程序、工序、操作方法、规律、概念、原则或者发现，无论是否具备独创性，也无论上述内容在作品中以何种形式来描写、表现、说明或体现，都不予保护。正如本案一审法院在判决书中提到的，“思想和表达二分法的宗旨是划定了著作权保护的对象与公有领域之间，以及著作权保护的对象与专利权保护的对象之间的界限。《计算机软件保护条例》第 6 条明确将开发软件所用的思想、处理过程、操作方法或者数学概念排除在软件著作权的保护范围之外，即为上述二分法在我国著作权相关立法中的体现”。著作权法时刻警惕着对实用性因素的保护，著作权是一种无须被审查即可获得且门槛较低的一种垄断性的权利。著作权在作品完成之时自动产生，并且没有“新颖性、创造性和实用性”的层层要求，它一旦产生便可以阻止他人对作品内容的使用，若不将实用性因素排除在著作权法的保护之外，便会使功能、技术较容易被个人垄断，而这无疑会给技术的进步和

① 参见王迁：《知识产权法教程》（第 5 版），中国人民大学出版社 2016 年版，第 51 页。

知识的传播带来阻碍。

四、结论

以实际数据为基础绘制的图形可以作为一种图形作品受到著作权法的保护，但是由于这种作品中存在大量的事实、实际数据等公有领域的内容，在对其进行保护时，应当注意对公有领域与著作权领域的界分。首先，单纯的事实、实际数据以及对上述内容简单的描述或是以特定公认规则为基础编排而成的图形都是不能受到著作权法保护的；其次，当这种图形具有独创性，可以被著作权法所保护时，其中的事实及对事实无独创性的汇编、有限表达、实用性因素等属于公有领域的内容要被排除在著作权法的保护之外。图形作品中公有领域的内容与著作权领域的内容结合得十分紧密，在对其中的独创性部分给予保护时，应当剔除掉其中公有领域的部分，以免造成对公有领域的不当侵占。

实用艺术作品权利竞合认定启示

——北京某装饰装帧材料有限公司诉常州某装饰材料有限公司侵害著作权纠纷案

/ 丁子哲

本案要旨

在知识产权领域，一种客体上可以同时存在两种或两种以上的权利。若一外观设计专利权的图片具有一定的独创性，应属于我国著作权法意义上的美术作品，则该图片同时承载了外观设计专利权与著作权两种不同种类的知识产权。该两种权利各自独立存在，其中一种权利的消灭并不必然导致另一种权利的消灭，即在其外观设计专利权失效后，其不再受专利法保护，但其仍然受著作权法保护，著作权不因其外观设计专利权的失效而灭失。专利权终止后，权利客体进入公有领域，公众可以自由使用，这一规则应当主要适用于我国《专利法》规定的发明专利和实用新型专利，因为这两种专利权的客体都是供工业应用的技术方案，一般不属于文学、艺术或科学作品。如果因为外观设计专利权失效，该作品就进入公有领域，这一结论显然与著作权法相抵触，其实质是将著作权当作专利权的从属权利，这既无法律依据，也与基本法理相悖。

案件信息

上诉人（一审被告）：常州某装饰材料有限公司

被上诉人（一审原告）：北京某装饰装帧材料有限公司

案号：江苏省常州市中级人民法院（2014）常知民初字第85号、江苏省高级人民法院（2015）苏知民终字第00037号

原被告主张及理由

原告北京某装饰装帧材料有限公司（以下简称北京某装饰公司）诉称：常州某装饰材料有限公司（以下简称常州某装饰公司）侵犯了其享有著作权的涉案美术作品，应当赔偿损失及合理费用。

被告常州某装饰公司辩称：（1）涉案被公证保全的天猫商城某旗舰店系常州某装饰公司经营的网店。（2）北京某装饰公司就涉案壁纸不享有著作权。北京某装饰公司主张著作权的作品系失效的外观设计专利权所对应的壁纸，专利权失效后意味着该作品自动进入公有领域，任何人均可自由使用。（3）北京某装饰公司诉称其工作人员设计涉案壁纸图案，但北京某装饰公司并未提供证据证明该设计人员的存在，未提交设计底稿，北京某装饰公司亦未提交证据证明其对涉案壁纸投入生产、销售。（4）北京某装饰公司未提交其遭受经济损失的证据，北京某装饰公司请求的赔偿金额没有事实与法律依据。综上所述，请求驳回北京某装饰公司的全部诉讼请求。

一审法院查明的事实

一、关于北京某装饰公司主张著作权的涉案作品的有关情况

关于涉案外观设计专利权的有关情况。2007 年 3 月 30 日，北京某装饰公司就名称为“壁纸（布基墙纸、壁纸）”的外观设计申请外观设计专利，授权公告日为 2008 年 3 月 12 日。因北京某装饰公司未及时缴纳前述专利的年费，该专利权于 2010 年 3 月 30 日终止。

关于涉案外观设计专利设计人代某某与北京某装饰公司之间的关系的有关情况。代某某系北京某装饰公司的员工并在北京某装饰公司处从事设计。代某某设计了北京某装饰公司主张著作权的该涉案壁纸。代某某明确前述壁纸的著作权由北京某装饰公司享有。

二、关于常州某装饰公司经营的天猫某旗舰店销售涉案壁纸的有关情况

北京某装饰公司委托代理人于 2013 年 10 月 14 日向北京市方圆公证处申请对天猫某旗舰店进行证据保全。北京市方圆公证处对天猫某旗舰店网页有关内容及北京某装饰公司委托代理人的上述网购过程进行了公证，并出具了

（2013）京方圆内经证字第 23847 号公证书。

常州某装饰公司认可被公证保全的涉案天猫某旗舰店系其经营的网店。将天猫某旗舰店销售的涉案壁纸与北京某装饰公司主张权利的涉案作品进行比对，北京某装饰公司、常州某装饰公司均认为二者基本相同。

关于常州某装饰公司销售涉案壁纸的数量及其获利的有关情况。北京某装饰公司认为（2013）京方圆内经证字第 23847 号公证书显示的“本商品累计销出 29 571 件”应理解为涉案商品的交易笔数为 29 571 笔；北京某装饰公司还认为常州某装饰公司自 2013 年 10 月 12 日至 2013 年 10 月 14 日共发生 15 笔交易，销售涉案壁纸 272 卷，以此计算，常州某装饰公司平均每笔交易销售涉案壁纸的数量为 18.13 卷（272 卷 ÷15 笔），根据该交易数额，常州某装饰公司销售涉案壁纸的数量应为 29 571 笔 ×18.13 卷。北京某装饰公司还认为，根据其估算，涉案壁纸的利润为每卷 3 元。在此基础上，北京某装饰公司认为常州某装饰公司销售涉案壁纸的获利为 29 571 笔 ×18.13 卷 ×3 元 = 1 608 366.69 元。常州某装饰公司认为上述公证书显示的“本商品累计销出 29 571 件”应理解为常州某装饰公司销售涉案被控侵权产品的数量为 29 571 件，前述数量并非交易笔数。常州某装饰公司还陈述其实际销售涉案被控侵权产品的数量为 26 951 件，网上显示的 29 571 件没有扣除退货数量，常州某装饰公司陈述其尚处于试销涉案壁纸阶段，尚未赚取利润。

一审法院判决理由与裁判结果

一、关于北京某装饰公司能否对涉案失效的外观设计专利权主张著作权的问题

在知识产权领域，一种客体上可以同时存在两种或两种以上的权利。本案中，北京某装饰公司主张著作权的系于 2010 年 3 月 30 日失效的外观设计专利权项下的壁纸图片。该图片具有一定的独创性，故其应属于我国著作权法意义上的美术作品，因此，前述壁纸图片同时承载了外观设计专利权与著作权两种不同种类的知识产权，该两种权利各自独立存在，其中一种权利的消灭并不必然导致另一种权利的消灭，即北京某装饰公司主张权利的涉案壁纸在其外观设计专利权失效后，其不再受专利法的保护，但其仍然受著作权法保护，该壁纸所承载的著作权不因其外观设计专利权的失效而灭失。综上

所述，北京某装饰公司可以对失效的涉案外观设计专利权项下的壁纸主张著作权。

另外，《著作权法》(2010年修正)第11条第1款规定："著作权属于作者，本法另有规定的除外。"如无相反证明，在作品上署名的公民、法人或者其他组织为作者。《最高人民法院关于审理著作权民事纠纷案件适用法律若干问题的解释》第7条第1款规定："当事人提供的涉及著作权的底稿、原件、合法出版物、著作权登记证书、认证机构出具的证明、取得权利的合同等，可以作为证据。"如无相反证明，在作品或者制品上署名的自然人、法人或者其他组织视为著作权或者著作权有关权益的权利人。本案中，北京某装饰公司提供的涉案失效专利载明涉案美术作品的设计人为代某某，在常州某装饰公司未提供相反证据的情况下，应当认定代某某系涉案作品的作者（著作权人）。由于代某某确认其创作的涉案壁纸的著作权归属于北京某装饰公司，根据《著作权法》第9条第3款之规定，著作权人可以将作品的著作财产权全部或部分转让他人。现代某某将涉案壁纸的著作财产权全部让与北京某装饰公司系其依法处置自己权利的行为，该行为符合法律规定，应当有效。故，应认定北京某装饰公司依涉案作品著作权人的权利让与而取得了涉案壁纸的著作财产权。

二、关于常州某装饰公司应承担的法律责任

北京某装饰公司在本案中要求常州某装饰公司立即停止使用北京某装饰公司享有著作权的美术作品；常州某装饰公司向北京某装饰公司支付侵权赔偿金1 608 366.69元及为制止侵权支出的合理费用22 435元。庭审中，北京某装饰公司对其主张的赔偿数额陈述如下：根据北京某装饰公司提交的证据6，常州某装饰公司在天猫某旗舰店销售的件数是29 571件（北京某装饰公司认为29 571件就是29 571笔交易），北京某装饰公司主张按照常州某装饰公司的获利确定本案赔偿金额。北京某装饰公司认为常州某装饰公司的获利应为29 571笔 ×18.13卷 ×3元=1 608 366.69元。北京某装饰公司还陈述，如果法庭认为北京某装饰公司的上述标准不合理，则北京某装饰公司希望法庭按照50万元以下的方式酌定。对于北京某装饰公司的上述诉请，一审法院认为，通常情况下，网上销售的商品件数是对销售商品数量的描述，而非对商品交易笔数的描述。本案中，北京某装饰公司提出的"本商品累计销出29 571件"应理解为

涉案商品的交易笔数为29 571的主张没有相应的证据予以支持，故对北京某装饰公司的前述陈述不予采信。由于北京某装饰公司未对常州某装饰公司因涉案侵权行为所获利润或北京某装饰公司因此所遭受的损失提供足够的证据，故在综合考虑涉案作品的类型、作品的独创性程度、常州某装饰公司侵权行为的性质、被控侵权产品的销售数量、常州某装饰公司的主观过错程度及北京某装饰公司为制止侵权支出的合理费用等因素的基础上，酌情确定本案的赔偿数额为10万元（包括维权合理费用）。

综上所述，根据《著作权法》第3条第4项、第10条第1款第5项、第48条第1项、第49条的规定，以及《最高人民法院关于审理著作权民事纠纷案件适用法律若干问题的解释》第7条、第25条、第26条的规定，一审法院判决：（1）常州某装饰公司立即停止使用北京某装饰公司享有著作权的涉案美术作品；（2）常州某装饰公司于判决生效之日起十日内赔偿北京某装饰公司经济损失10万元（包括维权合理费用）；（3）驳回北京某装饰公司的其他诉讼请求。

上诉主张及理由

被告常州某装饰公司不服一审判决，提起上诉，请求撤销一审判决，改判驳回北京某装饰公司全部诉讼请求。主要理由如下：（1）专利权终止后，即进入公有领域，成为社会公共财富，故常州某装饰公司出于对国家专利公告的信赖，在相同产品上使用涉案外观设计专利，使用方式、范围与专利产品相同，这种实施行为合情、合理、合法，属于一种信赖利益，不属于著作权法意义上对于美术作品的复制、发行，故不构成侵权。北京某装饰公司在本案中无权主张常州某装饰公司侵害其著作权。（2）一审判决认定北京某装饰公司享有涉案图案的著作权证据不足。专利证书载明的设计人并不一定是实际设计人，专利图案也不能混同为美术作品。

二审法院查明的事实

二审法院查明的事实同一审法院。

二审法院判决理由与裁判结果

一、北京某装饰公司对其外观设计专利中的图片享有著作权

涉案专利图片系将菊花花叶变形组合而成，具有独创性，构成我国著作权法意义上的美术作品。涉案《外观设计专利证书》载明：设计人为代某某，专利权人为北京某装饰公司。北京某装饰公司陈述：其与代某某实际上自2001年起就建立了劳动关系，2008年《劳动合同法》实施后，按照《劳动合同法》的要求，签订了期限为2001年至2009年的劳动合同。代某某一审出庭作证陈述：其于2001年3月就到北京某装饰公司工作（试用），2001年10月正式签订合同，因不符合国家合同书的标准，后来在2008年又补签了劳动合同。涉案外观设计图案在2004年就设计出来了，图片的著作权归北京某装饰公司所有。北京某装饰公司与代某某签订的《劳动合同书》第4条约定：乙方（代某某）同意根据甲方工作需要，担任设计岗位（工种）工作。综上可以认定，代某某在北京某装饰公司担任设计工作期间，设计了涉案外观设计专利图案。该作品属于职务作品，其著作权应当属于北京某装饰公司，对此代某某亦予认可。

常州某装饰公司上诉称，专利证书所载明的设计人并不一定是实际设计人，专利图案也不能混同为美术作品。对此二审法院认为，常州某装饰公司没有提供证据证明涉案专利图案的设计人并非代某某而另有其人，专利文献载明的设计人应当视同作品上的署名人，根据《著作权法》第11条第3款的规定，可以认定代某某是涉案专利图案的作者。至于专利图案与美术作品的关系，显然不可一概而论，但可以确定的是，申请外观设计专利的图案如果符合我国《著作权法》规定的作品的构成要件，当然可以获得我国著作权法的保护，对此我国著作权法或者专利法均无例外规定。

二、常州某装饰公司侵害了北京某装饰公司对涉案图片享有的著作权

如上所述，北京某装饰公司对涉案图案享有著作权，除法律另有规定外，任何人未经其许可，均不得擅自使用该作品。常州某装饰公司认为其将该作品使用于其生产、销售的壁纸上，并未侵害北京某装饰公司的民事权利，理由主要是涉案外观设计专利权已经终止，公众有足够的理由相信该外观设计进入公有领域，成为社会公共财富，且常州某装饰公司系在相同产品上使用涉案外观

设计专利，使用方式、范围与专利产品相同，这种实施行为合情、合理、合法，属于信赖利益，不属于著作权法意义上的美术作品的复制、发行，故不构成侵权。二审法院认为该主张缺乏法律依据，理由如下：

第一，法律并不禁止权利人在同一客体上享有多种民事权利。作品形成之后，作者就对其享有著作权。鼓励创作和作品的传播、促进物质文明和精神文明的发展，是著作权法的根本宗旨，也符合社会公众的根本利益。随着工商业的高度发展，经营者在注重提高产品（服务）质量的同时，也非常关注满足消费者越来越高的审美要求。在这一背景下，作品特别是美术作品被大量使用到工商业领域，如产品的外观设计、商业标识、产品的包装装潢、广告宣传等。因此某一作品在受到著作权法保护的同时，也由于其在工商业领域的使用而获得专利法、商标法、反不正当竞争法的保护，既符合民法的宗旨和基本原则，也早已为社会公众所认同。

第二，如果在同一客体上存在多种民事权利，每一种民事权利及其相应的义务应当由相应的法律分别进行规制和调整。以涉案图案为例，无论涉案外观设计专利权是否在法定保护期内，如果未经北京某装饰公司许可就将该图案用作某产品（服务）的广告宣传，该行为显然侵害了北京某装饰公司的著作权，北京某装饰公司可以依据著作权法主张侵权者承担相应的民事责任。如果因为该图案已被授予外观设计专利权而对其著作权不予保护，则意味着这两种民事权利相互排斥、不能并存，这既无法律依据，也必然阻碍作品这种智力成果的使用及传播，与著作权法的根本宗旨相悖，也不符合社会公众的根本利益。就本案而言，在涉案专利权失效之前，北京某装饰公司基于涉案图案取得的著作权和外观设计专利权分别受《著作权法》和《专利法》的保护，其他人如果实施了侵权行为，北京某装饰公司有权依照《著作权法》或者《专利法》追究其民事责任。

第三，专利权失效后，其权利客体进入公有领域，这一规则不能简单适用于在作品基础上获得的外观设计专利。专利权终止的主要情形是过了保护期、未及时缴纳年费和专利权人书面声明放弃专利权，其法律后果均是不再受到专利法的保护。专利权终止后，权利客体进入公有领域，公众可以自由使用，这一规则应当主要适用于我国《专利法》规定的发明专利和实用新型专利，因为这两种专利权的客体都是供工业应用的技术方案，一般不属于文学、艺术或科学作品，不会获得专利权之外的其他民事权利，故在其专利权终止后，成为公众可以自由使用的公共资源。而在作品基础上获得的外观设计专利，权利人同时拥有专利权和著作权，两种权利并行不悖，外观设计专利权保护期届满后，权利人丧失的仅是受专利法保护的相关权利，而其享有的著作权依然存在，受到著作权法的保护。涉案专利权因北京某装饰公司未及时缴纳年费而提前终止，同样适用上述原则。

第四，民事权利依法律规定或合同约定而取得，同样亦依法律规定或合同约定而丧失。著作权的保护期应当受著作权法规制，而不受专利法规制。除了署名权、修改权、保护作品完整权之外，我国《著作权法》对著作权中其他权利都规定了具体的保护期限，且著作权的保护期远远长于外观设计专利权的保护期。本案中，涉案图案的著作权均在法定保护期内，如果因为外观设计专利权失效，该图案就进入公有领域，这一结论显然与著作权法相抵触，其实质是将著作权当作专利权的从属权利，这既无法律依据，也与基本法理相悖。常州某装饰公司认为其涉案使用行为系出于对国家专利公告的信赖，属于一种信赖利益。对此二审法院认为，专利公告仅告知社会公众涉案专利权中止，而并未涉及该权利客体是否受到其他法律的保护，常州某装饰公司认为其有权使用涉案图案，是其自己对法律的理解，如果理解错误，则应当自己承担不利法律后果，其关于信赖利益的抗辩没有法律依据，二审法院不予支持。

故二审判决认为上诉人提出的上诉理由缺乏法律依据，法院不予支持，一审判决认定事实清楚，适用法律正确，应予维持。

判解与学理研究

一、知识产权权利竞合的司法实践判定

本案涉及著作权与外观设计专利权发生竞合时的著作权侵权纠纷的判定，即针对同时享有著作权和外观专利权的作品，当其外观专利权已经失效时，第三人使用该作品中的元素是否侵犯权利人著作权的判定。我国目前对于此类案件的侵权责任应当如何分配尚无明确的法律规定。

在谢某某与某食品公司著作权侵权纠纷案[①]中，上诉人谢某某通过受让取

① 参见浙江省嘉兴市中级人民法院（2013）浙嘉知终字第5号民事判决书。

得了案外人谢瑞某申请的外观设计专利老谢榨菜食品包装袋的著作财产权。现该包装袋著作权由于未缴年费而导致权利终止，外观设计专利权已经失效，此时上诉人在市场中发现被上诉人未经其授权许可，使用其享有著作权的包装袋上的图案作品。因此，本案的关键问题在于上诉人是否可以依据著作权法要求被上诉人承担侵权责任。一审、二审法院都认为，外观专利权和著作权的权利保护范围不相重合，涉案食品包装袋的图案作品被授予了外观设计专利权，这意味着上诉人享有将该包装图案在食品包装袋上使用的垄断权利，同时该权利所涉的图案须向公众公示。该图案作品外观设计专利权的保护范围是与其附着的产品密切相关的，只局限于与外观设计专利产品在相同或相近类别的产品上使用相同或相似的图案。这就意味着，在该保护范围以外，涉案图案作品仍然可以依据著作权利受到保护，两种权利并不冲突，且正是由于各自保护范围的不同而同时存在。涉案食品包装袋的外观设计专利权在失效后，表明该外观设计已失去了垄断性，涉案图案在食品包装袋上的使用已进入公共领域，其他任何人都可以自由使用。被上诉人对涉案图案的使用行为，符合对已失效外观设计的使用。[①] 上诉人仅以著作权的保护方式要求被上诉人对其在榨菜食品包装袋上使用涉案图案的这一行为承担侵权责任，而被上诉人的使用方式并未落入上诉人就涉案图案著作权所享有的保护范围内，因此并不构成侵权。在某商行与某公司的著作权纠纷案[②] 中，广东省高级人民法院也给出了类似的判决理由，判决认为某公司自愿将涉案标贴申请并获得外观设计专利权，从版权的保护进入工业产权的保护。该外观设计专利因未缴纳年费，已经失效，进入了公共领域，已经成为社会公众均可以使用的公共财富。因此，某公司的外观设计专利权不再受法律保护，不能禁止他人在相同或类似的产品上使用相同或近似的外观设计。某商行的使用行为属于对已经进入公共领域的公众财富的使用，没有侵犯某公司的专利权，同时，这种工业性使用也未侵犯某公司的著作权。

而司法实践中也有判决认为著作权保护与专利权保护并行不悖，但对外观设计的使用同样侵犯著作权。在甲公司与乙公司之间的著作权纠纷案[③] 中，

① 参见范云程：《实施已失效的外观设计专利不构成著作权侵权》，载《中国知识产权报》2014年9月10日，第8版。

② 参见广东省高级人民法院（2005）粤高法民三终字第236号民事判决书。

③ 参见北京市高级人民法院（2002）高民终字第279号民事判决书。

一审北京市第一中级人民法院和二审北京市高级人民法院均认为，乙公司曾获得我国外观设计专利权，其所拥有的乐高积木玩具属于实用艺术作品保护范畴，甲公司所主张的乐高玩具虽也获得我国的外观设计专利，但这并不影响其侵犯乙公司作品著作权的认定。我国法律并没有明确禁止实用艺术作品获得著作权与专利权的双重保护的情况，故甲公司侵犯了乙公司所诉争的实用艺术作品的著作权。本案中，江苏省高级人民法院的判决思路与上述案件的判决思路大致相同，认为一种权利的消灭并不必然导致另一种权利的消灭，故著作权并不因外观设计专利权的失效而灭失，故常州某装饰公司应当承担相应的侵权责任。

从以上案例可以看出，在当前司法实践中，在外观设计专利权与著作权的权利竞合保护情况下，已经失效的外观专利作品是否已经进入公共领域，成为公共素材，又是否构成对著作权的侵犯，裁判结果略有不同。吴汉东教授曾在其著作中指出，知识产权权利设置的目的在于保障智力成果享有者权益的同时，也要考虑促进知识传播和推动社会文明进步的公共利益，即公众的信赖利益和期待利益。[①]之所以有的案例中会判定不构成对于实用艺术作品著作权的侵犯，主要是从专利法鼓励发明创造的角度予以考虑的。从维护公众信赖利益的角度来看，对于已经失效的外观设计专利，公众有理由相信其已进入公共领域，可以作为公共元素被公众自由利用。专利制度赋予了公众使用上的正当性，故判决也认为其并没有侵犯权利人在同一客体上承载的著作权。而相反的是，也有判决认为不能以已经失效的外观设计专利进入公共领域产生信赖利益为由进行抗辩，认为此时该作品上的著作权仍然存续，且与外观设计专利权的存在与否互不影响，此时应当维护著作权人的合法利益。

二、知识产权权利竞合的理论观点

出现当前司法实践不一致的原因在于我国当前法律制度中并没有针对该种情形的明确规定。在《伯尔尼公约》第2条第1款中，有关于实用艺术作品的规定，其认为实用艺术作品属于“文学与艺术作品”的范畴，可以受到著作权法的保护。实用艺术作品同时兼备实用性和艺术性的特点，当前我国《著作权法》是将实用艺术作品的实用性与艺术性相剥离的，实用艺术作品的艺术

① 参见吴汉东：《科技、经济、法律协调机制中的知识产权法》，载《法学研究》2001年第6期。

性在符合独创性作品要求的情况下，可以作为“美术作品”受到保护，而实用性并不能受到《著作权法》的保护，可以寻求《专利法》中对于外观设计专利作品的保护。美国著作权法采用分离性的标准，只保护实用成分和艺术成分可以分离的实用艺术作品，对不能分离的，可以提交外观设计专利申请保护；英国不进行重叠保护，不考虑可分离性，无论其实用成分和艺术成分是否可以分离，只要没有用于工业生产，就与一般的美术作品一样受著作权法保护，外观设计如果取得了专利权就不再受著作权法保护；德国采取的是将实用艺术作品的著作权和外观设计合二为一的方式，德国著作权法明确保护实用艺术作品，并规定其包括了外观设计。[①] 当前，我国最新修改的《著作权法》中还未将实用艺术作品列为可以受到保护的作品类型。

对于外观设计专利权与著作权间的竞合保护，从知识产权权利竞合的大方向上来看，可以分为同一主体的权利竞合和分属多个主体的权利竞合。主体同一的权利竞合，主要是指权利竞合发生在同一客体之上且归属在同一主体项下的现象。[②] 上述案例都属于同一主体的权利竞合。从法院的判决来看，法院大多数都支持了在同一客体上，著作权和外观设计专利权能够共存的情况，当前的争议点主要在于在一种权利失效进入公共领域后，另一种权利的专有性还能否得到保护的问题。笔者认为，在权利竞合的情况下，基于保护公众信赖利益的角度，如果社会公众对于已经进入公共领域的外观专利权客体的使用并没有影响到权利人对于作品的正常使用，也没有影响到社会公共利益，那么此时要求社会公众承担侵权责任就显得不够合理。著作权法中的合理使用制度也是基于相似的立法目的，出于社会公共利益的考量，在一些情况下，著作权的专有权利会让位于社会公共利益，这也是在社会公共利益与著作权私权利之间进行利益平衡的表现。

若是分属多个主体的权利竞合，主张权利的主体对于外观设计专利权是通过授权许可或转让等方式继受而来，此时前置要件也是征得了原著作权人的同意，则被授予外观专利权的继受人可在外观专利中有偿或无偿使用著作权。当外观设计专利权失效进入公共领域后，由于继受人并非著作权的权利人，不存在权利冲突。当著作权私权与进入公共领域的公共元素发生冲突时，出于保

---

① 参见林竹鸣：《如何保护实用艺术作品著作权？》，载《中国知识产权报》2016 年 11 月 4 日，第 5 版。

② 参见李永明、张振杰：《知识产权权利竞合研究》，载《法学研究》2001 年第 2 期。

护社会公众的信赖利益和期待价值的角度考量，社会公众对于已经失效进入公共领域的外观专利产品的使用不具有主观过错，不应当受到限制，不应当让社会公众承担所谓的侵权责任。

三、结论与思考

实践中，对于类似的纠纷应当结合具体的案情具体分析，如应当结合社会公众有无主观上的侵权故意来判断承担侵权责任与否。具体而言，则是社会公众有无知晓使用外观设计专利权可能会与作品上本身的在先著作权相冲突的情况的可能。如果案涉著作权作品知名度很高，且公开范围很广，或者有公开的渠道可以查询到相关的著作权登记情况，那么此时第三方是有能力也有义务对于他人的在先著作权予以保护的，此时第三人的行为可以被认为是具有侵权的故意，属于应当了解到权利冲突的存在而并未采取措施予以避免的情形，此时该第三人可以被认定为属于侵权方，应当承担相应的侵权责任。

在司法实践中，笔者认为，在专利审查的环节，也可以对于外观设计专利的审查制度予以完善，将实用艺术作品的专利信息与著作权登记信息关联起来，并予以公开。这样一来，即使今后可能出现外观专利权失效的情形，一般公众也可以通过公开渠道了解到与之相关的客体的著作权状态。通过这样的方式，也可以比较好地达到私权保护和公共利益维护相平衡的目的。

著作权法默示许可制度的中美比较研究

——徐州市某戏剧王音像有限公司诉某电视台侵犯著作权纠纷案

/ 张潇

➲ 本案要旨

在许可人未作出明确的许可意思表示时，被许可人可通过许可人的实际行为推定许可人给予了著作权许可。著作权默示许可有利于促进公共利益保护，实现著作权人和被许可人之间的利益平衡。著作权默示许可产生的基础为法律推定，即不需要法律作出具体的规定，只需要符合法律一般规定，即可推定成立。著作权默示许可允许许可人通过事先或事后声明的方式拒绝许可。

➲ 案件信息

上诉人（一审被告）：某电视台

上诉人（一审第三人）：丁某某（艺名丁舞）

被上诉人（一审原告）：徐州市某戏剧王音像有限公司

案号：江苏省徐州市中级人民法院（2009）徐民三初字第 28 号、江苏省高级人民法院（2009）苏民三终字第 0250 号

➲ 原被告主张及理由

徐州市某戏剧王音像有限公司（以下简称某戏剧王公司）一审诉称：电视琴书《十把穿金扇》由某戏剧王公司组织摄制完成，属于我国《著作权法》规定的以类似摄制电影的方法创作的作品，某戏剧王公司对该作品依法享有著作权。某电视台未经其许可，自 2007 年起接受上海太某生物科技（周口）医药有限公司（以下简称太某公司）新沂负责人的委托，长期播放电视琴书《十

把穿金扇》用于商业广告。

某电视台一审辩称：（1）某戏剧王公司所诉与事实不符，某电视台主观上无过错不构成侵权。理由如下：2009年1月17日，太某公司与某电视台广告部达成广告播放协议，双方约定，广告由太某公司负责制作并提供，太某公司制作的广告所使用的琴书应经著作权人许可或同意。协议达成后，太某公司提供了涉案电视琴书著作权证书、其与著作权人签订的著作权许可使用合同、其制作的广告光盘，某电视台经过审核后于2009年1月18日开播广告，2月10日停播，其间停播6天。故，某电视台播放的广告系由太某公司制作并经著作权人许可，已经尽到合理注意义务，某电视台主观没有侵权故意，客观上也未实施侵权行为，不构成著作权侵权。（2）某戏剧王公司并非涉案琴书作品的著作权人，录制涉案作品VCD亦未与著作权人签订著作权许可使用合同，所诉称的与著作权有关的权益系非法取得。本案涉案曲艺作品的著作权人系第三人刘某某、丁某某、张某某、王某兰等人，某戏剧王公司并非涉案曲艺作品的著作权人，而上述著作权人仅同意某戏剧王公司对其演唱的曲艺作品录音，并未许可其对作品进行改编、配像等，某戏剧王公司的行为已经破坏原作品的完整性，侵害了著作权人的修改权、保护作品完整权。故，某戏剧王公司诉称的与著作权有关的权益系非法取得，不应得到法律的支持。请求法院依法判令驳回某戏剧王公司的诉讼请求。

某电视台二审主张：（1）某戏剧王公司未取得著作权。琴书《十把穿金扇》原著作权人丁某某未许可某戏剧王公司对作品进行改编，某戏剧王公司无权对琴书《十把穿金扇》进行改编，其权利取得不符合法律规定。丁某某与某戏剧王公司于2005年1月1日签订的合同仅许可某戏剧王公司录制唱片，不能推定为对某戏剧王公司此前就琴书《十把穿金扇》作品改编、摄制行为的追认。合同约定的每张碟500元的录音费只是录制劳务费，而非许可使用和权利转让的价金。一审判决认定某戏剧王公司已取得电视琴书《十把穿金扇》的改编权、摄制权、发行权等权利属于认定事实错误。（2）某电视台主观上无过错，播放广告行为不构成侵权。某电视台播放的广告光碟系太某公司所提供，该公司一并提供了著作权证书及其与著作权人签订的许可使用合同，某电视台审核后予以开播，已尽到合理注意义务，不构成侵权。

丁某某二审主张：一审判决认定某戏剧王公司享有著作权错误。琴书《十把穿金扇》系丁某某创作改编并演唱，丁某某是该作品的合法著作权人。根据我国《著作权法》第 26 条的规定，著作权许可使用合同和转让合同中著作权人未明确许可、转让的权利，被许可人不得行使。本案中，丁某某与某戏剧王公司签订的合同中只是许可某戏剧王公司对其演唱进行录音，并未许可某戏剧王公司将其演唱作品进行改编制作成有配像的 VCD 即电视琴书。丁某某虽然知道某戏剧王公司拍摄电视琴书，但并未明确授权，故一审法院以此合同和丁某某知晓拍摄这一事实认定某戏剧王公司拍摄已经过丁某某许可，取得该电视琴书的著作权是错误的。因某戏剧王公司诉称的权益系非法取得，其诉讼请求不应得到支持。

某戏剧王公司答辩称：（1）某戏剧王公司拍摄涉案电视琴书《十把穿金扇》经过了上诉人丁某某的许可，一审判决认定某戏剧王公司对该电视琴书作品享有著作权正确；（2）上诉人某电视台的播放行为构成侵权，应承担赔偿责任。一审判决正确，请求驳回丁某某和某电视台的上诉请求，维持原判。

法院查明的事实

丁某某（艺名丁舞）、王某兰、刘某某、张某某均系演唱琴书的民间艺人，丁某某将古书《十把穿金扇》改编成曲艺作品，并以徐州扬琴戏说唱的形式进行表演（丁某某主唱、王某兰配唱）。

自 2002 年起，由某戏剧王公司投资开始摄制电视琴书《十把穿金扇》，王某康为导演与制片人。某戏剧王公司使用了丁某某改编的同名曲艺作品作为剧本，根据剧本内容在徐州汉城划分不同的拍摄场景，聘请了专门的演职人员进行摄制中表演、摄像、灯光、服装等的分工，并对原始资料带进行了后期的剪辑与制作。该剧的表演形式主要是根据丁某某、王某兰的演唱内容搭配戏曲演员的表演，对难以表演的部分内容则直接拍摄丁某某、王某兰的现场说唱。《十把穿金扇》VCD 的录制过程为分集陆续进行，即拍摄一部分便制作成 VCD 光盘出版发行，如销售情况良好再继续录制。录制过程中，丁某某、王某兰均到过徐州汉城的外景拍摄现场。

从 2002 年起至 2008 年，《十把穿金扇》VCD 共计 125 集录制完成并相继出版发行。该作品播放片头的演职表中列明了琴书演唱者为丁某某、王某兰，制片、导演均为王某康，王某康在庭审中陈述同意其对电视琴书《十把穿金扇》享有的著作权归属于某戏剧王公司所有。

为了配合电视琴书VCD的市场销售，丁某某、王某兰以说书的形式于2004年录制了宣传广告。

2005年1月1日，某戏剧王公司法定代表人王某军与丁某某签订一份合同书，约定："丁舞愿意把古书《十把穿金扇》等用扬琴调同王某兰联合演唱给某戏剧王公司，录制成碟片上市销售。录音费每片共伍佰元（已支付），演唱出半年后不管上市不上市全部结清。给本公司（某戏剧王公司）演唱的节目，不能给别人再卖一次"等。

2008年9月10日，丁某某向江苏省文艺著作权维权中心申请《十把穿金扇》作品登记，丁某某在申请书中载明：2006年由丁某某演唱的琴书由某戏剧王公司出版发行，共十五部，每部八集或九集。该书目VCD光碟、磁带等音像制品在苏鲁豫皖地带广泛流行等。2008年9月16日，江苏省版权局对曲艺作品《十把穿金扇》予以登记，著作权人为丁某某、王某兰。

2009年1月12日，刘某某代表张某某、王某兰、丁某某与陈某伟签订一份著作权许可使用合同，约定许可陈某伟在包括徐州地区的新沂等十二县电视台播放的刘某某、张某某、王某兰、丁某某演唱的琴书中插播"白马寺痛消贴""伊丽清""咳喘停"等药品广告。陈某伟每年向刘某某、张某某、王某兰、丁某某交纳著作权许可使用费72 000元，即每月6000元等。

2009年1月21日，某戏剧王公司发现某电视台未经其许可播放电视琴书《十把穿金扇》。

丁某某在2005年1月1日与某戏剧王公司签订著作权许可使用合同之前即知晓该公司使用其演唱的琴书拍摄电视琴书，且其本人还实际参与了部分镜头的拍摄工作。

法院判决理由与裁判结果

一、一审

（一）以类似摄制电影的方法创作的作品《十把穿金扇》的著作权依法应属于某戏剧王公司而非由第三人丁某某、刘某某、张某某享有

电视琴书《十把穿金扇》系以类似摄制电影的方法创作的作品，著作权由制片者享有。某戏剧王公司摄制电视琴书《十把穿金扇》获得了第三人丁某某的许可，第三人丁某某、刘某某、张某某关于该作品著作权应由其享有

的主张不能成立。

（二）某电视台播放涉案电视琴书《十把穿金扇》的行为构成对某戏剧王公司著作权的侵犯

我国《著作权法》(2001年修正）第45条规定，电视台播放他人的视听作品和录像制品，应当取得著作权人或者录像制作者许可，并支付报酬。电视琴书《十把穿金扇》片头的演职表中以及VCD外包装上对演唱者、制片者均有明确署名，某电视台在使用该电视作品时，仅审查了演唱者及原曲艺作品作者而非制片者签订的许可使用合同，即在该电视台播放了电视琴书《十把穿金扇》第一部第1~5集，且在播放过程中插播商业广告，未向某戏剧王公司支付报酬，其行为已经构成对涉案以摄制电影的方法创作的作品著作权人某戏剧王公司的侵害。某电视台关于其没有主观过错并施以合理注意义务的抗辩理由缺乏事实与法律依据，不予采信。

二、二审

二审法院将本案争议焦点归纳如下：（1）某戏剧王公司是否为涉案电视琴书《十把穿金扇》的合法著作权人；（2）某电视台播放涉案电视琴书《十把穿金扇》的行为是否构成著作权侵权；（3）如果某电视台构成侵权，一审判决确定的赔偿额是否适当。

（一）某戏剧王公司是涉案电视琴书《十把穿金扇》的合法著作权人

本案围绕古书《十把穿金扇》的创作形成两种类型的作品：一是由丁某某对该古书进行整理并由其和王某兰以扬琴调进行演唱而创作完成的琴书《十把穿金扇》，属于曲艺作品；二是由某戏剧王公司在丁某某和王某兰演唱的曲艺作品《十把穿金扇》的基础上，聘请专门的戏曲演员和导演，配合丁某某和王某兰的演唱进行表演，并辅之以专业的灯光、服饰、道具、摄像等设备，对戏曲演员难以表演的部分则直接拍摄丁某某和王某兰现场说唱，最终通过后期的编辑，将戏曲演员的表演与丁某某、王某兰的说唱有机组合起来，制作成VCD碟片即电视琴书《十把穿金扇》。该作品属于以类似摄制电影的方法创作的作品。

就琴书《十把穿金扇》而言，该琴书是由丁某某在整理古书《十把穿金扇》的基础上通过丁某某和王某兰的演唱而形成的，具有独创性，符合我国《著作权法》规定的曲艺作品。丁某某和王某兰作为演唱者对该琴书作品依法享有著作权。某戏剧王公司一审提交的作品登记表及作品登记证书和丁某某二审中提交的作品著作权登记证书亦印证丁某某对该琴书作品享有著作权。某戏剧王公司关于丁某某的演唱不具有独创性，因而对琴书《十把穿金扇》不享有著作权的主张，缺乏法律依据，二审法院不予采纳。

就电视琴书《十把穿金扇》而言，由于该电视琴书作品是某戏剧王公司在琴书《十把穿金扇》作品的基础上制作而成的，依照我国《著作权法》的规定，应当取得琴书作品著作权人的许可。故，本案判断某戏剧王公司是否享有合法著作权的关键在于认定某戏剧王公司拍摄电视琴书是否取得琴书作品著作权人丁某某和王某兰的许可。

由于王某兰一审中作为证人已明确陈述其同意某戏剧王公司拍摄电视琴书，故某戏剧王公司拍摄涉案电视琴书已取得著作权人之一王某兰的许可。对于是否取得丁某某的许可，某戏剧王公司主张双方于 2005 年 1 月 1 日签订的合同约定，丁某某同意某戏剧王公司将其演唱的《十把穿金扇》录制成碟片供市场销售，其中约定的“碟片”既包括 CD 唱片，也包括 VCD 和 DVD，因此丁某某是同意某戏剧王公司对其演唱进行配像制作电视琴书的。丁某某则主张上述合同中并未明确许可某戏剧王公司拍摄 VCD。对此，二审法院认为，在双方当事人对合同条款的理解有争议时，根据我国《合同法》第 125 条的规定，应当按照合同所使用的词名、合同的有关条款、合同的目的、交易习惯以及诚实信用原则，确定该条款的真实意思。根据本案已经查明的事实，丁某某在 2005 年 1 月 1 日与某戏剧王公司签订著作权许可使用合同之前即知晓该公司使用其演唱的琴书拍摄电视琴书，但其一直未提出异议，且其本人还实际参与了部分镜头的拍摄工作，应当认定丁某某已经以行为表明其同意某戏剧王公司使用其琴书作品拍摄电视琴书。同时，这一事实亦印证了某戏剧王公司关于双方合同中约定的录制碟片包括录制 VCD 即电视琴书的陈述。综上所述，根据本案合同的实际履行情况及诚实信用原则，应当认定丁某某与某戏剧王公司签订的合同中约定的录制碟片包括录制 VCD 碟片即电视琴书。

另外，根据《最高人民法院关于贯彻执行〈中华人民共和国民法通则〉若干问题的意见（试行）》第 66 条的规定，民事行为的意思表示可以明示或默示的方式为之。所谓明示，一般是指行为人用语言或文字等方法直接表达其内在意思的表意形式；所谓默示，是指行为人虽未用语言或者文字明确表示意见，但可以从其行为间接推断出其意思表示。不作为的默示即沉默只有在法律有规定或者当事人双方有约定的情况下，才可以视为意思表示。本案中，丁某某是以其积极参与电视琴书《十把穿金扇》拍摄的行为表明其同意某戏剧王公司拍摄该电视琴书的，而非单纯的沉默，故其许可某戏剧王公司拍摄电视琴书的意思表示是明确的、清楚的。丁某某关于其并未明确授权某戏剧王公司拍摄电视琴书的上诉理由与事实相悖，二审法院不予采信。

如前分析，由于丁某某许可某戏剧王公司使用其演唱的琴书拍摄电视琴书《十把穿金扇》，且作为该电视琴书的制作人即著作权人王某康已明确表示其行为为职务行为并同意将著作权归属某戏剧王公司所有，故某戏剧王公司依法对电视琴书《十把穿金扇》享有著作权。某电视台和丁某某关于某戏剧王公司不是涉案电视琴书《十把穿金扇》合法著作权人的上诉理由，缺乏事实和法律依据，二审法院不予采纳。

（二）某电视台播放涉案电视琴书《十把穿金扇》，侵犯了某戏剧王公司享有的著作权

我国《著作权法》（2001 年修正）第 45 条明确规定，电视台播放他人的视听作品和以类似摄制电影的方法创作的作品，应当取得著作权人的许可，并支付报酬。涉案电视琴书《十把穿金扇》的片头及 VCD 外包装上均明确记载了制片者，但是某电视台在使用该电视作品时，并未取得制片者的许可，只是取得演唱者的许可，故其播放涉案电视琴书《十把穿金扇》的行为构成对某戏剧王公司著作权的侵犯，依法应当承担相应的民事责任。某电视台关于其已尽到合理审查义务，主观上不存在过错因而不构成侵权的上诉理由不能成立，法院不予支持。

综上所述，一审、二审法院均支持被告的默示许可抗辩。

判解与学理研究

著作权默示许可使用，是指在许可人未作出明确的许可意思表示时，被许可人通过许可人的实际行为推定许可人给予授权许可的著作权许可方式。我国在《著作权法》（2020 年修正）中规定法定许可的四种情形，分别是第 25 条的教科书撰写法定许可、第 35 条第 2 款的报刊转载的法定许可、第 42 条第 2 款的制作录音制品的法定许可、第 46 条第 2 款的播放录音制品的法定许可。但在第 35 条第 2 款和第 42 条第 2 款中，均规定了“著作权人声明不许使用的

除外”这一限制条件，则从严格意义上来说，这两种情形并非法定许可，而属于默示许可情形的具体条文化。

法定许可与默示许可均为对著作权的限制制度，其目的均在于促进公共利益，且以利益平衡为原则，且都为有偿许可，但其区别在于法定许可产生基础为法律明文规定，且不容许可人拒绝，许可人不得通过事先或事后声明的方式拒绝许可，但默示许可产生的基础为法律推定，即不需要法律作出具体的规定，只需要符合法律一般规定，即可推定成立，且默示许可允许许可人通过事先或事后声明的方式拒绝许可。

本案所涉及的即为法律未具体规定，通过法院对《合同法》的一般规定进行适用，从而推定默示许可成立的一种情形。本案中，上诉人丁某某虽然知道某戏剧王公司使用其所作的曲艺作品拍摄电视琴书，但并未明确授权，法院审理后认为双方当事人对合同条款理解有争议，将按照文义解释、合同目的、交易习惯、实际履行情况以及诚信原则确认争议条款的真实意思。[①] 由于丁某某明知涉案行为发生，但未提出异议，且实际履行部分合同义务，应当认为其行为构成默示许可。

默示许可制度不是我国的首创，在世界各国的著作权制度中均可以找到踪迹，其中最具代表性的是美国。

一、默示许可制度在美国的产生与发展

美国的默示许可制度的完成并非一蹴而就，而是通过几个典型案例完成的，法官先从《美国版权法》中寻找到默示许可的来源，而后进一步进行完善。

《美国版权法》中未对默示许可制度作出明确的原则性规定，但法官最初认为该许可制度可以从《美国版权法》的条文以及其他相关法律（如《美国合同法》等）中解读出来，这是一项隐含的许可制度。默示许可抗辩首次得到法院支持是在 Effects Assocs., Inc. v. Cohen 案[②] 中，原告为一视听作品的著作权人，被告为电影制片人，原告诉被告在其制作的影片中使用了原告的视听作品，被告提出了默示许可抗辩。法院经审理认为，被告提出的默示许可抗辩成立，原因为被告与原告在影片发行之前就已经就涉案视听作品进行了合作，原告虽然

① 参见王国柱：《知识产权默示许可制度研究》，吉林大学 2013 年博士学位论文。

② Effects Assocs.，Inc.v. Cohen，908 F. 2d 558（9th Cir. 1990）.

未作出明确的许可表示，但其主动进行合作行为，且明知该影片的存在与其将进行发行的事实，应当被评价为对被告使用其视听作品作出了默示许可。

该案为美国版权侵权案抗辩提供了思路与判例，自此美国版权侵权中默示许可抗辩逐渐得到了众多涉案者的主张，许多法院也认可了该判决，支持默示许可抗辩，并逐步对其适用条件进行了归纳与提炼：第一，许可人是为完成被许可人的委托或要求而完成了该作品，若许可人完全自发进行创作，则不得适用；第二，许可人主动为被许可人创造了与该作品接触的机会，若被许可人主动寻求与该作品的接触，则不符合该条件；第三，作者表露了允许被许可人使用该作品的意图。由此可见，以上三个条件将默示许可的适用限定在了极小的范围内，并不足以对著作专有权进行合理的限制。而后 Google 案基本确立完善了默示许可制度，并阻止了默示许可制度的不恰当扩张。

第一个 Google 案为 Field v. Google[①] 案，原告 Field 为一名美国作家，诉被告 Google 公司未经其许可，在被告公司经营的 Google 搜索页面上展示其上传至其个人网站的作品，侵犯其复制权，被告提出了默示许可抗辩。法院经审理认为，Google 对其搜索页面展示的内容来源采取了 out-put 技术，其原因在于若对每个抓取来源均采用授权许可模式，其工程量过大，无法做到，并且在 out-put 机制下，网页经营者可以通过添加程序标记来阻碍被搜索引擎抓取，即为许可人提供了拒绝的途径，原告表示明知这一事实，却并未在其网页中添加该阻碍标记。因此法院认为，原告的实际行为应当被认为是默示许可。

本案为搜索引擎抓取网页提供了抗辩理由，未在其网页中添加阻碍搜索标记的网页所有人无法主张搜索引擎侵犯其复制权而得到赔偿。本案将在此之前的默示许可适用条件进行了简化，使默示许可的适用范围得到了扩张，得以更好地为公共利益服务。但默示许可的适用范围不是无限扩张的，无独有偶，Google 公司的又一案例是美国默示许可制度完善进程中的一个里程碑。在 Google 数字图书馆案中，Google 公司试图通过数字化图书建立网络虚拟图书馆，其仍然采用了上一案中的 out-put 模式，要求著作权人或许可人向其提供不愿被其纳入数字图书馆的书单，若未向其提供书单，则按照默示许可制度认为允许将其图书作品纳入数字图书馆，其对图书的扫描与数字化行为不侵犯著作权人。该默示许可行为没有得到法院的支持，即使 Google 公司与多家出版

---

① Field v. Google, Inc., 412 F.Supp. 2d 1106 (D. Nev. 2006).

商与著作权人达成了和解协议，该协议也被法院驳回。本案阻止了默示许可制度的无限扩张，将默示许可适用的范围进行圈定。

二、我国的默示许可制度

我国在《著作权法》中规定了法定许可的四种情形，其中第35条第2款的报刊转载的法定许可、第42条第2款的制作录音制品的法定许可，均明文规定了“著作权人声明不许使用的除外”这一限制条件，应当被认为是上述所称的默示许可条款，但在其余两种情形中，即第46条第2款与第25条的规定中，没有规定单方除外条款，因此本条可以被认为是通称的法定许可。

我国对于默示许可，或者说是法定许可的规定不仅限于《著作权法》，在《信息网络传播权保护条例》中也有相关体现，在《信息网络传播权保护条例》第8条规定了信息网络环境下的九年义务教育法定许可，即为通过信息网络实施九年制义务教育或者国家教育规划，可以不经著作权人许可，使用其已经发表作品制作课件，但应当向著作权人支付报酬；第9条规定了信息网络环境下的农村扶贫默示许可，即通过信息网络向农村地区的公众免费提供中国已发表的与扶助贫困有关的作品和适应基本文化需求的作品，在公告期内著作权人没有提出异议的，视为允许使用，若在公告期后提出异议，使用人应立即删除作品，且该使用为有偿使用。《信息网络传播权保护条例》第9条为明确的默示许可条款，其构成要件在于：第一，使用的性质与目的，第9条明确规定，该项面向贫困农村地区的提供行为为免费提供，即出于公益目的，为扶助贫困而提供，若为追求商业营利则不适用该条款；第二，使用作品的性质，须为已经发表的作品，未发表的作品不得使用；第三，提供的对象为中国农村地区，因该行为的目的是帮助贫困农村地区脱贫以及普及文化；第四，许可方式为沉默，本条提供了公告期这一模式，著作权人在公告期内不需要明确的许可行为，其沉默即可被视为同意许可；第五，有偿使用，符合默示许可与法定许可的立法目的，即追求促进公共利益但又以利益平衡为原则；第六，除外条款的保障，本条不仅规定了在公告期内可以拒绝许可，也规定了在公告期满后可以随时提出异议，被许可人需要按照异议撤下使用作品或进行删除，为著作权人提供了更好的保障。

《信息网络传播权保护条例》第9条在我国著作权法立法上迈出了重大的一步，其正面作出了默示许可的规定，并完善地规定了使用性质与目的、使用作品性质、提供对象、许可方式、使用的有偿性以及给出了正面的除外条款的保障，但本条款仍然遗留一些问题，如既然使用性质为非营利性使用，其向著作权人提供的报酬来源为何、应按什么标准给付等，这些问题仍需要解决。

三、司法实务下的默示许可：典型案例的视角

如上所述，我国对于法定许可与默示许可的规定存在杂糅的现象，在未厘清之前，主动提出默示许可抗辩的被许可人并不多见，但法院也在众多适用默示许可的案件中作出了正确的判断，其中比较具有代表性的案例有就计算机字库产生纠纷的北京某电子有限公司与广州某有限公司等著作权侵权纠纷案，以及适用《信息网络传播权保护条例》第 9 条的黑龙江某信息技术有限公司与北京某版权代理有限公司及哈尔滨某科技发展有限公司侵犯著作权纠纷案。

（一）北京某电子有限公司与广州某有限公司等著作权侵权纠纷案①

原告北京某电子有限公司以演绎作品著作权人的身份针对方正倩体系列（粗倩、中倩、细倩）在中国版权保护中心申请著作权登记，登记作品为美术作品，后原告公司开始制作销售兰亭字库软件光盘，其中收录了包含粗、中、细三种倩体的 123 款中文字体，光盘中有原告公司对用户的许可协议文件（其中限制内容为字库内容不得被仿制、出借、租赁、网上传输，禁止将字库产品的全部或部分用于再发布用途等），但该协议并非安装时必须点击。美国某公司从原告公司购买了此字库，并受被告广州某有限公司委托，为其设计了倩体字文字商标，被告公司将该倩体字用在自己的洗发液等产品上，并进行销售。

法院认为被告及设计公司某公司使用原告字库内的单字进行设计并使用的行为获得了原告的默示许可，原因如下：第一，当知识产权载体的购买者有权以合理期待的方式行使该载体上承载的知识产权时，上述使用行为应视为经过权利人的默示许可；第二，具体到汉字字库产品这类知识产权载体，基于其具有的本质使用功能，法院合理认定调用其中具体单字在电脑屏幕中显示的行为属于购买者合理期待的使用行为，应视为经过权利人的默示许可；第三，对于汉字字库产品这类知识产权载体，在产品权利人无明确、合理且有效进行限制的情况下，购买者对屏幕上显示的具体单字进行后续使用的行为属于购买者合理期待的使用行为，应视为经过权利人的默示许可；第四，对于汉字字库产品这类知识产权载体，权利人可以对购买者的后续使用行为设置明确、合理、

① 参见北京市第一中级人民法院（2011）一中民终字第 5969 号民事判决书。

有效的限制；第五，具体到本案，法院合理认定某公司调用该产品中具体单字进行广告设计，并许可其客户对设计成果进行后续复制、发行的行为，属于其合理期待的使用行为，应视为已经过上诉人的默示许可。①

（二）黑龙江某信息技术有限公司与北京某版权代理有限公司及哈尔滨某科技发展有限公司侵犯著作权纠纷案②

《透过“三农”现象看农村脱贫与返贫》一文的作者为廖某某，并于“三农中国网”发表，未作出不得转载、摘编的声明。原告北京某版权代理有限公司依据《版权转让合同》，自涉案作品发表之日起享有涉案作品的著作权，被告哈尔滨某科技发展有限公司、黑龙江某信息技术有限公司在其开办的“金农网”上发布了涉案文章，原告认为该行为侵犯其著作权，被告认为其开办“金农网”的宗旨，是通过信息网络免费向农村地区的公众提供与扶贫有关的作品、适应基本文化需求的作品及研究农村经济问题的时事性文章，不以营利为目的，且其系网络服务的提供者并已注明涉案文章系由会员在其网站自行发布，不应承担著作权侵权责任。③

法院经审理认为，黑龙江某信息技术有限公司虽声明其系网络服务的提供者并已注明涉案文章系由会员在其网站自行发布，但其作为“金农网”的经营者，对网页内容负有管理和审查的义务，应承担相应的法律责任。无论涉案文章是由会员还是网站自行发布，其声明都不能成为排除审查义务、免除法律责任的事由。④虽本案涉案文章《透过“三农”现象看农村脱贫与返贫》一文的著作权人和发表该文的“三农中国网”未作出不得转载、摘编的声明，但被告未依《信息网络传播权保护条例》第9条规定举示证据证明其在提供涉案作品前作出了公告、向权利人支付了报酬，以及其没有直接或者间接获得经济利益，因此侵犯了原告的著作权。

四、结论

本案涉及著作权默示许可使用。著作权默示许可使用，是指在许可人未作出明确的许可意思表示时，被许可人通过许可人的实际行为推定许可人给

---

① 参见王国柱：《知识产权默示许可制度研究》，吉林大学2013年博士学位论文。
② 参见黑龙江省高级人民法院（2008）黑知终字第4号民事判决书。
③ 参见王国柱：《知识产权默示许可制度研究》，吉林大学2013年博士学位论文。
④ 参见王国柱：《知识产权默示许可制度研究》，吉林大学2013年博士学位论文。

予授权许可的著作权许可方式。默示许可制度不是我国的首创，在世界各国的著作权制度中均可以找到踪迹。其中，美国对默示许可制度的重视是通过多个案例逐步引导而显现的，而我国对于法定许可与默示许可的规定存在杂糅的现象，应厘清两者间的共同点与不同点，完善两种制度并行的机制，以便更好地促进公共利益与保护著作权人合法权益。

“实质性相似”在著作权侵权判断中的适用

——黄某诉赵某等侵害著作权、不正当竞争纠纷案

/ 张文芊

本案要旨

在文学作品著作权侵权判定中，“实质性相似”标准平衡了创作自由与权利保护的关系，是认定著作权侵权的核心标准，其本质在于比对作品独创性表达的相似程度。首先，需要排除文学作品中思想、有限甚至唯一表达、必要场景等属于公共领域的内容。其次，该标准与“接触”原则相结合，证明著作权侵权嫌疑人有接触被侵权作品的可能性。最后，采用整体观感法、抽象测试法等方法，对比作品的独创性表达，若相似部分达到“实质性”程度，尤其是当核心情节、独特结构、语言风格等相似部分对作品整体具有显著影响，而非偶然或微小相似时，即可判定构成著作权侵权。

案件信息

上诉人（一审被告）：赵某（笔名：潇湘冬儿）

被上诉人（一审原告）：黄某（笔名：萧如瑟）

一审被告：江苏某出版社有限公司、北京某信息技术有限公司

案号：北京市朝阳区人民法院（2018）京0105民初5492号、北京知识产权法院（2019）京73民终2071号

原被告主张及理由

一、一审

原告诉称：（1）被告赵某连载的小说《11处》(后更名为《楚乔传》）中存在17处与其作品《九州·斛珠夫人》(以下简称《斛珠夫人》）相同或实质性相似的内容，侵犯了其著作权；（2）被告将知名作家对《斛珠夫人》的评论和解读用于《楚乔传》，会造成相关公众的混淆误认，一定程度上剥夺了原本属于原告的商业机会，构成不正当竞争行为；（3）江苏某出版社有限公司作为侵权图书的出版方、北京某信息技术有限公司作为侵权图书及电子书的销售方，与赵某构成共同侵权及不正当竞争，应当一并承担连带责任。

被告赵某辩称：首先，被告未侵犯《斛珠夫人》的著作权。通过整体比对，《楚乔传》与《斛珠夫人》在故事背景、主题，人物设置及性格，情节、场景、语言风格等各方面均完全不同，带给读者的文学欣赏与体验也相差悬殊；且《楚乔传》篇幅为100万字左右，《斛珠夫人》篇幅为18万字，无论是从创作背景及过程、故事梗概还是文字风格、特点描述等，均可以看出《楚乔传》由被告独立创作完成，与《斛珠夫人》系两部完全不同的作品。在《楚乔传》中出现个别与《斛珠夫人》描述近似的内容，属于公有领域、有限表达、特定场景的经常性描写，亦非黄某的在先独创，且字数累计仅1000字，无论是在《斛珠夫人》中，还是在《楚乔传》中，所占比重均极低，不可能达到各自作品的核心和基本内容，也不可能各自独立形成一个情节或场景，属于"思想"范畴，因此不构成著作权法意义上的抄袭和侵权。其次，被告并未实施不正当竞争行为。《斛珠夫人》是玄幻小说，《楚乔传》是穿越小说，两者是不同的文学题材，读者群体不同，黄某与被告也不构成竞争关系；《楚乔传》的知名度远远高于《斛珠夫人》，反而是《斛珠夫人》借助《楚乔传》提升了热度。黄某主张的内容片段并非其在先独创，且分散于长篇小说的海量内容中，并非黄某所称的"经典""知名""标志性"片段，不具备直接、直观的来源识别特征和知名度，没有与《斛珠夫人》形成对应性，不可能导致读者的混淆误认。《楚乔传》的广为传播系基于图书出版及影视作品的热播，与《斛珠夫人》的涉案片段无关。综上所述，请求法院驳回黄某的诉讼请求。

被告北京某信息技术有限公司辩称：第一，我公司只是《楚乔传》图书及电子书的销售商，且均有合法来源，即使《楚乔传》图书及电子书被认定构成侵权，我公司依法不应承担损害赔偿责任；第二，《楚乔传》系赵某独立创作完成，主要故事情节和人物设计与《斛珠夫人》完全不同，孤立的、零碎的字句不应被认定为抄袭，任何人对于语言文化表达都不具有独占性，故黄某的诉讼请求不能成立；第三，《斛珠夫人》连载于 2004 年，《11 处》连载于 2009 年，二者均通过网络公之于众，黄某起诉已经超过诉讼时效。综上所述，请求法院驳回黄某的全部诉讼请求。

被告江苏某出版社有限公司未到庭，亦未向法院提交书面答辩意见。

二、二审

上诉人赵某上诉请求：撤销一审判决，改判驳回黄某的全部诉讼请求。其事实和理由：一审判决认定事实不清，证据不足，适用法律错误，有违公平合理。（1）一审法院认定的 17 处相似之处要么属于同类文学作品中常见描写手法，并非黄某所独创，要么属于公共领域、通用和有限表达，一审法院对独创性的认定标准过低，对构成剽窃的相似之处认定过于牵强。（2）单独截取小说作品中的一部分不能成为一部独立作品而单独享有著作权，故黄某主张权利的 17 处内容只是其作品《斛珠夫人》的组成部分，不是受著作权法保护的 17 个单独的作品。（3）判断两部作品之间是否存在剽窃，必须将两部作品进行整体比对。一审法院认定构成剽窃的描写字数仅约千字，比重很低，并散见于《11 处》和《楚乔传》中，不可能构成《斛珠夫人》的基本内容或实质性部分，因此不应认定为侵犯黄某的著作权。（4）赵某没有侵犯黄某的著作人身权，不应承担赔礼道歉的民事责任。（5）一审法院判令停止销售《11 处》《楚乔传》，显失公平，造成社会资源极大浪费。

被上诉人黄某辩称，一审法院认定事实清楚，适用法律正确，黄某不同意上诉人的上诉请求和理由，请求法院予以驳回，维持一审原判。理由如下：黄某主张的 17 处内容具有极高独创性，符合《著作权法》关于作品的规定，可以认定为独立的作品。黄某主张的是部分内容剽窃，与这 17 处内容占整部书的比例无关，赵某的上诉主张缺乏事实和法律依据。

北京某信息技术有限公司提交书面意见，同意一审判决。

江苏某出版社有限公司未到庭，亦未向法院提交书面意见。

法院查明的事实

一审法院认定事实如下：2004年12月，黄某以萧如瑟为笔名在《科幻世界（奇幻版）》杂志上开始连载《斛珠夫人》，至2005年年初连载完毕。2006年1月，长篇小说《斛珠夫人》由新世界出版社出版发行，署名"萧如瑟著"。2009年5月，赵某以潇湘冬儿为笔名在"潇湘书院"网站开始连载发表《11处》，于2009年12月连载完结。2011年5月，长篇小说《11处》由凤凰出版传媒集团、江苏文艺出版社联合出版发行，署名"潇湘冬儿著"。2017年5月，长篇小说《楚乔传》再次出版发行，署名"潇湘冬儿著"。该版《楚乔传》在2011年版《11处》的基础上增加了"番外卷 罂粟""番外卷 江湖"，其他内容基本与《11处》一致。

通过对比发现，《11处》《楚乔传》中有17处语段与《斛珠夫人》中相应段落相似，虽然在个别用词、段落分布位置等方面进行了部分调整，但在具体描述中仍使用了与《斛珠夫人》基本一致的具有独创性的表达方式，二者构成相同或实质性相似。

域名为"amazon.cn"的亚马逊网站由北京某信息技术有限公司经营。2017年9月8日，登录前述网站，搜索"11处特工皇妃"，搜索结果中有名为"特工皇妃楚乔传（套装共3册）（热播剧《楚乔传》原著小说，原名《11处特工皇妃》）"的商品在售，定价69元，版次为2017年5月版，点击付费后完成购买。返回首页，商品类别选择"Kindle商店"，搜索"11处特工皇妃"，搜索结果中有名为"楚乔传原著：11处特工皇妃（合集）"的商品在售，系2017年5月版Kindle电子书，售价51.51元，商品基本信息中出版社及品牌均为"上海阅文信息技术有限公司（2017年5月版）"，下载Kindle客户端，完成支付后可以进行下载阅读。《楚乔传》Kindle电子书的内容与《楚乔传》纸质图书基本一致。

赵某曾于2011年表明其系《九州》系列的忠实读者，尤其喜欢其中的《缥缈录》和《斛珠夫人》，最初的文风中也有模仿痕迹；2015年，在网友质疑《11处》涉及抄袭其他作品的讨论中，赵某曾经发布声明，认可模仿了其他作者的作品，承诺将对自己的作品进行修改，并向风歌、月关、老猪等作者进行道歉，但道歉的对象不包含萧如瑟及《斛珠夫人》；2017年《楚乔传》再版后，有网友进行比对后认为2017年版与2011年版相比仍有大量涉及抄袭的内容并未删除或修改，并发布对比表等。

二审中，各方当事人对一审判决查明的事实无异议，二审法院予以确认。

法院判决理由与裁判结果

一、一审

一审法院认为本案的焦点问题如下:（1）黄某提出本案诉讼是否超过诉讼时效;（2）赵某的被诉行为是否构成著作权侵权;（3）赵某的被诉行为是否构成不正当竞争;（4）如前述主张成立，赵某等三被告的民事责任认定。

法院认为:（1）赵某的被诉侵权小说于2009年开始在网络连载、出版直至再次出版，系涉案行为的延续。原告作为《斛珠夫人》的作者，于2018年针对侵权作品中与《斛珠夫人》中相似的内容提起诉讼，并未超过《民法总则》中关于诉讼时效的规定。（2）原告在本案中所主张权利的17处内容属于著作权法保护的客体，赵某在创作《11处》《楚乔传》之前已经接触过《斛珠夫人》，具备"接触"的事实基础。结合整体认定和综合判断的比对方法，法院认为，赵某在《11处》《楚乔传》中的17处被诉内容中有15处内容构成实质性相似，构成著作权侵权。（3）尽管原告与赵某存在竞争关系，但原告主张的剽窃行为其中已经涵盖了对其误导读者方面的认定，所以不应再认定为不正当竞争行为。对于被认定不构成著作权侵权的部分，即使存在部分相似，也不会因此而使赵某不正当地获取更多的商业机会。对于点评，法院认定,《斛珠夫人》与该图书点评尚未形成长期稳定的关联关系，不能起到识别《斛珠夫人》来源的作用，也不构成不正当竞争行为。（4）赵某未经许可在其创作的《11处》《楚乔传》中使用了黄某享有著作权的《斛珠夫人》中的部分内容，构成剽窃，其依法应当承担停止侵权、赔礼道歉、消除影响、赔偿损失的法律责任。江苏某出版社有限公司系《11处》《楚乔传》图书的出版发行单位，因被诉侵权内容所占侵权作品比重极小，故法院认定，江苏某出版社有限公司作为出版者尽到了合理注意义务，只应承担停止出版《11处》《楚乔传》的法律责任，无须承担赔偿责任。北京某信息技术有限公司系《楚乔传》图书及Kindle电子书的销售商。因其已举证证明其销售的《楚乔传》图书及Kindle电子书有合法来源，故依法仅应承担停止销售的法律责任，无须承担赔偿责任。鉴于诉讼过程中北京某信息技术有限公司已经将《楚乔传》纸质书下架，故对此部分法院不再处理。

综上所述，依照《民法总则》《著作权法》《著作权法实施条例》等相关规定，一审法院判决：（1）被告赵某立即删除《11处》《楚乔传》中的侵犯《斛珠夫人》著作权的内容，被告江苏某出版社有限公司立即停止出版含有侵犯《斛珠夫人》著作权内容的《11处》《楚乔传》，被告北京某信息技术有限公司立即停止销售含有侵犯《斛珠夫人》著作权内容的《楚乔传》Kindle电子书；（2）被告赵某连续10日在其官方微博（微博名：潇湘冬瓜）上刊登致歉声明，就其侵犯著作权的行为向原告黄某赔礼道歉、消除影响（致歉声明的内容须于本判决生效后10日内送法院审核，逾期不履行，法院将公开刊登本判决主要内容，所需费用由被告赵某承担）；（3）被告赵某于本判决生效之日起10日内赔偿原告黄某经济损失5000元；（4）被告赵某于本判决生效之日起10日内赔偿原告黄某维权合理开支44 169.51元。（5）驳回原告黄某的其他诉讼请求。

二、二审

二审法院认为本案的争议焦点在于：（1）黄某主张的《斛珠夫人》中17处涉案文字段落内容是否构成作品；（2）《11处》《楚乔传》中的被控侵权文字段落是否侵害了黄某对《斛珠夫人》相应文字段落享有的著作权；（3）一审法院认定赵某承担的民事责任是否适当。

法院认为：（1）黄某主张权利的17处涉案文字段落虽然均为《斛珠夫人》的片段且较之全书篇幅相对短小，但均超出了字词简单组合的程度，通过多种修辞手法对场景进行描写、对人物的情感进行刻画，融入了黄某独立的智力劳动，体现了其对喻体的选择、对细节的设计以及对人物动态变化的安排，均构成独立的作品。（2）在《斛珠夫人》在先发表且赵某曾多次认可其《11处》《楚乔传》的创作受到过《斛珠夫人》影响的情况下，赵某在后创作的小说《11处》《楚乔传》未经许可使用黄某具有独创性的文字段落，并将该两部小说在网络上传播并出版的行为，构成对《斛珠夫人》相应段落的剽窃，一审法院的相关认定并无不当，二审法院予以支持。（3）关于赵某依法应当承担停止侵权、赔礼道歉、消除影响、赔偿损失的法律责任，以及赔偿经济损失和赔偿合理开支的数额，二审法院认为并无不当，予以维持。关于赵某主张一审法院判令停止出版、销售《11处》《楚乔传》显失公平的上诉理由，赵某并非承担上述民事责任的主体，无权就上述判决内容提起上诉，对其该项上诉主张，二审法院不予支持。

二审法院依照《民事诉讼法》第170条第1款第1项之规定，判决：驳回上诉，维持原判。

➲ 判解与学理研究

近年来，网络文学产业迅猛发展，作品数量逐年攀升。与此同时，著作权侵权和不正当竞争纠纷也层出不穷，网络文学作者要时刻警惕“拿来主义”，纷纷走上维权之路。在本案中，原告主张的侵权与被侵权作品均在网络文学产业中具有较高知名度与较大影响力，而且现在都被改编成了电视剧，不乏热议。值得注意的是，一审、二审法院在审理过程中，认定《11处》《楚乔传》构成对《斛珠夫人》的抄袭时均遵循了“实质性相似”原则。

我国《著作权法》第52条和第53条对著作权侵权的行为方式作了简单的列举，但在具体认定方面缺乏规范进行指导。在我国长期的司法实践中，“接触+实质性相似”这一基本判断规则在判定著作权侵权行为时被广泛适用。例如，在庄某与郭某明、某文艺出版社著作权侵权纠纷案中，郭某明未经庄某许可，在其作品《梦里花落知多少》（以下简称《梦》）中剽窃了庄某作品《圈里圈外》（以下简称《圈》）中具有独创性的人物关系的内容及部分情节和语句，造成二者整体上构成实质性相似，结合郭某明在创作《梦》之前已经接触过《圈》的事实，故可认定郭某明抄袭了庄某《圈》中的相应内容，构成侵权。

由此可见，“实质性相似”不仅是著作权侵权判断中的核心，更是著作权侵权判断中的难点。李明德教授认为，著作权侵权认定有两个维度：从行为角度看，侵权人未经授权而复制、改编、发行、表演了他人享有著作权的作品；从作品角度看，是被控侵权的作品复制或者挪用了享有著作权的作品。[①] 这可以被视为对“实质性相似”原则的一种法理学解读。

① 李明德：《美国知识产权法》，法律出版社2014年版，第365页。

一、"实质性相似"概念的提出

"实质性相似"的概念源于美国的版权法理论与司法实践，最早在20世纪早期纽约州法院审理案件时提出，后由Frank法官在1946年审理Arnstein诉Porter案中作出一定说明。该原则后来被世界各国在著作权侵权认定的实务中广泛借鉴，对各国的著作权法有着深远的影响。在我国，"实质性相似"这一概念没有相对应的法条，但是法院在审判时经常会采用"实质性相似"原则，且试图对其进行解释。比如，在本案中，法院认为，"实质性相似"是指原告、被告作品之间达到显著程度的相似性；别的法院则认为"实质性相似"是指二者独创性智力表达实质性相似[①]或是指侵权作品中体现创作者个性的部分与原作的独创性部分实质性相似，系一种把他人作品据为己有，仅将个别部分略作变动，没有创造性劳动的侵权行为。[②]这说明在没有统一概念可以遵循的情况下，我国审判者往往依据自己的法学素养及对案情的自身理解来对"实质性相似"这一概念进行阐述。

综合分析，两部作品若构成"实质性相似"，则意味着侵权作品抄袭了被侵权作品的核心部分。"实质性相似"的核心在于"实质性"，即考察侵权作品是否实质性地侵夺了权利者"作品的价值"，而该价值应当指的是作品基于独创性的社会价值，而不是其经济价值和艺术价值。[③]

二、"实质性相似"的适用前提

一项作品是否会被认定为"实质性相似"，其基本逻辑前提是要先界分思想与表达、确定独创性，以及认定侵权者是否存在接触被侵权作品的可能。

（一）思想与表达二分法

思想与表达二分法原则一般被认为最早源于美国的Baker诉Seldenp一案，最早成文于1976年《美国版权法》的第102条（b）款："对独创性作品的著作权保护无论如何并不及于思想、程序、步骤、系统、使用方法、概念、原则和发现，无论其以何种形式在作品中描述、说明、展示或体现。"根据思想与表达二分法，著作权法并不保护抽象的思想、思路、观念、理念、构思、创意、概念、工艺、系统、操作方法、技术方案，而只保护以文字、音

① 参见广东省佛山市中级人民法院（2020）粤06民终6897号民事判决书。

② 参见广东省佛山市中级人民法院（2016）粤06民终3565号民事判决书。

③ 何怀文：《著作权侵权的判定规则研究》，知识产权出版社2012年版，第64页。

乐、美术等各种有形的方式对思想的具体表达。[①]我国也在实践中对该原则予以贯彻。

由于著作权法不保护思想，只保护对思想的表达，在涉及著作权侵权的案件中，在决定涉案作品究竟是否构成著作权侵权前，通常需要先判断侵权作品中未经许可使用的究竟是权利主体作品中的思想还是表达。在文学作品中，思想与表达的界分较为复杂。因为文学作品的主要构成要素包括主题、人物角色、主要情节、场景、人物关系与人物对话等，这些要素通过作者的遣词造句由抽象逐渐具体化。在本案中，法院认定黄某主张权利的17处涉案文字段落是对作者思想的具体表达形式，属于表达的范畴，从而再去认定涉案文字段落构成侵权。

界分思想与表达的目的之一就是防止著作权保护范围过大，导致思想被垄断，从而侵害公民的言论自由权。如果将思想都置于著作权法中进行保护，近看是保护了该作者的权益，从长远来看，却会造成其他作者后续进行创作的困难，打击了他们的创作热情，这并不利于文化市场的繁荣发展。当然，该原则也是有例外情况的，如当某种思想或创意只有一种或者相当有限的表达形式时，这一种或这几种表达方式就不受著作权法保护。该情况也被称为“有限表达”。在这种情况下，如果保护了思想的表达方式，但又由于思想的表达是有限甚至唯一的，那么其实就是在保护思想本身。当表达可以被穷尽时，此时作者的创作空间也有限，其创作很难满足独创性标准，此时该作品应当被视为处于公有领域，不应受著作权法保护。

除了有限表达，还有一种被认定处于思想范畴、不受著作权法保护的情形叫作“必要场景”。必要场景，是指对于处理一个特定题目而言在实际上不可或缺或至少是作为标准性的事物、人物或场景。此外，作品中承载的思想、保护期限届满的内容、法定的不属于著作权保护范围的内容、作者主动放弃著作权的内容等公有素材或者客观事实[②]也应排除在著作权侵权的范围之外。

---

① 王迁：《知识产权法教程》（第6版），中国人民大学出版社2019年版，第45页。

② 参见白小莉：《如何判断著作权纠纷中的“实质性相似”?》，载《中国知识产权报》2017年7月19日，第8版。

在本案中，被告赵某在一审、二审中均将被诉17处侵权内容无论在使用属性上还是出处上，都属于公有领域素材、有限表达、特定场景的经常性描写作为抗辩理由，主张自己的行为不构成剽窃和侵权。

（二）独创性

著作权侵权判定案件中，法院区分思想与表达后，就需要对被侵权作品的表达是否具有独创性进行判断，若被侵权作品的表达具有独创性，此时该作品就落入了著作权法的保护范围。①

《著作权法》第3条规定："本法所称的作品，是指文学、艺术和科学领域内具有独创性并能以一定形式表现的智力成果……"所以能否体现作者的思想，以及是否为作者独创的表达才是法律上认定作品的依据。1991年美国Feist诉Rural一案推翻了过去的"额头流汗"原则，将最低限度的创造性纳入了独创性标准中。该案表明，独创性是构成作品的基本要素，但作者创作的作品不需要是前所未有的，只要是作者独创的，就可以获得著作权法的保护。

在著作权侵权判断中，独创性并没有一个客观的评判标准。如果被诉侵权作品表现出鲜明的艺术性或者独特的审美性，那么它无疑是具有独创性的作品。在一般的文学作品中，如果一种独立完成的表达能够体现作者独特的智力判断和选择安排，就符合独创性要求。在本案中，原告黄某系《斛珠夫人》的创作者，其在本案中主张权利的17处文字内容，融入了其独立的智力劳动，体现了其对于特定情节、意境、细节等的独特表达，具有一定的独创性，符合著作权法保护的客体标准，故涉案17处文字内容亦构成文字作品，黄某有权就此主张著作权法保护。

（三）侵权者存在接触被侵权作品的可能

一般来说，"接触"大致可以分为两种情况：一种是作品未发表但有证据证明侵权一方实际接触了该作品，另一种是作品已发表，处于公之于众的状态，且侵权者没有相反证据能够证明自己未接触过作品。②也有学者认为，尽管有"实质性相似+接触"标准，但只要在后作品的作者能够对实质性相似

① 石贤平、刘雪娇：《再析著作权中的思想与表达》，载《黑龙江省政法管理干部学院学报》2015年第1期。

② 参见北京市高级人民法院（2015）高民（知）终字第1039号民事判决书。

部分作出合理的解释，就不足以认定为侵权，即“实质性相似+接触+排除合理来源（排除合理解释）”规则。[①]

本案属于上述第二种情形。首先，原告《斛珠夫人》的发表时间早于《11处》《楚乔传》，其具有一定知名度及较高影响力。其次，被告赵某对此没有提出相反证据予以排除，因此法院据此认定被告赵某在创作《11处》《楚乔传》之前已经接触过《斛珠夫人》，具备“接触”的事实基础。

三、“实质性相似”的判定方法

本案的争议焦点之一是《11处》《楚乔传》中涉案文字段落与《斛珠夫人》涉案文字段落是否构成实质性相似，而目前判定作品是否构成实质性相似的方法主要有以下几种。

（一）整体观感法

所谓整体观感法，是指根据普通观察者对作品整体上的内在感受来确定两部作品之间是否构成实质性相似。[②]这种判断方法不对作品进行拆分，而是强调作品整体给人的印象和感觉，最早在Arnstein诉Porter案中提出。整体观感法的适用大致就是将两部作品的相似部分作为一个整体来进行对比，从而得出是否构成实质性相似的判断。整体观感法的弊端之一在于对原作品中的思想、公共领域素材、有限表达、必要场景、非独创性表达等不进行区分，而从一个普通受众的视角出发，他未必能够完全识别和区分这些成分，甚至可能依据这些成分对涉案作品作出实质性相似的判断，从而不当扩大作品的著作权保护范围。

（二）抽象测试法

在一些作品的相似度很难判断的情况下，仅靠整体观感法难以得出准确的结论，这时就需要对作品的独创性元素进行划分，并作细致的比对分析。抽象测试法又叫作三步检验法，分为抽象、过滤和比较三个步骤。这个方法是由著名的汉德（Hand）法官于1930年审理的Nichols诉Universal案中提出，并在之后的著作权侵权判断中以及计算机软件侵权判断中被多次适用。抽象测试法的意思是将文学作品划分为思想和表达，将思想部分去除，然后

---

① 陈锦川：《小议“接触加实质性相似”规则》，载《中国版权》2018年第1期。

② 梁志文：《版权法上实质性相似的判断》，载《法学家》2015年第6期。

再将不受著作权法保护的部分过滤出去，如公有领域的素材，最后将受著作权法保护的独创性的表达与涉嫌侵权的部分进行比对，最终确定是否构成实质性相似。[①]

（三）内外部测试法

内外部测试法，是指将上述两种方法进行结合，即在适用抽象测试法的基础上，对作品的相似内容作出对比和说明，同时还会以整体观感法来强化和佐证这种判断。[②] 在本案中，法院在认定《11处》《楚乔传》中文字段落与《斛珠夫人》涉案文字段落是否构成实质性相似时，就适用了内外部测试法来进行判断。法院首先排除了《斛珠夫人》17处涉案文字段落系惯常表达或公有领域内容，而后不仅将文字中出现的修辞手法、短语、成语、字词进行割裂的判断，还将被控侵权的语句进行整体认定和综合判断，最终得出被告赵某的行为构成对《斛珠夫人》相应段落的剽窃。

上述三种判断方法是目前我国司法实践中对作品是否构成实质性相似进行判定的主要方法。介于不同的方法各有优劣，因此最好是根据所涉及作品的类型以及被诉行为的情况来确定判断方法。比如，对于文字作品，如果属于改头换面的抄袭，可以采取抽象测试法或内外部测试法；而对于图形、摄影、美术、电影作品等具有艺术性或美感的作品，可以采用整体观感法。[③] 通常认为，在"实质性相似"的分析中，应当以抽象测试法为主、整体观感法为辅。[④] 只有合理利用每种判断方法，才能更好地保护作者权益、激励创作，从而更好地实现社会主义文化发展与繁荣的目的。

四、结论

在网络文学正版化的进程中，仍然面临着诸多严峻挑战。本案的裁判结果对网络文学作品出版成实体小说后的恶意抄袭行为给予了严厉打击，而且向社会明确传递了尊重鼓励原创、抵制抄袭的声音，这不但有利于促进文化市场的健康良性发展，而且其裁判理由也对类案的审理具有重要借鉴和参考意义。

---

① 参见白小莉：《如何判断著作权纠纷中的"实质性相似"？》，载《中国知识产权报》2017年7月19日，第8版。

② 参见白小莉：《如何判断著作权纠纷中的"实质性相似"？》，载《中国知识产权报》2017年7月19日，第8版。

③ 陈锦川：《何为"实质性相似？"》，载《中国版权》2018年第5期。

④ 吴汉东：《试论"实质性相似＋接触"的侵权认定规则》，载《法学》2015年第8期。

同时，我国的司法审判人员也应更为灵活地运用著作权侵权行为的认定标准和原则，以期更好应对我国著作权侵权纠纷种类增多、范围不断扩大、内容日渐复杂等新挑战。

公有领域视角下纪实文学作品的实质性相似分析

——时某诉某出版社等侵犯著作权纠纷案

/ 张诗雨

➲ 本案要旨

历史事件属于客观事实，是属于公共领域的内容，不受著作权法保护。但是，对历史事件具有独创性的描写可以受到著作权法的保护，著作权法仅保护其中具有独创性的部分。纪实文学作品所描写的历史事件中的基本情节及主要人物是真实发生过的历史事实，不同作者对相同的历史事件的描写，在内容上不可避免地会有雷同之处。另外，相同题材的作品常常会包含一些一般性的细节描写，这并不专属于在先作品著作权人，因此在判断在后作品是否抄袭时，应当将这一部分排除在外。

➲ 案件信息

上诉人（一审原告）：时某

被上诉人（一审被告）：某出版社、龚某（笔名南石）

案号：北京市第一中级人民法院（2002）一中民初字第1026号、北京市高级人民法院（2003）高民终字第505号

➲ 原被告主张及理由

原告时某起诉称，《保卫毛主席访苏》（以下简称《保卫》）一书是由原告经过实地采访写成的，于1990年由山东文艺出版社出版。被告某出版社于2001年出版的署名为南石的《拂晓的较量》（以下简称《拂晓》）一书从第

76 页至第 90 页（第五章）以及第 242 页至第 256 页（第十六章）抄袭了原告所著的《保卫》，共计 35 页，2.64 万字。被告的行为损害了原告的署名权和出版权。

被告某出版社辩称：在《拂晓》一书出版前，我社按照有关法律和行业管理的规定，履行了相关手续。该书的全部内容经过中共中央党史研究室审查同意，是国家新闻出版总署批准发行的一本严肃的出版物。在接到原告的起诉后，我社会同作者对《拂晓》一书的有关内容进行了认真核对，认为该书逻辑结构完整，行文风格统一，内容叙述和文字创作具有鲜明的个性。该书与抄袭、拼凑而成的图书相比具有本质上的不同和原则上的区别。该书是一部具有整体性、前后统一的原创作品，没有任何抄袭他人作品的痕迹或疑点。

被告龚某辩称，《拂晓》一书创作于 1996 年 7 月至 9 月，经过修改后，1999 年 6 月交给出版社，2000 年 1 月由某出版社出版。该书是一本全面系统介绍中华人民共和国成立初期两大事件的纪实文学作品。该书是作者在查阅了大量新闻报道、党史文献和其他作者的纪实作品并尊重历史事实的基础上写作而成的。该书第五章和第十六章是中华人民共和国成立初期非常著名的两个大案件，许多作者从不同的角度进行过描写。被告也是在参考大量作品的基础上写成的，其中包括原告所写的《保卫》。原告所称的“抄袭”内容大致可以分为两类：第一类是涉及相同的史实，这样的事实在两本书中相同是完全正常的，但是，两本书在叙述同一历史事实时，文字风格及涉及史实的细节均是完全不同的；第二类是偶然出现的一些用词上的相近，这些都是最平常使用的语言，二者相同也是正常的。两本书在这些相同之外，却有着重大差异。因此，原告所提出的“剽窃”是完全没有根据的。此外，原告的起诉书中存在以下错误：一是页码错误。原告诉称“抄袭”内容共计 35 页，然而按照原告在起诉书中所附的“页码对照”仅有 19 个页面，如果按“第 75~90 页”“第 242~256 页”计算，一共是 30 个页面，均非所谓的“共计 35 页”。二是字数计算错误。在“页码对照”中所标出的对应内容无法按“每页 756 字”计算出 26 460 字的“剽窃”量。三是法律常识错误。原告在起诉书中先是声称“剽窃”和“改头换面抄袭”，最后又提出“改编”，混淆了“剽窃”与“改编”两个不同的法律概念，况且《拂晓》一书也不存在改编的问题。

法院查明的事实

时某所著《保卫》一书分别于1990年1月、1992年6月、1992年7月由山东文艺出版社出版，是一部反映中华人民共和国成立初期我国公安战线反间谍的纪实文学作品。该书分为两个部分，分别讲述了“保卫毛主席访苏”和“炮击天安门阴谋的破灭”两个历史事件。该书共26.4万字，印数共计51 000册，定价6.10元。龚某以笔名“南石”编著的《拂晓》一书于2000年1月由某出版社出版发行。该书共分十八章，其中第五章和第十六章讲述了与《保卫》一书中相同的历史事件。该书共25万字，印数5000册，定价16元。

时某就其主张的《拂晓》一书侵犯其著作权部分中最具代表性的内容进行了举例对比。

时某用以对比的内容中，《拂晓》一书约为1100字，占全书25万字的0.44%；《保卫》一书约为1400字，占全书26.4万字的0.53%。经对比，两书除上述列举的部分内容表述相似外，在篇章整体结构的安排上、故事情节的发展上、描写相同场景时语言文字的运用上都有根本不同。

法院判决理由与裁判结果

一、一审

一审法院认为，文字作品是著作权法所保护的一种作品。所谓文字作品，是指小说、诗词、散文、论文等以文字形式表现的作品。原告《保卫》一书符合我国著作权法保护客体的要件，原告对该书享有的著作权应受法律保护，任何个人或其他组织不得侵犯。但被告《拂晓》一书是否侵犯了原告的著作权，仍应根据《拂晓》一书是否使用了《保卫》一书具有独创性的内容来判断。在本案审理中，将原告指控被告《拂晓》一书侵犯原告《保卫》一书著作权的相关内容进行比较，虽然原告、被告的作品系采用相同题材和史实材料创作的作品，但是，由于两作品在整体构思上、结构上、语言文字表达上均表现出较为明显的差异，应认定为是两作者分别独立创作完成的不同风格的作品。《拂晓》一书未使用原告作品具有独创性的内容。《拂晓》一书的作者没有剽窃、抄袭原告《保卫》一书作品的行为。据此，法院认为，《保卫》和《拂晓》一书的作者各自享有独立的著作权。原告指控被告《拂晓》一书剽窃、抄袭原告《保卫》一书，缺乏事实和法律依据，一审法院不予支持。

二、二审

原告不服一审判决，提起上诉，认为《保卫》一书系其亲自采访创作而成,《拂晓》一书有大量内容与其作品雷同，被上诉人（一审被告）称该雷同内容为史实，那么被上诉人究竟采访了谁，谁对这段史实负责？被上诉人将上诉人的作品改头换面窃为己有，侵犯了其的著作权。

二审法院认为，首先，纪实文学作品中的历史事件不受著作权法保护，但作者的独创性表达则相反。

纪实文学作品作为文学作品的一种形式，所描写的历史事件中的基本情节及主要人物是真实发生、存在过的历史事实，不同作者以纪实文学的方式描写相同的历史事件时，在内容上不可避免地会有相同或雷同之处，每部纪实文学作品受著作权法保护的部分应为作者各自独创性的表达。时某创作的纪实文学作品《保卫》一书属于我国著作权法保护的文学作品，原审法院认为时某对该书享有的著作权应受法律保护是正确的。

其次，在对比相同题材的作品时，应排除掉常见于该题材的一般性细节描写。

龚某编著的纪实文学作品《拂晓》一书，部分章节使用了与《保卫》一书相同的历史题材，涉及了相同的史实。经对比，两书内容相同部分数量极少、在各自作品中所占比例极低；表达相同的部分有地名如“草山别墅”“哈尔滨”“鸭绿江”，人名如“布莱德上校”“李克农”“东北技术纵队”等，但两书以此为基础所进行的描写根本不同；还有一些情节，如用电侦机破案、无国籍飞机偷越边界、发委任状、特务被捕时腿软了等，属于一般性的细节描写，常见于反特题材的作品中，且两书对这些情节的描写亦基本不同。故不能仅因出现数量极少、占全书比例很低的相同内容即认定《拂晓》一书抄袭了《保卫》一书。时某的上诉主张缺乏事实根据，二审法院不予支持。原审法院认定涉案两书是两作者分别独立创作完成的不同风格的作品,《拂晓》一书的作者并未剽窃、抄袭《保卫》一书，是正确的。

综上所述，二审法院判决：驳回上诉，维持原判。

判解与学理研究

纪实文学作品是以真实发生过的历史事件为创作依据，经过作者个性化的文学表达而形成的文学作品。由于这类作品高度依赖历史事件本身，而历史事件又属于公有领域的内容，不受著作权法的保护。因此，在实践中对纪实文学作品的独创性认定，以及实质性相似的判断都紧紧围绕公有领域与权利人私人领域的界分展开。历史事件往往包含事件发生的历史时期、历史背景、风土人情等要素，对于历史事件的描述也往往存在一个“标准场景”以及“一般性的细节描写”，所以实践中对于纪实文学作品实质性相似的判断不能完全按照对其他作品的判断标准来进行。

一、纪实文学作品的独创性

（一）纪实文学作品独创性中的“独”

作品独创性中的“独”是指劳动成果源于劳动者本人，也即劳动成果是由劳动者独立完成的，而非抄袭的结果。[①]独创性对“独”的要求可以具体分为两个方面：一方面是对于原创作品，它要求劳动成果是劳动者从无到有独立地创造出来的；另一方面是对于以他人已有作品为基础进行再创作的作品，它要求由此产生的成果与原作品之间存在可以被客观识别的、并非太过细微的差异。[②]对于纪实文学作品，其中的历史事实并不源于作者，但是由于其文学艺术性，作者根据历史事实进行的具体情节设计、细节的场景描述等具体表达是源于作者的，它可能是作者进行的从无到有的创作，也可能是作者以对该历史事件的惯常文学描述为基础进行的创作。这些内容源于劳动者本人，符合独创性中对“独”的要求，可以被进一步分析是否具有独创性，是否属于著作权法意义上的作品。

（二）纪实文学作品独创性中的“创”

不同于专利法中对于创造性的判断，《著作权法》中对于独创性中的“创”不要求劳动成果比他人现有成果先进或是具有显著的进步，[③]而仅要求

① 张余瑞：《网络游戏画面的作品属性及其著作权人》，载《宁波开放大学学报》2021年第4期。

② 王迁：《知识产权法教程》（第5版），中国人民大学出版社2016年版，第26页。

③ 李旭颖：《论电子游戏画面“实质性相似”的判断标准》，载《中国发明与专利》2017年第2期。

体现创作者富有个性的判断和选择，是智力创造活动的结果。文学艺术作品追求的往往是思想、情感、表达上的丰沛，带给他人文学与艺术的教育及享受，而这种教育与享受既可以是“阳春白雪”，又可以是“下里巴人”，著作权法对于作品的包容性正体现了它促进科学、文化、艺术进步的目的。对于“创”的判断标准，既存在英美法系国家的“并非微不足道的努力”，即最普通的创造也可能受到版权法的保护，只要这种努力不是微不足道的；也存在大陆法系国家的“高”标准，即“那些运用普通人的能力都可以做成的东西，即使这些东西是新的，也不能作为作品受到保护”①。尽管我国并没有明确运用的是哪一种标准，但是在司法实践中的判决书中可以看到，我国既没有采取英美法系国家的标准，也没有采用大陆法系的标准，而是在具体的案件中进行具体的判断。

在纪实文学作品中，由于其创作基础是历史事件，与历史事件几乎是等同的、并未有任何创造性表达的客观陈述是不能被视为具有著作权法意义上的创造性的。而脱离了历史事件本身存在的作者个性化的表达与设计，是可以被视为著作权法意义上的创作的。这些可以体现在其对于历史事件叙述方式的安排、对事实的选择与排列、具体情节的设计等方面。

（三）对纪实文学作品的独创性认定

纪实文学作品一定是经过文学修饰、个性化创造的智力成果，而非对历史事实进行客观、简单的陈述与介绍。当纪实文学作品对于历史事实的描述无限接近于历史事实本身，没有作者的个人特色时，由于历史事实不受著作权法保护，对历史事实过于简单的陈述就无法彰显作者个性化的判断与选择，那么著作权法也没有理由对这样的内容进行保护。但任何人对于纪实文学作品进行创作之时，都会不可避免地融入个人对不同角色形象的塑造、对具体情节的设计、对事实的选择与安排等。这些都是可以用来判断作品是否具有作者个性化创作的因素。在实践中，独创性的认定标准并不是一条鲜明的直线，某类作品的特性、公有领域对该类作品或创作元素占有的程度等都会影响这种认定。

① ［德］M. 雷炳德：《著作权法》，张恩民译，法律出版社 2004 年版，第 49 页。

二、对纪实文学作品实质性相似的判断

由于纪实文学作品属于历史题材文学作品，那么以同一段历史为题材的作品就势必会产生一定程度的相似，而这种相似是否构成作品间的实质性相似往往是司法实践中此类案件的争议焦点。

（一）思想与表达二分法

著作权法仅保护具有独创性的表达，而不保护单纯的思想。思想与表达二分法是著作权法最基本的理论工具。在实践中，法院在判断两部作品是否构成实质性相似时，往往会运用思想与表达二分法将作品中的思想与表达划清界限，这是判断两部作品是否构成实质性相似的第一步，即要先将思想与表达分离开，剔除掉属于公有领域的思想部分，剩下的表达部分才是实质性相似的判断客体。只有两部作品的表达部分构成实质性相似才能被认定为侵权，而两部作品只有思想相同或相似是不能导致在后作品被认定为抄袭的。

（二）抽象概括法

我国法院在思想与表达的划分方式上采取与美国的“抽象概括法”相同的思路。“抽象概括法”是由美国汉德法官提出的，他认为在划分任何作品思想与表达的界限时，随着更多具体情节被抽离，会相应地抽象出一系列与之吻合的模式。最终总结出来的最抽象的那种模式可能会是针对该作品的最一般的陈述。[①] 在这一系列的抽象概括中，有一个不再受保护的临界点，超过这个临界点的作品内容便不受著作权法保护了。否则，作者将不合理地获得阻止他人使用其“思想”的权利，而作者的财产权只能限于表达部分，不能延及思想本身。[②]

对于纪实文学作品来说，其历史题材、历史背景、整体构思、同一题材常用的情节设计、笼统的人物性格特征、作者想要表达的概括性的思想等都属于超过了上述临界点的思想，不同的作者可以根据这些抽象的“思想”向下再创作出丰富多彩的作品。而对于各个情节的细节描写、具体的语言文字表达等都属于上述临界点之下的表达，可以受到著作权法的保护。

---

① 杨利华、沈韵：《公共领域保留视野下历史题材文字作品著作权保护研究》，载《邵阳学院学报（社会科学版）》2020 年第 4 期。

② Nichols v. Universal Pictures Corp., 45 F. 2d 119 (2d Cir. 1930)；杨利华、沈韵：《公共领域保留视野下历史题材文字作品著作权保护研究》，载《邵阳学院学报（社会科学版）》2020 年第 4 期。

（三）“抽象—过滤—比较法”

在“抽象概括法”的基础上，美国第二巡回上诉法院在 Altai 案中又进一步发展出了“抽象—过滤—比较法”。这种方法首先通过抽象观察，划分出两部作品中受著作权法保护的内容和不受著作权法保护的内容，其次将两部作品中不受著作权法保护的内容过滤掉，最后对两部作品中剩余的内容进行比较分析，判断是否构成实质性相似。①

由于纪实文学作品除了文学性还包括纪实性，作品中大部分内容都源于真实发生过或广为人知的历史事件，其中包含大量公有领域的素材，如历史事实、惯用表达、一般性细节描写、标准场景等。因此，在这类作品中经常会出现表述某一主题或描写一段历史时，不可避免地使用在先作品中已描述的某一场景或使用场景中的类似要素等类似的情形。通过抽象观察、过滤掉公有领域的内容，进而对剩余部分进行比较，这样的思路更符合纪实文学作品的特点。

三、纪实文学作品实质性相似判断的难点——公有领域内容与作者独创性表达的界分

（一）纪实文学作品中属于公有领域的素材

无论是“抽象概括法”还是“抽象—过滤—比较法”，其关键都在于公有领域内容与作者独创性表达的界分，也就是区分不受著作权法保护的内容和受著作权法保护的内容。

1. 历史事件

首先，毋庸置疑的是，历史事件属于公有领域的素材，不能被个人占有。历史事件可以分为两种，一种是可以被考证的，客观发生过的事；另一种是虽然史书中有记载，但是难以被考证，真实性有待进一步考察的事。前一种因为属于事实，而确定地不被著作权法所保护，属于公有领域的内容。而后一种并不一定属于事实，因此著作权法也不能当然地将其视为事实而不予保护。但问题的关键是，这种已为大多数社会公众所知晓并视为历史事件的“事实”已经具有了很强的社会性与公共属性，它更多地类似于一种社会“常识”被社会公众知晓、学习，个人对于此并无个性化创造，通常只是借用其启发灵感。当然，作者以真实人物为背景独立创作的完全不同于历史事件的个性化创造，

① Computer Assocs. Int’l, Inc. v. Altai, Inc., 982 F. 2d 693, 713（2d Cir. 1992）；宋戈：《作品“实质性相似 + 接触”规则研究》，中南财经政法大学 2019 年博士学位论文。

仍然能够构成著作权法意义上的作品，但是其中的故事并不能够被视为历史事件。

2. 惯用表达

历史事件由于发生的时间久远，加之其往往是公众在学生时代会学习到或者从书本中经常阅读到的内容，因此，同一历史事件、同一历史时期中的人物性格、人物关系、历史场景、生活习惯、语言表达方式等都会存在很高程度的相似，这些内容的创作空间有限，并且属于以特定历史事件为题材的纪实文学作品的惯用表达，不能受到著作权法保护。北京第二中级人民法院承办法官在案中便分析道："在同一时代背景下，根据同一题材创作的不同作品，在角色描写和人物设置方面存在一定的相同或近似，是难以避免的。"对历史事件的惯用表达属于公有领域的内容，尽管这种表达可能十分具体，但由于其并没有作者的个性化创造，其仍然属于公有领域的内容，作者不能将其独占。

3. 一般性细节描写

实质性相似的判断通常是通过比较两部作品的细节描写而进行的，但是，并非所有的具体表达都能够受到著作权法的保护。历史事件往往随着事件发生的历史时期、历史背景、风土人情等，对于历史事件的描述也往往存在一个"标准场景"，即本案二审判决书中提到的"一般性细节描写"，是属于公有领域的内容，任何人不能将其独占，否则就是对公共领域不正当的侵占。著作权法并不因作者对某情节的描写足够具体而给予保护，诸如本案中两部作品都包含"用电侦机破案""无国籍飞机偷越边界""发委任状""特务被捕时腿软了"等具体情节，这些一般性的细节描写常见于反特题材的作品之中。这些一般性的细节描写由于过于常见，往往成为特定题材文学作品的固定化设计，属于特定题材文学作品的惯用表达，属于公有领域的内容，因此一般性细节的相同或实质性相似是不能够作为进一步认定两部作品构成实质性相似的依据的。但同样值得注意的是，一般性细节描写也并非应被当然地划入公有领域的范围，因为不同作者在进行创作时，语言文字独特的表达以及组合都可能体现作者个性化的创造与细微的奇思妙想，进而使看似一般性的细节描写在整体上获得独创性，脱离公有领域受到著作权法的保护。

这些均是纪实文学作品中属于公共领域的内容，也是"抽象—过滤—比较法"中，第二步需要"过滤"掉的部分，进而将被控侵权作品与在先作品中具有独创性的部分进行比较，分析是否构成实质性相似。但需要注意的是，公有领域的素材并非全部稳定地处于公有领域中。因此，在进行实质性相似的判断时，不能将公有领域的素材当然地、彻底地过滤掉，还应当结合具体内容进行分析。

（二）公有领域与私人领域的界分方式

如上所述，并非所有属于公有领域的内容都当然地不受保护，当公有领域的素材被附加了作者个性化的创造时，这部分内容在这部作品中便脱离了公有领域，而进入私人领域，受到著作权法的保护，在运用“抽象—过滤—比较法”对两部作品进行实质性相似的判断时，应当注意不能够仅因为某些内容属于公有领域而贸然地将其过滤掉。这时就需要运用本文第一部分提到的纪实文学作品独创性的认定方法先对内容作一个整体性的判断，确认内容是否包含了作者具体的、具有个性化创造的劳动。只有先谨慎地对作品内容做好“抽象”，明确其中具有独创性的部分，才能在接下来第二步的“过滤”中排除掉真正不受保护的内容，划分好公有领域与私人领域的界限。

四、结论

纪实文学作品一方面由于其纪实性导致作品中的很多内容因为属于公有领域而不能受到私权的限制，另一方面由于其文学性、独创性又使部分本属于公有领域的内容脱离公有领域而进入私人领域。在对纪实文学作品实质性相似的判定上，最为重要的一个环节便是利用“思想与表达二分法”“抽象概括法”“抽象—过滤—表达法”等方法对公有领域与私有领域进行明确的界分，将历史事件、惯用表达、一般性细节描写等公有领域的内容剔除掉，将属于作者独创的部分进行对比，进而对纪实文学作品给予较为合理且全面的保护，而又不至于造成对公有领域的不当侵占。

改编作品的实质性相似认定

——薛某某诉燕某某、某拍卖公司改编权纠纷案

/ 徐文韬

➲ 本案要旨

改编作品是指改编者在不改变原作品基本内容的基础上，将作品由一种类型改变成另一种类型。行为人在进行改编创作时，可以对他人的作品进行适度的借鉴，但是这种借鉴应当控制在合理的范围内，仅限于作品思想、主题或属于公有领域的内容。并且，未经原著作权人的许可，任何人不得擅自使用作品中具有独创性的表达部分。

➲ 案件信息

上诉人（一审原告）：薛某某

上诉人（一审被告）：燕某某、某拍卖公司

案号：北京市朝阳区人民法院（2011）朝民初字第 20681 号、北京市第二中级人民法院（2012）二中民终字第 11682 号

➲ 原被告主张及理由

原告薛某某起诉称：我长期从事摄影创作，系中国摄影家协会会员、英国皇家摄影学会终身会士。长期以来，我深入西藏、新疆等地创作了“藏人”“塔吉克人”等系列摄影作品，并多次结集出版、展览，还曾获多个国际奖项。2005 年，我与燕某某相识，燕某某以欣赏为由向我索要作品。我遂将一些作品的洗印件、书籍赠与燕某某。但近来，我发现燕某某擅自将我创作的摄影作品《次仁卓玛》演绎为油画作品《阿妈与达娃》并进行展览、出版。并

且，燕某某还通过翰海拍卖公司高价拍卖了其演绎的作品《阿妈与达娃》。我认为，燕某某未经许可对我所创作的摄影作品进行演绎，并进行展览、出版，侵犯了我对作品享有的改编权，某拍卖公司拍卖侵权作品亦构成侵权。因此，我起诉至法院，请求判令燕某某停止侵权，在《中国摄影报》及一家全国性美术报刊上公开赔礼道歉，赔偿经济损失 1.5 万元，与某拍卖公司共同收回已拍卖成交的侵权作品并予以销毁。

被告燕某某答辩称：第一，涉案被控侵权的油画作品是我独立创作完成的，不存在侵犯薛某某著作权的行为。第二，我的油画作品市场售价达到几十万元一幅，而薛某某的作品价格只有几十元，我完全没有必要去临摹其作品。第三，薛某某主张摄影作品的改编权缺乏法律依据，《著作权法》规定的改编权主要限于文字作品。第四，薛某某的起诉已经超过诉讼时效。涉案油画刊载于 2006 年 12 月出版的《中国油画》杂志上，薛某某作为美术学院教师应当知道该情况，且涉案油画已经于 2006 年 12 月拍卖，故薛某某的起诉超过了诉讼时效。综上所述，我不同意薛某某的诉讼请求，请求法院驳回其诉讼请求。

被告某拍卖公司答辩称：首先，我公司严格按照《拍卖法》对涉案油画进行了拍卖。其次，拍卖委托人并不是本案被告燕某某，我公司无法对作品的著作权情况进行审核。最后，我公司在拍卖前对委托人的身份进行了审核，尽到了法定的注意义务，并且还进行了预展，薛某某在拍卖前也没有提出异议。因此，我公司拍卖涉案油画不存在过错，不应当承担侵权责任。此外，涉案油画的所有权已经转移，我公司无法收回，薛某某的诉讼请求缺乏可执行性。综上所述，我公司不同意薛某某的诉讼请求。

法院查明的事实

一、案情概要

薛某某为摄影家，系中国摄影家协会会员；燕某某系油画专业创作者，所创作的油画曾多次入选全国性美术展览。

1997 年 5 月，中国摄影出版社出版了薛某某个人摄影集《藏人》一书。该书第 3 页刊登了摄影作品《次仁卓玛》。此后，浙江某出版社于 2000 年 4 月出版的《旅游风光摄影》一书第 32 页，于 2009 年 1 月出版的《摄影名家大讲堂》第 69 页亦刊登了上述作品，两本图书署名的作者均为薛某某。诉讼中，薛某某还提交了《次仁卓玛》的数码底片。

2006年12月，天津某出版社在其主办的《中国油画》杂志2006年第6期上刊登了燕某某的油画《阿妈与达娃》(注明：130cm×160cm)。2007年5月，香港某印刷有限公司出版了燕某某的油画作品集《娅娅山上的故事》一书。该书亦收录了油画《阿妈与达娃》(注明：160cm×130cm，2006)。燕某某称该作品集是为配合其个人画展制作的画册，收录的作品系在画展上展出的作品。

将《次仁卓玛》与《阿妈与达娃》进行比对，两幅作品表现的内容相同，画面主体均为一名坐在房间内哺育孩子的藏族妇女，二者在整体构图、场景布局、人物细微的姿势、神态、服饰特征以及物品摆放、光线明暗的处理等方面均相同，只是油画的画面较为模糊。燕某某称上述油画是其前往西藏写生时创作的，在其写生的同时，薛某某在相同角度进行了拍照，但薛某某对此不予认可，表示二人于2005年在帕米尔高原遇到时才认识。就此，燕某某提交了一幅年份标注为“1992”的草图。但该草图的内容仅为怀抱孩子的妇女形象，并未显示房间内的布局、物品摆放以及人物服装、配饰等特征。

某拍卖公司于2006年12月17日对外拍卖了燕某某的油画作品《阿妈与达娃》(尺寸为170cm×120cm)，成交价为286 000元。该拍卖的委托拍卖人为燕某某的丈夫王某某。某拍卖公司在拍卖前与王某某签订了委托拍卖合同，王某某在合同中保证对所委托拍卖标的拥有绝对的所有权或享有合法处分权，并保证对拍卖标的的拍卖不会侵害任何第三方的合法权益。

二、涉公共领域事实

法院认为，油画的创作需要绘画者通过其眼睛观察创作对象后，再依靠其记忆和绘画技能将之在平面上表现，其创作过程耗时较长，不可能在短时间内完成。尽管油画作品与摄影作品在表现同一对象时，客观上存在作品主题、表现内容相似的可能性，但在各自独立创作的情况下，由于创作过程、手段完全不同，二者很难达到在构图、场景、光线乃至人物细微的姿势、神态、服饰特征等方面高度的相似。并且，薛某某的摄影作品在先发表，燕某某创作涉案油画时有机会接触该摄影作品。综上所述，可以认定燕某某在绘制涉案油画时参照了薛某某的摄影作品。

➲ 法院判决理由与裁判结果

本案的争议焦点如下：燕某某是否使用了涉案摄影作品中具有独创性的表达；燕某某是否侵犯了薛某某的改编权；燕某某的行为是否侵犯了薛某某的著作权；若构成侵权，应以何种形式承担侵权责任。

法院认为：当事人提供的涉及著作权的底稿、合法出版物可以作为证明著作权权属的初步证据。现中国某出版社出版的摄影集《藏人》以及浙江某出版社出版的图书《旅游风光摄影》《摄影名家大讲堂》中均收录了涉案摄影作品《次仁卓玛》，上述出版物署名的作者均为薛某某，且薛某某还提交了涉案作品的数码底片。因此，在无相反证据的情况下，可以认定薛某某为涉案摄影作品的拍摄者，依法享有著作权。

一、燕某某是否使用了涉案摄影作品中具有独创性的表达

在文学、艺术领域，任何一部作品的创作都离不开对前人成果或已有素材的使用。法律并不禁止创作者对前人作品进行一定的借鉴，但这种借鉴应当限定在合理的范围内。因此，对他人作品的借鉴，应当限于对作品思想、主题或属于公有领域内容的借鉴，对他人作品中具有独创性的表达，则不得擅自使用。就本案而言，在认定燕某某系参照薛某某的摄影作品绘制涉案油画的前提下，判断燕某某是否构成侵权的关键就在于确定其是否使用了涉案摄影作品中具有独创性的表达。

作品有多种表达形式，这种表达形式需要能被他人感知。具体到薛某某的涉案摄影作品，其独创性在于拍摄时对拍摄对象的选择、拍摄时机与角度的把握、拍摄技能的运用以及后期的编辑处理等，创作过程体现了薛某某个人的判断和思考。作为写实类作品，作品中所表现的人物仅为创作的题材，作品所呈现的画面形象才是该作品具有独创性的表达，也是其受到法律保护的部分。其中，作品画面所呈现的构图、光线对比、人物细微的姿势、神态、服饰以及物品摆放的状态等属于作品表达的有机组成部分。通过对比燕某某的涉案油画与薛某某的摄影作品，除作品类型不同外，二者所表现的人、物、场景的画面形象基本相同，表明燕某某在绘制涉案油画时不仅参照了薛某某作品的主题，还使用了薛某某作品中具有独创性的表达。

二、燕某某是否侵犯了薛某某的改编权

根据我国《著作权法》的有关规定，改编权是指改变作品，创作出具有独创性的新作品的权利。所谓改变作品，一般是指在不改变作品内容的前提下，将作品由一种类型改变成另一种类型。改编权是著作权人享有的一项著作财产权利，改编他人作品应取得著作权人的许可，且改编者在行使新作品的著作权时不得侵犯原作品的著作权。如上所述，燕某某在绘制涉案油画时使用了薛某某摄影作品中具有独创性的画面形象，二者的基本内容相同，但由于创作方法不同，涉案油画的绘制需要燕某某通过对表现对象的观察、理解并借助绘画颜料和自身的绘画技能才能完成，绘画过程体现了其个人的构思和判断，且涉案油画与薛某某的摄影作品相比，二者在视觉上仍存在较为明显的、能够被识别的差异。因此，燕某某的涉案行为属于在不改变作品基本内容的前提下，将作品由摄影作品变成油画作品的行为，构成了对薛某某摄影作品的改编。

三、燕某某的行为是否侵犯薛某某的著作权；若构成侵权，应以何种形式承担侵权责任

燕某某改编薛某某的摄影作品，并未取得薛某某的许可，且燕某某还将改编后的油画作品用于展览、出版并对外拍卖，亦未向薛某某支付报酬，故侵犯了薛某某对涉案摄影作品享有的改编权，应当承担停止侵权、赔偿损失的法律责任。

对于燕某某提出薛某某的起诉已经超过诉讼时效的辩称，法院认为，燕某某并未举证证明薛某某在涉案侵权油画在《中国油画》杂志上发表时即已经发现了该作品，其发表时间以及对外拍卖的时间不能推定为薛某某知道或应当知道该作品构成侵权的时间；并且，在涉案侵权油画被拍卖后，燕某某还在其于 2007 年 5 月出版的作品集中收录了该油画，表明燕某某在持续地使用、发行涉案油画，其侵权行为处于持续状态。因此，薛某某的起诉并未超过诉讼时效。对燕某某的上述辩称，法院不予支持。

关于赔偿损失的数额，薛某某本案主张 1.5 万元的经济损失，根据《著作权法》第 49 条的规定，并结合薛某某的知名度、涉案摄影作品的内容、独创性程度以及燕某某的过错程度、侵权方式和侵权油画的拍卖价格等因素，上述赔偿请求合理、合法，故应予支持。

对于薛某某要求燕某某赔礼道歉，与某拍卖公司共同收回已拍卖成交的侵权作品并予以销毁的诉讼请求，法院认为：首先，薛某某本案仅主张燕某某侵犯了其改编权，该权利系财产性权利，不适用赔礼道歉的责任方式。其次，销毁侵权作品并非法律明确规定的责任承担方式，判令燕某某停止使用涉案侵权油画以及承担相应赔偿责任，足以起到停止侵害并弥补薛某某因涉案侵权行为所受损害的作用。再次，涉案侵权油画在拍卖结束后，其本身的所有权已经发生转移，客观上不便于执行。最后，根据我国《拍卖法》的相关规定，拍卖人在接受委托拍卖物品时，其注意义务主要限于审核委托人的身份、拍卖物品的来源、瑕疵以及委托人有权处分拍卖物品的证明材料等。本案中，涉案侵权油画的委托拍卖人系燕某某的丈夫，且其在委托拍卖合同中保证对拍卖标的拥有处分权以及拍卖标的不侵害第三方的合法权益，故某拍卖公司已经尽到了合理的注意义务，其对涉案油画的拍卖主观上不存在过错，不应承担侵权的法律责任。因此，法院对薛某某的上述诉讼请求均不予支持。

法院判决：（1）被告燕某某于本判决生效之日立即停止使用涉案侵权油画的行为；（2）被告燕某某于本判决生效之日起10日内赔偿原告薛某某经济损失15 000元；（3）驳回原告薛某某的其他诉讼请求。

➲ 判解与学理研究

随着复制和传播技术的发展，作品的衍生形式和改编手段也越来越多。通常而言，未经原作品著作权人的许可而对原作品进行改编的行为，构成对作者改编权的侵犯。但是在现代艺术中，许多新兴作品都是在借鉴在先作品的基础上产生的。过分强调在先作品著作权人的利益，不利于鼓励新作品创作；过分倾斜于改编权人的利益，又无法兼顾对原著作权人的保护。因此，如何区分改编行为和正常创作，如何划定在先作品具有独创性的表达和属于公有领域的创作元素，如何平衡原著作权人的利益和改编人的利益，成为著作权法需要解决的一个重点问题。本案中，法院认为在进行改编创作时，可以对他人的作品进行适度的借鉴，但是这种借鉴仅限于作品思想、主题或属于公有领域的内容。对于他人作品中具有独创性的表达，如果要进行改编，必须取得原作品著作权人的许可，否则将构成侵权。

一、临摹作品的独创性

独创性是作品能否获得著作权保护的基石，这要求作品必须是作者自己选择、弃取、安排、计划的成果。例如，三岁小孩创作的画作，尽管艺术价值不高，创作手法粗糙，但其反映了小孩对生活、事物的理解，因其具有独创性而构成作品；相反，如果利用复制设备（如打印机、扫描仪等）对已有作品进行复制，或者对已有的书法、画作进行临摹，因这些作品不具有独创性，仅是对已有作品以有形形式进行的再现，因而不构成作品。需要进一步明确的是，“独”是指独立创作，源于本人；“创”是指具备一定的智力创造高度。[①]独创性不等于新颖性，是否构成著作权法保护的作品，是否具有最低限度的创造性，均不以新颖性为前提。

《著作权法》规定了文字作品、摄影作品、美术作品等作品类型。虽然学理上可以对独创性进行明确的定义，但是具体到每一种作品类型，其独创性的体现都因其自身的特性而有所不同。本案涉及的作品类型包括摄影作品与美术作品两种。摄影作品，是指借助器械在感光材料或者其他介质上记录客观物体形象的艺术作品。美术作品，是指绘画、书法、雕塑等以线条、色彩或者其他方式构成的审美意义的平面或立体的造型艺术作品。法院认为，摄影作品的创作过程体现了原告的个人判断和思考。同时，法院通过比较涉案油画与涉案摄影作品的构造、背景、光影和人物的细节姿态、神情、服装特征等发现，两部作品高度相似。又因为原告摄影作品发表在先，因此法院认定被告在绘制涉案油画时参照了原告的摄影作品，可以认为，被告的行为系临摹行为。

对于通过临摹手段对原作品进行再现所得的作品是否具有独创性，学界有不同的观点。《中国大百科全书·美术卷》将“临摹”解释为参照原作仿制的书法或绘画作品，并由此得出结论，临摹实质是一种复制行为。李琛认为，“临摹的目的就是要获得与被临摹品完全相同的表达”，因而认为“临摹”是在制作复制件。[②]也有学者持相反观点，认为虽然“临摹”是以已有的图形、色彩、题材等为样板，但其仍然是行为人通过自身技艺，独立“一笔一画”完成的。这样产生的作品中蕴含了行为人自身的特征，包括其思考、技艺和创造性劳动，不能直接将其视为“复制”。还有学者认为，两个自然人不借助机器，

---

① 冯晓青：《知识产权法》（第4版），中国政法大学出版社2024年版，第130~131页。

② 李琛：《知识产权法关键词》，法律出版社2006年版，第124页。

不采用标准划线法，不可能临摹出两幅完全一样的画。[①]这就是人与机器不同的地方，是机器不可以代替人的地方。正如美国法院在判决中所言，无论临摹出的作品在何种程度上与原艺术作品相似，该临摹作品总会展现出临摹者自身才有的特征，这些是可以享有版权的东西。艺术创作行为是一种与自然人密切相关的活动，只有具备一定的技艺，临摹者才能创作产生一项具有美术价值的智力成果。[②]一旦临摹者以自己的技艺对原作品进行再现，就能表达出一定程度上的审美意义。

简言之，无论作者以何种思想进行创作，也无论参观者是否能解读出作者想要表达的思想，只要最终的作品能给人们带来一点美学价值，作者进行艺术创作的成果就能成为著作权法所保护的美术作品。应当从“创作”行为本身出发来对美术作品的独创性进行理解。此时，美术作品的“独创性”表现为独立完成的特性。[③]很多时候，美术作品的“复制”行为恰恰包含创作（只要不是借助复制设备的机械复制），因为对美术作品进行再现，即使是一模一样的元素，都需要复制者自身的绘画技巧，这些技巧和能力都包含了独创性。很显然，本案中法院也采纳了这种观点。法院认为，虽然被告在绘制油画时参照了原告的摄影作品中具有独创性的画面表达，使油画内容与摄影作品的内容基本相同，但由于创作方法不同，绘制该油画需要被告自身的智力劳动。只有通过观察、理解并借助油画工具和被告自己的技能才能完成，整个过程是被告自己的思考的体现。法院基本认可该涉案油画的独创性。由此可见，“临摹作品不具有独创性”这一观点过于片面，在实践中需要具体问题具体分析，对涉案作品进行全面的判断。

二、改编权

演绎权并非一种我国在立法上明文规定的术语，但是我国《著作权法》中规定了四种可以归类到演绎权中的权利，分别为摄制权、改编权、翻译权、汇编权。从法律意义的角度来看，我国法律规定的改编权可以囊括演绎权的全部内涵，它是指“改变作品，创作出具有独创性的新作品的权利”[④]。从整个发

---

① 黄伟锐：《开放式创新下的企业知识产权管理策略初探》，载《产业科技创新》2019 年第 10 期。

② 杨明：《文字作品 v. 美术作品对几个基本理论问题的反思》，载《中外法学》2009 年第 2 期。

③ 杨明：《文字作品 v. 美术作品对几个基本理论问题的反思》，载《中外法学》2009 年第 2 期。

④ 梁志文：《论演绎权的保护范围》，载《中国法学》2015 年第 5 期。

展历程来看，改编权仍脱胎于复制权这一著作财产权中最基本的权利。在最初的版权法中，复制是指“逐字”的复制，即完全一致或几乎完全一致地复制享有版权的作品，这与早期的印刷技术有关。虽然权利人不能控制作品的衍生使用，但是由于那时的复制技术并不发达，衍生作品极少，因而权利人也没有控制的必要。早期的演绎权起源于图书的跨国交易中。由于对外出版的需要，翻译作品成为一种新的衍生形式，被纳入作者的权利范围，使作者从此开始了对版权扩张的掌控。跨国出版不但推动了翻译权成为法定权利，而且进一步让文字和戏剧作品的改编权获得了法律上的保护。[①] 随着技术进步和文化发展，产业发展的需要引起了版权领域的扩张，作品的衍生方式开始不断增加。衍生作品的产生形成了新的衍生作品市场，甚至有的衍生作品取得了超越原作品的价值，由此激发了改编者与原作者之间的利益冲突。原作者为了进入衍生市场，赚取扩张版权所取得的利益，对法律提出新的诉求，由此使演绎权开始脱离复制权，最终成为一项新的法律权利。演绎权既能够让作者从作品的主要市场和其派生市场中获得利润，同时又阻止了未经许可授权而使用作者独创性表达的第三人在派生市场上获得不正当利益。[②]

然而，当作品权利人越来越多地控制衍生市场时，演绎权自身的特性也使演绎权的保护范围越发模糊。改编权同理。不仅在权利内部，改编权与复制权之间难以区分；而且在权利外部，改编权保护与创作自由之间的界限方面也同样难以确定。一方面，改编作品必须是对已有作品的“改变”，且改变具有独创性，否则该行为属于复制。另一方面，改编作品还必须是对“已有作品”的改变。已有作品是新作创作的依据，它并未脱离原作的基本主旨。如果对已有作品的改变使作品在审美、表达、含义等方面形成不同的新形式，则这种使用已经属于合理使用。在美国法上，它被称为“转换性使用”。[③]

本案中，法院将被告燕某某的临摹定性为对被告改编权的侵犯。主要原因有以下两点。

首先，被告的行为构成改编。被告绘制的油画与原告的摄影作品内容基本一致，未脱离原作品的基本主旨，不构成合理使用。前文中已经对临摹的含义进行解释，可知临摹与改编的定义并不冲突。美术作品的临摹行为具有独创

① 苏志甫:《参照他人摄影作品绘制油画属于改编作品》，载《人民司法》2013 年第 12 期。
② 梁志文:《论演绎权的保护范围》，载《中国法学》2015 年第 5 期。
③ 苏志甫:《参照他人摄影作品绘制油画属于改编作品》，载《人民司法》2013 年第 12 期。

性，但这种独创性主要体现在创作技艺上，而非创作内容，因此改编可以包含临摹。笔者认为，本案中涉及的临摹手段也是改编行为的一种，可以将被告燕某某的临摹行为视为改编。

其次，被告燕某某在进行改编时没有取得作为著作权人的原告薛某某的授权许可。由于改编权是著作权人享有的一项著作财产权利，改编他人作品应取得著作权人的许可，且改编者在基于原作改编作品时不得侵犯原作品的著作权。被告未经许可而行使著作权人享有的专有权利，故而构成对改编权的侵犯。

同时，根据法院的上述裁判理由可知，侵犯改编权与改编作品享有独创性之间没有必然联系。知识产权侵权行为的判定与一般的民事侵权存在差别。无论侵权行为是否造成实际损失，无论行为人是否具有主观过错，只要知识产权人行使权利圆满状态均遭受了破坏，只要他人的行为进入知识产权人享有的专有权范围，即构成侵权。这就是为什么法院在认可被告燕某某的改编油画作品的独创性，构成著作权法意义上的作品的同时，仍然判定其未经许可对原作进行改编的行为构成侵权。

三、思想与表达二分法

思想与表达二分法是著作权法上的一项基本制度。它将思想与表达进行了区分，其主旨在于划定著作权保护的对象与公有领域之间的界限。这意味着作品的思想感情和表达形式分别属于主客观两个范畴，著作权法只保护有独创性的表达，[①] 不保护属于思想领域的观念、主题、事实、创意等。《美国版权法》[②]、相关国际条约[③]等均对此作出了相应的规定。

思想与表达二分法的哲学渊源最早可以追溯到柏拉图的理念世界与感官世界的二分。[④] 在司法实践中，思想与表达最初也不是对立使用的，即使在普遍认为确立了思想与表达二分法原则的 Baker v. Selden 案中，法官也没有明确

① 李伟民：《人工智能智力成果在著作权法的正确定性——与王迁教授商榷》，载《东方法学》2018 年第 3 期。

② 《美国版权法》第 102 条（b）款规定：在任何情况下，无论其形式如何，对原创著作的版权保护都不会扩展到任何思想、程序、过程、系统、操作方法、概念、原理或发现。

③ 《TRIPs 协定》明确规定：版权保护应延及表达，而不延及思想、工艺、操作方法或数学概念之类。

④ 王涛：《电视节目保护的问题初探——由湖南卫视和江苏卫视之争所引发的思考》，载《知识产权法研究》2011 年第 2 期。

将思想与表达对立，只是明确了思想的公有属性。一直到19世纪末期，英国的判例才确定了这一方法。从此，思想与表达二分法被视为司法判例中的经典理论，并且在《美国版权法》第102条（b）款中得到了体现。[①]我国法律虽然没有对此进行明确规定，但在司法实践中却始终遵循该主旨。由此可见，思想与表达二分法的发展经历了一个漫长的过程，其最终形成与人们区分著作权保护对象和公有领域的需求有关。

思想与表达二分法通常应用于作品被利用、发生侵权纠纷等场合。当涉嫌侵权的作品与受著作权保护的作品之间有相似之处时，思想与表达二分法可以作为理论工具来区分抽象的思想与具体的表达。尤其在判断是否存在侵犯改编权的情形时，思想与表达二分法可以发挥重要作用。改编权侵权与其他著作权侵权的方式有所不同。改编是在原作的基础上进行改变，从而创作出具有独创性的新作品。可以说，改编作品基于原作品而产生。这就意味着，即使改编作品的表达具有独创性，其与原作品之间必然存在大量的相似之处。改编作品中具有独创性的表达与原作品具有独创性的表达之间的界限，也会因此变得更加模糊不清。

以本案为例，被告在原告的摄影作品的基础上进行了再创作，最终形成的改编作品与原作品的内容基本一致。但又因为临摹行为具有的特殊性，导致被告的改编行为也体现出了其自身的独创性。法院通过思想与表达二分法确认了被告创作的具有独创性的表达部分仍然与原作构成实质性相似。法院认为，原作品的独创性体现在对于拍摄对象、节点、光影、构图等细节的选择和编排，以及对拍摄技巧和后期处理的运用上。又因为摄影作品与绘画不同，其本身是一种直接反映客观存在的写实作品，著作权人在付出上述智力劳动后获得的画面、影像，应当被视为是该作品中具有独创性的表达。被告在进行创作时所参照的摄影作品中的构图、光线对比、人物细微的姿势、神态、服饰以及物品摆放的状态等均属于表达的组成部分，是著作权予以保护的对象，而非属于公有领域的思想、事实。将著作权保护的对象与公有领域予以区分后，再对表达部分进行实质性相似的界定，法院由此得出被告侵犯原告改编权的结论。这也意味着，在对他人的作品进行借鉴时，能够不经许可而进行使用的只有思

---

① 李雨峰：《思想/表达二分法的检讨》，载《北大法律评论》编辑委员会编：《北大法律评论》（总第8卷），北京大学出版社2007年版，第439页。

想、主题，而非他人具有独创性的表达。

四、知识产权侵权责任之利益平衡考量

民法领域的侵权行为救济存在绝对请求权和债权请求权两种模式。绝对请求权是基于民事权利本身产生的，其目的在于恢复权利行使的圆满状态。当民事权利受到侵害或存在受侵害的可能性时，可以要求他人承担停止侵害、排除妨碍、消除危险、返还财产的责任。而债权请求权是民事权利受到实际侵害时产生的请求权，其目的在于填补损失，主要责任形式包括赔偿损失、赔礼道歉等。

在本案中，原告请求被告赔礼道歉，赔偿损失，并且销毁已拍卖成交的侵权作品。法院支持了赔礼道歉、赔偿损失的诉求，但是没有支持予以销毁的请求。法院的理由有以下三点：一是予以销毁并非法律规定的责任承担方式；二是判令被告停止使用足以弥补原告的损失；三是涉案侵权作品的所有权已经发生转移，客观上不便执行。原告可以基于其对原作品享有的专有权，要求被告停止侵害、消除危险、排除妨害，其目的在于通过销毁的方式彻底禁止燕某某使用侵权作品，使自己的权利行使恢复圆满的状态。笔者认为，“予以销毁”只是排除妨害的具体实施方式的一种。实际上，法定侵权责任有诸多具体承担方式，如下架侵权产品、禁止销售侵权产品等，不能因为具体承担方式没有法律的明文规定而对其进行直接否定。此处应当采取扩张解释，把予以销毁纳入排除妨害的范围。

但是如果就此支持原告“予以销毁”的请求，的确存在不合理之处。这种不合理源于知识产权的利益平衡考量。不难看出，法院的观点其实已经体现了反对过度保护知识产权人的专有权的倾向。不可否认，有时侵权作品也能够产生与原作相当，甚至高于原作的财产、艺术价值。在本案中，侵权人创作改编作品时，付出了自己的智力劳动，运用了自身的绘画技巧，由此产生的改编作品本身具有了独创性。并且被告事实上也就改编作品进行了交易，受让人成为新的所有权人，使改编作品具备了与之相当的市场价值。如果法律对专有权人的保护过度，则会提高公众的创作成本，阻碍社会中新兴智力成果的产生，不利于整个社会中知识产品的增加，不利于文化的繁荣与创新。知识产权法的立法主旨便在于平衡私人权利与公共利益，防止私人垄断对公有领域的侵蚀。正是基于此，法院才驳回了原告予以销毁的请求。当赔偿损失和赔礼道歉已经

足以对权利人的损害进行填补时，法律对专有权人的保护就不应当过度。法律不是僵化的，尤其在知识产权这一不断更新变化的领域，法律更需要灵活和弹性。只要存在社会成本的转移，法律就不应当放弃使用能够平衡双方利益的方法，这样才能真正实现知识产权法的立法主旨，促进社会文化的发展和进步。

活动策划方案的实质性相似认定

——中山某文化传播有限公司诉中山市某房地产开发有限公司等著作权侵权纠纷案

/ 李念祖

本案要旨

根据"思想与表达二分法"原则，著作权法保护思想观念的表达，而不保护思想观念本身。首先，在思想观念方面，对于同一演出活动，其策划方案的核心创意属于思想观念的范畴，该创意本身不受著作权法保护。因此，即使一公司策划的演出活动与另一公司创作的演出制作方案的核心创意有相同或者近似的部分，也不会因此构成著作权侵权。其次，在内容表达方面，两个方案的标题、格式、内容等均不相同或相似，二者也不构成实质性相似。

案件信息

原告：中山某文化传播有限公司

被告：中山市某房地产开发有限公司、中山市某广告有限公司

案号：广东省中山市中级人民法院（2006）中中法民三初字第 26 号

原被告主张及理由

原告中山某文化传播有限公司（以下简称某公司）诉称：被告中山市某房地产开发有限公司（以下简称某房地产公司）委托某公司策划其于 2006 年 5 月 14 日举办的"华鸿·水云轩"开盘演出方案并组织演出，约定报酬为 380 000 元。某公司积极地进行市场调查，并与某房地产公司就策划方案进行了多次商讨。2006 年 4 月 28 日，某公司向被告某房地产公司提交了《TVB 新

剧〈潮爆大状〉剧组相约“华鸿·水云轩”演出制作方案》。但被告某房地产公司收取方案后，既没有让某公司执行，也没有向某公司支付任何策划费用，却私自将上述策划方案交由被告中山市某广告有限公司（以下简称某广告公司）执行。被告某广告公司在明知某公司是上述策划方案著作权人的情况下，仍擅自使用并于2006年5月14日公开执行该方案。开盘当日，媒体对开盘情况进行了相关报道，因活动构思独特，效果非常好。据电视台报道，当天促成100多套商品房签约交易。某公司创作的知识成果得到了极高的评价，也给被告某房地产公司带来了非常高的经济收益。但上述两被告未经某公司同意，私自无偿利用某公司的知识成果牟利行为，严重侵犯了某公司的著作权，给某公司带来了巨大的经济损失。原告请求：（1）判令两被告连带赔偿某公司经济损失100 000元，工商查询费120元，律师费2000元，总计102 120元。（2）判令两被告通过媒体发表声明，消除侵权影响。具体方式如下：在中山电视台和《中山日报》刊登声明：①某房地产公司于2006年5月14日开盘盛典上的演出制作方案著作权归某公司享有。②两被告因擅自使用某公司的策划方案，给某公司造成经济损失，向某公司郑重表示道歉。③判令两被告承担本案的诉讼费用。

被告某房地产公司答辩称：（1）某公司诉称与事实不符。某房地产公司为举办“华鸿·水云轩”开盘演出活动，邀请各有关公司自行提供策划方案，被采纳后我公司便与其确定策划方案、签订合同。某公司虽提供方案但未被采纳，其与某房地产公司没有签订任何合同，某房地产公司不应支付相关费用。某广告公司向某房地产公司提供了策划方案并被采纳，双方签订了合同，最后开盘演出活动采用的是某广告公司的策划方案，并非使用了某公司的策划方案。（2）某公司的诉讼请求无理无据。某房地产公司没有使用过某公司的策划方案，没有侵犯其著作权。因此，某公司要求某房地产公司承认侵权、向其赔礼道歉及赔偿其经济损失缺乏事实依据和法律依据，应驳回其诉讼请求。

被告某广告公司答辩称：某广告公司受某房地产公司的邀请对演出方案进行了策划。邀请《潮爆大状》剧组的演员参加活动，与某公司的方案没有任何关系。某广告公司没有侵犯某公司的著作权，某公司的诉讼请求没有依据。

➲ 法院查明的事实

经审理查明，某房地产公司为举办2006年5月14日的“华鸿·水云轩”楼盘开盘演出活动，邀请有关公司提供有香格里拉风情和我国香港明星参与演出的策划方案。2006年4月20日，某广告公司向某房地产公司提供了《水云轩–上东·荣耀开盘活动策划方案（二）》。该策划方案包括如下内容：（1）概述：选取表现香格里拉风俗文化的歌舞和歌曲，特别邀请香港无线电视台《潮爆大状》剧组中3名主要演员加盟演出。（2）香港明星：介绍相关情况。节目单中拟定的节目有中山火炬艺术团舞蹈队表演的开场歌舞、女声独唱、舞蹈、小品、少林寺武僧武术表演等，以及香港明星表演的独唱、合唱等。（3）费用预算为288 850元。（4）现场布置费用预算为37 681元。以上第三项、第四项预算费用总计326 531元。2006年4月28日，某公司向某房地产公司提供了《TVB新剧〈潮爆大状〉剧组相约“华鸿·水云轩”演出制作方案》。该方案内容如下：（1）演出时间。（2）演出地点。（3）演出风格。（4）演出内容。包括《潮爆大状》剧组演员倾情演唱、剧情重现、互动游戏、签名合影活动、香格里拉风情民族歌舞、时尚民乐、劲舞、小提琴演奏、幸运抽奖、母亲节有奖问答等。（5）剧组演员介绍。介绍香港演员。（6）其他演员介绍。内容包含主持人、广州市歌舞团舞蹈艺员、小提琴演奏家、“六彩梦幻”乐队、“星际传说”演唱组合简介等。（7）演出设备、音响工程。演出流程中拟安排顺序如下：龙狮队开场助兴狂舞、广州市歌舞团舞蹈队表演开场舞蹈、“星际传说”表演现代歌舞组合、姝霖小提琴演奏、罗敏庄演唱歌曲及抽奖、广州市歌舞团舞蹈队表演韩国风情舞蹈、《潮爆大状》剧组演员陈健锋演唱歌曲及抽奖、“六彩梦幻”乐队表演广东新民乐、《潮爆大状》剧组演员陈国邦、向海岚演绎剧中剧情、剧组演员与群众互动游戏抽奖、收场中国舞。（8）费用预算合计361 566元。

2006年5月10日，某房地产公司与某广告公司签订一份合同，约定某广告公司为“华鸿·水云轩第五期开盘活动”的策划与执行单位，执行内容及项目以《文艺节目策划方案》《现场布置策划方案》所列为准。协议金额总价为人民币310 000元。2006年5月14日，某广告公司具体策划执行了某房地产公司“华鸿·水云轩”开盘演出活动。庭审中，各方均无异议的现场录像显示，演出内容按照舞狮表演、《潮爆大状》剧组演员陈健锋、汤盈盈唱歌及游戏、魔术、现代舞、踢踏舞表演、《潮爆大状》剧组演员陈国邦、向海岚游戏及唱歌，最后香港演员为观众签名的顺序进行。

庭审中，某公司认为其演出方案的创造性在于演员的组成、节目的编排等。某广告公司的演出方案与某公司的创意有很大的相似性，某公司的方案中最关键和重要的创意是《潮爆大状》剧组演员出席，这是方案的核心。只要两个方案核心一致，某公司先提交，就说明某广告公司抄袭，两被告侵权，某公司要求保护核心创意。创意不一定是作品，但以文字固定下来，创意就有了保护性。某公司确认其主张的是《TVB新剧〈潮爆大状〉剧组相约“华鸿·水云轩”演出制作方案》文字作品著作权。对方侵权的作品是《水云轩-上东·荣耀开盘活动策划方案（二）》。

另查，某公司举证《TVB新剧〈潮爆大状〉剧组相约“华鸿·水云轩”演出制作方案》上标明的时间是2006年4月28日。某公司庭审中称其最初提交演出方案的时间是2006年4月15日，是委托中山某置业代理有限公司（以下简称某置业公司）公布的，有某置业公司梁某某签字证实。并当庭提交2006年7月25日某公司出具的一份书面说明，内容如下：“因策划华鸿·水云轩2006年5月14日开盘演出活动方案，我公司应华鸿·水云轩的销售代理某置业公司的邀请，于4月15日中午派人与某置业公司梁某某等人进行商讨。我公司提出了包括《明星足球队》《潮爆大状》演出活动方案等数十个创意主题。双方一致同意先由某置业公司向某房地产公司汇报后，再进行下一步洽谈。当天下午，某置业公司梁某某在某房地产公司的会议上提出了包括《明星足球队》《潮爆大状》等几个方案，某房地产公司董事长何某某确认按照《潮爆大状》创意及主题进行操作。当时，梁某某已明确提出《潮爆大状》策划方案是由我公司提出的。”以上说明上有梁某某签字予以认可。被告某房地产公司对该说明不予认可。法院根据某公司申请，对当时某房地产公司的营销副总经理谢某进行调查，谢某称2006年4月19日开会时认为某置业公司提议不错，就开始联系某公司、某广告公司等。在听某公司汇报时，其在《TVB新剧〈潮爆大状〉剧组相约“华鸿·水云轩”演出制作方案》上写有“电子文件、气氛布置、票、客户分类、饮料、礼品”内容。后来，因为某广告公司演出方案操作性强，就确定了采用某广告公司方案。演出方案好像是某广告公司先报的。

另查，某公司为证实其创作《潮爆大状》演出方案及磋商过程，提供了其工作人员与某房地产公司何某某、谢某、吕某某、某置业公司梁某某的通话录音。对该录音，某房地产公司称何某某因出国不能核实。根据某公司申请，法院调取证据时谢某确认该录音的声音和内容，吕某某当庭核实了声音属实，确认录音与文字整理内容一致，称对当时通话内容没有印象了，当时他只是执行设定方案，对很多事包括方案落实、敲定、沟通并不清楚。经查明，某公司提供的录音没有时间，其与何某某通话内容是询问演出价格和某房地产公司为什么将《潮爆大状》的创意给某广告公司；与谢某通话内容是询问谁将《潮爆大状》方案透露给某广告公司的，谢某回答某广告公司是4月20日左右知道的这个方案；某公司表示可以按某广告公司的方案执行，按照某广告公司的报价便宜20 000元做下来。某公司与吕某某通话内容涉及演出方案由谁执行及要求演出不要用《潮爆大状》剧组和方案。与梁某某的通话涉及《潮爆大状》的创意出自某公司，某公司不希望交给某广告公司去做等。

法院判决理由与裁判结果

法院认为，某公司认为其演出方案中最关键和重要的核心创意是《潮爆大状》剧组演员出席，其创造性在于演员的组成、节目的编排、剧组成员参加活动，要求保护该核心创意。由此看来，某公司首先要求保护的是创意，即《潮爆大状》剧组演员出席"华鸿·水云轩"楼盘开盘演出活动的思想观念。因思想观念属于主观范畴，是对事实和方法的主观认识，是无形的，同样的思想观念，其他人有权以自己的方式加以表现和利用，否则将阻碍科学技术和文化的发展，所以著作权法的基本原则是只保护思想观念的表达而不保护思想观念本身。因此，某公司提出的《潮爆大状》剧组演员出席"华鸿·水云轩"楼盘开盘演出活动的创意本身是不受著作权法保护的，其他人均有权对此创意加以理解和利用，形成新的创意或将该创意用各种形式、方式表达出来得到著作权法的保护。某公司提出的某广告公司的演出方案核心与其创意有很大的相似性，两个方案核心一致，只要其先提交，某广告公司即为抄袭，即侵犯著作权的主张，实际是混淆了思想观念和思想观念表达的概念。所以某公司提供的该创意形成方面的证据法院不予审查认定，其请求保护的创意属于思想意识，不是著作权法保护客体，法院不予支持。

某公司又提出其请求保护《TVB 新剧〈潮爆大状〉剧组相约“华鸿·水云轩”演出制作方案》文字作品著作权。经审查，某公司的《TVB 新剧〈潮爆大状〉剧组相约“华鸿·水云轩”演出制作方案》上有某公司的署名，某房地产公司承认收到该方案，被告没有提供相反的证明，故法院确定在该作品上署名的某公司为作者，享有著作权。某公司认为对方侵权的作品是某广告公司《水云轩－上东·荣耀开盘活动策划方案（二）》。经审查，某广告公司《水云轩－上东·荣耀开盘活动策划方案（二）》上标明的时间是 2006 年 4 月 20 日，某公司的《TVB 新剧〈潮爆大状〉剧组相约“华鸿·水云轩”演出制作方案》上标明的时间是 2006 年 4 月 28 日，某公司没有证据证实其先向某房地产公司提交了方案。经对以上两份方案进行比对，两份方案在标题、格式、内容等方面的表述均不相同，也不相似。因此，某公司称某广告公司抄袭其作品的主张没有事实依据，法院不予支持。关于某公司诉称某房地产公司私自将《TVB 新剧〈潮爆大状〉剧组相约“华鸿·水云轩”演出制作方案》交给某广告公司并允许某广告公司擅自使用问题，根据庭审中各方均无异议的现场演出录像，现场演出的顺序、节目、《潮爆大状》剧组演员的表演内容，出席人员、最后香港演员为观众签名活动等均与《TVB 新剧〈潮爆大状〉剧组相约“华鸿·水云轩”演出制作方案》中演出流程不同，故某公司诉两被告擅自使用其作品也不能成立。

综上所述，某公司的诉讼请求没有事实和法律依据，法院不予支持，其诉讼请求应予驳回。依照《著作权法》第 2 条、第 11 条，《民事诉讼法》第 64 条第 1 款，《最高人民法院关于民事诉讼证据的若干规定》第 2 条之规定，判决驳回某公司的诉讼请求。

判解与学理研究

本案涉及招投标方案之间的抄袭纠纷。虽然原告主张某广告公司的演出方案与其创意有很大的相似性，即都包含《潮爆大状》剧组演员出席，要求法院保护其核心创意，但思想并不属于著作权法所保护的范畴。法院首先明确“创意”属于思想意识，不是著作权法保护客体。然后，法院对两份策划方案的标题、格式、内容等方面的表述进行对比，发现它们均不相同或相似。此外，原告无法证明某房地产公司将其策划方案透露给了某广告公司，故得出被告不侵权的结论。本案基于独创性的判断进行裁判，在独创性判断中主要讨论了思想与表达二分法和接触加实质性相似的判断，以下分别进行探讨。

一、独创性

（一）独创性的内涵

独创性是创作行为在作品中的反映，指作品是作者独立构思或者选择、取舍、安排、设计的结果，既不是依照已有的形式复制而来，也不是依照既定的程序、程式、手法推理和运算而来，更不是抄袭、剽窃而来。[①] 在著作权法意义上，独创性是作品不可或缺的构成要件。在不同种类的作品中，独创性的体现方式或者对于独创性的要求程度可能是不同的。[②] 因此，法院在进行侵权认定时，尤其是涉及两部相似作品时，一般都会就不同种类的作品掌握不同的独创性标准。

作品的独创性对其获得著作权法保护的正当性具有重要意义。独创性将同质表达排除出著作权法保护范围之外，有利于激励创作，丰富个性化表达。此外，独创性要求还可以维护基本表达要素的公共性，避免吞噬公共领域。

（二）独创性的认定

独创性可以分为“独立性”和“创作性”两个方面进行分别认定。独立性，是指独立创作，强调非抄袭或剽窃；创作性，是指具有一定的创作高度，体现作者个性或者有一定的个性。本案中，原告诉称被告某房地产公司收取方案后，私自将其策划方案交由被告某广告公司执行。根据其主张，某广告公司的策划方案不是独立创作的，但是，原告某公司对此事实进行的举证难以达到让法官信服的程度。首先，某广告公司《水云轩－上东·荣耀开盘活动策划方案（二）》上标明的时间是2006年4月20日，某公司的《TVB新剧〈潮爆大状〉剧组相约“华鸿·水云轩”演出制作方案》上标明的时间是2006年4月28日，某公司没有证据证实其先向某房地产公司提交了方案；其次，关于某公司诉称某房地产公司私自将其策划方案交给某广告公司并允许某广告公司擅自使用问题，然而现场演出录像显示，现场演出节目的顺序、《潮爆大状》剧组演员的表演内容、出席人员、最后香港演员为观众签名活动等均与原告策

① 杨利华、冯晓青：《学术不端与知识产权——以学术剽窃及其治理为视角》，载《重庆大学学报（社会科学版）》2010年第6期。

② 李明德、许超：《著作权法》（第2版），法律出版社2009年版，第29页。

划方案不同，故某公司诉两被告擅自使用其作品也不能成立。

原告无法证明被告某广告公司的作品不具有独立性，同样也未能证明某广告公司作品不具有创作性。经比对原告、被告的两份方案，发现两份方案无论是标题、格式还是内容等，均不相同或相似，故某公司称某广告公司抄袭其作品的主张没有事实依据。因此，原告无法证明被告某广告公司的策划方案没有独创性。

（三）独创性与新颖性

独创性并不要求作品是绝对“新颖”的，即使利用了他人的在先作品或者公共领域的素材，只要属于独立完成且有创作性的部分，符合著作权法保护的作品特征的，均应当认定作者对其独创性部分享有著作权。[①] 此外，著作权法还允许耦合作品的存在，即使两个作者创作了相同的作品，只要他们的创作是彼此独立的，也应认为他们的作品具有独创性，受到著作权法保护。本案中，原告、被告的策划方案均有《潮爆大状》剧组演员出席的部分，但是某房地产公司为举办楼盘开盘演出活动，在邀请有关公司提供的演出策划方案时已经明确指出要有香格里拉风情和香港明星参与，而《潮爆大状》又是TVB新剧，所以存在创意耦合的可能性。

二、思想与表达二分法

（一）思想与表达二分法的内涵

《TRIPs协定》第9条第2款规定，著作权保护应延及表达方式，但不延及思想、工艺、操作方法或者数学概念本身，《世界知识产权组织版权条约》第2条作了与此同样的表述。我国现行法律中，只有《计算机软件保护条例》第6条明确对思想与表达二分法作出了规定：“本条例对软件著作权的保护不延及开发软件所用的思想、处理过程、操作方法或者数学概念等。”虽然在2020年修改《著作权法》的过程中，最终未将“思想与表达二分法”明文写入法律，但在司法中一直有所区分。

将思想排除在著作权法保护的客体范围之外有合理性和必要性。首先，利益平衡是知识产权法的重要目标，著作权法也不例外。著作权法虽然给智力成果的创造者一定保护和报酬，但是不能阻碍思想传播、威胁表达自由。此外，思想是否相似的判断成本较高，在司法中可操作性较弱，不宜作为著作权

① 李涛：《非物质文化遗产知识产权保护新论》，载《文化遗产》2018年第5期。

侵权的客体。

（二）思想与表达的边界

目前，理论与实践中对思想不受著作权法保护已经达成普遍的认同，但不同国家、法院对思想与表达的边界存在不同的理解。一般认为，题材、主题、事实、素材属于思想范畴。题材是指作品中描绘的具体事物或社会现象；主题是指作品通过描绘现实生活或塑造艺术形象所表现出来的思想意义；事实是指某一事物的发展过程和规律；素材是指未经加工的原始材料。而表达形式，是指作者通过文字、声音、语言、动作、线条、色彩等符号将自己的思想、情感、意志等表现于外部，能够为人们所直接或间接地看到、听到或感触到的形式。然而，思想与表达的边界并不明晰，如文学作品中的基础人物设置与故事架构、故事的主线和支线等，属于思想还是表达往往需要个案判断。

在例外情况下，特定的表达也不受著作权法保护。根据合并原则，当特定思想只有有限的表达方式，甚至只有唯一的表达方式时，思想与表达密切关联以致混合在一起，为避免思想受到著作权法的保护，思想的表达也不应受到著作权法的保护。[①]情景原则也同理，对于主题或中心思想相同的故事所必定发生的情节场景，不应予以保护。由此可见，表达唯一性是表达不受保护的重要前提。

此外，在判断是否构成著作权侵权时，应当从作品是否实质性相似、是否具有独创性及是否构成合理使用几个方面入手。思想与表达二分法具有模糊性，应作为判断是否构成侵权的最后检验标准。作品是作者人格的延伸，但作品中所表达的思想与创作者的思想可能并不相同，不同人对作品所表达的思想也可能存在不同的理解。因此，不宜简单地用思想与表达二分法判断是否构成著作权侵权。应当把它视为具有弹性的检验标准，用以对比诉争作品与原告作品之间是否实质类似。[②]

（三）思想与表达的区分

在判断是否构成著作权侵权时，法院往往先把作品中不受保护的“思想”排除在外，然后再对原告作品与被诉侵权的作品进行对比。在本案中，原告某公司认为其演出方案中最关键和重要的核心创意是《潮爆大状》剧组演员出

---

① 卢海君：《著作权法中不受保护的“时事新闻”》，载《政法论坛》2014年第6期。

② 孙鹏：《对“Idea/Expression Dichotomy”的认识》，载《黑龙江省政法管理干部学院学报》2008年第5期。

席，其创造性在于演员的组成、节目的编排、剧组成员参加活动，要求保护该核心创意。某公司的此主张表明其首先要求保护的是创意，即《潮爆大状》剧组演员出席“华鸿·水云轩”楼盘开盘演出活动的思想观念。根据“思想与表达二分法”，演出活动的创意本身是不受著作权法保护的，其他人均有权对此创意加以理解和利用，形成新的创意或将该创意用各种形式、方式表达出来得到著作权法的保护。

法院将“创意”认定为思想范畴是合理的，本案原告主张的“创意”无法获得著作权法保护。虽然某房地产公司为举办2006年5月14日的“华鸿·水云轩”楼盘开盘演出活动，对策划方案进行招标，想要获得的就是创意，而非策划方案的一纸文书。可以说，对于活动策划方案这一特殊类型的作品而言，内容表达的重要性远不及其中体现的思想。但是，即使活动策划的核心价值在于创意，而非策划方案的文字表达，也因创意属于思想范畴而无法诉诸著作权侵权救济。此外，本案中确实是原告无法证明某房地产公司将其方案透露给了某广告公司，现有证据不足以表明某广告公司抄袭了某公司的作品。

因此，本案可以对类似的活动策划案提供者起到提示作用，即在招标者最终确定采用何种策划方案之前，一定要保护自己策划方案的秘密性。在与招标者进行关于活动方案的磋商时，策划案提供者也要注意保留证据，便于日后产生纠纷时用以证明其将该方案告知了招标者，该方案是其原创作品。

三、文字作品的实质性相似判断

在我国的司法实践中，判断是否构成抄袭的一般标准是“接触+实质性相似”。“接触+实质性相似”标准中的“接触”主要是由当事人举证证明，相比之下，法官审查的重点在于是否构成“实质性相似”。文字作品的独创性体现在其表达的内容上，文字作品的实质性相似判断要点与其独创性特征密不可分。在实践中，文字对比鉴定、“调色盘”对比等方式可以直观地展示两部文字作品的相同或相似之处。在本案中，原告未能证明被告“接触”了其作品。法院在将思想排除在对比的范围之外后，将原告某公司的《TVB新剧〈潮爆大状〉剧组相约“华鸿·水云轩”演出制作方案》，与被告某广告公司《水云轩－上东·荣耀开盘活动策划方案（二）》进行比对，结论是两份方案无论是标题、格式、内容等方面的表述均不相同或相似。因此，法院认为被告并未侵犯原告的著作权。

四、结论

根据“思想与表达二分法”，思想观念属于主观范畴，其他人有权以自己的方式利用同样的思想观念，只保护思想观念的表述而不保护思想观念本身，是著作权法的基本原则。在本案中，原告称其要求保护的是“创意”，但是创意属于思想范畴，原告的此项主张难以得到支持。经过对比原告、被告的活动策划方案，可知二者在文字表达上不构成实质性相似，故被告作品并未侵犯原告的著作权。此外，原告主张被告某广告公司抄袭其活动策划方案，但是未能证明其方案在先创作完成并提交，原告所提供的证据也不能证明某房地产公司将其策划方案透露给了某广告公司，因此，在行为层面也无法认定存在抄袭。

公共领域视角下文学作品的著作权侵权认定

——陈某某诉傅某某等著作权权属、侵权纠纷案

/ 丁子哲

➲ 本案要旨

在对作品的著作权保护部分表达进行判断时，应当排除作者的思想以及公有领域的素材。需要注意的是，史实确属公有领域素材，不能为某个人独占，因此应将其排除在著作权法的保护范围之外。但是，以历史人物及相关史实为素材的创作并不意味着由此形成的表达均不受著作权法保护，不意味着就该历史人物及相关史实进行创作而形成的独创性表达也是公有资源，任何人均可使用。对于此种独创性表达，应属著作权法意义上的作品，依法受到著作权法保护，二者不应当混淆。应当受到著作权法保护的部分还有对文章主题形成的具有独创性的表达以及其他具有独创性的具体细节。

➲ 案件信息

上诉人（一审被告）：傅某某

被上诉人（一审原告）：陈某某

一审被告：北京新某互联信息服务有限公司

案号：北京市海淀区人民法院（2017）京0108民初7972号、北京知识产权法院（2018）京73民终232号

➲ 原被告主张及理由

原告陈某某诉称：陈某某于2012年创作电影剧本《万贞儿与明宪宗》（以下简称“万剧本”），后将该文改名为《明朝万某某天大冤枉之历史由来》（以

下简称“明文”)、《万某某怎样在史学家笔下变成十恶不赦的女人》(以下简称“万文”),并于2012年发表在百度贴吧上。傅某某系央视百家讲坛栏目《大明疑案上部:万某某专宠之谜》节目(以下简称涉案节目)的主讲人,且将该期节目整理成标题为《我的央视百家讲坛系列讲座之二〈大明疑案〉第二十集万某某专宠之谜》的文字作品(以下简称涉案博文)在涉案博客中发布。傅某某口述作品和涉案博文(以下简称被诉侵权文)中大量引用“万文”内容,侵害了陈某某对其作品的署名权和信息网络传播权,应承担相应的法律责任。北京新某互联信息服务有限公司(以下简称新某公司)作为新某博客服务提供商,也应承担相应责任。

被告傅某某辩称:(1)其在收到起诉状前从未接触过“万文”。涉案节目中的口述作品是经考证历史文献后独立创作的。(2)对于同一历史现象,不同人均可进行考察,且“万文”和被诉侵权文在主题、创作思路、结构、表达等方面均不相同。(3)傅某某口述作品未引用或改编“万文”,涉案博客不是傅某某创建,涉案博文非傅某某发布。因此,傅某某不构成侵权。

被告新某公司辩称:(1)其作为网络服务提供者,对涉案博客内容没有事先审查之义务。(2)涉案博客并非位于博客首页显著位置,新某公司也未进行编辑、整理或推荐,不存在过错。(3)陈某某起诉前未通知新某公司,新某公司在收到起诉材料后即屏蔽了涉案博文。因此,新某公司不构成侵权。

➲ 法院查明的事实

一审法院将“万文”与被诉侵权文进行对比,关于两文的主要脉络,法院查明,“万文”脉络如下:介绍明宪宗与万某某生平及二人关系的发展,总结《明宪宗实录》对万某某的四项指责并反驳,引出《明史》新增两项对万某某的指控,考证《明史》两项指控来源,分别反驳《明史》对万某某新增的两项指控,提出万某某受到历史负面评价系“红颜祸水”的传统观念所致的结论。被诉侵权文的脉络如下:介绍明宪宗与万贞儿生平及二人关系的发展,总结针对明宪宗与万贞儿感情的三种评价并分析万贞儿对明宪宗的感情,总结《明宪宗实录》对万某某的四项指责并反驳,引出《明史》新增两项对万某某的指控并分别予以反驳,考证《明史》两项指控来源,提出万某某受到历史负面评价系“红颜祸水”的传统观念所致的结论。

关于两文的主要观点及其表达，法院查明，两文在分析万某某没有杀死纪妃这一分论点的表达方面，均有“明宪宗知道皇子存在”“万某某亲自照顾明孝宗”“纪妃系病死”三个理由的分析，差别在于“万文”理由四为“万某某杀死孝宗之母违反常识”，被诉侵权文则为“根据史料记载张敏根本没有吞金自杀”。此外，两文在反驳《明宪宗实录》指控的万某某四项罪状、分析万某某没有杀死纪妃、分析历史对万某某的指责原因并得出源于“红颜祸水”观念部分的表达方式之间的差异为个别差异（如反驳《明宪宗实录》四项指控的理由仅理由一的表达存在差异）。

关于两文具体细节的表达，陈某某主张两文具体细节的表达构成实质性相似，傅某某对陈某某上述比对不予认可，认为被诉侵权文系其独立考察历史文献后创作的，即便存在上述相同或实质性相似的表达，因上述内容均来源于史料，也不能据此认定两文构成实质性相似。

关于两文的错误之处的表达，陈某某主张：（1）“万文”将“自成化二年十一月”错写为“十月”，被诉侵权文在相同处出现同样的错误表达。（2）万某某实际年龄系36岁，“万文”因笔误错写为38岁，被诉侵权文在同样的细节处出现相同错误表达。傅某某对于被诉侵权文两处错误为何与“万文”笔误相同，解释为：“十一月”写为“十月”系打字时漏掉了，讲课时也讲错了；关于万某某的年龄，被诉侵权文在“照顾”“太子被废”“重夺太子位”“选妃”“生子”“去世”等时点都在强调朱见深与万某某的年龄差，故万某某38岁是傅某某独立计算出来的，是根据其准确年龄36岁估算的虚岁。

二审法院查明的事实同一审法院。

法院判决理由与裁判结果

一、一审

（一）关于“万文”和被诉侵权文的权属及发表情况

结合陈某某提交的证据，在无相反证据的情况下，可以确认陈某某系“万文”的作者，对该文享有著作权，被诉侵权文的发表时间应晚于“万文”的发表时间。

需要指出的是，“万文”属于基于历史人物创作的评述性文学作品，“万文”对万某某负面历史评价提出反驳并加以分析，不同以往研究，对此类文章中的独创性表达如不加以保护，将不利于鼓励历史研究学者或爱好者独立思考并进行创作。

（二）关于“万文”中不受著作权法保护的部分

1. 作品思想的排除

一般情况下，著作权法只保护作者对主题、思想、情感的表达或表现，而不保护作品的主题、思想、情感等。因此，在确定作品的保护范围时，应将后者排除在外。

本案中的文章结构即通常的历史题材类评述作品结构，应属作品思想范畴，不受著作权法保护。语言风格也是作品中的抽象性要素，不属于著作权法保护的“表达”之范畴，故亦应予以排除。

2. 公有领域素材的排除

《最高人民法院关于审理著作权民事纠纷案件适用法律若干问题的解释》第 15 条规定：“由不同作者就同一题材创作的作品，作品的表达系独立完成并且有创作性的，应当认定作者各自享有独立著作权。”不同作者就同一题材特别是历史题材创作的作品，不可避免地会使用客观史实，常常会发生某些内容和表达雷同的情形，对于此类作品在记述人物、时间、事件等内容时所反映的客观史实和所利用的史料部分相同，不能作为认定构成相同或实质性相似的根据。

在本案中，“万文”系以万某某这一特定历史人物为对象所创作的评述性文学作品，其中的人物、事件都以史实为基础。因此，在对以同一历史人物万某某为对象所创作的被诉侵权文是否构成相同或实质性相似进行认定时，应把客观史实排除出去。此外，对于两文引用的史料的内容，即对相关史料的整理或对史料中文言文到白话文的简单转化、归纳，属于对公有领域素材的引用，故不能作为判断被诉侵权文与“万文”相同或实质性相似的依据。

（三）关于“万文”中受著作权法保护的部分

在判断在后作品是否对在先作品构成著作权侵权时，需要合理确定在先作品是否落入著作权法保护的范围。

作品之所以受著作权法保护在于其独创性，即作品体现出了作者个性，此种个性蕴含于作者的取舍、安排的表达形式或表达方式中。结合本案事实，对“万文”中具有独创性，受著作权法保护的内容分析如下：

1. 对史实进行归纳总结的具有独创性的表达

在本案中，“万文”中关于《明宪宗实录》的部分表达，虽与《明宪宗实录》《明史》等史料相关，但系陈某某对相关史料进行有针对性的选择并基于独立的分析、思考，再结合自己的认识形成的表达；这些被引用的史料与陈某某的创作融为一体，产生了具有独创性的作品，不应被视为公有领域素材予以排除。

2. 对文章主题形成的具有独创性的表达

在本案中，“万文”的主题虽属思想范畴，但综合全案事实，“万文”系对万某某历史评价的反驳，对该主题形成的表达与以往同类作品完全不同，故其系陈某某结合自身创作而形成的独创性表达，应受著作权法保护。

3. 其他具有独创性的具体细节

陈某某另主张的“万文”中其他具体细节的表达，通常系体现作品独创性的部分，亦应落入著作权法保护的范围。

（四）关于被诉侵权文与“万文”是否构成实质性相似

在本案中，陈某某主张被诉侵权文在整体内容、对文章具体细节的表达以及表达错误方面均与“万文”构成实质性相似。对此，一审法院具体分析如下：

1. 关于两文的整体内容

从两文主要脉络来看，两文所选择表现的历史阶段和创作的角度基本相同，从两文整体看，其主要脉络及内容安排并无实质差别，文章核心表达均是对万某某历史负面评价的反驳，且其中的相同或近似部分很容易引起公众认为两作品整体近似，故可认定被诉侵权文对“万文”构成整体使用。

2. 关于两文具体细节的表达

两文中该两部分具体细节的表达虽在表述顺序和部分语词上存在差异，但此种差异并未造成二者实质内容的不同，应认定构成实质性相似。

当然，即便两文的主要具体细节之表达大致相同，仍需要进一步分析，结合两文的整体和核心内容，由于构成实质性相似的具体情节在各自作品中所占绝对比例较高，且均系文章主体。因此，被诉侵权文对“万文”的使用并不属于在合理范围内的使用或适度借鉴。

3. 关于两文的表达错误

傅某某辩称其作品中的表达错误系笔误，陈某某无权要求他人在转述历史时不能产生错误，但被诉侵权文与“万文”均出现两处错误，且错误之处及其在各自文中的位置均相同。加上两处错误系特有错误，而非通常、常见的错误，傅某某之辩称不能合理解释此种错误巧合，一审法院不予采纳。

综合上述事实，被诉侵权文仅对“万文”在表达顺序上进行了个别调整，对部分内容进行增删或拆分。这些改变对文章主要表达均未产生实质性影响，在被诉侵权文对“万文”的使用并非合理使用或适度借鉴的情形下，一审法院认定被诉侵权文与“万文”构成实质性相似。

（五）关于二被告应当承担的法律责任

傅某某创作其口述作品，也认可涉案博文与口述作品内容完全一致。根据上述关于被诉侵权文与“万文”构成实质性相似的分析，结合“万文”发表时间早于傅某某口述作品发表时间的事实，在无相反证据的情况下，傅某某具有接触“万文”的可能性。据此，傅某某口述作品构成对“万文”的使用，且在央视百家讲坛节目中公开，傅某某该行为构成对陈某某署名权的侵害。

一审法院认为，现有证据亦未能证明使用了傅某某口述作品的百家讲坛节目通过信息网络传播，陈某某主张傅某某口述作品侵害“万文”信息网络传播权，缺乏事实依据；对于涉案博文是否侵害“万文”信息网络传播权，则须以涉案博文为傅某某发布或傅某某知道涉案博文被发布为前提。

新某公司作为新某博客的经营者，在收到通知之前，未注意到涉案博文并无过错，陈某某亦未向新某公司发出过通知函。新某公司在收到本案起诉状后，及时断开涉案博文链接，已履行适当注意义务，不应承担相应侵权责任。

综上所述，一审法院判决认为，被告傅某某侵犯了原告的著作权，应当承担赔礼道歉、赔偿损失的法律责任。被告傅某某不服原审判决，提起上诉，要求撤销一审判决，改判驳回陈某某的一审诉讼请求。原告陈某某服从原审判决。

二、二审

（一）关于“万文”对史实进行归纳总结的部分是否属于受著作权法保护的独创性表达

二审法院认为，单纯地罗列、堆砌史料形成的内容不具有独创性，但对史料进行有意地筛选、提炼，并加以归纳、分析，以此为论据证明己方论点的内容，可以形成独创性表达。二审法院认可一审法院关于“万文”对史实进行归纳总结形成的作品具有独创性的结论，对傅某某的主张不予采纳。

（二）关于被诉侵权文与“万文”是否构成实质性相似

根据已查明的事实，“万文”于2013年7月发表在百度贴吧中。由于互联网系常用的参考资料检索渠道，公众很容易通过搜索关键词等方式查阅到“万文”相关内容，故傅某某具备接触“万文”的可能性。以下主要就两文是否构成实质性相似进行论述。

1. 关于两文的主题思想

二审法院认为，著作权法保护表达而非思想。一般来说，作品的主题属于思想范畴，只有为论证、阐述主题所形成的表达才可纳入著作权法保护的范畴。不仅涉及主题表达是否构成实质性相似的判断，脉络结构、史料选取、具体细节的表达本身也是判断文章是否构成实质性相似的要素，因此对主题表达的讨论将融入文章脉络结构、史料选取、具体细节的讨论之中。

2. 关于两文的脉络结构

二审法院认为，即便被诉侵权文对万某某与明宪宗感情进行了更加详细的论证，仍不能否定其对“万文”整体使用的事实。因此，二审法院认可一审法院对两篇文章脉络、内容安排并无实质差别的认定。对傅某某的主张不予采纳。

3. 关于两文对史料的选择与提炼

二审法院认为，作为历史评论性文章，受制于有限的史料，确实在史料的选取方面作者主观选择的空间不大。但被诉侵权文与“万文”在反驳《明宪宗实录》对万某某的指控、《明史》新增的两项指控以及论述《明史》新增指控来源时，选用的材料高度重复，相应论点表达极为相似，并不在合理范围之内。

4. 关于两文具体细节的表达

经对比，两文在反驳万某某、毒死纪妃以及分析历史为何对万某某作出负面评价的表达上存在大量相似之处，且这些相似的细节表达均属于“万文”的核心内容，因此二审法院认可一审法院观点，被诉侵权文与“万文”在具体细节表达上亦构成实质性相似。

5. 关于两文表达错误部分

傅某某主张被诉侵权文将“十一月”错写为“十月”系打字时漏掉的，

讲课时也讲错了；万某某的年龄38岁是其在独立计算过程中，误取两次虚岁得出的。二审法院认为，此两处错误并非常见错误，现有证据无法证明两处错误同时出现实属巧合，因此二审法院认可一审法院对两文表达错误的认定，对傅某某的主张不予采纳。

综上所述，被诉侵权文与“万文”在脉络结构、史料选取、具体细节的表达上均构成实质性相似，二审法院认为一审法院认定被诉侵权文与“万文”构成实质性相似的处理正确。

（三）关于傅某某是否应就被诉侵权行为承担侵权责任

二审法院认为，一审法院依据陈某某之诉讼请求，判令傅某某就侵害署名权承担赔礼道歉之责任，傅某某支付陈某某本案诉讼之相关合理开支，处理正确。

综上所述，二审判决认为上诉人提出的上诉理由缺乏法律依据，不予支持，一审判决认定事实清楚，适用法律正确，应予维持。

➲ 判解与学理研究

本案中主要涉及的是文学作品间的相似程度比对问题，这也是文学作品能否受著作权保护以及侵权判定的关键问题。众所周知，作品受著作权保护的关键因素即作品具有独创性，若争议作品与在先作品构成实质性相似，则不仅争议作品的著作权不能成立，且可能构成对于在先作品著作权的侵犯。而当前理论和实践中判断著作权侵权的规则是“接触”要件与“实质性相似”要件相结合，下文将进一步予以分析。

一、“接触”要件

从著作权的保护宗旨来看，著作权法保护的是具有独创性的作品表达，由于每个人的创作理念与思维都不尽相同，理论上讲，在创作的过程中可能存在两个作者分别独立创作作品而存在雷同的概率，即两位作者分别独立创作出近似的作品。但是，这种雷同的概率是非常低的，特别是如果在先作品是公开发表的，则很难证明在后创作的作者没有任何接触到在先作品的可能。即便是在雷同概率很低的情况下，法律依然给这种情况留下了证明的空间，避免误判侵权。

在判断侵权的过程中，对于接触要件和实质性相似要件是否为必须，其各自分别所占的比重，以及两个要件是否需要同时具备的问题，是存在争议的。但在当前实践中通常的做法是着重对实质性相似要件进行审查比对。例如，在张某国与派某太合公司著作权侵权纠纷案[①]中，原告作品没有发表，在审理中也没有证据证明被告接触了其作品，但是法院还是从主题题材、故事梗概、人物设计及具体场景设计等方面对两作品进行了实质性相似的比对。由此可见，实质性相似要件审查在侵权判定中的必要性。

在实践中，对于侵害复制权和改编权的判决思路并不相同。在侵害复制权的案件中，"接触"的结论可以通过实质性相似要件的认定推断得出。但是，在改编权案件中，实质性相似并不能起到推定接触的作用，因为改编一定是对原作有所改动，此时相似程度的高低就显得并不过于重要。此外，在侵害改编权判断中，被诉侵权人是否接触过作品也是判断其是否具有主观过错的重要标准。

一般情况下，在先作品已经公开发表，可以推定在后作品有接触在先作品的可能，除非在后作者有相反证据可以证明其没有接触过在先作品，即在先作品公开发表具有证明接触的初步证明力，从而将举证责任倒置。这种情况仅在理论上存在可能，在司法实践中似乎并不存在在后作者通过反证的形式证明其没有接触在先公开发表的作品的实例。

二、实质性相似的判断

（一）确定两部作品中的相似部分

对于两部作品中相似部分的判断一直是实践中的难点问题。对于文学作品，一般会从主题、故事背景、故事结构、故事梗概、主要人物设置、具体情节、主人公性格等多个方面进行比对。众所周知，著作权法仅保护表达不保护思想，思想、主题、情感不属于著作权法的保护范围，在确定某一作品的保护范围时，应当将作品的思想、主题、情感排除在外。例如，在本案中，涉案两文的主题本身并不能得到保护，理由在于，主题作为文章的概括化的内容，本质上属于思想范畴，故没有理由限制任何人就相同的主题进行创作。但是，一旦作者为阐述主题思想产生了自己具有独创性的表达，此时，该种表达便可以受到著作权法的保护。在本案中，法院进一步列举了三种有关主题的表达形式：一是作者把控文章的脉络结构与布局；二是作者选择自己所需要的史料等

① 参见北京市第三中级人民法院（2014）三中民终字第13101号民事判决书。

相关资料；三是作者形成有关公共素材的独创性观点和论述。首先，文章的脉络结构是文章的大框架，文章的主要内容及分析都沿着脉络结构的搭建而展开；其次，作者对于史料等相关材料的选择，是文章内容的主要组成部分，在历史类议论文章中，史料的选取及材料的梳理是整篇文章的关键；最后，作者针对史料等材料进行观点的论述和故事的展开，此番融入了作者自己的思考，并构成了独一无二的具备独创性的表达。三者相辅相成，共同构成了对文章主题的表达。

然而，与之不同的是，判断改编作品是否与原作品构成实质性相似时，需要进行整体认定和综合判断。因为改编主要是在原作品基础上所进行的改动，这意味着对于改编作品而言，不能将具体的情节、语句、人物特征、人物关系等作为单独元素进行孤立地隔离比对，这些彼此之间能够相互印证的要素共同构成了作品。[①]值得注意的是，在侵害文学作品著作权的案件中，应当尊重文学创作的基本规律，不能为了适用法律而割裂文学创作的规律和常识。

（二）挑选相似部分中具有独创性的表述进行比对

在整体比对结束后，对具体侵权的部分进行确定的前置条件是剔除不受著作权法保护的思想、特定情境、有限表达及公有素材等公共领域元素。

公共领域是知识产权制度中的一个重要概念，是指社会公众自由使用作品的空间，公共领域的保留是为社会公众留下必要的接触知识和信息的手段。在受到著作权法保护的作品当中，并非所有的部分都属于受到保护的范围，如思想、单词、数字就不是著作权的客体。一般而言，著作权中的公共领域，是指“被排除在保护范围之外，或者法律授予的财产权保护期限已经届满、可为所有人免费使用的作品、信息或者其中所蕴含的思想”[②]。公共领域属于公众，任何人都不得对其进行垄断，这也是著作权法平衡权利人垄断权利保护和社会公共利益维护的要求。

在著作权权属、侵权纠纷之中，案由或争议焦点中涉及公共领域的案件占很大的比重。著作权法的相关法律规范中所确定的不受著作权法垄断保护的

① 宋鱼水等：《文艺作品侵权判定的司法标准：琼瑶诉于正案的审理思路》，北京大学出版社2018年版，第52页。

② 李建华、梁九业：《我国〈著作权法〉中公有领域的立法构造》，载《河南大学学报（社会科学版）》2020年第2期。

内容总结起来主要包括以下几种情况：不受著作权法保护的思想、没有独创性的表达；法律法规、国家机关的决议、决定、命令和其他具有立法、行政、司法性质的文件及其官方正式译文；单纯事实消息，历法、通用数表、通用表格和公式；等等。

针对文学作品中具有代表性的公共领域元素可以进行进一步分析，文学作品中存在场景原则，即在文学作品中，如果描述某种场景、叙述某个特定情节时，只能按照惯常表达来进行表述，没有太多的创作空间，那么针对此类场景的描述，并不构成对具有同样描述的在先作品的侵权。所谓有限表达，是指当对特定思想的表述极其有限时，则此种表达不应属于著作权法保护的范围，不应受到垄断。但需要注意的是，在有限表达的前提下，每个作者仍有一定的空间发挥独创性，作品完全相同的概率也非常低。这是《著作权法》考虑到创作的特点以及公众表达的需要进行的制度设计。

在对独创性表达进行区分和判断时，思想与表达的区分是其中的关键之处。目前，在实践中对于思想与表达的区分方法占据主流的是“金字塔理论”，即将一部文学作品中的内容比作一个“金字塔”，具体的表达构成“金字塔”的底端，而概括抽象的思想构成“金字塔”的顶端，从上而下表达的内容逐渐增多，思想的方面逐渐减少。故，在判断两部作品是否构成实质性相似时，可参照争议内容在“金字塔”中的位置来判断相似部分属于表达还是思想，争议内容所处位置越接近顶端，越可归于思想，越不被保护；而若其所处位置越接近底端，越可归于表达，越应当受到保护。[①] 就文学作品而言，主体、故事背景、整体的故事结构、主要人物关系等因为较为抽象一般应属于思想的范畴。

在本案中，法院认为，文章的脉络及结构处理应当处于前述中“金字塔”顶端的位置。无论是脉络还是结构，在一篇文章中起到的均是框架性作用，即安排文章何处应当描写或论述什么内容，段落与段落之间、段落与整篇文章的关系如何。也即，文章的具体表达与文章的脉络和结构没有直接关系。例如，在李某与石某山、某出版社侵犯著作权纠纷案[②] 中，剧本中的人物关系等因为非常抽象而处于“金字塔”的顶端，应属于思想范畴；但如果将人物关系再进

① 李建华、梁九业：《我国〈著作权法〉中公有领域的立法构造》，载《河南大学学报（社会科学版）》2020 年第 2 期。

② 参见北京市第二中级人民法院（2008）二中民终字第 02232 号民事判决书。

一步具体化，如描述人物间不和谐的具体表达，则相对于人物关系设置而言，将被认为处于“金字塔”结构的相对下端，但是否属于具有独创性的表达还要结合全文看具体情节的设计及特定事件的安排。此外，是否能够形成读者独特的欣赏体验也是判断是否能够成为具备独创性表达的重要因素，当某一内容在一定程度上足以使读者产生感知特定作品来源的特有记忆点时，则可以视为具有独创性的表达。

本案还体现了一种侵权判断的新思路，即在先作品中作者出现的错误也出现在了在后作品之中，这是在后作品存在抄袭或是借鉴情形的力证。法院也对这一方面的认定采取了肯定的态度，判决认为，涉案作品中的错误并非常见错误，在后作品与在先作品同时出现了此错误，很难用巧合去解释，因此判决将两部作品相同的表达错误之处作为认定两部作品实质性相似的依据之一。

“思想与表达二分法”在实践中难以达成统一的裁判标准，它的判断更多依赖法官在个案中基于具体案情进行自由裁量。从鼓励创新的角度，以及根据文学作品传递的真、善、美价值追求及独特宗旨，我们应当引导文学作品健康蓬勃发展。这就意味着，在实践中通常会更加鼓励独立创作而对于抄袭或者剽窃给予法律制裁。因此，在进行思想与表达划分时，要融入对于作品的价值判断等其他因素，以符合著作权法的立法宗旨，实现其价值追求。

艺术作品再创作的著作权问题研究

——某电影制片厂有限公司诉杭州某文化创意股份有限公司著作权侵权纠纷案

/ 高荣鑫

➲ 本案要旨

“一千个读者心中有一千个哈姆雷特。”读者心中的角色形象并不受著作权法的保护，但若通过创作者个性化的加工将其表达出来，则因其具有独创性而应受到著作权法保护。文学艺术作品中角色形象属于公共领域的素材，其本身并不受著作权法的保护，因此当创作者根据该素材进行二次加工和创作时，不能简单地以两部作品均取材于同一艺术形象就认定一方构成侵权。孙悟空作为我国家喻户晓的艺术角色形象，每个人都享有在其基础上进行创作的权利，作品创作者将其具备独创性的艺术设计注入其中，从而形成了具有独创性的作品，则该作品属于著作权法保护的范围。同时，在判断艺术作品的角色形象侵权时，应除去属于思想领域的角色框架和其他公共领域素材，再具体对比二者是否存在不合理程度的实质性相似。

➲ 案件信息

申请人（一审被告、二审上诉人）：杭州某文化创意股份有限公司

被申请人（一审原告、二审被上诉人）：某电影制作厂有限公司

案号：浙江省杭州市中级人民法院（2016）浙01民初242号、浙江省高级人民法院（2016）浙民终590号、最高人民法院（2017）最高法民申1497号

原被告主张及理由

原告某电影制片厂有限公司主张其对“Q版孙悟空”美术作品在全球范围内享有著作权。该作品由中国著名的动画片导演速某于2011年8月10日创作完成，并于2012年1月12日在某电影制片厂有限公司制作的3D动画电影《大闹天宫3D》中正式对外发布。“Q版孙悟空”动漫形象造型特征明显，是作者独立创作的智慧成果。杭州某文化创意公司未经许可，大规模制造与某电影制片厂有限公司“Q版孙悟空”美术作品实质性相似的铜艺产品并在网络上大规模销售，严重侵犯了某电影制片厂有限公司的合法权益，给某电影制片厂有限公司造成了巨额经济损失。

被告抗辩称，某电影制片厂有限公司的涉案作品是二维作品，而杭州某文化创意公司的铜艺产品是三维产品，三维产品不可能与二维作品相同，也不可能通过抄袭取得。某电影制片厂有限公司享有著作权的作品是静态的，并非动态的卡通形象。孙悟空的形象是深入人心的传统形象，涉案作品与涉案铜艺产品都取材自孙悟空的形象，因此存在某些方面的雷同，涉案作品对孙悟空头脸作出夸张的处理，也是动画的惯常手法。某电影制片厂有限公司的《大闹天宫3D》电影以及立体作品体现了多个不同的孙悟空形象，其成为独立形象的要素在于夸大的头部、虚化的手足服饰和配饰。杭州某文化创意公司涉案铜艺产品均为自行创作。通过比对发现，涉案作品与涉案铜艺产品均体现了低龄化孙悟空的可爱形象，均使用了放大头部的手法，但在具体的表达上及艺术效果上区别较大，二者在孙悟空的手足、姿势、形象、神态、表现手法等方面均存在明显差异，并不构成实质性近似，因此杭州某文化创意公司未侵犯某电影制片厂有限公司著作权。

法院查明的事实

2011年8月10日，速某独立创作完成了“Q版孙悟空”美术作品，包含“Q版孙悟空（手绘版）”及“Q版孙悟空（彩绘版）”。2013年12月11日，某电影制片厂有限公司（甲方）、南京璞某广告有限公司（乙方）、速某（丙方）签订《“Q版孙悟空”美术作品著作权转让协议》，约定三方确认，由丙方于2011年8月10日独创完成的“Q版孙悟空”属于丙方个人美术作品，其原始著作权归属于丙方速某所有。乙方与丙方确认，丙方已经将其在全球范围内享有的“Q版孙悟空”的全部著作权自2013年12月6日起永久性转让给乙方。乙方同意将其继受获得的“Q版孙悟空”的全部著作权（包括复制权、发行权、出租权、展览权、表演权、放映权、广播权、信息网络传播权、摄制权、改编权、翻译权、汇编权以及《著作权法》规定的其他权利），自该协议签署之日起永久性转让给甲方。丙方确认对上述转让知悉且认可。

2012年1月12日，某电影制片厂有限公司的电影《大闹天宫3D》上映，在电影片尾处使用了多个“Q版孙悟空”形象。新华网、搜狐新闻等媒体对《大闹天宫3D》电影进行了报道。之后，央广网、青岛新闻网等多家媒体就某电影制片厂有限公司与肯德基合作推出“Q版美猴王”即“Q版孙悟空”玩具进行报道。

2015年11月11日，某电影制片厂有限公司委托代理人许某乐向上海市徐汇公证处申请证据保全公证。当日，在公证人员的监督下，许某乐以普通消费者身份，在天猫网上名称显示为“铜某傅旗舰店”的店铺，订购了全铜摆件3件：“铜某傅全铜摆件《神通广大》”，单价388元，月销量1598件；“铜某傅全铜摆件《神通广大（彩绘版）》家居工艺品装饰品”，单价588元，月销量278件；铜某傅全铜摆件《神通广大手把件（紫铜）》家居工艺品装饰品”，单价388元，月销量76件。2015年11月17日，公证人员代为收取某电影制片厂有限公司委托代理人的包裹。收取后，公证人员确认包装完好，将包裹拆开，包裹内装有所购买的全铜摆件2个、发票1张和发货单1张，公证人员拍照后，将上述物品及单据封存交某电影制片厂有限公司代理人带回。2015年12月28日，公证人员代为收取某电影制片厂有限公司委托代理人的包裹。收取后，公证人员确认包装完好，将包裹拆开，包裹内装有所购买的全铜摆件1个、随货附赠的“风水铜葫芦”赠品1个和发票1张，公证人员拍照后，将上述物品及单据封存交给某电影制片厂有限公司代理人带回。2016年1月6日，北京某（上海）律师事务所向杭州某文化创意公司寄送律师函，要求杭州某文化创意公司立即停止侵权、刊登致歉声明、销毁相关产品及模具。

庭审中，杭州某文化创意公司确认上述铜艺产品系其生产销售。经庭审比对，某电影制片厂有限公司提供“Q版孙悟空”美术作品手绘版及彩绘版原稿，明确其请求保护的美术作品为“Q版孙悟空”动画形象，主张涉案铜艺产品与涉案作品构成实质性相似。杭州某文化创意公司认为涉案作品与涉案铜艺产品表达及艺术效果上区别较大，两个孙悟空形象在手足、姿势、形态上均不同。

另查明，某电影制片厂有限公司成立于1989年9月6日，是中国规模最大的美术电影制片厂，亦是中国历史最长的动画制片厂之一，制作了《大闹天宫》《黑猫警长》《葫芦兄弟》《三个和尚》《宝莲灯》《大耳朵图图》等动画影片。上海某电影制片厂于2015年12月30日变更企业名称为某电影制片厂有限公司。

杭州某文化创意公司成立于2013年3月26日，注册资本为10 000 000元，其网站由杭州某文化创意公司主办并运营，天猫店铺“铜某傅旗舰店”由杭州某文化创意公司注册并经营。

法院判决理由与裁判结果

一、一审

一审法院认为，涉案“Q版孙悟空”美术作品系速某独立创作完成，表达具有一定程度的智力创造性，整体具备独创性，属于美术作品。某电影制片厂有限公司继受取得涉案作品的著作权，有权向侵权使用者提起诉讼。涉案作品为美术作品，任何立体形象的形成皆以平面形象为基础，故某电影制片厂有限公司对涉案作品的著作权当然及于以平面形象为基础的立体形象。涉案作品于2012年1月12日上映的《大闹天宫3D》电影的片尾中发布。之后某电影制片厂有限公司取得该作品著作权并进行商业使用，涉案作品为公众所知悉，故可以认定杭州某文化创意公司有接触该作品的可能性。

在进行侵权比对时，应考虑到动画片故事主题和情节的需要，动画片角色表现形态具有多变性，因此在进行比对时不能完全静止地、孤立地比较，而应从作品整体的形象、设计的主旨和传达的信息等方面全面把握，比对的对象不仅是单一的动作、姿态、表情，而是“Q版孙悟空”作品的整体形象。经对比，虽然二者具体神态、姿势有所不同，但二者头部特征基本相同，均有大而圆的头部、类似的帽子，面部均由两个较为饱满的桃心组成，脸颊、嘴巴均向外鼓，均有圆形招风耳等，整体上均体现出可爱的孙悟空形象，故可以认定涉案铜艺产品与涉案作品构成实质性相似。

杭州某文化创意公司未经著作权人许可，制造、销售涉案铜艺产品的行为，侵犯了某电影制片厂有限公司对涉案美术作品享有的复制权、发行权，依法应当承担停止侵权、赔偿损失的民事责任。法院对某电影制片厂有限公司要求杭州某文化创意公司停止制造、销售涉案铜艺产品的主张予以支持，对杭州某文化创意公司销毁相关专用模具、赔礼道歉、消除影响的诉讼请求不予支持。某电影制片厂有限公司主张杭州某文化创意公司侵权获利的计算方式中虽然采用了杭州某文化创意公司认可的销售数量，但其利润数据来源不明，无相关证据证明，故综合考虑涉案作品的知名度、独创性、杭州某文化创意公司侵权行为的性质、主观过错程度、某电影制片厂有限公司为制止侵权所支出的合理费用等因素酌定赔偿数额为 100 000 元。

二、二审

二审法院认为，“Q 版孙悟空”形象在保持已有作品表达的基础上，采用现代动漫的萌化艺术处理手法形成卡通形象特有的造型特点，具有较高的独创性，应认定为新的作品。某电影制片厂有限公司明确其在本案中主张的是“Q 版孙悟空”卡通动漫形象著作权，其经美术作品原始权利人明确授权取得了上述美术作品的全部著作财产权，则其有权就该“Q 版孙悟空”角色形象主张权利。

将被诉侵权产品和涉案作品进行比对，虽然两者在部分面貌特征上存在差异，但并不影响在主要艺术造型独创性表达部分的相似度。由于两者在身材比例、人物体貌等主要特征方面基本相同，相同之处又恰恰为涉案作品的独立创作部分且最具显著性的特征部分，杭州某文化创意公司亦没有举证证明被诉侵权产品形象的创作来源，故认为两者构成实质性相似。

杭州某文化创意公司将涉案角色形象造型制作成立体艺术品，是一种以立体方式再现涉案作品独创性表达的行为，构成著作权法意义上的复制。同时，杭州某文化创意公司未经著作权人许可销售被诉侵权产品，故应认定其构成对涉案作品复制权和发行权的侵害，一审判决判令其停止制造行为具有法律依据。在确定侵权损害赔偿数额时，应坚持损害赔偿数额与知识产权的市场价值相契合的原则，基于涉案作品知名度、侵权情节、合理开支等考量因素，一审判决酌情确定杭州某文化创意公司赔偿经济损失（含合理费用）100 000 元尚属恰当。

三、再审

再审法院认为，涉案作品涉及的孙悟空系我国著名的神话形象之一，来自《西游记》。与公有领域、已有作品中孙悟空人物形象进行对比，《大闹天宫 3D》中孙悟空形象在人物造型、脸部及身体线条、衣物装饰的设计上存在明显的不同，具有较高的独创性，已经成为孙悟空的经典形象。经典形象不意味着该作品已进入公有领域，相反，该作品属于受著作权法保护的作品。涉案作品"Q 版孙悟空"系在《大闹天宫 3D》经典孙悟空形象的基础上经过改编完成，且该改编行为经过了原作品权利人的认可。涉案作品"Q 版孙悟空"在保持《大闹天宫 3D》中孙悟空这一虚拟人物形象基本表达的基础上，采用现代动漫的萌化艺术处理手法，在人物造型结构、人物线条、人物衣物装饰上进一步改变和简化，构成了"Q 版孙悟空"这一卡通形象特有的造型特点，使该作品呈现区别于公有领域和已有作品的独创性表达元素，具有较高的独创性。

对比权利人主张保护的作品与被诉侵权作品，除存在手脚的虚化与写实的差别以及衣物的细微差别外，二者在头部、脸部造型设计（包括脸型、五官形状及安排、金箍）、头身设计（包括身材比例、头巾、虎皮裙）、人物整体造型（包括形状、动作、造型等）均存在诸多相同之处。鉴于权利人作品具有较高的独创性，被诉侵权作品与权利人作品在上述造型设计上具有高度相似性，而非与公有领域作品或他人作品更相似，被诉侵权人亦没有合理的理由予以解释。一审、二审判决据此认定被诉侵权作品源于某电影制片厂有限公司享有著作权的作品，侵害其著作权，认定事实清楚，适用法律正确。杭州某文化创意公司主张的整体风格不近似、材质不同不易混淆等理由并非著作权法中进行作品比对的方法，一审、二审、再审法院均不予支持。

关于赔偿数额是否得当的问题。一审法院综合考虑涉案作品的知名度、独创性、杭州某文化创意公司侵权行为的性质、主观过错程度、某电影制片厂有限公司为制止侵权所支出的合理费用等因素酌定杭州某文化创意公司赔偿经济损失（含合理费用）100 000 元。二审法院考虑到涉案作品于 2012 年 1 月首次在《大闹天宫 3D》电影中发布，随着某电影制片厂有限公司对《大闹天宫 3D》电影的商业推广和使用，涉案作品具有了较高的知名度和市场价值；杭州某文化创意公司为被诉侵权铜艺产品的制造者和销售者，涉及三款被诉侵权产品，在天猫旗舰店均有较高的销售数量；某电影制片厂有限公司支出公证费2000元，购买被诉侵权产品费1364元，以及相应的律师支出等因素，维持一审判决确定的赔偿数额，并无不当。

➲ 判解与学理研究

近年来，我国众多传统文学艺术作品中的人物形象被制作成动画或翻拍成电影，而其中动画或电影中的形象可能会被其他作品再次借鉴创作出新的作品。这一新的作品是否侵犯前一作品的著作权引发了诸多争议，而本案便是其中的典型案例。本案中的涉案作品源于我国四大名著之一《西游记》中的孙悟空艺术形象，是经由作者的再创作表达而成的动画作品，被告创作而成的立体形象是否侵犯了该平面动画形象的著作权便是本案的争议所在。以下将结合案件，对艺术作品再创作的著作权保护及其独创性进行分析。

一、文学艺术作品的再创作

在文学艺术创作过程中，不可避免地会对前人作品进行借鉴，甚至直接以前人作品为基础进行再创作，这一作品一般被称为演绎作品。根据所借鉴的前人作品类型不同，可以将其分为对公共领域的作品再创作和对具有著作权的作品再创作。我国具有丰富多彩的传统文化，以属于公共领域资源的传统文化为基础进行创作，并不会侵犯他人的著作权，因为原作品已随着时间的流逝成为中华民族的共同财富，是公共领域的思想，任何人在创作时均可以使用而无须担忧可能会侵犯他人的合法权益。而针对现有的享有著作权的作品进行再创作时，便应当考虑这一借鉴行为是属于合理使用还是侵权行为，应当明晰二者之间的边界。而本案作为有关文学艺术作品再创作的典型案例，对于两种作品再创作的形式均有涉及，我们可以依据本案的相关法理和判决来举一反三，了解作品再创作这一行为的性质认定。

本案中，原告某电影制片厂有限公司从速某处受让“Q版孙悟空”美术作品的著作权，而速某作为作者在创作这一美术作品时便以我国古代四大名著之一《西游记》中所描绘的孙悟空形象作为基础。“一千个读者心中有一千个哈姆雷特”，同样地，一千个读者心中便有一千个孙悟空。速某在创作完成时便对该“Q版孙悟空”美术作品享有著作权，因为速某基于公共领域《西游记》中的孙悟空形象，通过其具备独创性的艺术创作将其内心想法表现出来，使之形成了具有艺术价值的动画形象，因此速某并不侵犯任何人的著作权，其对公共领域资源的再加工、再创作符合我国著作权法的相关规定。对比这一创作行为，本案中被告杭州某文化创意公司的孙悟空铜艺产品便侵犯了原告的著作权。虽然被告一直辩称，原告的美术作品与被告的铜艺产品均是以公共领域的孙悟空形象创作产生的，我们也不能否认二者具有同一思想基础，但被告根据思想进行创作时不得侵犯他人的著作权。被告的行为也同样不属于合理使用。根据我国《著作权法》第 24 条第 1 款的规定："在下列情况下使用作品，可以不经著作权人许可，不向其支付报酬，但应当指明作者姓名或者名称、作品名称，并且不得影响该作品的正常使用，也不得不合理地损害著作权人的合法权益：(一）为个人学习、研究或者欣赏，使用他人已经发表的作品；(二）为介绍、评论某一作品或者说明某一问题，在作品中适当引用他人已经发表的作品……"而本案中被告的行为主观上是为了牟利，客观上也不符合该条法律所规定的合理使用情形，因而被告提出的公共领域不受著作权法保护的抗辩理由不能成立，合理使用的抗辩理由也不能成立。

值得注意的是，本案中被告抗辩理由的不成立也同时基于一个重要的条件，即原告的作品具有独创性，属于著作权法所保护的作品范围。倘若原告的作品仅是对传统文化中的孙悟空形象的简单重现，并不具备作者独创性的表达，此时被告的行为并不构成侵权。因此作品的再创作中，认定其是否具有独创性具有重要意义。我国《著作权法》虽基于鼓励科学文化创作的目的，未对独创性的高低规定具体明确的门槛，但在司法实践中仍需要根据具体的作品设定一定的门槛，不能毫无限制地将其全部归为具备独创性的作品的范围。而对于演绎作品而言，一般要求演绎作品的独创性要高于普通作品的独创性，因为普通作品属于从无到有的创作，创作出新作品的这一行为本身便具有较高的独创性，应当较演绎作品更容易获得著作权保护。因此，在司法实践中不能直接对涉案作品进行实质性对比来判断侵权与否，而应当先对原告作品的独创性进行判断，判定其属于著作权法保护的范围后，再对侵权行为作出认定。

二、著作权侵权行为的认定

在司法实践中，“接触 + 实质性相似”原则是知识产权领域中判定侵权行为的重要原则。对于该原则的适用，笔者认为主要应从以下三步出发：首先，判定被控侵权作品的作者是否接触了原告创作在先的作品，亦即“接触”。对于“接触”这一事实可以从正反两个方面进行推定，从正面来说是享有知识产权的作品或技术在被控侵权作品或技术创作之前公之于众。也可从反面推定行为人有接触权利人作品或技术的事实：在后作品或技术与在先作品或技术明显相似，足以排除在后作品独立创造的可能性；在后作品或技术包含与在先作品或技术相同的特征、技术或风格，其相同之处难以用巧合作出解释。① 以本案为例，原告的作品于电影《大闹天宫 3D》的片尾中首次发布，之后某电影制片厂有限公司取得该作品著作权并进行商业使用，此时任何公众如果有意识地去查找这一作品，便可以获知该作品的相关内容，因而可以判定被告有接触权利人作品这一事实的存在。

对于两个涉案作品是否实质性相似的判定，往往是决定案件胜负的关键所在，相较于文字作品之间实质性相似的判断，非文字作品之间的判定更为复杂且困难。但无论是文字作品还是非文字作品，实质性相似的判断都需要事先通过“抽象分离法”的筛选，这一方法是指通过抽象的手段，将作品中的思想、事实或通用元素等不受保护部分予以分离，将作品中受保护的部分进行比对，从而判定两部作品是否构成实质性相似。② 实际上，“抽象分离法”的理论基础便是思想与表达二分法，在进行实质性相似的判断之前，我们需要将作品中属于公共领域的思想和事实等分离出来，以此才能保证判断过程的合法性和公正性。就本案而言，在实质性相似对比之前，首先应当明晰原告作品中的“Q 版孙悟空”形象与公共领域中的孙悟空形象之间的独创性差别，如再审法院所提到的在“人物造型、脸部及身体线条、衣物装饰的设计”方面，原告作品存在个性化的处理，这些具有独创性的表达便是作品经由“抽象分离法”之后得到的受保护的部分。而被告作品除了手脚部分存在虚化、衣服打扮存在细微差别之外，与原告作品的人物造型和设计存在诸多相似之处，因而可以认定

① 吴汉东：《试论“实质性相似 + 接触”的侵权认定规则》，载《法学》2015 年第 8 期。

② 许波：《著作权保护范围的确定及实质性相似的判断——以历史剧本类文字作品为视角》，载《知识产权》2012 年第 2 期。

涉案作品之间存在实质性相似。

三、同人作品的著作权保护问题

同人作品一词起源于日本，是动画、电影、小说等作品的爱好者借用原著中的人物形象、设计架构或设定等要素，在故事情节、作品类型、表达方式等方面进行创新而形成的与原著存在差别的作品形式。[①] 随着信息网络的发展，同人作品的创作群体与受众范围也随之加大，其依托专门的网站、公众号或其他信息平台进行传播，甚至某些同人作品的影响力和传播力会与原著相当，这使我国著作权法受到了前所未有的挑战。因同人作品的作品形式未能被我国法律所吸收并加以定义，原著作者对该作品的态度也存在巨大差别，有作者认为同人作品的出现有助于原著的推广，而有些作者则认为这样属于赤裸裸的抄袭。就本案而言，“Q 版孙悟空”作为作者独创的作品，在国内具有较高的知名度，被告以此为基础创作的立体艺术形象便属于“同人作品”，如何判断这一作品是否构成对原作品著作权的侵犯，应当综合多种因素进行判断。

一般情况下，同人作品一般为受著作权法保护的作品，而对于不受著作权保护的创作成果，则不会将其认定为同人作品进行分析。而学术界对于同人作品，一般将其分为演绎类同人作品和非演绎类同人作品，前者与原作联系更为紧密，如果未经过原作者的同意而进行改编创作，则侵犯了原作者的著作权；对于后者而言，虽然其创作中运用了原作的某些元素，但由于其本身具有较高的独创性且与原作关系并非十分密切，则不属于演绎作品。正如我国现行《著作权法》第 12 条的规定，改编、翻译、注释、整理已有作品而产生的作品，其著作权由改编、翻译、注释、整理人享有，但行使著作权时不得侵犯原作品的著作权。虽然我国现行法律对于同人作品未作出明确的定义与限定，但其仍应当根据演绎作品的相关规定作出判定。以本案为例，被告参照原告作品中的孙悟空平面艺术形象，将其改编创作为立体艺术形象，虽然在细节方面作出了一定的调整，但其仍与原作品具有千丝万缕的联系，在独创性方面也有所欠缺。因此，如果被告的改编行为并未经过原告的

---

① 参见刁舜：《论传统物权添附理论在演绎作品保护中的运用》，载《电子知识产权》2018 年第 12 期。

授权，且涉案作品与原作构成实质性相似，则应当认定被告构成对原告著作权的侵犯。

对于非演绎类同人作品而言，其借鉴原著的内容较少，新作品中与原作品的内容或结构已基本不同，因而其侵犯原著著作权的可能性较低。比如，在金某诉江某案中，新作品《此间的少年》是相对于原著独立产生的作品，单纯使用原著中人物的姓名或其他名称并不属于对原著著作权的侵犯，因为过短的“标题”“名称”很难将其认定为作品，这已成为国内外著作权法的基本共识。而在金某原著中，人物的姓名与相关名称并非作品的核心独创表达，因此单纯使用名称进行创作的作品并不会侵犯原著的著作权。然而，非演绎类同人作品仍有可能构成对著作权人相关权益的侵犯，同人作品对于原著中相关内容的引用与使用可能会违反《反不正当竞争法》中关于知识产权保护的相关规定。若是同人作品的出版发行或销售等行为，违背了诚信原则，有违公平正义的商业道德，甚至很明显地进行“洗稿”，借用原著的名气来行使“搭便车”之实，此时法院则应当根据具体案情来对著作权人的权益进行保护。

综上所述，同人作品虽然在互联网时代之前便已出现，但由于信息网络的发展使其对原著相关权益的影响越来越大，在全民媒体化的时代，同人作品一定程度上代表着社会文学艺术创作积极性，符合我国《著作权法》的立法目的与政策导向。对这一性质的作品加以定义和规制，在保护原著著作权和相关权益的前提下，保证同人作品的合法权益是我国《著作权法》应当予以填补的立法空白。在完善这一规则的过程中，我们应当继续坚持利益平衡原则和政策导向原则，构建出更符合我国实际的同人作品规范体系。

四、结论

在著作权侵权纠纷中，被告经常适用合理使用规则和公共领域不受著作权保护等原则进行抗辩，厘清合理使用与侵权、抄袭行为之间的界限，划分公共领域与著作权法保护范围的界限是我国著作权法实务中的一个艰巨任务。在本案中，被告抗辩其使用的孙悟空艺术形象属于我国传统文化中的公共领域资源，其作品不构成对原告作品的抄袭等，而法院在进行判断时首先便剔除了涉案作品中关于公共领域的元素，在原告作品中具有独创性的表达部分仍发现被告存在诸多与之实质性相似之处，因此认定被告构成著作权侵权。应当注意的是，在著作权侵权纠纷中，由于作品的内容复杂且形式多变，我们无法通过具体统一的标准去加以界定，针对不同的案情应当具体问题具体分析。

论文创作中的合理使用界限及论文抄袭问题的规制

——周某某诉王某某著作权权属、侵权纠纷案

/ 高荣鑫

➲ 本案要旨

学术论文抄袭是一种严重侵犯他人著作权的行为，著作权法应当给予权利人完善的保护，以保障学术创作良性发展。因为著作权法不保护思想和事实本身，所以在判定抄袭行为时，应当合理区分论文中的公共领域素材与创作者的独创性内容。对于历史题材、客观事实而言，其属于公共领域的事实，任何创作者都可以合理使用。当事人仅以两部作品在引用不存在独创性的历史事实方面相似或相同为由提起侵权诉讼，不能认定其构成侵权。但对于公共领域资源的合理利用与著作权的保护界限，需要依据个案标准来进行合理的明晰。如果原告与被告均采用了同一历史题材，但原告在创作该学术论文时构建了具有独创性的体系和研究成果，且被告的作品与其独创性的内容存在实质性相似，此时被告以历史题材为抗辩理由则不能成立，应当认定为抄袭。

➲ 案件信息

原告：周某某

被告：王某某

案号：云南省昆明市中级人民法院（2015）昆知民初字第 117 号

➲ 原被告主张及理由

原告主张：其于2004年4月撰写完成博士学位论文《晚清留日学生与云南近代化》，2014年原告发现被告王某某在其著作《留学生与云南近代化》一书中，未经原告许可，擅自引用《晚清留日学生与云南近代化》论文中的内容，构成抄袭。被告的行为严重侵犯了原告的著作权，依法应承担侵权责任。

被告抗辩：（1）《留学生与云南近代化》属于历史学术作品，历史事实无法创造，必须借鉴引用大量的史料和前人研究成果才能完成，所以被告在写作过程中借鉴和引用了包括原告论文《晚清留日学生与云南近代化》在内的很多论著和史料文献，并且均以页下注的方式指明了作者姓名与作品名称，符合学术规范与法律规定；（2）有关云南留学生与近代化的史料文献有限，每位研究者都可能想得到，也有权自由使用，原告不能就史料文献内容独享著作权。被告引用原告的某些表述均注明了来源出处，符合学术规范，应属于合理引用。被告作品与原告作品表述相同或相似之处篇幅很小，仅占被告作品总字数的5%左右，且也仅占原告作品总字数的8%左右。被告作品与原告作品表述相同或相似之处并非被告作品的实质、主要内容。与原告作品相比，被告的作品有明显的创新之处，研究对象扩大至所有晚清留学生，本身具有独创性及学术价值。

➲ 法院查明的事实

原告周某某为某大学教师，于2004年4月完成其博士学位论文《晚清留日学生与云南近代化》。论文摘要记载：本文主要在我国晚清留学运动及中日文化交流的大背景下，探讨晚清云南留日学生选派的原因、选派过程、在日本的活动及留日学生对近代云南社会发展的影响等问题。该论文引用了云南省图书馆收藏的1906年至1911年十余期《云南》杂志和《滇话》报纸中登载的内容，并且引用了诸如《云南文史资料选辑》《续滇南碑传集校补》《云南辛亥革命史》等相关史料文献的内容。2011年，原告著作《晚清留日学生与云南近代化》一书由云南大学出版社出版。

被告王某某现为云南某学院教师，于2013年撰写完成《留学生与云南近代化》一书。2013年10月，该书由云南某出版社出版发行。该书内容中包含晚清留日学生的相关情况和史实，第一章中有关留日学生的情况占主要篇幅，而其他国家留学生和国内的内容较少。

被告与原告作品均主要描写记载我国晚清留学运动中云南留日学生的相关情况与近代社会的发展变化。被告作品《留学生与云南近代化》中注明引用过原告所著的《晚清留日学生与云南近代化》一书及博士学位论文《晚清留日学生与云南近代化》的内容。被告称其参考使用的原告论文是其学生到某大学图书馆借阅复印后得到的，该论文封面上密级处记载为"公开"。该书同样引用了包括《云南》《滇话》报纸中登载的内容，以及《云南文史资料选辑》《续滇南碑传集校补》《云南辛亥革命史》等相关史料文献的内容。

对照被告撰写的《留学生与云南近代化》一书与原告博士学位论文《晚清留日学生与云南近代化》，发现被告与原告作品中注明引用刘存厚著《云南光复阵中日志》、磨厉著《云南与中国关系》《云南杂志发刊词》等8处存在一致。除此之外，对于某些史料文献的引文，被告作品与原告作品中在引文的编排、省略、错误（下划线处）、增添的连接词和转述、补充性表述等多处存在一致。

➲ 法院判决理由与裁判结果

法院认为，本案争议的问题如下：（1）被告作品与原告作品中引用史料文献内容相同之处，是由被告独立研究、合理引用史料文献所致，还是由被告使用原告作品中引用的史料文献所致；（2）若由后者所致，原告引用史料文献的部分能否受到著作权的保护；（3）若能受到保护，被告的行为是否侵害了原告的著作权，以及构成何种侵权；（4）若侵权成立，被告应当如何承担法律责任。

涉案的论著属于史学研究作品，对于特定历史问题的关注与探查显示了学者独立的思想，对所涉历史文献资料的了解和研究亦能反映学者独有的学识。因此，发现能够反映特定历史事实、支持特定学术观点的史料文献本身即承载着学术价值，同时这也是史学研究中最为基础也最耗费时间和精力的一步。

借鉴前人研究成果是必然且必要的，在后学者从事研究时当然可以使用已内化于心的知识，包括其掌握的史料文献，即便在论著中引用了与前人相同的内容，因其引用的目的（所支持的学术观点）和引用的方式（具体的表达）

与前人存在差别，也不能视为对前人成果的占用。所以在独立研究和独立创作的前提下，史料文献内容应属于公共领域内的知识，可以自由引用。

因此，法院认为，合理引用符合独立研究准则，既不为学术不端，更不会侵害他人合法权益，其有如下特征：（1）引用者对所引用的史料文献内容的了解源于其对原文的了解，而非对前人引用的了解；（2）为支持独立的学术观点；（3）注明原文出处；（4）引用篇幅适当。

本案中，被告作品与原告作品中有15处引用了相同的史料文献，原告作品完成时间早于被告作品，被告也承认在其研究创作过程中参考、借鉴了原告作品。至于引用相同史料文献内容，被告解释为“由于反映晚清留日学生情况的史料文献不多，在参阅原告作品后，其按照原告注明的出处查阅原文后，引用了与原告相同的内容”，这一说法可以类比为“按图索骥”。法院认为，以合理引用行为为鉴，“按图索骥”行为违背了独立研究准则：其一，行为对象特定化，所引用内容系前人引用过的内容而非史料文献原文；其二，行为目的特定化，被告原样引用前人引文，查阅原文仅是落实引文内容的准确性，而非为全面了解原文的内容和旨意；其三，没有发现新的史料文献素材，也难有独立的学术观点，缺乏学术价值；其四，省去了收集、筛检史料文献的智力劳动，实际占用了前人的研究成果。因此，虽然“按图索骥”之后往往注明了原文出处，但行为已非合理正当。“按图索骥”已属不端，其表征为与前人引用过的史料文献内容一致，然而在本案中，被告“按图索骥”之说甚至并非事实：原告并非原样引用史料文献内容，而是加入了不少原文中没有的表达，被告也没有原样引用，但使用了与原告作品相似的表述；原告对原文进行了评价、介绍、省略和补充，被告亦然；甚至原告在作品中将原文中张华澜误抄为张儒澜，将李贞伯误抄为李贞白，被告作品亦出现相同错误，所以，被告必定是以直接照搬或稍微变化的方式使用原告作品中引用史料文献的内容的。综上所述，法院认为，被告行为并非合理引用，应属学术不端，进而可能构成侵权。

《著作权法实施条例》第2条规定，著作权法所称作品，是指文学、艺术和科学领域内具有独创性并能以某种有形形式复制的智力成果。从法条文义理解，作品是能完整表达创作者思想和情感的智力成果，而且因为完整才有实用价值，产生专有权方具正当性。作品是由一系列表达衔接组成的整体，著作专有权的对象是作品整体，但若著作排他权的对象也限于作品整体，就无法阻止使用作品中局部有独创性的表达而实质上侵蚀、挤占作品权利人通过控制与行使专有权本应获得的利益，使无价值的拼接式“创作”泛滥。因此，法院认为，为了有效保护著作专有权的完满性，著作排他权保护的对象应指向作品中的独创性表达，它有两层含义：其一为限定，受著作权保护的对象须存在于一部完整的创作成果之内；其二为延伸，作品中的独创性表达并不限于作品整体，还可以是作品中的局部内容。

著作权法未就独创性设定明确的判断标准，法院认为，须以独立创作的行为规律及一般表征为依据。独立创作发端于创作者独立的思想，其间的素材准备亦独立完成，最后运用自己习惯的词汇语言独立完成作品。创作过程和结果均能显现作者的个性化元素。因此，独创的法律含义就是个性化的创作行为，而独创性体现在作品表达中呈现的与同等创作人（实际的或者拟制的）有区别的、专属于特定作者的个性化表达中。学术研究虽然在行为自由度上与文学、艺术实践不同，要遵循基本的科学思维和方法，但由于自然人的个性有异，但凡独立之研究都不可避免地会带入研究者的个性化元素，在创作学术论著时更会让其中的个性化特征得以表现出来。原告创作的博士论文《晚清留日学生与云南近代化》属于学术作品，其结构和内容表达体现出充足的个性化元素，具有独创性，足以产生著作权。

史学研究的对象是客观存在的历史资料，研究目的是揭示历史事实，那么似乎在史料文献引用和历史事实描述上难有个性化可言，因为研究者不能自己编纂历史。由此，有学者认为史学论著可具有独创性，但其中引用的史料文献内容并非引用者原创，引用史料文献之表达不具独创性，不能受到著作权保护，被告也持这样的观点。然而，法院认为此观点简单且片面，未能从史学研究规律出发，未能深研其中的难点和价值亮点，未能体验研究的努力和艰辛，未能从独立研究、独立创作、个性化表达之间的逻辑关联认识到史料文献往往并非被简单直接地引用，其中必然融入了引用者独立的思想、见解和个性化的智力投入。

史料文献要么浩如烟海，要么稀少分散，加之接触受限、语言古旧等困难，不同研究者因努力程度和学识能力高低有别，所能搜集到的史料文献素材在丰富度和价值度上常高下有异，学术观点和见解又因可依据的素材不同而走向各异。在撰写学术论著时，研究者会根据渐显形成的思想观点筛选拟引用的史料文献，按论证其观点和见解的需要选取特定内容。在研究和创作的过程中，研究者个性化色彩表现得越来越明显，最终在引用史料文献的表述中呈现出来，产生独特的学术价值且充满了独创性元素。虽然著作权法未对独创性的程度设置门槛，但是为了不阻滞正常的学术研究活动，对客观上公之于众的史料文献而言，对其引用之表述须达到相当程度的独创性，方能受到著作权的保护。法院认为，引用史料文献内容之表达的独创性为外在形式标准和内在实质标准的统一，形式标准以表达的个性化程度来衡量，实质标准则以学术价值为据。

法院认为，《著作权法》在设置合理引用权的时候，已经明确地限定为“适当引用”，适当与否应根据引用的必要性和合理性来衡量。为证明自己的学术观点并且不作为自己表述的主要内容之引用方为必要且合理，超出界限将构成侵权。经查，被告作品中未出现有别于原告作品的有关留日学生就读学校方面的史实，也没有提出不同的观点。实际情况是，被告在其作品中第一章第一节的第一部分使用了原告享有著作权的表述，此行为超出了必要且合理的行为限度，构成对原告著作权的侵犯。

《著作权法》(2010 年修正）第 47 条第 5 项规定了以剽窃方式侵害他人著作权的行为。法院认为，剽窃，是指将他人的独创性表达作为自己的作品（完整作品或作品的局部内容）来使用，造成对他人创作私益之侵害的同时，亦对社会提供了错误的创作信息，博得本不应有的社会评价和实际利益。法院认为，法律对剽窃行为的否定兼具保障著作权人私益和公示真实创作信息，引导社会资源合理配置的目的。本案被告将原告作品中具备独创性的表达使用于自己的作品中，创作自己的研究成果，此行为一方面借用了原告的创作成果，造成对原告创作权益的侵害，另一方面向社会提供了虚假的创作信息。虽然侵权内容所占篇幅较小，但是侵权成立与否并非取决于篇幅大小，只要是非法将他人独创之表达占为己有，即构成侵权。至于侵权内容所占被告作品整体篇幅的比例，仅是承担民事责任时的考量因素之一。

至此，法院认定被告的行为构成剽窃，应当为此造成的侵权后果承担相应的民事责任。

判解与学理研究

本案是由学术论文抄袭行为而引发的著作权纠纷。在当今的科研和文化教育领域，无论是对于专家学者还是学生，学术研究论文的重要性都毋庸置疑。在科研和论文写作的过程中，借鉴引用前人的作品和研究成果十分常见且必要，众多专家和学者在他人的论文之中得到启发进而创作出青出于蓝而胜于蓝的作品，但也有不少研究人员不假思索地照搬全抄，不仅使自己的作品失去价值，更会侵犯前人的著作权。如何判断当事人的行为属于合理引用还是学术抄袭，是困扰司法实践多年的难点。下面笔者将结合本案对这一问题进行探讨。

一、学术论文中合理引用的界限

根据我国《著作权法》第 24 条第 1 款的规定，为个人学习、研究或者欣赏，使用他人已经发表的作品，或者为介绍、评论某一作品或者说明某一问题，在作品中适当引用他人已经发表的作品属于合理使用，无须著作权人的许可，也不用向其支付报酬。而本案中所涉及的著作权侵权纠纷，其核心便是判断被告是否构成对权利人作品的合理使用，其行为是否属于学术抄袭。

首先，判断合理引用行为成立与否，需要对《著作权法》所规定的独创性进行理解和分析。虽然我国《著作权法》并未明确规定作品独创性的判断标准，但我们可以从其字面意思和实质内容进行理解。独创也即独立化、个性化的创作行为，只有作者创作出区别于他人的、具备明显个性化特征的表达内容，才可以认定为这部分内容具有独创性。即使作者创作这一内容的思想来源是众所周知的或者公共领域的事实，也不影响其特有表达具备独创性。结合本案来看，即使双方当事人均是针对“晚清留日学生”这一特定群体在特定历史时期下的史实进行研究创作，但只要双方具有相区别的、各具特色的表达，我们便应当认定两部作品均存在独创性。我国著作权法基于鼓励科学文化创作的目的，并未对独创性设置准入制度，但在司法实践中我们仍需要依据法官的自由裁量权或一般读者的态度来进行判断，不能一概而论。

其次，在论文创作过程中，允许作者合理引用和借鉴他人的作品，但同时其引用的形式必须合理，不得损害权利人的合法权益。比如，在引用过程中，不仅要注明文献名称、作者及其出处，还应当在内容上加以区分，使读者能够在阅读时将引用的内容与创作者“介绍、评论某一作品或者说明某一问题”的内容区别开来。不仅在著作权纠纷中需要根据形式进行判断，在论文查重和学术规范中，也需要做到在形式上和内容上的合理区分。这也是判断一部作品独创性高低的重要指标。同时应当注意的是，我国《著作权法》对于合理使用的条文中明确将文献引用的对象限定为已发表的作品，而未经发表的作品不得引用。对于这一限制可以从发表权的规定进行理解，著作权人虽然在创作完成后便取得相应的权利，但是其中很多权利需要作品发表后才可能实现。若是引用他人未发表的作品进行创作，即使不构成对原作品的抄袭，也构成对原作品发表权的侵犯。

再次，在合理引用的过程中也存在对引用内容的限制。作者创作的作品，其核心内容或实质性内容不能是引用他人的部分，因为这部分内容是作者独创性的集中体现，也是整部作品最有价值的地方，如果连作品的核心内容都是前人的研究成果，则不能将其归入著作权法所保护的范围。从另一个角度来说，如果权利人的作品被当作另一部作品的核心内容进行发表，其表达内容上与原作也不存在实质性区别，必然是对原作品著作权的侵犯。抄袭他人的作品不但会侵占他人原本依据独立创作而获得的著作权，还可能助长讹诈骗取的不良学术氛围，不利于文化事业的发展和社会的进步。

最后，合理使用的判断也可以从引用目的入手。我国《著作权法》针对各个情形都规定了不同的使用目的，如“为个人学习、研究或者欣赏”和“为介绍、评论某一作品或者说明某一问题”。但在实践判断中，我们一般倾向于通过当事人在论文或作品中引用他人作品的方式和数量来推定其主观目的。若当事人在引用他人文献的过程中，并未通过合理的方式将其与自己的作品进行区分，有意使读者在阅读过程中将二者进行混同，那么便可以认为当事人并不具备合理使用的目的。除此之外，当事人在引用文献时很少发表自己的观点，大部分内容均是对其他文章的引用或者重现，如此也可以推定当事人的行为不属于合理使用，其并非为了介绍和评论某一作品而创作。

以本案为例，涉案作品是针对史学研究而创作的作品，史学研究以历史的事实为研究对象，实质上是对公共领域的内容进行发掘和证实，并对其提出评论和相关观点。在表述过程中，作者将原本浩瀚繁杂的历史事实进行详略得当的归纳整理，针对特定的历史事件予以更高的关注和更多的评论，以此实现该作品的学术价值，而非对历史毫无创造性地再现。因而法院认为，发现能够反映特定历史事实、与作者学术观点相匹配的历史文献本身便是作者学术创作的过程。作为史学研究中最基础和烦琐的第一步，不能因其发掘的史实属于公共领域的资源而任由其他人对这些内容进行使用。因而在本案中，法院归纳总结出合理引用的构成要件：（1）引用者对所引用的史料文献内容的了解源于其对原文的了解，而非对前人引用的了解；（2）为支持独立的学术观点；（3）注明原文出处；（4）引用篇幅适当。与上文中笔者所述相似，法院从引用方式、引用内容、引用目的及作品的独创性所在进行分析，从这四个角度对被控侵权的作品与原告的作品进行对比，以此来判定其引用行为是否合理。

二、学术论文抄袭的侵权认定

在著作权法中，认定抄袭的重要原则便是“接触加实质性相似”原则。针对论文抄袭行为引发的著作权纠纷，虽然会涉及对行为是否构成合理使用的判断，但在认定独创性和侵权行为存在与否时，均需要适用这一原则进行判断。作为判定著作权纠纷的核心规则，“接触加实质性相似”虽未被法律明确规定，但却是知识产权法律多年来认定侵权行为的理论结晶和实践总结。在适用该规则之前，首先要明确思想与表达的区别，因为著作权法保护的是创作者独创性的表达而非其思想或事实。因此，在对比原诉讼涉案侵权作品进行之前，应当明确著作权法保护的范围，明晰二者的边界。

以本案为例，原告的作品完成时间早于被告，且被告也承认在进行学术创作的过程中曾以原告作品为参考和借鉴，因此应当认定被告接触过原告作品。值得注意的是，在判定实质性相似时，被告抗辩称其通过“按图索骥”的方法引用了与原告相同的内容。“按图索骥”行为，即在阅读原文时获知了原文所引注作品的出处，因而再去查阅和引用原文的参考文献。法院认为，这一行为并不属于合理引用，违背了学术研究的道德准则。因为从目的上来看，被告对这一文献的引用并非基于对该文献的理解和认同，而是对于原告作品的认同；从独创性的角度而言，被告在这一过程中没有发现新的文献素材，实际上占用了原告的智力活动成果，若认同这一行为的正当性，就必然会对学术界独立自主和诚实信用的氛围造成不利影响。除此之外，法院在对涉案作品进行对比时发现，被告“按图索骥”的内容在对比中并未发现多少，反而被告抄袭原告作品的内容却占据多数。比如，涉案作品对于起义事件的时间线安排、原告对原文存在多处省略甚至引用错误之处，在被告作品中也出现了相似表述。倘若仅是对原告作品进行借鉴和参考，便不可能出现如此多的相似甚至相同之处。因而，法院依此认定涉案作品构成实质性相似，被告对原告作品构成抄袭。

在司法实践中，一般是由原告承担“接触加实质性相似”情形成立的举证责任，原告可通过证据证明原告作品先于被告公开且被告有能力接触原告的作品，原告也可就被告接触的主观目的不正当进行举证。对于实质性相似而言，原告一般会提交一份书面材料，用以标注两部作品之间存在的相似之处。法院则会依照这一证据在开庭时公开质证，被告在此过程中可就二者存在的相似之处发表自己的观点和看法，最终由法院综合作出判定。

三、规范学术论文抄袭行为的解决路径

学术论文作假或抄袭行为一直受到社会各界的广泛关注，部分学者和研究人员或是为了完成目标，或是因为急功近利的心态，使他们明知其行为不合学术道德且不合法却仍选择走上学术抄袭的道路，尤其是 2019 年发生的翟某临事件更是将论文抄袭作假这一话题推上了风口浪尖，使整个社会针对学术界的论文创作和研究开始反思。相对于研究人员的学术水平，公众和社会更期望其拥有更高的学术品格和学术精神，学术研究人员只有坚持独立自主、诚实正直的态度，才能持续创作出具有研究价值的学术成果。笔者接下来将从法律角度来分析如何对于学术论文抄袭行为进行规制。

制止和减少学术论文造假行为，首先，要对论文引用制定合理的规范。合理使用作为《著作权法》规定的无须承担法律后果的一种引用方式，常常在著作权纠纷中被被告方作为抗辩的理由，在当事人的引用行为是否属于合理使用的认定上，我们应当构建一套系统而全面的规范。在我国，有关机关已针对参考文献的规范化制定出了一系列规则和标准，但由于学术领域繁多，理工科与文科类型的学术研究规范也存在巨大的差别，并且这些规范发挥的更多是引导作用而非强制作用，这使我国各个院校出台了样式不同的学术论文规范和相关规定。如此，更加使我国司法实践中合理引用的标准变得模糊，采取不同的标准可能会得出不同的判决结果，因而在司法实践中更多的仍是依靠法官的自由裁量，根据原告、被告提供的证据材料，针对涉案作品的内容进行对比和分析。这对研究人员或是司法工作人员来说，无疑都是巨大的

工作量。因此，杜绝论文抄袭行为，必须先界定清楚抄袭与合理引用的界限，构建一套具有强制力且适用范围较广的规范体系，以此助力我国学术生态的良好发展。

其次，要制止学术论文造假行为，应当加强对学术论文的审查和对抄袭行为的惩戒。各个高校具有学位授予的行政主体资格，针对论文抄袭和作假行为，各大院校也出台了相关的规定和惩戒方式，若发现存在学术论文抄袭行为，就可开除其学籍或者撤销其已获得的学位，惩戒力度相当之大。但相关规定在实施过程中可能会遇到其他障碍，高校并非传统意义上的行政机关，授予学位和撤销学位，并不受行政法律规制。除此之外，因为论文作品属于我国《著作权法》规定的作品类型，制止和惩戒论文抄袭行为，必然会涉及我国《著作权法》的相关规定。当事人可依据《著作权法》针对抄袭行为的相关规定来请求对方当事人停止侵害、赔偿损失，对原作者的著作权、人身权造成损害的，还可以请求赔礼道歉。

最后，要从根本上杜绝学术论文抄袭行为，应当从思想规范上入手。通过良好的政策引导，构建健康诚信的学术研究生态，才是净化我国学术风气的关键所在。在大学生、硕博生入学之初，就应当对其未来学术研究所应当遵循的规范予以明确，使我国新一批学术研究人员在一开始就树立良好的学术研究态度。对于研究人员和学者而言，在学术创作过程中，学者应当以独立自主的态度来看待其所研究的领域和主题，对于前人的作品和研究成果，不仅应当通过科学的方法进行剖析，更应当以诚信和自律为基础去借鉴和吸收，只有这样才能创作出真正有价值的研究成果，而不是对前人作品进行“搬运整合”。

四、结论

合理使用规则作为对著作权人的限制制度，在我国乃至世界各国的著作权法中均有所规定。在正当范围内为保护公共利益和促进我国科学文化事业繁荣的需要，对著作权人相关权益进行适当的限制，是私人权利和集体利益相平衡的结果，因而在对合理使用制度进行立法构建和司法适用时，应当始终贯彻权利平衡原则，界定清楚合理使用与不适当使用之间的界限。同时，引用参考文献作为合理使用制度的一种表现形式，在学术研究和创作过程中具有重大意义，由于不同领域的学术研究之间存在巨大差异，因此在司法实践中更多的是依据形式上的规定和法官的自由裁量权来进行实质性相似的判定。为了杜绝学术抄袭行为的泛滥，我们应当搭建好制度规范，从政策指引和强制惩戒两个方面入手，营造风清气正的适合研究的学术氛围。

真实历史题材作品著作权侵权认定

——钱某诉唐某等侵犯著作权纠纷案

/ 杨博雅

本案要旨

真实历史事件一般被认为属于客观事实，但作者以其为对象进行创作时，若加入了自己独立的、具有智力创造成分的表达，那么该真实历史题材作品即具有独创性，应当受到《著作权法》的保护。由于创作对象的特殊性，对于真实历史题材作品应根据其不同的作品类型性质区分不同的保护范围；在侵权认定时，要综合作品本身的独创性空间、比对结果等条件进行个案认定。

案件信息

上诉人（一审被告）：唐某

被上诉人（一审原告）：钱某

一审被告：北某报社

案号：北京市朝阳区人民法院（2013）朝民初字第8853号、北京市第三中级人民法院（2013）三中民终字第00116号

原被告主张及理由

原告（被上诉人）钱某起诉称，钱某是图书《小球转动大球——“乒乓外交”幕后》《“乒乓外交”始末》及文章《“乒乓外交”中的科恩和母亲》的作者。唐某所著的图书《乒乓外交高层内幕——一个细微事件开启一个时代》抄袭了上述著作，字数达7.2万字，抄袭内容占其图书总篇幅的1/3以上，且多处为整页整段抄袭。唐某侵犯了钱某对上述作品享有的著作权。北某报社在

其出版发行的《北京某报》上连续15期连载唐某所著的侵权图书，未履行出版发行者应尽的审查和合理注意义务，明显构成侵权。另外，北某报社还通过北某网和千某网对侵权内容进行网络传播，扩大了侵权作品的传播和影响范围，加重了侵权后果。唐某和北某报社的侵权行为给钱某造成了经济和名誉上的损失，也给钱某的精神造成了损害。

被告北某报社辩称，北某报社连载的唐某所著图书《乒乓外交高层内幕——一个细微事件开启一个时代》是当代某出版社出版正式发行的，并获得了当代某出版社的授权，故北某报社不构成侵权；北某报社对连载该图书尽到了合理注意义务，且早已停止连载该书，也不存在侵权所得利润。

法院查明的事实

1987年1月、1997年11月，东某出版社分别出版发行了图书《"乒乓外交"始末》《小球转动大球——"乒乓外交"幕后》。在该两本书的封面及版权页上均有作者钱某的署名。中国某研究院主办的2007年第5期《传记文学》上刊登了《"乒乓外交"中的科恩和母亲》，署名为钱某。2012年4月，当代某出版社出版发行了唐某所著的图书《乒乓外交高层内幕——一个细微事件开启一个时代》，版权页记载该书180千字，定价29元。将唐某所著的图书《乒乓外交高层内幕——一个细微事件开启一个时代》分别与钱某所著的上述《"乒乓外交"始末》《小球转动大球——"乒乓外交"幕后》图书及《"乒乓外交"中的科恩和母亲》文章相比，《乒乓外交高层内幕——一个细微事件开启一个时代》中，约有60 651字与《小球转动大球——"乒乓外交"幕后》中相应内容一致，约有99字与《"乒乓外交"中的科恩和母亲》中的相应内容一致，约有2409字与《"乒乓外交"始末》中的相应内容一致，且该一致的内容大多为整段或整页内容一致。2012年4月2日，当代某出版社以图书宣传为目的向北某报社出具《授权书》，授权北某报社在《北京某报》上以连载/选载的方式刊登唐某所著图书《乒乓外交高层内幕——一个细微事件开启一个时代》的内容，连载/选载的内容不得超过全书内容的1/3，自授权书签署之日起6个月内，北某报社可自主择定连载/选载日期。当代某出版社保证其已与授权作品的作者签订了图书出版协议，享有授权作品的专有使用权，其已经获得作者许可，有权授予北某报社在平面媒体上连载/选载授权作品的内容，其已对授权作品进行合理审查，确认授权作品的版权、稿件来源、作者署名、内容等符合法律规定，其保证拥有本授权书项下之权利，保证北某报社依照本授权书连载/选载授权作品的行为不会侵害任何第三方的合法权益。双方均无须向对方支付任何费用。当代某出版社向北某报社出具上述《授权书》时还提供了其与唐某签订的《出版协议》以及涉案图书《乒乓外交高层内幕——一个细微事件开启一个时代》。当代某出版社和唐某在《出版协议》中约定出版作品的纸张、印刷、装帧、设计、印数、推广等由当代某出版社决定，唐某将在当代某出版社需要时协助进行宣传、推广工作。北某报社在其出版发行的2012年5月17日至31日的《北京某报》C7版中分15期刊载了唐某所著涉案图书《乒乓外交高层内幕——一个细微事件开启一个时代》部分内容，其中包含该书与《"乒乓外交"始末》《小球转动大球——"乒乓外交"幕后》《"乒乓外交"中的科恩和母亲》上述相同的部分，字数7300余字。钱某为证明北某报社通过网络传播了《乒乓外交高层内幕——一个细微事件开启一个时代》图书中的部分内容，向法庭提供了几页千某网和北某网的网页打印件，这些打印件中未出现该图书的内容，且钱某也未举证证明千某网、北某网是北某报社所有并经营的网站。

➲ 法院判决理由与裁判结果

一、一审

一审法院经审理认为，根据图书《"乒乓外交"始末》《小球转动大球——"乒乓外交"幕后》及文章《"乒乓外交"中的科恩和母亲》上的署名，在无相反证据的情况下，可以确认钱某是上述图书和文章的作者，对该图书和文章享有著作权。

经对比，唐某所著的图书《乒乓外交高层内幕——一个细微事件开启一个时代》与钱某所著的图书及文章有整段或整页内容表述一致，字数高达6万余字，占唐某图书总字数的1/3，且钱某所著图书出版和文章发表时间早于唐某所著图书出版时间，唐某具有接触钱某作品的可能性，唐某也认可其参考过钱某的相关作品，且未举证证明这些一致的表述有其他合法来源，故可以确认唐某抄袭了钱某作品的相关内容，侵犯了钱某对其作品享有的著作权，应当为此承担赔礼道歉、赔偿经济损失的法律责任。唐某称其适当引用了钱某的相关作品，且在书稿末所附的“主要参考书目”中列明了钱某的相关作品，只是出版社出版时未将该“主要参考书目”印入书中，故其不侵权。对此，首先，唐某并未举证证明其书稿末附有该“主要参考书目”；其次，唐某所著涉案图书大量抄袭了钱某所著涉案图书内容，难以构成适当引用；最后，即使唐某所著涉案图书后附有该“主要参考书目”，但鉴于其未在图书正文中注明哪些内容是引用自钱某的作品，易使读者误认为钱某的作品内容是唐某所创作，也同样构成侵权。

根据当代某出版社与唐某签订的《出版协议》，当代某出版社对于该图书的推广宣传具有决定权，因此其有权授权北某报社以宣传为目的对该图书部分内容进行连载，且北某报社在获得授权时审查了当代某出版社与唐某所签订的《出版协议》，尽到了合理的注意义务，其对于唐某所著涉案图书是否侵犯他人著作权也难以判断，故北某报社主观上不存在过错，不应当承担赔礼道歉、赔偿损失的法律责任。鉴于北某报社已经停止了连载，故也不存在停止侵权的问题。

综上所述，一审法院判决被告唐某在《北京某报》上向原告公开赔礼道歉，消除给原告造成的不良影响，赔偿原告经济损失及合理费用，驳回原告的其他诉讼请求。

二、二审

二审法院认为，本案的争议焦点在于具有独创性的真实历史题材作品是否应受法律保护。钱某在原审法院起诉的侵权行为是唐某在其图书《乒乓外交高层内幕——一个细微事件开启一个时代》中抄袭钱某涉案作品的行为以及北某报社连载并通过网络传播《乒乓外交高层内幕——一个细微事件开启一个时代》，应当据此确定本案的审理范围，因此，唐某提出的本案审理范围应当仅限于在《北京某报》上连载的内容的上诉理由，缺乏依据，二审法院不予采信。钱某是涉案图书《“乒乓外交”始末》《小球转动大球——“乒乓外交”幕后》和涉案文章《“乒乓外交”中的科恩和母亲》的作者，依法享有著作权。鉴于唐某并未举证证明钱某的涉案作品构成侵权，故唐某关于原审法院没有查清钱某涉案作品是否侵权的上诉理由，缺乏依据，二审法院不予采信。经比对，唐某图书《乒乓外交高层内幕——一个细微事件开启一个时代》与钱某作品《“乒乓外交”始末》《小球转动大球——“乒乓外交”幕后》及文章《“乒乓外交”中的科恩和母亲》表述内容一致的部分为6万字，占唐某图书《乒乓外交高层内幕——一个细微事件开启一个时代》总字数的1/3。唐某虽主张上述表述内容一致部分具有其他来源，但无法证明。因此，唐某关于其涉案作品与钱某涉案作品表述一致部分具有其他来源的主张，缺乏依据，二审法院不予采信。

唐某的涉案作品与钱某的涉案作品的主题均为重大历史事件“乒乓外交”。这一主题属于思想的范畴，而非著作权所保护的表达的范畴。但这并不意味着在这一主题下进行创作而形成的内容不可能具有著作权意义上的独创性，也并不意味着就历史事件进行创作而形成的内容是公有资源，任何人均可使用，其中的独创性内容依法受到著作权法的保护。因此，唐某关于涉案作品涉及的内容为重大历史事实，相关内容为公有信息资源，任何人均可使用，原审法院认定构成侵权依据不足的上诉理由，缺乏依据，二审法院不予采信。原审法院虽查明唐某涉案图书中的侵权内容，但未在原审判决中明确侵权内容的具体情况，这并非表示原审法院没有查明侵权事实。因此，唐某关于原审判决没有查清侵权内容的上诉理由，缺乏依据，法院不予采信。

原审法院对于唐某提出的“主要参考书目”的问题采用递进式的说理方法，并进行了假设性分析，逻辑清晰，推理正确。因此，唐某关于原审法院在“主要参考书目”的问题上采用想当然的逻辑进行推理，法律依据不足的上诉理由，缺乏依据，二审法院不予采信。唐某还主张其在主观上并无依附钱某涉案作品而出名的故意，由于是否因侵权行为而出名系侵权行为的动机问题，且唐某在撰写有关“乒乓外交”这一重大历史事件的专著时，具有接触钱某涉案作品的可能性，且在其“主要参考书目”中明确列明了其中的《小球转动大球——“乒乓外交”幕后》一书，因此唐某在主观上具有抄袭钱某涉案作品的故意，故唐某的上述上诉理由缺乏依据，二审法院不予采信。唐某的行为侵害了钱某就其涉案作品享有的著作权，唐某依法应当承担停止侵害、赔偿损失、赔礼道歉的民事责任。鉴于唐某和北某报社的侵权行为不属于持续性行为且已经完成，不存在停止侵害的问题，原审法院对于钱某要求唐某和北某报社停止侵害的诉讼请求不予支持，并无不当，二审法院予以维持。原审法院综合考虑钱某涉案作品的独创性程度、抄袭的字数和程度、主观过错程度等因素，根据国家相关稿酬规定酌情确定损害赔偿的数额，并无不当，二审法院予以维持。

鉴于钱某并未举证证明涉案侵权行为给其精神上造成严重损害，且判令唐某公开赔礼道歉能够起到弥补钱某精神伤害的作用，原审法院对于钱某主张的精神损害抚慰金不予支持，并无不当，二审法院予以维持。北某报社取得了当代某出版社的授权并审查了当代某出版社与唐某签订的《出版协议》，尽到了合理注意义务，不存在主观过错，不应当承担赔偿损失和赔礼道歉的民事责任。钱某并未举证证明北某报社通过网络传播了唐某的涉案作品，原审法院对于钱某的相关请求不予支持，并无不当，二审法院予以维持。

判解与学理研究

一、历史题材作品的独创性

本案中，被告唐某以“乒乓外交”是20世纪轰动全球的重大历史事件之一，属于以社会共有资源为由，抗辩自己没有抄袭原告主张权利的涉案图书和文章，不构成侵权。

历史事实本身和以史实为题材创作的作品在著作权保护中不能等同。首先，具备独创性是作品成立及产生著作权的一项重要前提。但是，著作权法所保护的“独创性”仅针对“表达”的独创性，并不要求“思想”必须具有唯一性和新颖性。抽象的构思、观点、事实题材等，应划归到“思想”的范畴，不属于著作权法保护的对象。而由“思想”外化而来的具体、可感知的表现形式，才是独创性的判断基础。《最高人民法院关于审理著作权民事纠纷案件适用法律若干问题的解释》第15条规定：“由不同作者就同一题材创作的作品，作品的表达系独立完成并且有创作性的，应当认定作者各自享有独立著作权。”如果依被告的观点逻辑，凡以史实为基本背景的著作均属于社会共有资源，就会抹杀不同表达之间的个性化差异及创作者的精神劳动，其将严重压制优秀作品创作的积极性，而这对文学、艺术及科学发展的阻碍是难以想象的。正如本案二审判决所明确阐述的：“这一主题（“乒乓外交”历史事件）属于思想的范畴，而非著作权所保护的表达的范畴。但这并不意味着在这一主题下进行创作而形成的内容不可能具有著作权意义上的独创性，也并不意味着就历史事件进行创作而形成的内容是公有资源，任何人均可使用，其中的独创性内容正是著作权保护的作品，依法受到著作权法的保护。”独创性要件划定了公共领域与著作权之间的界限。如果一个作品不是由作者独立创作或不具有某种最低限度的独创性，那么将无法获得著作权保护而落入公共领域。同时，独创性要件划定了作品与事实之间的界限。①

本案中，法院认为从创作体裁方面来看，原告钱某主张权利的图书和文章以及被告唐某的涉案图书均属于文学创作，作者可以有较大的演绎自由。从表达的空间来看，对于历史事实的文字展现方式也并非唯一或者极为有限。即使是仅针对同一事实的铺陈、描述，也可以因情节侧重不同、细节详略不同、语言风格不同而形成多种表达方式。而就本案的具体情况而言，被告唐某所著的图书中有6万余字的内容表述与原告在先创作的作品相重合，占据被诉图书总字数的1/3，这显然不能简单归结为表达形式的束缚或者纯粹创作巧合。可以发现，判断历史题材作品的独创性时需要考虑表达空间，即表达方式是否有限。

历史题材文字作品由于是对历史事实的还原再现，无论是在故事主线、人物设置还是情节设计上都脱离不了相关历史背景，针对相应史实的表达方式（即使加入了艺术创作手法）在很多时候都是有限甚至是唯一的。此种有限或唯一的表达方式是由创作空间先天决定的，并非因作者的独创性劳动而形成，也非责难在后创作难以与前作区分的理由。同时辅以社会利益方面的考量，不宜对此种有限或唯一表达给予著作权保护。②

二、历史题材作品的著作权侵权认定

在司法实践中，判断是否构成实质性相似的方法主要有整体观感法和抽象分离法。整体观感法在美国联邦第九巡回上诉法院的Roth案③中被详细阐述：尽管贺年卡中的文本材料本身因为处于公共领域而不受版权法保护，对此问题的适当分析需要考量卡片的所有要素，包括文本、文本的安排、图片及文本和图片之间的联系。这些要素都应当作为“整体”来考虑。作为整体考虑，原告的每一张卡片都代表了原告的表达，被告复制了原告卡片的“整体概念和

① 马治国、赵龙：《价值冲突：公共领域理论的式微与著作权扩张保护的限度》，载《山东社会科学》2020年第10期。

② 许波：《著作权保护范围的确定及实质性相似的判断——以历史剧本类文字作品为视角》，载《知识产权》2012年第2期。

③ Roth Greeting Cards v. United Card Co.，429 F. 2d 1106（9th Cir. 1970）.

感觉”，两个作品所传达的特殊感受是相同的。[①]

抽象分离法也是用来判断被告作品是否侵犯了原告作品著作权时的方法。该认定方法的第一步为“抽象法”，即把双方作品中不受著作权法保护的“思想”部分予以排除，不作为认定侵权的依据；第二步为“过滤法”，即将双方作品中虽然相同，但均属于公有领域的内容予以排除，不将其纳入侵权认定的考量范围；第三步为“对比法”，即将经前述两个步骤排除后剩下的部分进行比照，如果双方作品仍有实质性内容相同，则认定构成侵权。[②]

有学者从作品性质出发来探讨两种方法的适用范围，认为在决定更为抽象的视觉艺术作品是否侵权的时候，应从整体概念出发。在这些案件中，存在更多表达方式，在两个作品“整体印象”相似的基础之上确定版权侵权的存在符合著作权法的立法目的。与之相对的是，事实性文字作品由于同客观事实之间具有各种联系，对其版权保护范围的不当划定有可能保护到不应受版权保护的客观事实。因此，对该类作品中构成要素进行解构，剔除不受版权保护的要素，来考察作品剩下的可版权性要素是否受版权保护是有必要的。对于即便是虚构文字作品来说，整体概念和感觉原则的适用也有问题，因为整个作品的一般情节或中心思想属于公共领域，如同事实性文字作品，基于整体路径而进行的实质性相似分析可能将应处于公有领域的部分纳为私有。[③]对于历史题材这种独创性程度较低的作品，抽象分离法在适用上更具优势。本案中，法院结合历史题材作品的创作空间，对比两作品之间重合的内容，认定两作品构成了实质性相似，被告也承认自己曾参考原告作品。因此，依据“实质性相似＋接触”的侵权判定规则，在被告不能证明上述表达一致的部分具有其他合法来源的情况下，可以认定这些内容属于对原告作品的直接使用。

三、合理使用的抗辩

本案中，被告称其适当引用了钱某的相关作品，且在书稿末所附的“主要参考书目”中列明了钱某的相关作品，只是当代某出版社出版时未将该“主

---

① 卢海君：《论作品实质性相似和版权侵权判定的路径选择——约减主义与整体概念和感觉原则》，载《政法论丛》2015年第1期。

② 杨德嘉：《相同历史题材作品间的侵权认定——评书〈千古功臣张学良〉著作权纠纷案评析》，载《科技与法律》2009年第6期。

③ 卢海君：《论作品实质性相似和版权侵权判定的路径选择——约减主义与整体概念与感觉原则》，载《政法论丛》2015年第1期。

要参考书目”印入书中，故其不侵权。

我国《著作权法》第24条第1款第2项规定，为介绍、评论某一作品或者说明某一问题，在作品中适当引用他人已经发表的作品，可以不经著作权人许可，不向其支付报酬，但应当指明作者姓名、作品名称，并且不得侵犯著作权人依照该法享有的其他权利。该项规定即合理使用他人作品的情形之一，既是排除被诉行为侵权定性的法定事由，也是著作权侵权纠纷中一种比较常见的由被告提出的抗辩理由，理论上称为“适当引用”或者“合理引用”情形。

关于引用他人作品的行为是否成立“适当引用”的判断，一般应当综合考察被引用作品的状态（是否已经公开发表），引用目的的合理性（是否为介绍、评论某一作品或者说明某一问题），引用篇幅与引用人作品之间的比例关系（引用部分在引用人作品中占比是否适当，是否已成为引用人作品的核心或实质内容），以及引用行为对被引用作品正常使用的影响（是否对被引用作品产生“实质性替代”的影响，双方作品是否在市场中形成竞争关系）等多方面因素。

本案中，虽然原告主张权利的图书及文章已经公开出版或发表，但被告整段或整页摘引原告作品的表述，达6万字之多，且占其整部图书总篇幅的1/3，已明显超出介绍、评论某作品或说明某问题的合理目的，引用方式也难谓不会使读者混淆原告、被告双方的作品来源或者产生不必要的关联性联想。

被告还抗辩其投寄书稿时原本在参考书目中列明了原告的作品，是出版社的严重失职导致书稿末所附“主要参考书目”最终未在出版后的图书中体现出来。然而，该项主张依然不能成为被告不侵权的正当理由。无论以何种方式使用他人作品，表明原作出处均是使用者最为基本的义务。我国《著作权法实施条例》第19条也规定：“使用他人作品的，应当指明作者姓名、作品名称；但是，当事人另有约定或者由于作品使用方式的特性无法指明的除外。”但指明原作者及其作品，并不是排除侵权的充分依据。“适当引用”他人作品必须且只能在法律规定的特定情况下进行，同时根据《著作权法实施条例》第21条的规定，使用行为不得影响被使用作品的正常使用，也不得不合理地损害著作权人的合法利益。在被告的上述行为不符合“适当引用”条件的前提下，其在书后引注中是否注明了参考文献的出处，均不影响其行为构成抄袭和侵权使用的认定。

文学艺术领域内，对他人作品进行适当借鉴是广泛存在并且能够为大众所接受和认可的普遍现象。特别是相关历史题材作品的创作，由于需要尊重基本史实，而作者所能掌握的史料往往又非常有限，在这种情况下，对前人作品的适度参考和借鉴也就成为创作新作品的过程中难以彻底回避的问题，但是对前人作品的引用必须在合理范围内。[①]

四、结论

历史题材作品的创作空间有限，对于独创性的判断标准不宜过高，如果作者加入了自己独立的、具有智力创造成分的表达，那么该真实历史题材作品即具有独创性，应受到著作权法保护。在判断历史题材作品是否构成实质性相似时，应采用抽象分离法，过滤其中属于思想的部分和属于公共领域的部分，结合作品本身的独创性空间、重合比重等因素进行判断。历史题材作品对于前人作品的引用不可避免，但是必须符合《著作权法》规定的适当引用的要求。

① 参见杨德嘉：《相同历史题材作品间的侵权认定——评书〈千古功臣张学良〉著作权纠纷案评析》，载《科技与法律》2009年第6期。

相同历史题材作品间的著作权侵权判断标准

——黄某某诉某广播电视音像出版社等著作权权属、侵权纠纷案

/ 王楷文

➲ 本案要旨

对涉及同一历史题材、历史人物的作品进行侵权判断，应抽象出思想，过滤、剔除历史事实、公知素材及基于历史事实、公知素材的合理推演和有限表达、特定主题的惯用桥段和惯常表达等因素后，再进行“实质性相似”的比对。在判断是否构成“实质性相似”时，须综合考虑作品语言表达的异同、内容的相似程度及原因、在后作者对在先作品所载事件属于史实还是文学创作的辨别能力和信赖程度、同类题材其他作品的相关记载等因素，衡量被控侵权作品使用原作品独创性表达的质和量，进而判定是否构成“实质性相似”。根据相同历史题材创作的作品，其中的题材主线、史实脉络属于思想范畴，不受著作权法的保护。

➲ 案件信息

上诉人（一审原告）：黄某某

被上诉人（一审被告）：江某某、某集团有限责任公司、北京某文化传媒有限公司、某信息技术（北京）有限公司、北京某科技有限公司、深圳市某计算机系统有限公司、上海某传媒技术有限公司、某广播电视音像出版社

案号：北京市海淀区人民法院（2016）京0108民初19685号、北京知识产权法院（2018）京73民终90号

上诉主张及理由

黄某某上诉请求：（1）请求撤销一审判决，支持上诉人的全部诉讼请求；（2）判令本案诉讼费由被上诉人承担。事实与理由：（1）上诉人创作《大帅府》的故事主线属于独创性表达，涉案侵权作品《少帅》与张学良有关的故事主线与之实质性相似，构成侵权；（2）上诉人创作的《大帅府》的故事开篇的叙事脉络与主要内容属于独创性表达，涉案侵权作品《少帅》对应内容与之实质性相似构成侵权；（3）上诉人创作《大帅府》与相关人物关系的设计及表达均具有独创性，涉案侵权作品《少帅》对应内容与之实质性相似，构成侵权；（4）《少帅》部分故事情节与《大帅府》中独创性故事情节实质性相似，构成侵权；（5）《少帅》部分语言表达与《大帅府》中独创性语言表达实质性相似，构成侵权。另外，《大帅府》小说中张氏父子的复杂关系、张学良与于凤至的关系发展等，是上诉人的独有创意，是史料中没有的，却成为《少帅》的重要内容，且不能因两个作品中相似情节数量少、比重低就不认定《少帅》抄袭。上诉人指证《少帅》涉嫌抄袭经媒体报道后，被上诉人曾通过中间人找过上诉人，欲达成和解，因缺乏诚意被拒绝。综上所述，一审判决认定事实不清、证据不足，适用法律错误，故上诉人提起上诉，望判如所请。

江某某、北京某文化传媒有限公司（以下简称某文化公司）辩称：媒体报道后，我们的导演确实主动找过提出异议的上诉人，但目的是核实情况问清楚原因，并不代表心虚认可侵权，事实上双方没有谈妥。《少帅》剧本及电视剧是在特定历史题材下独立创作的作品，受我国《著作权法》的保护，从故事主线、开篇叙事脉络及内容、人物关系设计、情节、具体语句表达这五个方面比对，对小说《大帅府》均不构成任何抄袭和改编，一审判决认定事实清楚，适用法律正确，应予维持。上诉人既未提出《少帅》与《大帅府》新的“相似之处”，亦未能提出新的能够证明实质性相似的“理由及依据”，其上诉请求无事实依据及法律理由，应予驳回。

某集团有限责任公司（以下简称某集团公司）辩称，一审判决认定事实清楚，适用法律正确，应予维持，请求驳回上诉人的上诉请求。

某信息技术（北京）有限公司（以下简称某信息公司）辩称，一审判决认定事实清楚，适用法律正确，应予维持，请求驳回上诉人的上诉请求。

北京某科技有限公司（以下简称某科技公司）辩称，同意被上诉人江某某的意见，同时认为己方与本案无关。

深圳市某计算机系统有限公司（以下简称某计算机公司）辩称，同意被上诉人江某某的意见，同时认为己方获得了授权，没有任何过错，不存在侵权行为，与己方无关。

上海某传媒技术有限公司（以下简称某传媒公司）辩称，一审判决认定事实清楚，适用法律正确，应予维持，己方获得授权，不存在侵权行为，请求驳回上诉人的上诉请求。

某广播电视音像出版社（以下简称某出版社）辩称，同意一审判决，己方获得授权，不存在侵权行为，请求驳回上诉人的上诉请求。

黄某某向一审法院起诉请求：要求各被告：（1）立即停止电视剧《少帅》的复制、发行和传播行为；（2）在《法制日报》、优酷网、搜狐网、腾讯网、新浪网显著位置刊登道歉声明，向黄某某公开赔礼道歉，消除影响；（3）连带赔偿黄某某经济损失、合理开支共计 300 万元。诉讼费用由各被告承担。

➲ 法院查明的事实

《大帅府》系黄某某创作的一部以张作霖、张学良等历史人物为题材的小说。该小说的第一部、第二部由长江文艺出版社分别于 2011 年 5 月、2013 年 4 月出版发行。该小说以“一个大帅府，两代东北王”为主线，以平实、优美的文笔，描述了发生在张作霖大帅府中的两代东北王与家人、兄弟、日本人的感情纠葛、悲欢离合、斗争故事。第一部主要讲张作霖早年的婚姻生活和发家史，少年张学良的情爱史和成长史，以及张学良情窦初开时与表嫂的隐情，并展现了帅府中的女性无法掌控自己命运的情况。第二部则以张作霖遭暗算，三夫人惨死尼姑庵为开篇，讲述了帅府内的国事与家事，包括如下内容：张学良首次剿匪大获全胜，认识混血美女谷瑞玉、天津少女赵四小姐；郭松龄反奉败北惨遭曝尸；张作霖入主北洋政府，成为北洋政府的末代元首，因拒签《新满蒙五条》，遭日本人暗杀，身丧皇姑屯；张学良化险为夷，为父亲大葬，在于凤至的支持下，消灭不支持归顺国民政府的人，重组东北政局后，宣布“东北易帜”，加入国民政府；等等。该小说侧重讲述发生在大帅府内不为人知的国恨家仇、私密情史。

2013年11月22日，某文化公司与江某某签订委托创作协议，委托江某某创作电视连续剧《少帅》剧本，完稿时间约定为2014年1月1日至4月1日，具体完稿时间由双方酌定，最后剧本由江某某和导演张某共同完成修改。

2014年9月3日，某集团公司与某文化公司签订电视连续剧《少帅》联合出品合作协议。2014年9月，电视剧《少帅》由某集团公司办理电视剧拍摄立项备案、发行手续，由某文化公司投资拍摄，剧本由江某某负责创作编写。电视剧的主要内容介绍如下：传奇人物张学良的人生自传，娓娓道来这位沧桑老人辉煌而又坎坷的一生。张学良出生于军阀混战的年代，幼年丧母，是大军阀张作霖最钟爱的长子。这位顶着父亲光环的风流公子，自进入父亲创办的陆军军校起，便踏上一条戎马之路：从最初带兵打仗到几经战争的洗礼，遭受过挚友郭松龄举兵反奉的打击，忍受着父亲被日本人谋杀的家仇国耻；最终担负起身上的家国重任，成长为东北三省的领导者。张学良一生风流倜傥，却情归两位奇女子，与原配于凤至、挚爱赵四相伴一生。他吸毒成瘾，却能靠意志戒毒。他有颗赤子之心，为了中国的统一，实行"东北易帜"，对蒋介石绝对服从；但也因此，在"九一八事变"中，让日本人占领了沈阳。终于，他在三十六岁那年与杨虎城将军策划了"西安事变"，结束了内战，促成国共合作、一致抗日，而自己却因此被软禁长达半个世纪之久。该电视剧侧重讲述张学良的成长史，展示其本是玩世不恭的纨绔子弟，经过血与泪的洗礼，终于在历史长卷上留下了浓墨重彩的一笔。

2016年1月，北京卫视、东方卫视播出了《少帅》电视剧。

公证书显示：2016年5月6日，访问某信息公司、某科技公司、某计算机公司、某传媒公司等网站，可以观看《少帅》电视剧。某出版社在音像制品市场线下出版、发行了《少帅》DVD。某信息公司于2015年12月9日与某文化公司签订影视作品授权合同，获得《少帅》电视剧的独占性信息网络传播权等权利。某计算机公司系从某信息公司处获得的《少帅》一剧的非独家信息网络传播权。某传媒公司系从某信息公司授权的其他公司处获得的《少帅》一剧的非独家信息网络传播权。江某某凭借《少帅》一剧获得第22届上海电视节最佳编剧奖。

江某某、某文化公司提供江某某简介、张学良侄女张某某出具的授权书、声明等内容，主张江某某具有独立创作的能力；张某某提供了张学良部分生平作为创作素材，并认可《少帅》内容；黄某某的小说未获得张某某女士的授权，不具有合法性。黄某某对此不予认可。

法院判决理由与裁判结果

一审法院认为，黄某某是《大帅府》小说第一部、第二部的作者，对该小说享有独创作品的著作权。江某某是《少帅》电视剧的编剧，对该作品的创作亦投入了大量的精力和心血。《大帅府》与《少帅》均是就张学良、张作霖这一历史题材创作的作品。根据《最高人民法院关于审理著作权民事纠纷案件适用法律若干问题的解释》第15条的规定：由不同作者就同一题材创作的作品，作品的表达系独立完成并且有独创性的，应当认定作者各自享有独立著作权。张作霖、张学良等属于历史人物，历史上存在张作霖、张学良父子及其关联人物命运的真人真事，而《大帅府》一书对张学良父子、相关人物的事迹也是在搜集整理相关历史记载、在先作品的基础上进行加工整理、艺术创作而成的，因而《大帅府》一书的独创性仅表现在对其中涉及的相关历史人物、历史事件的表述及艺术创作的具体表达方式上，而非历史人物、历史事件本身。黄某某并不因为创作了《大帅府》一书，而对历史上张作霖父子的事迹本身享有了著作权，其不能对此进行垄断，他人仍可就历史上的张学良父子及其事迹进行相关的文学创作。

就文学创作特别是历史剧的创作而言，欲再现历史人物的传奇人生，需要先了解该人物的真实事迹，然后才能进行相应演绎虚构，遵循“大事不虚，小事不拘”的原则，力求真实还原重大历史事件。创作者需要以历史事件为骨，通过细节进行艺术创作，丰满人物血肉，以塑造独特的人物形象。由于这种创作必然要涵盖和表现历史人物所经历的历史大事和人生际遇，因而对历史材料、人物传记、小说、影视作品等必然要进行一定的学习、参考，在掌握基本历史材料、人物精神实质的情况下，根据确定的主题和主线，设计相关戏剧冲突，挑选特定的历史事件展开故事情节的设计，并选择适宜的表达方式。

张学良将军是著名的爱国将领，反映其“东北易帜”“西安事变”等事迹的史料、小说、影视作品等早已广为传播。在相关历史资料、文学作品内容繁多、异同并存、真伪难辨的情况下，哪些内容为史实，哪些内容系杜撰，哪些内容虽不属实却因流传甚广而被以讹传讹、信以为真，通常不易辨别，而史实与杜撰的边界也往往随着时间的推移而逐渐模糊。因此，就展现张学良这一家喻户晓的历史人物的传奇生平的作品而言，作者独立创作的部分、取材于史料的部分和使用前人作品的部分也常常混杂、交织在一起，导致创作空间相对狭小，出现相似情节的可能性较大。

一审法院认为，在对涉及同一历史题材、历史人物的作品进行侵权判断时，必须对相似之处进行辨别和区分，先将作品中不受著作权法保护的思想抽象出去，再将历史事实、公共知识及基于历史事实、公共知识的合理推演和有限表达、特定主题的惯用桥段和惯常表达等因素过滤、剔除，然后再进行比对，综合考虑作品语言表达的异同、内容的相似程度及原因、在后作者对在先作品所载事件属于史实还是文学创作的辨别能力和信赖程度、同类题材其他作品的相关记载等因素，来判断被控侵权作品是否过度使用原告的独创性表达，进而得出是否“实质性相似”的判断。根据上述历史题材作品的特点和著作权法的侵权判断标准，并结合当事人的诉辩主张及具体案情，一审法院认为《少帅》电视剧并未侵犯《大帅府》小说的著作权。

黄某某除主张被告江某某抄袭外，还主张其侵犯了自己对《大帅府》小说的改编权。一审法院认为，改编，是指在原有作品的基础上，通过改变作品的表现形式或者用途，创作出具有独创性的新作品。改编作为一种再创作，主要是利用了已有作品中的独创部分，并在不改变作品的基本思想和基本内容的前提下，改变作品的表现形式。就文学作品的改编而言，改编作品应使用了原作品的基本内容或重要内容，对原作内容或形式作了创造性修改，却又没有使原有的内容或形式消失。而在本案中，相关历史人物和事件都是历史上客观存在的事实，不属于原告的创作成果，不属于著作权保护的范围，任何人均有权以自己的方式表达、塑造、展现历史人物和历史事件。因此，小说《大帅府》第一部、第二部的独创性并不体现在张学良这一历史人物及其生平事迹上，而体现在根据张学良人生经历等所作的具体表达上。鉴于在根据历史人物进行创作时不可能不提到该历史人物所经历的重大事件，这些历史上的真人真事本身属于公有领域。此外，《少帅》电视剧在展开这些事件的描述和人物塑造过程中，表达方式与《大帅府》一书存在非常大的不同，二者的相似之处并未超出必要限度。况且，相关情节在双方作品中所占比例均较小，少数情节的相似并不足以否定电视剧与小说相比所具有的独创性。故，《少帅》对《大帅府》中记载的某些历史人物和事件的使用，并不构成著作权意义上的改编。这种使用尚在合理的范围之内，属于在创作过程中对他人作品的适度参考、借鉴，并未达到侵犯著作权的程度。

二审法院认为，本案有两个争议焦点：一是电视剧《少帅》是否构成对小说《大帅府》的抄袭；二是电视剧《少帅》是否构成对小说《大帅府》的改编。

一、电视剧《少帅》是否构成对小说《大帅府》的抄袭

在我国著作权法上，抄袭与剽窃同义，都是指将他人的作品或作品的片段窃为己有的违法行为。从形式上看，抄袭有原封不动或者基本原封不动地复制他人作品的，也有经改头换面后将他人受著作权保护的独创成分窃为己有的。抄袭行为本质上属于未经著作权人同意，将他人作品的全部或部分作为抄袭者本人的作品来使用的行为。要认定被控侵权作品是否构成对权利人主张作品的抄袭，就需要对两个作品是否构成实质性相似进行判断。

判断作品是否构成实质性相似，一般采用综合判断的方法，应比较作者在作品表达中的取舍、选择、安排、设计等是否相似，不应从主题、创意、情感等思想层面进行比较。一般应考虑如下因素：（1）台词、旁白等是否相似；（2）人物设置、人物关系是否相似；（3）具体情节的逻辑编排是否相似；（4）是否存在相同的语法表达、逻辑关系等错误；（5）特殊的细节设计是否相同；（6）两部作品相似的表达是否属于原告主张权利作品的核心内容。

本案中，判断电视剧《少帅》与小说《大帅府》是否构成实质性相似，应遵循以下逻辑顺序：首先，两部作品均是就张学良、张作霖这一历史题材创作的作品。其次，根据相同历史题材创作的作品，其中的题材主线、史实脉络，属于思想范畴，不受著作权法的保护；就同一类主题进行创作时，不可避免地采用某些事件、人物、布局、场景，这种表现特定主题不可或缺的表达不受著作权法保护。最后，审查重点在于电视剧《少帅》是否使用了小说《大帅府》在描述相关历史时的独创性表达。

根据查明的事实，从故事主线、开篇叙事脉络及整体内容、人物关系、情节设计、具体语言表达五个方面进行对比，电视剧《少帅》与小说《大帅府》两者存在相似之处，但相似之处或者源于史实、公有领域的素材或信息，或者源于特定主题下的惯用桥段或有限表达，并未超出必要限度。在呈现独创性的具体情节编排、特殊细节设计、具体语言运用等方面，二者差异明显。需要指出的是，二者存在相同的史实错误，即关于张作相任职二十七师师长的时间，江某某未能给出合理解释。但是，关于张作相任职时间的安排，不属于《大帅府》的核心内容。另外，关于黄某某主张的张氏父子之间的复杂关系、张学良与于凤至关系发展等独特创意或设计，属于创意、情感等思想层面的因素，不属于作品实质性相似判断应当考虑的范畴。综上所述，电视剧《少帅》与小说《大帅府》并未构成实质性相似，故不能认定《少帅》对《大帅府》构成抄袭。

二、电视剧《少帅》是否构成对小说《大帅府》的改编

我国《著作权法》第10条第1款第14项规定，改编权，即改变作品，创作出具有独创性的新作品的权利。改编权控制的行为是未经许可在被诉侵权作品中使用了原作品的表达，并创作出具有独创性的新作品的行为。改编作为一种再创作，主要利用了已有作品中的独创部分。因此，要判断《少帅》是否构成对《大帅府》的改编，就要审查《少帅》是否使用了《大帅府》的独创部分。

《大帅府》系围绕张学良、张作霖生平事迹这一历史题材创作的作品，相关历史人物、事件等客观存在的史实不能被认定为该小说的独创部分。《大帅府》的独创性应体现在作者围绕该历史题材进行取舍、选择、安排、设计并形成有作者个性的具体表达上。根据查明的事实，《少帅》与《大帅府》在体现独创性的情节编排、细节设计、言语等方面差异明显，不足以认定《少帅》使用了《大帅府》的独创部分，故《少帅》对《大帅府》并不构成著作权意义上的改编。

另外，黄某某提出其指证《少帅》涉嫌抄袭经媒体报道后，被上诉人曾通过中间人找过上诉人，欲达成和解，因缺乏诚意被拒绝。江某某辩称，我们导演找过黄某某，是为维护自己的权益、搞清楚情况，主动找到黄某某并不表明我们心虚，而是想要找到黄某某问清楚发生问题的原因。二审法院认为，诉前双方之间就相关问题进行沟通的情况，不能证明《少帅》构成对《大帅府》的抄袭或改编。综上所述，黄某某提出的相关上诉理由，依据不足，二审法院不予支持。

判解与学理研究

因基于历史题材创作的文字作品，不可避免地需要利用历史事件、历史人物等，因此该类作品更可能共同使用相同的资料，如史实资料、人物生平传记等，从而更容易产生著作权侵权纠纷。特别是相关历史题材作品的创作，因需要对基本史实予以尊重，而作者所能掌握的史料往往又非常有限，这种情况下，对前人作品的适度参考和借鉴也就成为创作新作品的过程中难以彻底回避的问题。①

司法实践中主要涉及的基于历史题材创作的作品的疑难问题是如何认定被控侵权作品与主张侵权作品之间的实质性相似、在后作品是否侵犯在先作品的改编权等问题。在本案中，一审、二审均将争议焦点确定为《少帅》是否构成对《大帅府》的抄袭、《少帅》是否构成对《大帅府》的改编。其中，前者的主要争议焦点在于，两部作品之间的实质性相似如何认定。

本案一审、二审为历史题材作品的侵权判断提供了具体的思路，值得进一步研究。以下就本案涉及的争议焦点，对基于历史题材创作的作品认定侵权的标准进行探究。

一、历史题材文字作品的著作权侵权判断方法

基于历史题材创作的文字作品，属于文字作品的一种，同样应遵循文字作品侵权认定的方法。目前，在认定文字作品侵权中，最常见的方法是“抽象—过滤—比较”三步法（以下简称三步法）。本案中，一审、二审法院也以三步法为基本方法判定涉案《少帅》是否构成对作品《大帅府》的侵权。

正如一审法院在判决书中所言：在对涉及同一历史题材、历史人物的作品进行侵权判断时，对在后作品是否使用了在先作品、使用属于合理借鉴还是侵权的判断，必须对相似之处进行辨别和区分，先将作品中不受著作权法保护的思想抽象出去之后，再将历史事实、公共知识及基于历史事实、公共知识的合理推演和有限表达、特定主题的惯用桥段和惯常表达等因素过滤、剔除，然后再进行比对，综合考虑作品语言表达的异同、内容的相似程度及原因、在后作者对在先作品所载事件属于史实还是文学创作的辨别能力和信赖程度、同类

---

① 杨德嘉：《相同历史题材作品间的侵权认定——评书〈千古功臣张学良〉著作权纠纷案评析》，载《科技与法律》2009 年第 6 期。

题材其他作品的相关记载等因素，来判断被控侵权作品是否过度使用原告的独创性表达，进而得出是否“实质性相似”的结论。[①]

二审法院同样遵循了三步法的基本思路。二审法院在判决书中写道：“根据相同历史题材创作的作品，其中的题材主线、史实脉络，属于思想范畴，不受著作权法的保护；就同一类主题进行创作时，不可避免地采用某些事件、人物、布局、场景，这种表现特定主题不可或缺的表达不受著作权法保护。审查重点在于《少帅》是否使用了《大帅府》在描述相关历史时的独创性表达。”[②]

二、历史题材作品著作权侵权的判断标准

实际上，二审法院将涉案作品《大帅府》的具体内容区分为三个层次：（1）思想，具体包括历史题材主线、史实脉络等，思想不受著作权法的保护；（2）公共领域元素，如特定事件、人物、布局、场景等内容，这些属于表达，但这些表达因自由创作而不可避免地被用到，故仍属于公共领域的基本元素，不能受到著作权法的保护；（3）独创性表达，在基于历史题材创作的文字作品中，独创性表达的判断难点在于作者在描述相关历史时的表达是否为独创。

（一）历史题材：抽象

在基于历史题材创作的文字作品中，什么是思想较为明确。二审法院认为，思想在普通文字作品中主要体现为主题、创意、情感等，而在历史题材作品中体现为历史题材主线、史实脉络等，这些元素因根本不属于表达而不能够得到著作权法的保护。正如本案中《大帅府》的主线是“一个大帅府，两代东北王”，表现了张学良跌宕起伏、充满爱恨情仇的传奇一生。然而描绘张学良传奇人生的作品数不胜数，本案原告并不能因自己写过张学良的生平就将该历史事实和史实脉络据为己有，排斥他人就同样的主题进行再创作。

（二）公共领域元素：过滤

在第二个层次的问题上，著作权不保护属于公共领域元素的表达。法院界定了公共领域元素：在一审中，法院将公共领域元素总结为“历史事实、公共知识及基于历史事实、公共知识的合理推演和有限表达、特定主题的惯用桥段和惯常表达等因素”[③]，而在二审中，法院认为，“某些事件、人物、布局、

① 北京市海淀区人民法院（2016）京 0108 民初 19685 号民事判决书。
② 北京知识产权法院（2018）京 73 民终 90 号民事判决书。
③ 北京市海淀区人民法院（2016）京 0108 民初 19685 号民事判决书。

场景，这种表现特定主题不可或缺的表达”[①]属于创作作品必须保留的公共领域，因此应当被排除出著作权法保护范围。

（三）独创性表达：比较

第三个层次的比较，才是判断历史题材文字作品是否构成实质性相似、认定被控侵权作品是否侵权的最重要内容。二审法院通过具体情节编排、特殊的细节设计、具体语言运用的不相似，认定两部作品之间不构成实质性相似，从而认定被告不侵权。上述三个方面的具体认定，是判断历史题材作品侵权与否的重要标准与核心内容。二审法院明确指出，判断作品是否构成实质性相似，应当参照以下因素：“（1）台词、旁白等是否相似；（2）人物设置、人物关系是否相似；（3）具体情节的逻辑编排是否相似；（4）是否存在相同的语法表达、逻辑关系、历史事实等错误；（5）特殊的细节设计是否相同；（6）两部作品相似的表达是否属于原告主张权利作品的核心内容。”[②]

三、历史题材作品著作权侵权判断的辅助因素

在判断历史题材作品是否构成实质性相似时，除了以上几点基本的维度之外，还可以通过其他因素进行辅助判断，如一审法院在判决书中提出的以下几个因素，可供进一步参考研究。

（一）在后作者对在先作品所载事件属于史实还是文学创作的辨别能力和信赖程度

史实和文学创作的区分，本质上是公共领域素材与独创性表达的区分。如果被控侵权作品使用的是公共领域素材，那么当然不属于使用原作品的独创性表达，自然也不构成侵权。相反，如果被控侵权作品使用的是他人的文学创作，那么便可能已经使用了他人的独创性表达，从而被认定为著作权侵权。

但一审法院提出的此种辅助判断标准，值得进一步思考。众所周知，著作权侵权认定不考虑行为人的主观过错，而在后作者认为在先作品中的事件是史实还是文学创作，实际上是“抄袭故意”的辅助判断因素，属于故意中“明知”的认定范畴。而抄袭的故意，属于主观过错范畴，对于著作权侵权的认定仍然具有意义。

---

① 北京知识产权法院（2018）京73民终90号民事判决书。

② 北京知识产权法院（2018）京73民终90号民事判决书。

（二）同类题材其他作品的相关记载等因素

在本案中，一审判决提出了历史题材作品的一个重要特征，即在历史题材作品中史实与杜撰的边界十分模糊，究竟什么是史实，什么是前人杜撰的内容，很难清晰界定。历史事实的形成过程，本质上就是前人加以记录的结果，而我们今天看到的所谓的历史，不过是经过了长年累月的前人的记录和转述，最终形成具有一定真实性的、稳定的表达。而究竟什么是真实的史实，什么是前人的杜撰，已很难分清楚。从另一个角度而言，历史事实的当代阐述，究竟是属于史实还是杜撰，也难以释明。因此，在判断在后作者是否具有抄袭的主观意图时，可以从同类题材的其他作品中寻求相关记载。如果在同类题材的其他作品中同样存在相关记载，那么证明在一定范围内形成了“史实”的公众确信，因此属于史实而非杜撰，可以一定程度上排除作者的抄袭故意，或否认其抄袭的可能性。

四、结论

在基于历史题材创作的文字作品侵权认定中，三步法是常见的判断方法。在三步法的判断中，抽象过程应排除历史题材主线、史实脉络，过滤过程应剔除历史事实、公知素材和惯常表达等因素，最后对作品的独创性表达部分进行比对，其中实质性相似判定应当是重中之重。除此之外，判断侵权还有几种辅助判断标准，可以进一步探究。

涉公知常识作品的著作权侵权认定

——王某某诉白某某等著作权侵权纠纷案

/ 沈韵

本案要旨

我国放弃“额头流汗”原则，要求受著作权法保护的作品必须具有一定的独创性，体现作者的智力投入。因此，对涉公知常识的基础性论述，如对一些数字、史料的记载，对古籍、参考文献的引用等属于公共领域，可以被所有人自由使用。但如果作者有针对性地选择、引用一些史料等，利用这些公知常识来说明某一事实，表达其观点，这些引用的史料等就已经与作者的创作融为一体，产生了具有独创性的作品，作者对该作品享有著作权。其他人的作品无正当理由与上述内容相同或相似时，会构成著作权侵权。

案件信息

上诉人（一审被告）：白某某

被上诉人（一审原告）：王某某

一审被告：某文献出版社、上海某图书有限公司

案号：上海市浦东新区人民法院（2014）浦民三（知）初字第532号、上海市第一中级人民法院（2014）沪一中民五（知）终字第118号

原被告主张及理由

原告王某某主张，《中国建筑文化大观》（以下简称《大观》）由原告创作完成，于2001年出版发行。原告系该图书的权利人，享有著作权。2014年3月10日，原告在被告上海某图书有限公司（以下简称某图书公司）下属浦东

新区红枫路店购买了被告某文献出版社（以下简称某出版社）于2009年4月发行的《中国城市发展史》(以下简称《发展史》)。经阅读发现，由被告白某某创作的第三编“城市建筑史”第276~614页的大部分内容，与原告的《大观》在文章结构、文字表达上一致，字数多达12万字。原告认为，被告白某某抄袭原告作品的行为侵犯了其著作权。被告某出版社作为专业的出版机构，对其出版发行的作品是否侵犯他人著作权未尽到合理注意义务，被告某图书公司销售侵权作品，同样侵犯了原告的著作权。

被告白某某辩称：（1）被告的《发展史》一书与原告的《大观》一书相同或相似的内容不能视为抄袭和侵权。第一，两书确实存在相同或相似的内容，但这些相同或相似是由于建筑历史事实的客观性和引用历史古籍及其他参考文献的一致性而产生的。原告、被告图书都非常多地引用了古籍及参考文献，有的部分甚至是古籍史料的堆砌。这些相同或相似的内容均属于公共知识或常识性的论述。第二，原告所称的“文章结构上的一致性”不属于著作权法保护范畴。受法律保护的文字作品应是文字的具体表述，作者的思想、观点、结构等均不属于著作权法保护范畴。由此可见，两书中虽然有相同或相似之处，但建筑历史的表达有限，且这些表达并非原告独创，系公有领域中的表达，比例也很小，散见于原告图书的各个章节，非原告图书的主要内容。(2)《发展史》与《大观》作品相同或相似的部分源于第三方某市规划委员会研究室调研课题《中国历史城市与当代建筑历史文化比较研究》(以下简称课题)，涉案作品相同或相似具有合法理由。(3) 原告主张的赔偿数额缺乏事实与法律依据。白某某不构成侵权，故无须承担任何法律责任。即使白某某须承担赔偿责任，原告主张数额也明显偏高。

被告某出版社辩称：（1）被侵权作品《大观》的权利并非由原告独享，原告主体资格不明。该书由罗某某、王某某主编，内文还有不同人员署名，全书内容与两位主编以及其他署名人员的关系无法体现，原告主张自己享有著作权并由此主张权利于法无据。(2) 某出版社已经尽到版权保护的必要审查义务。第一，《发展史》全书约100万字，原告主张侵权的12万字分散于全书，作为非学术专家的编辑是难以发现的。第二，本文原本是某市规划委员会研究室委托某城市发展研究院承担的研究课题的研究成果，罗某某被聘为课题的领衔专家，是课题的负责人。课题成果的完成、提交及同意由白某某署名、发表都有罗某某的经手，而罗某某本人也是本案所谓被侵权作品《大观》的第一主编。故，即使该书中有少部分内容被使用，某出版社也很难认定侵权。毕竟书中没有指明哪些部分是由谁撰写的，而第一主编通常是对全书内容享有著作权的。(3)《发展史》的作者傅某某、白某某已书面承诺对该书著作权承担全部责任。某出版社与傅某某、白某某签订的出版合同中已经明确约定，作者保证对作品享有专有出版权，如侵犯他人著作权等合法权利，作者承担全部法律责任，并赔偿全部损失。故，即使构成侵权，也应当由傅某某、白某某承担相应责任，某出版社不应承担连带责任。(4)某出版社对作品的知识产权使用支付了费用，不应再承担任何付款义务。(5)某出版社的出版行为没有对原告造成不可补救的后果。某出版社是国家较有影响力的出版社，对于《发展史》一书的出版充分说明了该书的价值。如果销毁图书，不仅是对资源的浪费，也使该书的学术价值难以发挥，实属可惜。如果原告有充分的证据证明其对本书所享有的著作权，某出版社可以增加署名，亦可对本书著作权的署名作出声明，以消除影响。

被告某图书公司辩称，其是以销售经济管理类图书为特色的，因有客人到其店里说要两本《发展史》，才去当当网进了这两本书。其一共只进了两本，也只销售了这两本。

➲ 一审法院查明的事实

《大观》一书中，原告王某某主张其享有著作权并被被告白某某抄袭的内容涉及的页面包括前言第9~12页、正文第3~11页、第15~19页、第21~22页、第39~40页、第42~51页、第55~64页、第65~67页、第69~73页、第107~111页、第145页、第198页、第248~251页、第266~269页、第274页。审理中原告表示对于上述第266~269页、第274页的内容在本案中暂不主张。以上共计61页。

《发展史》一书由被告白某某编写第三编“城市建筑史”，位于第267~662页，共396页。

经比对，《发展史》一书第三编中涉及以下页面中的内容与《大观》一书中原告撰写的内容（包括部分图表）存在相同或相似之处：第276~289页、第295~307页、第391~392页、第430~438页、第440~456页、第460~462页、第465~471页、第488~493页、第518~522页、第524~542页、第

572~573 页、第 575~578 页、第 583~584 页、第 588~590 页，共涉及 106 页，8 万余字。两书中涉嫌抄袭的内容基本相同，只是增加或删除了极少数文字，或在段落顺序上进行了一些调整。上述内容同样存在于某市规划委员会研究室的课题内容中。

一审法院判决理由与裁判结果

本案的争议焦点在于：（1）被告白某某署名的《发展史》第三编是否构成对原告作品的抄袭，是否构成著作权侵权；（2）如果构成侵权，三被告应如何承担责任。

一、被告白某某署名的《发展史》第三编是否构成抄袭

《发展史》共四编，由不同的作者撰写，第一编为中国城市演变史，第二编为城市居住史，第三编为城市建筑史，第四编为中国城市广场史。虽然该书从城市的发展角度整体阐述了中国城市与中华文明的关系，但每一编均有其独立的主题，可以分割使用。其中，第三编共十一大章，阐述了建筑的文化背景、中国人对居住的选择、中国的宫殿、宗教建筑、园林以及中西方建筑的文化特征、比较、对当代建筑文化的思考等方面，该编可以独立成书。因此，虽然《发展史》一书是合作作品，但各作者可以分别对各编享有著作权。第三编城市建筑史署名为被告白某某，该编著作权由白某某享有，因此原告可以针对第三编向被告白某某单独主张权利。

《发展史》第三编共 396 页，经比对，其中共 106 页内容与《大观》中王某某单独撰写的相应内容相同或基本相同，而且是整段整页的相同，包括图表等，有差异的地方也只是少量字的增删，或对先后顺序作了调整，对文章内容不产生任何实质性的影响。《大观》一书由多位作者历时多年才完成，书中体现了作者的智慧、思想、观点，以及作者深厚的文化底蕴和丰富的知识积累等，是作者的智力创作成果，具有非常高的独创性和较高的学术价值。由于每个人的思想、情感、对事物的看法、表达方式等各有不同，因此不同的作者针对同一个素材独立创作出来的作品雷同的可能性几乎是不存在的，特别是本案这类学术性较强的作品。《大观》和《发展史》相同、相似部分的内容并不存在表达有限的情况，因此两书部分内容相同、相似并不是一种偶然。原告《大观》一书的出版远早于《发展史》，而被告白某某对《发展史》中的相同、相似内容未能证明具有合法来源。故，被告白某某未经许可擅自使用原告的作品，且抄袭内容众多，又不属于合理使用，严重侵犯了原告的著作权。

被告白某某认为，被告作品与原告作品相同部分内容源于第三方北京市规划委员会研究室的调研课题，因此不存在对原告作品的抄袭。一审法院认为，被告白某某提供的调研课题委托时间为2000年6月16日至12月19日，于2007年5月委托被告某出版社出版，并于2009年4月正式出版。被告白某某提供的调研课题上的落款时间为2001年1月，但因是打印件，不足以证明该课题的确切完成时间，而某市规划委员会研究室于2002年11月的通知中讲到“目前该课题已结题”，可以说明课题是在2002年11月前完成的。原告的《大观》一书于2001年1月正式出版，其“前言”中记载于1996年10月创作完成初稿，于1998年10月定稿。且该书中很多内容在原告于1987年创作出版的《建筑美学》、1989年创作出版的《中华古代文化中的建筑美》、1994年创作出版的《东方独特的大地文化与大地哲学》中就已经存在。因此从时间上看，《大观》一书的撰写、出版时间远早于《发展史》一书。况且在《发展史》一书所列的参考文献中也包含《大观》一书，因此被告白某某完全可能接触过《大观》一书。更何况，《大观》一书是公开出版物，社会公众都有机会接触该书。被告白某某在庭审中称当时聘请了高校学生撰写调研课题，其本人没有参与编写，但即使白某某本人没有接触过《大观》一书，也不排除这些学生接触过该书。被告白某某作为某市规划委员会研究室的调研课题负责人，对课题内容未尽到相应的审核责任，同时在将其中的部分内容作为《发展史》的内容出版时依然未尽到审核义务。《发展史》上的署名作者是白某某而不是执笔的学生，因此即使《发展史》的内容源于课题，被告白某某作为《发展史》的署名作者也应当对其署名部分内容的合法性负责，如构成侵权，相应的民事责任也应由白某某承担。同时，虽然课题的另一个负责人是《大观》的主编之一罗某某，但课题使用《大观》中的内容仍应取得作者的同意。被告白某某称其作品具有合法来源不构成抄袭的意见不成立，一审法院不予支持。

被告白某某还认为，原告主张被告侵权的内容中涉及非常多的公共知识或常识性的论述，如对一些数字、史料的记载，还有对古籍、参考文献的引用等，因此不能视为抄袭。一审法院认为，《大观》一书谈古论今，其中必然会引用一些数据、史料等。虽然这些公共知识、史料任何人均可使用，但古籍及论述古今中外建筑的书籍众多，原告在博览群书后才从中有针对性地选择、引用了一些史料等，并注明了来源，用这些公知或常识性的知识结合原告自己的观点来说明某一事实，表达其观点，这些引用的史料等已经与原告的创作融为一体，产生了具有独创性的作品，原告对该作品享有著作权。而《发展史》中侵权部分内容并不仅是引用了相同的公共知识或常识，而是通篇照搬《大观》中具有独创性的内容，因此应当认定为整体的抄袭。

二、如果构成侵权，三被告应如何承担责任

被告白某某未经原告许可，抄袭、修改原告的作品并送交出版，侵犯了原告的署名权、修改权、复制权、发行权；被告某出版社出版了侵权图书，侵犯了原告的复制权、发行权；被告某图书公司销售侵权图书，侵犯了原告的发行权。保护作品完整权，是指保护作品不受歪曲、篡改的权利，被告白某某抄袭了原告的作品，但并未歪曲、篡改原告的作品，故未构成对原告保护作品完整权的侵害。被告白某某、某出版社应当停止出版发行该书，被告某图书公司应当停止销售该书。被告某出版社称侵权图书已没有库存，原告也没有证据证明尚有库存，且对于已经销售的图书要求被告某出版社收回也不具有执行力，故原告要求被告白某某和某出版社销毁《发展史》一书，一审法院不予支持。

《大观》一书倾注了原告等作者多年的心血，包含了原告大量的学术观点、研究成果，被告白某某未经原告许可抄袭了大量内容，将其作为自己的研究成果公开发表，获取不当利益，治学作风极其不严谨，主观过错较大，也对原告造成了伤害，侵犯了原告的署名权等著作人身权。被告白某某应当向原告公开登报赔礼道歉。由于《文汇报》是全国发行的报纸，在该报上登报道歉已经可以达到消除影响的结果，故无须再在其他报纸上赔礼道歉。被告某出版社未侵犯原告的人身权利，故原告要求被告某出版社登报赔礼道歉，一审法院不予支持。

《著作权法》（2010年修正）第49条规定，侵犯著作权或者与著作权有关的权利的，侵权人应当按照权利人的实际损失给予赔偿；实际损失难以计算的，可以按照侵权人的违法所得给予赔偿。赔偿数额还应当包括权利人为制止侵权行为所支出的合理开支。原告未证明其因被告侵权行为所受损失，但被告某出版社出版《发展史》一书，总共向作者支付了96 300元报酬，但其中白某某获取报酬具体金额不明。因第三编中尚有部分内容未侵犯原告的著作权，故赔偿额中应排除该部分内容。同时在确定赔偿额时还应当考虑原告《大观》

一书独创性和学术价值较高、原告为该书付出了较多的心血、创作周期较长、《发展史》一书的侵权部分字数及出版数、被告白某某主观过错严重等因素。原告主张被告白某某、某出版社赔偿合理费用2万元，提供了律师费1万元、公证费1000元、购书费196元、打印费264元、出租车费28元的凭证，上述费用属于原告为制止侵权行为支出的合理开支，应予支持。其中，原告主张的1万元律师费，结合相关的律师收费标准、本案案情及原告代理律师在案件中的工作量等因素，并无不当。其余费用原告未提供证据，一审法院不予支持。

《最高人民法院关于审理著作权民事纠纷案件适用法律若干问题的解释》第20条规定，出版物侵犯他人著作权的，出版者应当根据其过错、侵权程度及损害后果等承担民事赔偿责任。被告某出版社未尽相应的审查义务，侵犯了原告的著作权，应与被告白某某承担连带赔偿责任。

上诉主张及理由

上诉人上诉称，按照《民事诉讼法》的规定，本案应由上诉人经常居住地法院管辖，故原审法院对本案没有管辖权。上诉人请求二审法院撤销原审裁定，将本案移送北京市朝阳区人民法院管辖。

二审法院查明的事实

本案原审被告某图书公司的实际经营地在上海市浦东新区。

二审法院判决理由与裁判结果

因侵犯著作权行为提起的民事诉讼，由侵权行为的实施地、被告住所地等人民法院管辖。同一诉讼的几个被告住所地、经常居住地在两个以上人民法院辖区的，各人民法院都有管辖权。两个以上人民法院都有管辖权的诉讼，原告可以向其中一个人民法院起诉。本案原审被告某图书公司的实际经营地在上海市浦东新区，故原审法院对本案有管辖权。

判解与学理研究

本案是涉公知常识作品的著作权侵权案件。涉公知常识作品，是指作品中部分内容涉及公共知识性数据、史料等，而这些内容通常不属于受著作权法保护的对象，这是因为：一方面，根据财产权劳动理论，这些内容应当属于为他人留下的足够好的东西，不应当由权利人根据其劳动获得独占性私权，而是属于可供全人类后续自由使用的社会资源；另一方面，公知常识内容具有很强的客观性，无法体现任何独创性劳动的投入。在司法实践中，许多作品都是以公知常识类内容为基础进行创作的，因此涉公知常识作品著作权侵权判定纠纷频繁发生。本案作为涉公知常识作品著作权侵权认定类典型案件，为此类案件的法院审理提供了模板。以下将结合本案件，对涉公知常识作品的著作权侵权认定问题展开讨论。

一、涉公知常识作品的独创性认定

关于作品的独创性认定，主要存在两种界定方法：一是由英国早期司法实践发展而来的经验型界定方法，即由作者独立创作的作品均具有独创性；二是以德国为代表的抽象型界定方法，即要求作品必须具有一定的创作高度，单纯由作者完成但不具有创作高度的作品并不符合独创性标准。[①] 对于上述两种界定方法，笔者认为，前者显然会导致著作权私权领域的扩张，使一些独创性程度不高的作品落入著作权的保护范围，阻止后续创作者对这部分内容的利用，造成作品大量涌现，不利于实现公共利益与私权之间的平衡。美国1991年的Feist案恰恰代表着独创性由经验型界定方法向抽象型界定方法的转变。目前，我国通说也支持以德国为代表的抽象型界定方法，在认定构成受著作权法保护的作品时要求作品必须具有最低限度的独创性，即作者需要在作品中投入一定的才能、判断和选择，使作品表现或显示作者的独特个性。在此标准下，单纯的“额头流汗”式劳动尚不足以使作品具备著作权法意义上的独创性，从而获得著作权保护。[②]

涉案作品是涉公知常识作品，这是指涉案作品中涉及非常多的公共知识或常识性论述，包括对一些数字、史料的记载以及对古籍、参考文献的引用，这些内容通常不具有独创性特征、不属于受著作权保护的范畴。不过，法院并

① 王坤：《论作品的独创性——以对作品概念的科学建构为分析起点》，载《知识产权》2014年第4期。

② 王坤：《论作品的独创性——以对作品概念的科学建构为分析起点》，载《知识产权》2014年第4期。

没有因为公共领域内容的存在就否定整部作品的独创性，而是认为："《大观》一书谈古论今，其中必然会引用一些数据、史料等。虽然这些公共知识性的数据、史料任何人均可使用，但古籍及论述古今中外建筑的书籍众多，原告在博览群书后才从中有针对性地选择、引用了一些史料等，并注明了来源，用这些公共知识或常识结合原告自己的观点来说明某一事实，表达其观点，这些引用的史料等已经与原告的创作融为一体，产生了具有独创性的作品，原告对该作品享有著作权。"

因此，单纯的公知常识、史料等本身属于公共领域范畴，可供任何人在后续创作中自由使用而不会面临侵权的风险。后续创作者的劳动行为具体可以分为两种情况：一是创作者针对这些公共领域素材所进行的简单、机械性汇编与收集行为。其行为不符合财产权劳动理论下对劳动品质的要求，使这部分内容依然保持在原始的公有状态。二是在相关数据、史料的收集引用过程中加入了作者独特、有针对性的选择，且在创作过程中融入了这些属于公共领域的素材。此时，最终产生的作品则体现了作者的个性，诞生了具有独创性的作品，理应受到著作权法的保护。本案显然属于第二种情况。

这一涉公知常识作品独创性认定标准在我国其他案件中也得到了认可。在涉及考试用书独创性认定的中国某出版社诉北京某电子商务有限公司等著作权权属、侵权纠纷一案中，法院认为，考试用书 91.4% 内容都是公共知识内容，但因为编写者在创作过程中付出了大量的脑力劳动，根据考生认知逻辑，运用文字、图标和图形等表达方式将知识进行具有独创性的、完整详细的阐述和编排，已经不仅是对公共知识的简单罗列堆砌，还可以被认定为属于编写者独有的智力成果。[①]

二、涉公知常识作品的著作权侵权认定

（一）著作权侵权认定的主体问题

本案的另一特殊之处在于侵权主体的认定。一般而言，侵权主体就是作品的署名作者。但本案的涉案作品是由主题各不相同的四编所构成的合作作品，每一编均有其独立的主题，各自独立，可以分割使用。根据《著作权法》第 14 条第 3 款对合作作品的规定，"合作作品可以分割使用的，作者对各自创作的部分可以单独享有著作权，但行使著作权时不得侵犯合作作品整体的著作

① 北京市西城区人民法院（2016）京 0102 民初 28210 号民事判决书。

权”。因此，在合作作品各部分可以独立存在的前提下，各作者可以分别对自己所创作的部分单独享有著作权。涉案作品第三编“城市建筑史”署名为被告白某某，表明该编著作权由白某某单独享有，原告可以针对第三编仅向被告白某某单独主张权利。

（二）著作权侵权认定的判断原则

我国著作权侵权认定采取“实质性相似 + 接触”的判断原则，即只有两部作品存在实质性相似之处，并且在后作品的作者存在接触在先作品的可能性时，著作权侵权才成立。[①] 理论上来说，在第一步作品实质性相似的判断上，应当只将对比对象限于受著作权法保护的客体，排除那些依然保留在公共领域的素材。不过，对于以本案为代表的涉公知常识作品而言，史料等公共领域素材往往已经与作者的创作融为一体，公共领域内容往往难以排除与分离。更何况，作者的独创性劳动也是建立在这些公共领域素材基础之上的，如果将相关内容全部作为公共领域素材予以排除，也将不合理地泯灭作者的独创性劳动。

具体到本案，被告曾在应诉时辩称，两书的相同或相似是由于建筑历史事实的客观性和引用历史古籍及其他参考文献的一致性而产生的。原告、被告图书都非常多地引用了古籍及参考文献，有的部分甚至是古籍史料的堆砌。这些相同或相似的内容均属于公共知识或常识性论述。原告主张的侵权内容中涉及非常多的公共知识或常识性内容，如对一些数字、史料的记载，还有对古籍、参考文献的引用等。这些内容都属于公共领域范畴，应当在著作权侵权认定时首先予以排除。然而，法院最终并没有支持被告的抗辩理由，而是认为，涉案作品中侵权部分内容并不是仅引用了相同的公共知识或常识性知识，而是通篇照搬在先作品中具有独创性的内容，因此应当认定为整体的抄袭。

在广受“思想与表达二分法”及“抽象—过滤—比较法”影响的司法实践背景下，本案在一定程度上可以视为对“整体感观法”判断标准的回归。在此标准下，法院强调对作品的整体感受与判断，并不以对作品首先进行分解为判断基础。这种实质性相似判断标准可以有效地防止法院对一部作品中独创性内容进行抛弃，防止对著作权私权范围的不当限缩。

与本案相似的审理思路见《锦绣未央》案。在该案中，法院认为：“某些单独句子，孤立看可能属于描述同一历史故事的常用表达，但这些句子的组合

① 梁志文：《版权法上实质性相似的判断》，载《法学家》2015 年第 6 期。

和转折如果在整体上能够体现作者的独特构思，则这些句子组成的语句在整体上仍具有独创性。在著作权侵权判断时无法仅就单独语句甚至短语进行割裂判断，而应结合上下文衔接、具体用字的选择将这些语句放入段落甚至篇章整体对比。”[①] 法院将涉案 13 处被控侵权语句回归于其所在的段落、篇章之中，结合上下文衔接进行整体比对，最终认定特定语句具有独创性，不属于文学作品的常见表达，应当受到著作权法保护，他人在自己作品中无故出现相同或相似表达有很大概率成立著作权侵权。[②]

相比较而言，就目前司法实践来看，法院在包括涉公知常识作品等各类作品的著作权侵权纠纷中，较为强调首先对作品各部分完成拆解，分解出其中思想、公知常识等公共领域素材部分以及作者独创性表达部分，之后再仅针对其中受著作权法保护部分进行侵权比对。然而，笔者认为这种“抽象—过滤—比较法”容易导致作品认定的割裂化。本案及《锦绣未央》一案中法院的“整体感观法”思路在一定程度上可以被视为对上述割裂作品进行对比的判断思路的修正与完善，防止过滤掉那些已经成为独创性表达的公共领域素材的特定组合。对于这部分内容，其创作素材虽然源于公共领域，但由于作者独创性智力劳动的付出，使其已经不再属于不受著作权保护的范围，故应当从公共领域中予以排除。[③]

三、结论

在本案中，涉案作品由多位作者历时多年才完成，书中体现了作者的智慧、思想、观点，以及作者深厚的文化底蕴和丰富的知识积累等，是作者的智力创作成果，具有非常强的独创性和较高的学术价值。因此，涉案作品已经因为作者的创造性劳动而获得了著作权法意义上的独创性，脱离了公共领域范畴，落入著作权这一私权领域，成为著作权侵权对比的对象。

涉公知常识作品的侵权认定一直是著作权司法实践中的重点与难点。这是因为法院在此类案件中会遇到一定的矛盾：对于涉公知常识作品，一方面，其中的公知常识、史料属于可供任何人使用的公共领域资源，应当在进行著作

---

① 北京市朝阳区人民法院（2017）京 0105 民初 62752 号民事判决书。

② 安健：《小说〈锦绣未央〉被诉抄袭》，载《人民法院报》2019 年 5 月 9 日，第 3 版。

③ 杨利华、沈韵：《公共领域保留视野下历史题材文字作品著作权保护研究》，载《邵阳学院学报（社会科学版）》2020 年第 4 期。

权侵权实质性相似判断时予以排除；另一方面，如果作者在创作过程中针对这些公共知识常识内容投入了创造性智力劳动，根据洛克财产权劳动理论，相关公知常识内容将脱离公有状态，进入受著作权法保护的私权领域。因此，在司法实践中，需要结合个案情况，合理判断作品中不受保护的公共领域与受著作权保护的范围。

公有制企业公共利益的考量及民间文学艺术作品的保护范围

——白某某诉某邮政局、邮票印制局不与其订立合同且未经其同意修改、使用其作品侵犯著作权纠纷案

/ 裴可心

➲ 本案要旨

我国法律虽尚未规定对民间文学艺术作品的保护，但借鉴民间文学艺术作品表现形式创作的新的作品，可视为对其的发展与传承，保护其著作权符合“鼓励创作”的立法精神。邮政局、邮票印制局的印制发行行为并非行使邮政专营权的营利行为，邮票面值与发行有行业性特点，与商业性的营利行为应有所区别，在判断赔偿数额时，应对其行业特性予以充分考虑，方符合公共利益的要求。基于邮票的特殊性，通常无法在邮票图案上表明作者身份，通过发行介绍指明作者的署名方式是合理、适当的。在侵犯原作品著作权的基础上进行设计、具有独创性的作品可以构成独立的演绎作品，虽然在法律上存在瑕疵，但其设计创作者可以行使署名权。根据邮票设计的需要，对剪纸作品进行的少量改动、删节尚未达到对作品内容、观点进行歪曲、篡改的程度，不足以认定破坏作品的完整性。

➲ 案件信息

申请人（一审被告、二审被上诉人）：某邮政局、邮票印制局

被申请人（一审原告、二审上诉人）：白某某

案号：北京市第一中级人民法院（2001）一中知初字第 185 号、北京市高级人民法院（2002）高民终字第 252 号、北京市高级人民法院（2003）高民再终字第 823 号

➲ 再审主张及理由

再审申请人某邮政局、邮票印制局诉称:（1）涉案剪纸作品系民间文学艺术作品，不应受到《著作权法》保护，原判对此认定有误，应予纠正。（2）白某某只是邮票设计资料的提供者，邮票印制局专家评选的均是正式的邮票图稿方案。白某某关于其向邮票印制局提供剪纸只是应约参加蛇年邮票图案的专家评选，选上后再签订合同的说法没有事实依据。（3）根据我国《合同法》第36条规定:“法律、行政法规规定或者当事人约定采用书面形式订立合同，当事人未采用书面形式但一方已经履行主要义务，对方接受的，该合同成立。”白某某提交剪纸作品、领取资料费及接受《中国集邮报》记者采访时完全知晓其剪纸的用途，其均没有提出异议，说明其许可邮票印制局使用其剪纸作品设计和发行邮票，双方之间已通过口头方式建立使用合同，故不构成对白某某作品发表权、修改权、保护作品完整权、使用权及获得报酬权的侵犯。（4）邮票是邮件资费交付的标志，邮票面值是邮政职工为用户完成其交寄邮件运递的劳务价值，原判决认为邮票印制、发行是一种营利行为、以邮票发行量作为计算赔偿数额的主要依据是错误的，原判因未考虑我方具体的行业特点，所作判决偏离客观实际，对我方的合法权益未予保护，请求再审改判。

白某某辩称:（1）涉案剪纸是受著作权法保护的作品。（2）李某在向其约稿时明确说明，剪纸图案被专家选中后，邮票印制局再与其签订使用合同。申请人在未与其签订使用合同且未经其许可的情况下，即将其作品公开印刷、发行，原审判决认定申请人侵犯了其剪纸作品的发表权、修改权、保护作品完整权、使用权及获得报酬权是正确的，应予维持。（3）原判决认定申请人印制、发行涉案邮票是依国家授权、行使邮政专营范围的一种营利行为，是正确的，但原判未判令申请人承担台历、小版张及其他同类邮品的侵权责任是错误的。鉴于申请人存在严重侵权行为，应在原判赔偿24万元的基础上，加重对申请人的制裁。

➲ 一审法院查明的事实

1999年下半年，邮票印制局职工李某接受领导委派，担任拟于2001年年初发行的辛巳蛇年生肖邮票的责任编辑。同年，白某某在中央工艺美术学院举办的安塞剪纸展览上出售自己的剪纸，李某主动找到白某某，谈及有关辛巳蛇年生肖邮票发行一事，并约其提供一些蛇图剪纸，白某某表示同意。同年年底，白某某将其制作的数十幅蛇图剪纸提交给邮票印制局，邮票印制局选择了其中的4幅，并将复印件留存。

后邮票印制局的设计师呼某某在白某某的剪纸基础上设计了邮票图稿，并被邮票图稿评审委员会最终确定为辛巳蛇年生肖邮票的图稿。

2000年11月27日，邮票印制局向白某某支付了970元资料费，白某某向邮票印制局出具了收条，载明："今收到生肖邮票资料费玖佰柒拾元整。"

2000年11月15日制定的某邮政局文件《关于发行辛巳年特种邮票的通知》中，载明："某邮政局定于2001年1月5日发行辛巳年特种邮票一套2枚……剪纸作者……白某某……"

2001年1月5日，某邮政局发行了辛巳蛇年生肖特种邮票一套。该套邮票为2枚，其中第一枚邮票使用了原告白某某向邮票印制局提供的一幅蛇剪纸图案，该枚邮票单价0.8元。邮票印制局在使用白某某的该幅蛇剪纸图案时，根据印制邮票的实际需要，对白某某的剪纸进行了修改，将蛇的头部加大，增加了一根蛇信子，删除了蛇身体上的部分花纹及蛇尾部的一朵梅花及叶子，并将蛇身染成墨绿色，蛇身的花纹染成红、黄、蓝、绿各色。在该套邮票的发行介绍中，载明"第一图原剪纸作者：白某某"。

某邮政局在其出版发行的2001年第2期《新邮预报》上刊登辛巳年生肖邮票的预报，载明："发行日期：2001年1月5日……设计者：呼某某，一图剪纸：白某某，二图剪纸：贾某某……"某邮政局在其出版、发行的2001年新邮台历中，使用了该套辛巳蛇年生肖邮票。

2000年12月15日、2001年1月5日的《中国集邮报》、2001年1月18日《北京青年报》等相关报刊、杂志上，均介绍了于2001年1月5日发行的辛巳蛇年生肖邮票的情况，其中均明确白某某是该套邮票中第一枚邮票剪纸的制作者。《北京青年报》还在相关报道部分刊登了白某某的剪纸作品，并指明："这是辛巳年生肖票的原型，是陕西省民间艺术家白某某的剪纸。"

邮票印制局设计师呼某某在白某某剪纸图案的基础上设计了邮票图稿。2000年4月11日，某邮政局第一届邮票图稿评议委员会确定该图稿为辛巳蛇年生肖邮票第一图。2001年1月5日，辛巳蛇年生肖邮票由某邮政局正式发行。该套邮票共2枚，其中第一枚使用了白某某向邮票印制局提供的剪纸图案。某邮政局还同时印制、发行了该套邮票的小版张，以及以该套邮票第一枚图案为封面的新邮台历。某邮政局在该套邮票的发行介绍中，载明："第一图原剪纸作者：白某某。"

一审法院判决理由与裁判结果

一审法院认为：我国《著作权法实施条例》第2条规定，作品指文学、艺术和科学领域内，具有独创性并能以某种有形形式复制的智力创作成果。因此，著作权法上的作品必须具有独创性和可复制性。这里所说的独创性并不要求作品具有相当的创作高度或是前所未有的，而应是由作者独立创作完成的。就本案涉及的白某某的剪纸图案而言，是白某某运用我国民间传统的剪纸技艺，将其对生活、艺术及民间美学的理解，通过其创作的剪纸图案表达出来，该剪纸是白某某自己独立创作完成的，具备了著作权法对作品独创性的要求，其可复制性亦毋庸置疑，故可以认定本案争议的剪纸图案属于著作权法所规定的作品。同时，由于这幅剪纸作品是以线条、色彩构成的具有审美意义的平面造型艺术作品，故这幅剪纸作品是著作权法规定的美术作品，应受著作权法保护。

关于被告某邮政局及邮票印制局对本案争议的剪纸作品属于民间作品范畴，其保护不适用著作权法之主张，一审法院认为，《著作权法》第6条规定的民间文学艺术作品，应为民间世代相传的、长期演变、没有特定作者，通过民间流传而逐渐形成的带有鲜明地域色彩、反映某一社会群体文学艺术特性的作品，如民歌、民谣、蜡染等。本案中的剪纸作品是原告白某某运用民间剪纸技法，自己独立创作完成的，不属于世代相传、没有特定作者的作品，故被告关于这幅剪纸作品系民间文学艺术作品，不应受到著作权法保护的主张，不能成立，一审法院不予支持。

在本案中，原告白某某主张其是接受被告邮票印制局之约，并按照邮票印制局的特定要求，专门为邮票印制局创作的剪纸图案。而邮票印制局则主张其曾就辛巳蛇年生肖邮票的剪纸图案向白某某征稿。虽然双方对此陈述不一，又无其他证据予以佐证，但无论是白某某接受邮票印制局约请创作剪纸图案，还是其向邮票印制局投稿，均可以认定白某某系专门为邮票印制局制作辛巳蛇年生肖邮票而创作剪纸图案的。故，白某某应知道其将剪纸图案交付邮票印制局后，邮票印制局会以发行邮票的方式使用其作品。在邮票的设计过程中，必然会根据邮票设计的特定需要，对该剪纸图案进行必要的修改，白某某对此亦应有所了解。在这种情况下，白某某将剪纸作品提交至邮票印制局，故尽管双方最终未签订书面合同，但以上事实足以认定白某某已许可邮票印制局在制作辛巳蛇年生肖邮票时以适当方式使用该剪纸图案。因此，邮票印制局在印制辛巳蛇年生肖邮票的特定范围内，有权使用该作品，并可以根据邮票设计的特定需要，对该剪纸作品进行必要的修改。但邮票印制局应当承担支付报酬的义务。邮票印制局未与白某某签订书面使用许可合同，有不妥之处，但白某某主张某邮政局、邮票印制局未经其许可，使用其剪纸作品并进行修改，侵犯其享有的发表权、修改权，不能成立。邮票印制局对白某某剪纸作品的修改，系根据邮票设计的需要，对剪纸图案进行的少量修改，修改内容未超出合理范围，不构成对白某某作品的歪曲和篡改。故，白某某主张某邮政局、邮票印制局侵犯其保护作品完整权，亦不成立。

由于邮票的特殊性，邮票印制局不可能在邮票上为白某某署名，但在某邮政局出版、发行的 2001 年第 2 期《新邮预报》上，明确载明“一图剪纸：白某某”，并且在某邮政局的文件及相关的媒体报道中，均指明了白某某的剪纸作者身份。公众在阅读了《新邮预报》或相关报道后，均可以得出该套邮票第一图的剪纸作者是白某某的结论。虽然部分文件中有设计者的署名，但由于设计者的署名是与一图剪纸作者及二图剪纸作者的署名并列的情况下使用的，不会使公众对一图剪纸的作者产生误认。而邮票设计者的创作活动应体现为全套辛巳蛇年生肖邮票的整体构思、布局、色彩搭配等，不包括对一图剪纸的创作。故，某邮政局、邮票印制局已经以适当的方式为白某某署名，表明了其剪纸作者的身份。白某某关于某邮政局、邮票印制局侵犯其署名权的主张，不能成立。

二审法院判决理由与裁判结果

本案涉及的蛇图剪纸系白某某独立创作完成。该剪纸作品虽然采用了我国民间传统艺术中“剪纸”的表现形式，但其并非对既有同类题材作品的简单照搬或模仿，而是体现了作者白某某的审美观念，且表现出独特意象空间，属于应当受《著作权法》保护的美术作品。目前，我国法律法规中虽然尚未对民间文学艺术作品的保护问题作出规定，但是借鉴民间文学艺术表现形式创作出的新的作品，应当视为对民间文学艺术的继承和发展，其作者依法享有著作权，符合我国著作权法“鼓励创作”的立法精神。因此，某邮政局、邮票印制局关于本案不应适用《著作权法》的主张不能成立，二审法院不予支持。

根据《著作权法》规定，使用他人作品应当同著作权人订立使用合同或者取得许可，该法规定可以不经许可的除外。在本案中，邮票印制局应对自己主张使用白某某的剪纸作品，已经得到白某某许可之事实提供证据加以证明。在现有证据中，李某的证言并未表明邮票印制局与白某某已就使用涉案剪纸作品用于邮票一事有过具体协商，更无法证明已经得到白某某的许可。邮票印制局未提交证据证明在给付白某某“资料费”之前，已告诉白某某其作品已经被选定为邮票图案，因此，物证“白某某收讫资料费收条”中因明确写明“资料费”字样，故只能表明此为白某某应约向邮票印制局提供数幅剪纸获得的报酬，而不能证明是因白某某已许可使用其作品而获得的使用费。同时，由于邮票设计图稿最终用于邮票图案须经过一个专家评议的严格过程，作者提供作品用于邮票设计，并不必然用于最终发行的邮票图案，当作品被选定为邮票图案后，作者再与邮票印制局就合同主要条款进行协商，并订立使用合同，并非不可实现和违背常规。因此，在本案中，无论白某某是应约供稿，还是主动投稿，均不能表明白某某已许可邮票印制局使用其作品。由此可见，邮票印制局关于其使用白某某的作品已经得到白某某许可之主张，无充分证据加以证明，故其对此应承担不利的法律后果。邮票印制局未经许可使用白某某的作品，且未支付报酬，已构成对白某某的使用权和获得报酬权的侵犯。某邮政局作为辛巳蛇年生肖邮票图稿的审定和该套邮票的发行单位，应与邮票印制局承担连带责任。关于印制、发行是否属于“国家机关执行公务”，二审法院认为，某邮政局、邮票印制局印制、发行涉案邮票，乃是依国家授权、行使邮政专营权范围内的一种营利行为，并非国家机关实施管理的公务行为。因此，某邮政局、邮票印制局使用白某某剪纸用于邮票印制、发行不能以“合理使用”而免责。据此，一审法院关于白某某“已许可邮票印制局在制作辛巳蛇年生肖邮票时以适当方式使用该剪纸图案”的认定有误，二审法院予以纠正。白某某关于某邮政局、邮票印制局侵犯其使用权及获得报酬权之主张，二审法院应予支持。

依据《著作权法》的规定，人民法院在依法保护作者财产权利的同时，亦应维护作者的精神权利不受侵犯。在本案中，白某某将自己制作的剪纸交予邮票印制局参加邮票评选，此举只能认为白某某已许可将自己的作品在邮票评议委员会成员、相关活动组织者这一特定范围内展示，而某邮政局、邮票印制局将该剪纸图案复制、发行，使该作品公之于众，违背了作者白某某的意愿，故已构成对白某某发表权的侵犯。二审法院已经查明，某邮政局、邮票印制局设计、印制、发行的辛巳蛇年生肖邮票第一图是在白某某的作品进行修改的基础上完成的，且改动非常明显。该修改未经白某某许可，且无其他法律依据，故已构成对白某某修改权的侵犯。同时，白某某创作的涉案剪纸，其图案中的各个组成部分为一个和谐的整体，作者所选取的各种素材有其特定内涵，某邮政局、邮票印制局对该作品进行的不适当的修改，在一定程度上有损作者所要表达的思想，故同时构成了对白某某保护作品完整权的侵犯。据此，白某某关于某邮政局、邮票印制局侵犯其发表权、修改权、保护作品完整权之主张，二审法院予以支持。

关于白某某主张某邮政局、邮票印制局侵犯其署名权一节，二审法院认为，由于邮票的特殊性，邮票印制单位通常无法在邮票图案上表明作者身份：在本案中，某邮政局在辛巳蛇年生肖邮票的发行介绍、《新邮预报》上已经指明了白某某为邮票一图剪纸作者，客观上也已经使公众知悉一图剪纸为白某某创作，这种署名方式适当、合理，故某邮政局、邮票印制局并未侵犯白某某的署名权。同时，邮票印制局设计师呼某某在白某某剪纸图案的基础上，设计出了辛巳蛇年生肖邮票图案。该邮票图案虽因侵犯他人著作权而在法律上存在瑕疵，但仍具有一定独创性，可构成一件独立的演绎作品。呼某某因创作该演绎作品而行使署名权，符合《著作权法》的规定，其与原作作者白某某并列署名，公众不会对一图剪纸作者的身份产生误认，故白某某关于呼某某抄袭自己作品之主张，于法无据，二审法院不予支持。

➲ 再审法院判决理由与裁判结果

涉案剪纸具备《著作权法》对作品独创性的要求，属于应当受《著作权法》保护的美术作品。因此，某邮政局关于本案不应适用《著作权法》的主张不能成立。原判决认定某邮政局、邮票印制局并未侵犯白某某的署名权是正确的。原判决认定邮票印制局已构成对白某某作品的发表权、使用权、获得报酬权及修改权的侵犯是正确的。

某邮政局作为辛巳蛇年生肖邮票图稿的审定和该套邮票的发行单位，应与邮票印制局承担连带责任。本案中，邮票印制局根据邮票设计的需要，对白某某的剪纸作品虽作了一定改动、删节，但该改动、删节尚未达到对作品内容、观点进行歪曲、篡改的程度，尚未破坏作品的完整性，且未构成对白某某名誉的损害，故原判认定某邮政局、邮票印制局侵害了白某某的保护作品完整权欠妥，应予纠正。

根据我国《邮政法》的相关规定，某邮政局、邮票印制局邮政业务的基本资费，由国务院物价主管部门制定，报国务院批准。邮票主要功能是邮资凭证，由国务院主管部门发行。邮票印制、发行具有行业性特点，邮票作为邮资凭证使用时，邮政企业要付出一定的劳务，邮票面值、发行量的确定，与商业性的营利行为亦有不同，故某邮政局、邮票印制局关于原判以发行量作为确定赔偿数额的主要依据之一，对邮政行业特点未予以充分考虑的理由成立，应予采信。因白某某未能提交证据证明镶嵌铜章首日封、收藏金卡、香币等其他邮品系由邮票印制局印制、发行或授权其他单位印制、发行，故原判以这些邮品的相关证据与本案不具有关联性，对白某某其他邮品亦被侵权的主张未予以支持是正确的。原判在确认本案侵权情节并不严重，且未给白某某的声誉带来不良影响的前提下，酌定赔偿的数额明显过高，应适当予以调整。

判解与学理研究

本案涉及民间文学艺术作品的保护问题，是针对剪纸这一民间艺术作品是否具有独创性并受到著作权法保护而引发的诉讼。同时，邮票印制局、某邮政局这一特殊涉案主体也使本案兼具对公共利益的考量。本案是关于民间文学艺术作品能否获得著作权法保护的典型案例之一。以下将结合案件，对以剪纸为代表的民间文学艺术作品的保护问题及公共领域视野下的公有制企业侵犯知识产权的赔偿问题加以探讨。

一、民间文学艺术作品的著作权法保护

《著作权法》第6条规定："民间文学艺术作品的著作权保护办法由国务院另行规定。"《文物保护法》《非物质文化遗产法》《传统工艺美术保护条例》等法律规范对民间文学艺术作品的保护进行了原则性规定。

用民间文学艺术形式创作的作品和民间文学艺术作品具有实质上的不同。

著作权法所保护的是具有独创性的表达。只要是作者经过独立构思设计创作产生的作品，就应当受著作权法保护。[①]《著作权法》第3条规定，作品是指“文学、艺术和科学领域内具有独创性并能以一定形式表现的智力成果”。由此可知作品应具备以下要素：属于文学、艺术和科学领域的智力成果；具有独创性；以一定形式表现。民间剪纸艺术作品作为一种图案，具备作品所必须具有的要素，是我国著作权法的保护客体。[②]

在司法实务中，民间文学艺术作品是否具有独创性是认定作品是否受著作权法保护的标准。著作权法对运用民间文学艺术传统技艺创作及由民间文学艺术传统元素构成的具有独创性的作品进行保护。独创性原则不仅可以对民间文学艺术作品进行保护，而且可以在公有领域起到激励创新的作用。

本案中，原告主张其在司法实务中，民间文学艺术作品是否具有独创性是认定作品是否受著作权法保护的标准。著作权法对运用民间文学艺术传统技艺创作及由民间文学艺术传统元素构成的具有独创性的作品进行保护。独创性原则不仅可以对民间文学艺术作品进行保护，而且可以起到在公有领域激励创新的作用。剪纸图案是美术作品，受著作权法保护，但是被告以剪纸为民间文学艺术作品进行抗辩。关于涉案剪纸是否为《著作权法》保护的权利客体，虽然法院的判决均认为涉案剪纸是著作权法意义上的作品，但一审法院、二审法院和再审法院对于民间剪纸艺术作品的法律属性的确定存在不同之处。一审法院认为剪纸不属于民间文学艺术作品，二审法院却认为“剪纸是对民间文学艺术的继承和发展”，这是法院对剪纸属于民间文学艺术的认可。[③]

著作权法只保护思想的表达而不保护思想本身。像剪纸这样的民间艺术，该如何进行著作权法保护呢？它是属于民间美术形式，还是属于著作权法所定义的“作品”呢？根据“作品”的定义以及著作权所保护的客体是思想表达形式这一特征，剪纸应当是属于“美术作品”。在适用著作权法保护时，需要明确区分民间文学艺术与民间文学艺术作品的属性，民间文学作品作为一种有形的思想表达形式，是由艺术家创造出来的智力成果，有具体的作者，不得将其

① 参见张西昌：《传统手工艺的知识产权保护研究》，西安美术学院2013年博士学位论文。

② 王健：《论我国非物质文化遗产的知识产权保护——以民间剪纸艺术为例》，载《鄂州大学学报》2015年第4期。

③ 王健：《论我国非物质文化遗产的知识产权保护——以民间剪纸艺术为例》，载《鄂州大学学报》2015年第4期。

与民间文学艺术混淆。[①]

二、赔偿问题

在本案中，如何确定原告损失，争议较大。著作权的价值通常取决于对该作品的利用，对于原告来说，将其作品用作邮票图案，是其本人无法做到的。原告不可能自行印制、发行邮票，并通过这种利用获取收益。该种利用行为只能由邮票印制局进行。因此，原告在该案中，受到的损害只能是其与被告可能经协商达成一致的许可使用费。[②]许可使用费反映该项著作使用权的价值，但其与将该作品向报纸或杂志社投稿，所获取的以稿酬、版税形式获得的许可使用费有所不同。若仅复制和发行白某某的剪纸作品，其发行量与将其制作成邮票的发行量定然相差悬殊。因而不应以出版社使用作品的方式和收益为参照，将稿酬、版税形式的报酬等作为损害赔偿之依据。作品是本体，其表现的仅是自身，邮票是邮资凭证，其面值代表一种服务的价格。[③]纪念邮票既有文化价值，又有商业价值，其自身所具有的艺术与审美意义是不可忽视的。但是，邮票的设计、立意、发行时间等诸多要素共同构成了邮票，以供满足集邮和销售邮票用以享受邮政服务的需求。邮票不仅是一件作品，在衡量其价值时不能忽略其具有的除著作权价值外的属性。所以，邮票的著作权价值和出售邮票所获得的收益之间并无必然的直接联系。消费者购买邮票并非只为了购买作品，还有可能是为了购买可用于享受邮政服务的邮资凭证。权利人和使用者应考虑所使用作品的艺术性和其他特征、作品的使用方式和范围等来综合评估作品在其中可能发挥的作用，并参考同类型作品的使用费来协商许可使用费。[④]本案中，由于并不存在协商一致的许可使用费，就应由法院根据侵权时市场、作品等多方面情况，确定一个虚拟谈判可能形成的合理使用费，作为著作权人所遭受的损失和要求赔偿的基础。[⑤]

法院认为“邮票印制、发行具有行业性特点，邮票作为邮资凭证使用时，邮政企业要付出一定的劳务，邮票面值、发行量的确定，与商业性的营利行为

① 王健:《论我国非物质文化遗产的知识产权保护——以民间剪纸艺术为例》，载《鄂州大学学报》2015 年第 4 期。

② 范晓波:《著作权侵权损害赔偿之根据》，载《电子知识产权》2006 年第 3 期。

③ 范晓波:《著作权侵权损害赔偿之根据》，载《电子知识产权》2006 年第 3 期。

④ 范晓波:《著作权侵权损害赔偿之根据》，载《电子知识产权》2006 年第 3 期。

⑤ 范晓波:《著作权侵权损害赔偿之根据》，载《电子知识产权》2006 年第 3 期。

亦有不同，故以发行量作为确定赔偿数额的主要依据没有对邮政行业特点予以充分考虑。”同时，某邮政局、邮票印制局“作为公有企业发行涉案邮票，属于营利行为而非国家机关实施管理的公务行为”，因此不能以“合理使用”而免责。但在判断著作权侵权损害赔偿数额时应将其行业特性予以充分考虑，方符合公共利益的要求。

三、结论

本案中，某邮政局、邮票印制局的印制发行行为并非行使邮政专营权的营利行为，邮票面值与发行有其行业特点，与商业性的营利行为应有所区别，在判断赔偿数额时应将其行业特性予以充分考虑，方符合公共利益的要求。基于邮票的特殊性，通常无法在邮票图案上标明作者身份，通过发行介绍指明作者的署名方式是合理、适当的。在侵犯原作品著作权的基础上进行设计、具有独创性的作品可以构成独立的演绎作品，虽然在法律上存在瑕疵，但其设计创作者可以行使署名权。根据邮票设计的需要，对剪纸作品进行的少量改动、删减“尚未达到对作品内容、观点进行歪曲、篡改的程度，不足以认定破坏作品的完整性”。

民间文学艺术作品的署名权保护

——某市文化和体育局诉张某等侵犯著作权纠纷案

/ 王楷文

➲ 本案要旨

署名权中的“名”指的是权利主体（作者）的名称，而非权利客体（作品）的名称，他人只有在使用作品而未署“作者”的名称时，才可能构成对署名权的侵犯，至于是否标注了“作品”的名称，并不属于署名权调整的范围。“安顺地戏”作为一个剧种，是具有特定特征的戏剧剧目的总称，属于对戏剧类别的划分，而非对于具体思想的表达，不构成受《著作权法》保护的作品，任何人均不能对剧种享有署名权。

➲ 案件信息

上诉人（一审原告）：某市文化和体育局

被上诉人（一审被告）：张某、张某某、北京某影业有限公司

案号：北京市西城区人民法院（2010）西民初字第 2606 号、北京市第一中级人民法院（2011）一中民终字第 13010 号

➲ 原被告主张及理由

上诉人某市文化和体育局原审诉称：由北京某影业有限公司作为出品人、张某某为制片人、张某为编剧和导演的电影《千里走单骑》，在拍摄时邀请了安顺市詹家屯的詹某某等八位地戏演员前往丽江，表演了“安顺地戏”传统剧目中的《战潼关》和《千里走单骑》，并将八位地戏演员表演的上述剧目剪辑到了电影《千里走单骑》中。但该影片中将其称为“云南面具

戏”，且上述三被告没有在任何场合为影片中“云南面具戏”的真实身份正名，以致观众以为影片中的面具戏的起源地、传承地就在云南。该影片中将具有特殊地域性、表现唯一性的“安顺地戏”误导成“云南面具戏”，歪曲了“安顺地戏”这一非物质文化遗产和民间文学艺术，侵犯了“安顺地戏”的署名权，违反了《著作权法》的相关规定，并在事实上误导了中外观众，造成前往云南寻找影片中的面具戏的严重后果。据此，某市文化和体育局请求法院判令：张某、张某某、北京某影业有限公司分别在《法制日报》《中国日报（英文）》中缝以外版面刊登声明消除影响；北京某影业有限公司在以任何方式再使用影片《千里走单骑》时，应当注明“片中的‘云南面具戏’实际上是‘安顺地戏’”。

被上诉人张某、张某某、北京某影业有限公司原审辩称，影片《千里走单骑》的出品人是北京某影业有限公司，出品人是电影作品的所有人，故要求驳回某市文化和体育局对张某、张某某的诉讼请求。《千里走单骑》拍摄于2004年11月，上映于2005年12月，而“安顺地戏”列为国家级非物质文化遗产是在2006年5月，某市文化和体育局无权追溯主张署名权。况且，《千里走单骑》是一部虚构的故事片，而非一个专门介绍傩戏、面具戏或地戏的专题片或纪录片，某市文化和体育局不能要求作为艺术创作者的被告承担将艺术虚构与真实存在相互对接的义务。综上所述，请求法院驳回某市文化和体育局的诉讼请求。

➲ 法院查明的事实

根据史料记载，“安顺地戏”是我国贵州省安顺地区历史上“屯田戍边”将士后裔屯堡人为祭祀祖先而演出的一种傩戏，是流行于我国贵州省安顺地区的一种地方戏剧。2006年6月，国务院将“安顺地戏”列为国家级非物质文化遗产。

影片《千里走单骑》讲述的是两对父子的故事，反映的外景环境为中国云南省的丽江。影片放映至6分16秒时，画面出现了戏剧表演《千里走单骑》，此时出现画外音：“这是中国云南面具戏。”影片中戏剧表演者有北京某影业有限公司从贵州省安顺市詹家屯“三国戏曲演出队”所聘请的演员。在该影片片尾字幕出现的演职员名单中标示有“戏曲演出：贵州省安顺市詹家屯三国戏队詹某某等八人”字样。

上诉主张及理由

某市文化和体育局不服，于法定期限内向二审法院提起上诉称：

第一，“安顺地戏”是国家级非物质文化遗产，属于《著作权法》第6条规定的民间文学艺术作品，涉案电影将“安顺地戏”称为“云南面具戏”，却未在任何场合对此予以澄清，其行为构成了对“安顺地戏”这一民间文学艺术作品署名权的侵犯，违反了《著作权法》对于民间文学艺术作品署名权保护的相关规定，构成著作权侵权行为。据此，请求二审法院支持上诉人原审的全部诉讼请求。

第二，原审判决认定事实及适用法律错误，请求法院依法予以改判。

一是上诉人在原审程序中始终主张的是被控侵权行为侵犯了“‘安顺地戏’的署名权”，从未提及“安顺地戏”的著作权人是某市文化和体育局，也从未提及上诉人某市文化和体育局的署名权被侵犯，但在原审判决书的“原告某市文化和体育局诉称”部分却被写成了“侵犯了原告的署名权”。原审判决的这一认定属于认定事实不清。

二是原审判决将案件的重点放在影片是否可以利用“安顺地戏”进行虚构演绎，歪曲了上诉人的诉讼本意。上诉人无意也无权禁止被上诉人使用“安顺地戏”进行虚构创作，而仅是要求被上诉人在使用“安顺地戏”后应当标注其名称。也就是说，上诉人不是要求将影片中的画外音“这是中国云南省的面具戏”改成“这是中国贵州省的安顺地戏”，而是要求在被上诉人保留影片原有画外音的情况下，在片尾或其他场合标明影片中的云南面具戏的艺术元素来自“安顺地戏”。但原审判决中认定，“涉案电影《千里走单骑》使用‘安顺地戏’进行一定程度的创作虚构，并不违反我国《著作权法》的规定”，这是对上诉人真实意思的误解，属于认定事实错误。

三是原审判决认定“影片《千里走单骑》所使用‘安顺地戏’片段虽根据剧情称为‘云南面具戏’，被告在主观上并无侵害非物质文化遗产的故意和过失。从整体情况来看，也未对‘安顺地戏’产生法律所禁止的歪曲、贬损或者误导混淆的负面效果”，上述认定与事实不符。实际情况是被上诉人不仅主观上存在过错，其行为客观上亦已造成误导的实际后果，上诉人在原审程序中亦已提交证据证明误导后果的存在。据此，原审判决中的上述认定属于认定事实错误。

四是《著作权法》第12条规定："改编、翻译、注释、整理已有作品而产生的作品，其著作权由改编、翻译、注释、整理人享有，但行使著作权时不得侵犯原作品的著作权。"原审判决认定影片《千里走单骑》在具体使用"安顺地戏"时，就戏剧表演的配器及舞台形式加以一定的改动，但却未依据上述法律规定认定上述使用行为构成对"安顺地戏"署名权的侵犯。该认定属于适用法律错误。

被上诉人张某、张某某、北京某影业有限公司仍坚持原审诉讼中的答辩意见，并认为，"安顺地戏"并不能够依据《著作权法》享有署名权，涉案电影中对于"安顺地戏"的使用并未违反《著作权法》的规定。同时，上诉人某市文化和体育局与"安顺地戏"并无直接利害关系，其并无资格提起本案诉讼，据此，上诉人的上诉理由均不能成立。

法院判决理由与裁判结果

一、一审

原审法院经审理认为，根据史料记载，"安顺地戏"是我国贵州省安顺地区历史上"屯田戍边"将士后裔屯堡人为祭祀祖先而演出的一种傩戏。在世代相传、继承、修改和丰富下形成了现有的民间文学艺术。"安顺地戏"作为国家级非物质文化遗产，应当依法受到国家的保护、保存，任何非法侵占、破坏、歪曲和毁损等侵害和不利于非物质文化遗产保护、保存、继承和弘扬的行为都应当予以禁止和摒弃；任何使用者包括出品人、制片人、编剧和导演等都应当尊重和保护非物质文化遗产。通过审理本案，已经看到"安顺地戏"不断得到包括原告在内的国家各级有关机关和社会公众的重视，保护、保存意识和措施也在不断增强和完善。然而，作为负有保护、保存非物质文化遗产工作的地方政府文化主管部门，在以自己名义提起与他人著作权侵权诉讼时，首先应当严格依照现有《著作权法》和相关法规的规定行事。

涉案电影《千里走单骑》是一部关注人性、亲情的故事影片，贯穿全剧表达的中心思想是父子情。就整体影片来说，联系两对父子的"傩戏"仅是故事的一个引子，并非该影片的重心。被告将真实存在的“安顺地戏”作为一种文艺创作素材用在影片《千里走单骑》作品中，但被告在具体使用时，就戏剧表演的配器及舞台形式加以一定的改动，使之表现形式符合电影创作的需要，更加丰富与感人，并为了烘托整个影片反映的大环境与背景，将其称为在现实中并不存在的“云南面具戏”。此种演绎拍摄手法符合电影创作的规律，区别于不得虚构的新闻纪录片。

影片《千里走单骑》所使用“安顺地戏”片段虽根据剧情称为“云南面具戏”，但被告在主观上并无侵害非物质文化遗产的故意和过失。从整体情况来看，也未对“安顺地戏”产生法律所禁止的歪曲、贬损或者误导混淆的负面效果。故，法院对原告的诉讼请求不予支持。同时，法院也愿意提醒作为电影事业从业者的被告，今后更应当增强对我国《著作权法》和新颁布的《非物质文化遗产法》的学习运用，谨慎从业，尽可能预防和避免民事纠纷的发生。

综上所述，“安顺地戏”作为我国非物质文化遗产项目之一，应当依法予以高度的尊重与保护，这并无疑义。但涉案电影《千里走单骑》使用“安顺地戏”进行一定程度创作虚构，并未违反我国《著作权法》的规定。

二、二审

（一）关于某市文化和体育局是否有资格提起本案诉讼

由《民事诉讼法》第108条的规定可知，民事案件的适格原告应是与案件有直接利害关系的公民、法人和其他组织。本案中，因某市文化和体育局提起诉讼的理由是涉案电影《千里走单骑》中对于“安顺地戏”的使用侵犯了“安顺地戏”的署名权，故某市文化和体育局只有在与“安顺地戏”具有直接利害关系的情况下，才有资格作为原告提起本案诉讼。

由查明事实可知，“安顺地戏”系国家级非物质文化遗产，其由安顺地区的人民世代相传、继承、丰富而成。因这一文化遗产系安顺地区人民共同创作并拥有的精神文化财富，并不归属于某个特定民事主体，因此，当他人的使用行为对这一文化遗产造成损害时，难以由特定的公民、法人或其他组织主张权利。

本案中，某市文化和体育局虽然并非“安顺地戏”的权利人，但依据《非物质文化遗产法》第7条的规定，某市文化和体育局作为县级以上地方人民政府的文化主管部门负责本行政区域内非物质文化遗产的保护、保存工作。在“安顺地戏”已被认定为国家级非物质文化遗产的情况下，作为“安顺地戏”的管理及保护机关，某市文化和体育局有资格代表安顺地区的人民就他人侵害“安顺地戏”的行为主张权利并提起诉讼。据此，二审法院认为，某市文化和体育局与本案具有直接利害关系，其有权提起本案诉讼。

（二）关于张某、张某某、北京某影业有限公司是否应为被控侵权行为承担民事责任

电影作品的著作权归电影作品的制片者享有，制片者有权就电影作品对外行使著作权并获得利益。编剧、导演等民事主体虽享有署名权，但其并非电影作品的著作权人，无权就电影作品对外行使著作权并获益。虽然《著作权法》中对基于电影作品而产生的民事责任的承担主体并无明确规定，但基于民事权利与民事责任相对等的原则，权利人在行使民事权利的同时亦有义务承担基于该权利客体而产生的相应责任，故电影作品的制片者作为著作权人在行使权利的同时亦当然应承担基于该电影作品而产生的民事责任。据此，本案中，基于涉案电影而产生的民事责任应由涉案电影的制片者，而非编剧、导演等其他民事主体承担。

具体到本案，虽然张某某在涉案电影中标注为“制片人”，但这一标注并不相当于《著作权法》意义上的制片者。在涉案电影中标注的出品单位及《电影公映许可证》中载明的出品人均为北京某影业有限公司的情况下，结合电影行业的惯例，二审法院合理认为涉案电影的制片者应为北京某影业有限公司，北京某影业有限公司对涉案电影享有权利并承担义务，其系本案被控侵权行为的民事责任承担主体。张某仅系涉案电影的编剧、导演，其并非涉案电影的制片者，张某某亦非涉案电影的制片者。故，张某、张某某均非本案被控侵权行为的民事责任承担主体，不应对被控侵权行为承担民事责任。

（三）上诉人某市文化和体育局认为涉案电影中对于“安顺地戏”的使用方式构成对“安顺地戏”署名权侵犯的上诉理由是否成立

二审法院认为，虽涉案电影中实施了将“安顺地戏”称为“云南面具戏”的行为，且未对此予以澄清，但鉴于“安顺地戏”既非署名权的权利主体，亦非署名权的权利客体，其不符合《著作权法》第10条关于署名权的规定，任何主体无法对“安顺地戏”这一剧种享有署名权，且涉案电影中“云南面具

戏”这一名称的使用亦并非《著作权法》意义上的署名行为，故在《著作权法》的框架下，上述行为不可能构成对“安顺地戏”署名权的侵犯，上诉人某市文化和体育局认为上述行为侵犯了“安顺地戏”署名权的上诉理由不能成立，二审法院不予支持。

应指出的是，因上诉人某市文化和体育局明确主张构成作品且享有署名权的是“安顺地戏”，而非其中的“具体剧目”，故二审法院作出的上述认定仅针对“安顺地戏”这一剧种，而未涉及其中的“具体剧目”。对于“安顺地戏”中的具体剧目（如涉案电影中使用的《千里走单骑》等剧目），二审法院认为，因其属于对于思想的具体表达，故可以认定构成受《著作权法》保护的作品，属于民间文学艺术作品，民事主体可以针对具体剧目主张署名权。

（四）关于上诉人某市文化和体育局认为原审判决认定事实及适用法律错误的上诉理由是否成立

上诉人某市文化和体育局认为，原审判决中将原审起诉状中表述的“侵犯了安顺地戏的署名权”理解为“侵犯了原告的署名权”，这一理解属于认定事实错误。对此，二审法院认为，上诉人某市文化和体育局在原审起诉状中确有“侵犯了安顺地戏的署名权”这一表述，依据上述表述进行字面理解，通常会理解为其主张享有署名权的权利主体为“安顺地戏”，但因署名权的权利主体只能是民事主体，而“安顺地戏”显非民事主体，其不可能成为署名权的权利主体，故上述字面理解显然既不符合上述法律规定，亦不符合常理。在此情况下，原审法院考虑到上诉人某市文化和体育局系作为“安顺地戏”权利人代表提起诉讼这一因素，将上述表述合理理解为“侵犯了原告的署名权”，其虽在表述上有失严谨，但尚不属于事实认定错误。据此，上诉人某市文化和体育局认为原审判决认定事实错误的这一上诉理由不能成立，二审法院不予支持。

上诉人某市文化和体育局认为，原审判决中认定“涉案电影《千里走单骑》使用‘安顺地戏’进行一定程度创作虚构，并不违反我国《著作权法》的规定”，这一认定系对上诉人真实意思的误解，属于认定事实错误。对此，二审法院认为，原审法院对于上诉人原审诉讼本意的理解源于其起诉状中的具体文字表述，起诉状中对于被控侵权行为的表述主要为“三被告在影片《千里走单骑》中使用了‘安顺地戏’并把‘安顺地戏’说成是‘云南面具戏’，却没有在任何场合进行说明，澄清事实，这种行为违反了诚信原则，侵犯了‘安顺地戏’的署名权”。二审法院认为，起诉状中上述文字表述可以合理理解为，某市文化和体育局认为涉案电影中将“安顺地戏”称为“云南面具戏”的行为构成侵犯著作权的行为。对于上诉人所主张的其仅是要求“被上诉人保留影片原有画外音的情况下，在片尾或其他场合标明影片中的云南面具戏的艺术元素来自安顺地戏”这一含义仅从上述文字表述中无法必然得知。据此，原审法院基于其对原审起诉状的理解，对于“涉案电影《千里走单骑》使用‘安顺地戏’进行一定程度创作虚构”是否违反我国《著作权法》规定予以认定，并未违反上诉人原审起诉状中所体现出的意思表示，不属于认定事实错误，上诉人某市文化和体育局的该上诉理由不能成立，二审法院不予支持。

上诉人某市文化和体育局认为，原审判决认定“影片《千里走单骑》所使用‘安顺地戏’片段虽根据剧情称为‘云南面具戏’，被告在主观上并无侵害非物质文化遗产的故意和过失。从整体情况来看，也未对‘安顺地戏’产生法律所禁止的歪曲、贬损或者误导混淆的负面效果”，上述认定与事实不符，属于认定事实错误。对此，二审法院认为，因本案为侵犯著作权纠纷案件，故原审法院应依据《著作权法》的相关规定对案件进行审理。在“安顺地戏”既非署名权的权利主体，亦非署名权的权利客体的情况下，其并不受《著作权法》的保护。因此，从《著作权法》角度进行判断，被上诉人对于“安顺地戏”的使用行为其主观上并无过错，客观上亦未对著作权本身造成损害后果。据此，原审判决的上述认定无误，上诉人某市文化和体育局的该上诉理由不能成立，二审法院不予支持。

上诉人某市文化和体育局认为，原审判决在认定影片《千里走单骑》在具体使用“安顺地戏”时，就戏剧表演的配器及舞台形式加以一定改动的情况下，却未依据《著作权法》第 12 条的规定认定上述使用行为构成对其署名权的侵犯，该认定属于适用法律错误。对此，二审法院认为，《著作权法》第 12 条规定，“改编、翻译、注释、整理已有作品而产生的作品，其著作权由改编、翻译、注释、整理人享有，但行使著作权时不得侵犯原作品的著作权”。依据上述规定，只有他人改编、翻译、注释、整理的系“已有作品”的情况下，才需要经过原著作权人的许可并在行使著作权时不得侵犯原作品的著作权。鉴于原审法院已认定“安顺地戏”作为一个剧种不构成作品，并非《著作权法》保护的客体，故上述法律规定并不适用于本案。原审判决未依据上述法律规定认定涉案电影中的使用行为构成侵权，其适用法律正确。上诉人某市文化和体育局认为原审判决适用法律错误的上诉理由不能成立，法院不予支持。

判解与学理研究

一、《著作权法》中的署名权

我国《著作权法》第10条第1款第2项规定：署名权，即表明作者身份，在作品上署名的权利。署名权，本质上是表明作品与作者之间特定联系的权利，旨在表明作者自己创作了作品，通过法律承认并尊重此种特定的关联。

有学者认为，署名权包括六项内容：决定在作品的原件和复制件上署真名、假名、笔名、不署名、变更署名方式以及同意他人在自己作品上署名的权利。[①] 因此，侵害署名权的行为，本质上割裂了作品与作者之间的特定联系。署名权侵权至少应存在两点前提：（1）作品合法存在，如果作品尚且不存在，就无所谓作品署名权被侵犯；（2）作品上应存在作者，如果作品上没有作者或作者难以找寻，侵犯署名权就难以成立。

本案涉及的正是非物质文化遗产中署名权侵权认定的问题。

本案中的核心争议即涉案电影张冠李戴，涉案电影《千里走单骑》在作品中使用了“安顺地戏”的内容，但并未表明该内容为“安顺地戏”，取而代之使用“云南面具戏”，使公众误以为电影中的戏剧是“云南面具戏”而非“安顺地戏”。原告因此认为，此种张冠李戴的行为侵犯了“安顺地戏”的署名权。

然而，此种诉求有些令人困惑：剧中的画面的确实属于“安顺地戏”，而原告的诉求是要求将剧中画面标明“安顺地戏”。单纯从逻辑角度出发，如果安顺地戏属于作品，原告的诉求即将“作品”标为“作品”；而如果安顺地戏属于“作者”，原告的诉求即将“作者”标为“作者”。按照原告的思路，剧中画面应当标明“安顺地戏”，这实质上类似于地理标志的认定，即商品来源于某地，故应在商品上标识相应的地理标志。

应当看到，署名权的作用与来源地识别不同，两者属于毫不相干的概念范畴。署名权是为了建立作品与作者的特定联系，要求联系的一端为作品，联

① 吴汉东：《知识产权法学》，北京大学出版社2014年版，第63页。

系的另一端为作者。如果联系的两端同为作品或是同为作者，就不是署名权调整的范畴。

除此之外，《著作权法》中侵权的认定首先以存在作品为前提，如果作品都不存在，那么著作权侵权就成为无源之水、无本之木。署名权侵权自不例外。而在本案中，原告并未明确用以争讼的作品究竟是什么，而以安顺地戏作为诉争对象。借用二审法院的裁判理由，安顺地戏并非权利客体（作品），亦非权利主体（作者）。二审法院通过将“权利主体”和“权利客体”进行区分为切入点，指明“安顺地戏”并非权利主体（作者），也非权利客体（作品），所以无所谓对安顺地戏署名权的侵犯。“本案中，因‘安顺地戏’既非署名权的权利主体，亦非署名权的权利客体，而涉案电影中虽实施了将‘安顺地戏’称之为‘云南面具戏’的行为，但这一使用行为并非《著作权法》意义上的署名行为，故依据《著作权法》的规定，上述行为不可能构成对‘安顺地戏’署名权的侵犯。”[①] 只有“云南面具戏”系作者名称，或者是对于作者的合理的署名方式时，才可以认定其属于署名权控制的署名行为。[②]

在本案中，如果原告的诉求能够得到支持，必须首先确定权利的客体，即明确诉争对象是电影中使用的两个桥段，而“安顺地戏”又能够成为权利主体，即作者。此时，署名权侵权才能得到适用。

二、民间文学艺术保护：剧目与剧种

本案的另一个主要争议在于安顺地戏属于民间文学艺术作品吗？安顺地戏是我国贵州地区的一种地方戏剧，是我国戏剧发展、演变的活化石，因其影响深远，后被国务院确定为非物质文化遗产。安顺地戏在戏剧界影响深远，但安顺地戏的影响与地位并不能影响其是否能够构成《著作权法》意义上的作品的认定。

安顺地戏与黄梅戏一样，就其性质而言，应属于戏种，属于一类戏剧的总称，也即剧目的上位概念：剧种。就此，二审法院在判决书中对此进行了正确区分：“本院认为，依据《著作权法》的基本原理，只有对思想的具体表达

---

① 芮松艳：《非物质文化遗产的著作权法保护——评“安顺地戏案”》，载《中国版权》2011年第6期。

② 芮松艳：《非物质文化遗产的著作权法保护——评“安顺地戏案”》，载《中国版权》2011年第6期。

才可能构成受《著作权法》保护的作品，但‘安顺地戏’作为一个剧种，其仅是具有特定特征的戏剧剧目的总称，是对戏剧类别的划分，而非对于具体思想的表达，故‘安顺地戏’并不构成受《著作权法》保护的作品，任何人均不能对‘安顺地戏’这一剧种享有署名权。”

对此，相关研究多持赞同意见，认为二审法院区分得当，正确地把握了剧目和剧种的区别。只有剧目能够成为作品，而剧种只属于一种称谓而已，在《著作权法》上无论如何都不能属于作品。比如，有学者主张，“安顺地戏”本身并不是一部作品，甚至也不是多部作品的汇编或集合，而只是戏种的名称，其中“安顺”为地名，指示了这一戏种的起源地。[①]又如，有学者进一步认为，本案中的具体剧目《战潼关》和《千里走单骑》才构成《著作权法》意义上的作品，而安顺地戏只能称作剧种，属于思想的范畴，而不属于作品。“本案中的《战潼关》和《千里走单骑》才可能成为民间文学艺术作品，而‘安顺地戏’作为剧种之称谓，绝无可能被认定为是民间文学艺术作品。”[②]

值得注意的是，有少数观点仍认为，“安顺地戏”作为剧种，也能够受到《著作权法》的保护。例如，有学者认为，“安顺地戏”或者它的具体剧目《千里走单骑》是有主体的，就是世代创作、传承了它的当地人民，而原告安顺文化局则是他们的代表（为判决书所认可）。[③]“当安顺地戏被机械地当作‘剧种名称’的唯一解释时，‘安顺’二字表达地方剧种来源的功能已然被抹杀。”[④]

但是这种观点是难以成立的，如果“安顺地戏”能够作为作品受到保护，那么“黄梅戏”“秦腔”“越剧”这些属于公共领域的素材都会受到著作权法的保护，一方面，著作权人是谁难以说清；另一方面，也会造成公众使用公共素材受限。未来任何属于“秦腔”“越剧”下的所有剧目，在使用时都应当标明自己的剧种，他人如果误将“秦腔”当作“越剧”，还要承担署名权侵权的责任，这显然是不合适的。

---

① 王迁：《“署名”三辨——兼评“安顺地戏案”等近期案例》，载《法学家》2012 年第 1 期。

② 祝建军：《迷糊的诉请　尴尬的败诉　评电影〈千里走单骑〉著作权侵权纠纷案》，载《电子知识产权》2011 年第 12 期。

③ 韦之：《署名权是什么——也谈“安顺地戏”案》，载《中国版权》2011 年第 6 期。

④ 郑颖捷：《民间文学艺术如何署名——也评“安顺地戏”案》，载《中南民族大学学报（人文社会科学版）》2012 年第 6 期。

三、民间文学艺术作品的署名权保护路径

本案的核心问题即如何对民间文学艺术作品的署名权进行保护。实际上，本案一审、二审判决书中并未明确说明民间文学艺术表达不能够受到《著作权法》的保护。相反，正如上文所述，二审法院已经就该问题给出了肯定的答案。因此，民间文学艺术作品的署名权也能够受到《著作权法》的保护。

署名权的实质是保护作者与作品的特定联系，与“表明作者身份权”有着千丝万缕的联系。虽然相关研究对两者作了明确的区分，但不可否认的是，署名权侵权行为中也包含使用他人作品而未表明作者身份的情形。也即，如果他人未经作者许可，擅自使用了该作者创作的受著作权法保护的作品时，未标明该作品的作者身份，也属于侵犯该作者的署名权。

正如有学者所言，现代著作权制度设计中，署名已经不囿于作者的主动行为，还体现为作品使用者的被动义务。试举一例，在为个人的研究目的合理使用情形下，作品几乎脱离了著作权人的控制，但法律仍然要求使用者应当“注明出处”。说明出处即为他人作品署名，体现的是对于来源的尊重，满足的是创作者以及其他相关利益主体的精神诉求而非经济诉求。[①]

本案中，被告的行为可以拆解为两个部分：第一，否认了原作品上存在相应的作者，即使用作为安顺地戏组成部分的《战潼关》和《千里走单骑》两部剧目，未标明其出处、来源和作者。第二，在原作品上标上其他不相关内容，即“云南面具戏”。

将本案被告的行为拆解为两个子行为后，可以发现：第一个行为即已构成对他人作品署名权的侵犯。即使不考虑第二个行为，即在《战潼关》和《千里走单骑》两部剧目上标注别的不相干内容，也能够认定本案被告已侵犯了两部作品的署名权。当然，潜在前提是上述《战潼关》和《千里走单骑》两部作品有相应的作者。众所周知，民间文学艺术的一个重要特征即形成过程的缓慢性和不特定性。在民间文学艺术的形成过程中，特定地区的民众都对该民间文学艺术表达作出了一定的贡献。换言之，该民间文学艺术表

① 参见郑颖捷：《民间文学艺术如何署名——也评“安顺地戏”案》，载《中南民族大学学报（人文社会科学版）》2012 年第 6 期。

达的形成是世世代代的民众共同努力的结果。民间文学艺术表达具有创作主体的不确定性和群体性，这也决定了其在署名方式上不同于普通的作品。但不能因此认为，民间文学艺术表达没有相应的作者，从而认为其上不存在署名权。具体的民间文学艺术表达的署名权归谁，值得进一步研究，但可以确定的是，基于《著作权法》的基本理念和精神，民间文学艺术同样存在作者，同样应当被署名，只不过在署名形式上可以表现为以相关的管理部门、地区群体、民族、社区的名义。

本案中，原告败诉的真正原因在于并未选择正确的争讼对象，不应当以安顺地戏这一剧种为对象进行诉讼，而应以涉及的两部剧目为对象进行诉讼。值得注意的是，一审、二审法院也在判决书中表达了相应的暗示。例如，二审法院在判决书中写道："对于'安顺地戏'中的具体剧目（如涉案电影中使用的《千里走单骑》等剧目），本院认为，因其属于对思想的具体表达，故可以认定构成受《著作权法》保护的作品，属于民间文学艺术作品，民事主体可以针对具体剧目主张署名权。"

因此，如果本案原告选择以《千里走单骑》等剧目主张被告侵权，因《千里走单骑》等剧目存在作者，被告的行为已构成使用该剧目而未"注明出处"，从而应被认定为侵权。正如有学者所言，因为民间文学艺术作品通常不归属于特定主体，而标注"安顺地戏"是这类作品作者的适合署名方式，由于北京某影业有限公司没有标注"安顺地戏"，故属于对《战潼关》和《千里走单骑》民间文学艺术作品著作权（署名权）的侵害。[①]

但对于民间文学艺术表达，不能"一刀切"地认定其能否受到《著作权法》的保护。根据《著作权法》第6条的规定，国务院应承担起制定相应的保护条例的职责，对我国民间文学艺术表达的保护制定细化方案。同时，在目前的立法模式下，如何认定民间文学艺术作品的作者，具体应当如何署名，也是值得进一步思考的问题。

四、结论

本案二审法院明确了民间文学艺术作品能够受到《著作权法》的保护，

---

① 参见祝建军:《迷糊的诉请　尴尬的败诉　评电影〈千里走单骑〉著作权侵权纠纷案》，载《电子知识产权》2011年第12期。

但剧种作为剧目的上位概念，并不属于我国《著作权法》规定的作品，任何人都不能对其享有署名的权利。对于剧目本身，如果符合民间文学艺术作品的构成要件，也能够受到《著作权法》的保护，相应的主体能够对其享有署名权。对其“张冠李戴”，可能构成对民间文学艺术作品署名权的侵犯。